本书的出版得到黑龙江历史文化研究工程的资助，在此表示感谢！

黑龙江流域古代经济

梁玉多 / 著

The Ancient Economies of the
Heilongjiang Valley

社会科学文献出版社
SOCIAL SCIENCES ACADEMIC PRESS (CHINA)

前　言

近几个世纪，黑龙江地区在大多数国人眼中是"北大荒"。他们认为那里土地广袤、气候寒冷，自古以来人烟稀少、经济落后，直到近代，大量关内人"闯关东"到此，才改变了亘古洪荒之态。这一印象比较普遍，甚至当代大多数国人乃至于黑龙江人也有这样的误解。这种认识不仅影响黑龙江的对外形象，也妨碍对优秀传统文化的继承。这就要求史学工作者把真实的历史呈现出来，既可以为中华文明多元一体理论添砖加瓦，也可以提高黑龙江人的文化自信，更好地遵循维护国家国防安全、粮食安全、生态安全、能源安全、产业安全的战略定位。

古代，黑水先民在经济上的作为颇有可圈可点之处。早在距今 3 万~5 万年前，黑龙江地区就有了人类的经济活动。两汉时期，黑龙江大部分地区都有了较成熟的农业。南北朝时期的勿吉人不但能冶铁，还能炼钢。唐代是黑龙江地区经济发展的第一个高峰。渤海国核心的牡丹江流域，经济发展程度几乎可以和中原地区媲美：原野上田连阡陌，村屯密集，鸡犬之声相闻；上京龙泉府宫殿巍峨，庙宇辉煌，各类手工业作坊和店铺鳞次栉比；商业繁荣，不仅境内商品交易频繁，渤海人还经常漂洋过海，把生意做到日本。到金代，黑龙江地区的女真人大规模迁往中原地区，中原地区的汉族人也被大规模迁来黑龙江地区，实现了人口的双向流动，极大地促进了黑龙江地区与中原地区的联系，使得黑龙江地区的经济跳跃式进步，形成了经济发展的第二个高峰。一个突出表现是上京地区很多手工业制品的质量已不在中原同类产品之下。而且，金代还是黑龙江地区经济有统计数据（如粮食产量、赋税等）之始，已经初步实现由粗放向精细管理的转变。古代黑龙江经济发展的这些亮点就是本书要着重展现的内容。

中国古代内地经济的发展，虽然有快有慢，有高峰有低潮，但总的来说起伏不大，没有明显断层。黑龙江地区则有所不同，存在数次断崖式下跌，

1

经济发展缺乏连贯性。第一次遭受重大挫折是在辽代。东丹国整体南迁，上京城被付之一炬，渤海国二百多年的发展成果灰飞烟灭。到金元之际，黑龙江地区重新恢复起来并有所发展的经济再度遭到毁灭性打击。反复的战争使黑龙江人口锐减。蒙古人占据黑龙江地区后，摧毁城市以防金人据以抵抗，毁坏农田以为牧场，社会经济除畜牧业外一齐凋零。这一凋零持续约四百年，到明末才稍有起色，又因清初满族人民大量"从龙入关"，黑龙江地区重又变得地广人稀，经济的恢复中断。也就是说，黑龙江经济在元时较前代有很大倒退，明和清中期以前始终在极低水平徘徊，没有走出低谷。所以，黑龙江地区古代经济发展的历史进程大体可以分为两个阶段：一是从上古到金代，为全面发展阶段（辽初的挫折时间较短，可忽略不计）；二是元代到清中叶，为萎缩和停滞不前阶段。前一个阶段，社会经济的各个领域都有长足的进步；后一个阶段则诸业凋敝，乏善可陈，只个别行业有所发展，如元明时期的交通等。为更好地体现这一实际情况，本书在章节安排上做了适当调整，即金以前部分按一般经济史著作的体例，以朝代为时间断限立章，每章以社会经济的各个领域分节；元以后则合为一章，不展开探讨经济的各个领域，只介绍每个朝代尚有所发展的方面。这样的结构处理虽然看似不大符合常规，却符合黑龙江古代经济发展的实际，能更好地展现历史的真实。

本书所述之黑龙江地区，是以今黑龙江省辖境为主，也包括今天已不属黑龙江省，甚至不属我国，但当时为黑龙江地方行政机构所辖的区域。

本书之所以定名为《黑龙江流域古代经济》，而不是《黑龙江流域古代经济史》，是因为后者必须全面且有一定的权威性；前者则不必全面，也不必有权威性。笔者自揣理论水平和资料占有都十分有限，故只能选择前者。选择了前者，内容上就可以不用面面俱到，体例上也不必太求全书完全一致，可以较灵活的方式突出自己想要突出的重点。

由于笔者知识水平所限，本书的疏漏和错误一定很多，诚请读者批评指正。

梁玉多

2021 年 6 月 20 日

目　录

第一章

先秦时期的黑龙江经济

第一节　原始时代石器制作技术的来源

经济是社会物质资料的生产和再生产过程，包括物质资料的直接生产过程，以及由它决定的分配、交换和消费过程。有了人就有社会物质资料的生产和再生产，所以原始社会就有了经济活动，关于经济的研究要从原始社会开始。生产工具是生产活动方式的体现，原始社会的生产工具主要是石器、木器和骨器。木器易腐，骨器保存至今的也不多见，石器就成了我们窥探原始社会经济状况的主要线索。

一　华北地区旧石器时代晚期石器技术传入黑龙江

距今 5 万 ~ 3 万年时，地球处于最后冰期最冷锋前的间冰期，气候比较和暖，大致和今天相似或稍暖。此后末次盛冰期到来，气候转冷，雨量减少，北方自然环境发生变化，原来的森林草原逐渐为荒漠草原所取代。气候温暖当然是人类迁徙的有利条件。种群的扩大需要更大的栖息地。而气候条件变坏更能促进人类的扩散迁徙，因为寒冷气候下较恶劣的自然环境，使人类不得不在更广大的范围内去搜寻食物，并且更需要高能量的动物性食物，在追寻动物的过程中逐渐进行了迁徙和扩散。华北地区的人类就是在这样的情形下出现了一个向北方和东北地区扩散的浪潮，其中的一部分人到达了今黑龙江地区，他们应当就是黑龙江各世居民族的先世，留下了一批文化遗存。①

---

①　黑龙江地区最早的人类遗址是距今 17.5 万年的阿城交界遗址，但留下这一遗址的人类很可能不是后来黑龙江地区居民的祖先。因为该遗址在黑龙江地区横向和纵向都是 （转下页注）

这些文化遗存大部分集中在黑龙江中西部的松嫩平原及其以北的山区，另外在牡丹江流域、乌苏里江流域也有少量发现。在黑龙江上中游有漠河老沟遗址、塔河十八站遗址、呼玛老卡遗址、嘉荫常兴屯遗址，在嫩江中下游地区有讷河清河屯遗址、神泉遗址、齐齐哈尔昂昂溪大兴屯遗址、碾子山遗址，在松花江流域有哈尔滨顾乡屯遗址、黄山遗址、闫家岗遗址、五常学田遗址，在牡丹江流域有海林杨林遗址，在乌苏里江流域有饶河小南山遗址。

从这些遗址出土石器的类型和加工方法上看，石器大体可分为三类：大石器、小石器和细石器。大石器主要分布在东部山区，小石器主要分布在中部丘陵，细石器主要分布在西部草原，考古学界将之总结为"山区大、丘陵小、草原细"。而每一类都可以在华北地区找到其源头。

大石器类型有讷河清河屯遗址、漠河老沟遗址和饶河小南山遗址。

讷河清河屯遗址距今2.1万~0.8万年，共出土石器72件，有石片、石核、砍砸器、刮削器、石锤等（见图1-1），其特征如下：（1）形体较大，比如刮削器"长3~7厘米、宽3~6厘米、厚小于3厘米"；①（2）加工方式主要用锤击法，兼用砸击法，极个别的使用了间接打击法和压制法；（3）多数为石核工具，石片石器少；（4）石材单一，为灰色页岩和棕褐色硅质岩，多就地取材。②

漠河老沟遗址距今4万~3万年，出土石器14件，包括石核4件、砍砸器2件、尖状器7件、刮削器1件。原料为砂岩和石英岩。石器尺寸多较大，长度一般为8~20厘米，小型者不多。③加工方法为直接打击法，即锤击法。石核均为自然台面，多次打片，利用率较高，石器毛坯以片状为主。

饶河小南山遗址下层距今3万年，出土骨器较多，石器只有2件，1件为刮削器、1件为石核，尺寸较大，长度在6~10厘米。④加工方法亦为直接打击法，原料为凝灰岩。考古工作者认为，"从石器的性质看，可能与中原

（接上页注①）孤立的。在其后长达12万余年的时间里，黑龙江地区没有留下任何人类活动的迹象，直到距今5万~4万年前，才又有了人类活动的遗迹。这12万余年是个巨大的缺环。阿城交界遗址的古人类可能后来又迁到别处去了，或者因为某种不可抗拒的因素灭绝了。他们生生不息，繁衍下来，只是遗迹没有被发现的可能性较小。

① 黑龙江省文物考古研究所编《考古黑龙江》，文物出版社，2011，第34页。
② 赵宾福：《东北石器时代考古》，吉林大学出版社，2003，第114~115页。
③ 《考古黑龙江》，第24页。
④ 赵宾福：《东北石器时代考古》，第127页。

地区大石器文化传统有联系"。①

双边刃刮削器　　　　　　　　双边刃刮削器

石核　　　　　　　　　　单直刃刮削器

图 1-1　讷河清河屯遗址出土的刮削器、石核

资料来源：《考古黑龙江》，第 33~34 页。

　　贾兰坡等人认为，我国华北地区的旧石器文化有两个长期并存的类型，即"匼河—丁村系"（又称"大石片砍砸器—三棱大尖状器传统"）和"周口店第 1 地点—峙峪系"（又称"船头状刮削器—雕刻器传统"）。②"匼河—丁村系"石器的特点是石片、石核多，器型主要为砍砸器、刮削器、尖状器，一般个体形体较大，加工方式为直接锤击法。这与上述清河屯、老沟和小南山三处遗址的情况非常接近，而这三处遗址的年代又晚于"匼河—丁村系"，所以应当是"匼河—丁村系"向东北地区的延伸。

　　属于"匼河—丁村系"文化系统的还有黑龙江的小石器文化，包括哈尔

---

① 《考古黑龙江》，第 30 页。

② 贾兰坡、盖培、尤玉柱：《山西峙峪旧石器时代遗址发掘报告》，《考古学报》1972 年第 1 期。

滨黄山遗址、闫家岗遗址、五常学田遗址、顾乡屯遗址。

哈尔滨黄山遗址距今4万年，新中国成立前就已被发现，经历过多次调查发掘。该遗址出土石器多件，有刮削器、尖状器、切割器等。器型大小均有，以小为主。大者如1件凿形刮削器，长17.3厘米、宽4.5厘米、厚2.7厘米。更多的是中小型的，如1件双刃刮削器长5.4厘米、宽3厘米、厚1厘米，1件石核切割器长5.1厘米、宽2.7厘米、厚1.4厘米，1件长刮刀长8.6厘米、宽2.5厘米、厚0.5厘米。[①]加工方法以锤击和砸击为主，个别石器存在二次加工，总体上看工艺较原始。

哈尔滨闫家岗遗址距今4万~2万年，出土石器9件，其中只有1件砍砸器形体较大，其余均为小型器，很可能是用来与兽骨、木棒等结合做复合工具的。从制作方法看，均为直接打击剥落的石片（见图1-2）。

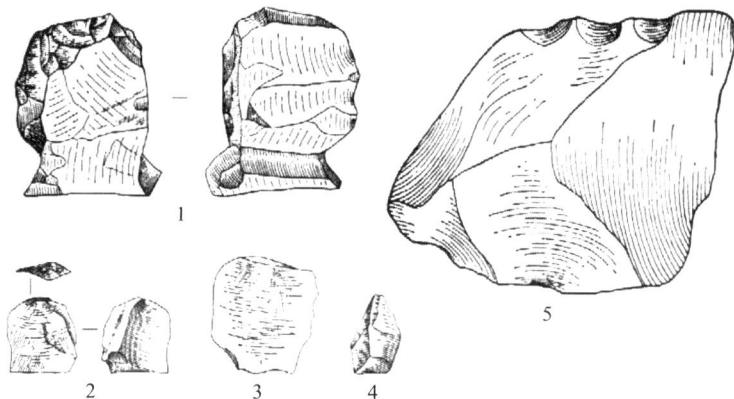

图1-2　闫家岗遗址出土的石器

说明：1为刮消器，2~4为石片，5为砍砸器。

资料来源：《考古黑龙江》，第46页。

哈尔滨五常学田遗址距今4万~2.4万年，出土石器13件，均用直接打击法制成，形体都较小，"除几件可算石片外，大多是石屑，石料除2件基性脉岩和石英外，余为淡黄色霏细岩"。[②]

① 马良夫金：《哈尔滨黄山冲沟的旧石器时代遗址》，杨大山、张泰湘译，吴文衔主编《黑龙江考古民族资料译文集》第1辑，北方文物杂志社编辑出版，1991，第12页。原文载《哈尔滨自然科学家和民族学家协会会刊·考古学专辑》第3期，1946年。
② 《考古黑龙江》，第46页。

哈尔滨顾乡屯遗址距今4万~2万年，出土的石器数量很少，都是形体较小的石片制品，大多数以锤击或砸击法制成，质地粗糙。

黄山、闫家岗、顾乡屯、五常学田等遗址的石器有大有小，但大多数为小，似应在华北地区旧石器时代晚期的小石器文化中寻找其源头。但从存在大石器以及加工方法等情况看，应归为华北的"匼河—丁村系"即"大石片砍砸器—三棱大尖状器传统"中。这是这一文化类型传播到黑龙江地区后，受当地自然条件和周边地区其他文化影响的结果。其发展演变历程正如《考古黑龙江》所指出的那样，"匼河—丁村系"的大石器文化延伸到黑龙江后，出现了两个发展方向："一是发展为东部山地新石器时代常见的有大型打、磨制石器的类型；二是随人类活动范围和生产方式的变化，作为生产生活工具的石制品亦随之向小型化变化，形成了既保留有大石器文化传统，又具有小石器文化风格的特殊类型——即松花江干流东岸以小石器为主的文化类型，其类型在形成过程中或许不同程度地受到临区小石器文化的影响。"① 不过，这一文化类型也没有延续下来，大约在距今2万年前消失了。

嫩江流域及其以北山区的塔河十八站遗址、呼玛老卡遗址、昂昂溪大兴屯遗址、龙江景兴遗址等，具有细石器文化特征，它们是华北地区小石器文化传统向北的延伸。

塔河十八站遗址距今1.2万年左右，② 出土石器107件，种类有刮削器、尖状器、砍砸器、雕刻器、石叶、长石片等。形体多属小型，长度一般为5~8厘米。制作方法为先用锤击和砸击法取得石片，然后再进行修理。修理有直接打击和压制两种方法，多数为单面加工，个别有复向或错向加工的。"从制作工艺特点和器物类型上看，这批石制品与华北下川、虎头梁地点的石制品有很多相似之处，与'周口店第1地点—峙峪系'的文化传统有密切的联系。"③

呼玛老卡遗址的年代比塔河十八站遗址略早，共收集到石器53件，包括石核3件、石片35件、砍砸器1件、刮削器12件、尖状器2件。器物形

---

① 《考古黑龙江》，第50页。
② 赵宾福：《东北石器时代考古》，第121页。
③ 《考古黑龙江》，第26页。

体普遍较小,加工方法既用直接打击法,也用间接打击法和压制修整法(见图1-3)。"从制作工艺、石制品类型和大小等分析,该遗址应归属于'周口店第1地点—峙峪系'文化传统。"①

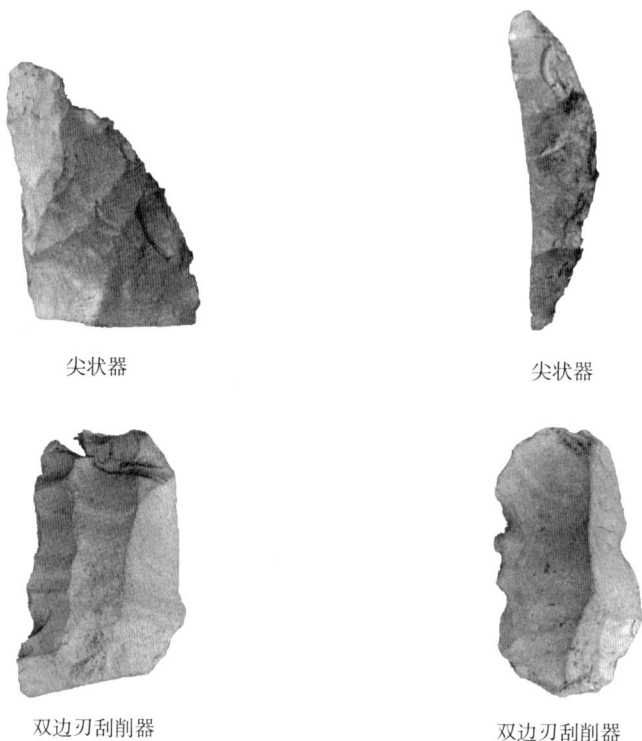

尖状器　　　　　　　　　　　　尖状器

双边刃刮削器　　　　　　　　　双边刃刮削器

图1-3　呼玛老卡遗址出土的尖状器和刮削器

资料来源:《考古黑龙江》,第28页。

昂昂溪大兴屯遗址距今也是1.2万年左右,出土石器128件,有石叶、石核、砍砸器、刮削器、尖状器等,石叶较多是其特点。"石器尺寸较小,有一些已接近典型的细石器。"②绝大多数石器由石片制成,打石片的方法既有锤击法、砸击法,也出现了间接打击法和压制法。

龙江景兴遗址距今3万~2万年,采集到石器250余件,多数以燧石、玛瑙、石英等为原料打制而成,器型较小,有一定的细石器特征。

---

① 《考古黑龙江》,第29页。
② 赵宾福:《东北石器时代考古》,第108页。

这四处具有代表性的遗址均表现出了华北地区旧石器文化中"周口店第1地点—峙峪系"的小石器特征，同时也有一定的细石器特征，说明它们主要是源自华北，又结合了当地草原浅山区自然环境的特点，逐渐发展而来的。

当然，大石器、小石器和细石器三种类型的划分并不是绝对的。同一遗址大、小石器类型并存并不鲜见。比如属于黑龙江石器时代文化系统的内蒙古扎赉诺尔旧石器时代遗址中，蘑菇山地点的石器以大石器为主，矿区地点就以细、小石器为主。但不论大小，都可以在华北地区找到其源头。蘑菇山"石锤的大量出现、锤击法的广泛应用、有时用交互打击法对刮削器进行加工、尖状器和砍砸器在生产和生活中的不占地位……凡此等等，都足以证明它们同（华北）大窑文化之间，有密切的内在联系"。①

值得注意的是，黑龙江的细石器文化中存在石叶技术。所谓石叶技术是指在打下石片之前对用来打石片的石核进行精心修理，所以也称修理石核技术。修理后的石核像个倒置的龟甲。打下的石片薄而规整，常常不加修整便可以当工具使用。石片背面布满疤痕，台面上也有许多小疤片，这些是修理石核留下的痕迹。石叶技术本是欧洲、西亚和西伯利亚地区流行的一种技术，在我国黄河流域不多见，但也不是不存在，较有代表性的是宁夏灵武县的水洞沟遗址。目前尚不清楚黑龙江地区石叶技术的源头，大约存在两种可能性：一是水洞沟文化经蒙古草原传入黑龙江西部；二是从西伯利亚经外贝加尔传入。更可能两个途径都有，因为人类文化本来就是不断相互影响的。

二 华北地区新石器时代石器技术对黑龙江地区的影响

（一）石器制作技术的影响

新石器时代，黑龙江地区的细石器文化中出现了一种以压制为主的石器文化，这是华北压制石器技术影响的结果。

密山新开流文化距今约6000年，② 共出土石器329件，虽也有打制和磨

---

① 汪宇平：《扎赉诺尔蘑菇山旧石器时代晚期遗址》，内蒙古文物考古研究所编《内蒙古文物考古文集》第1辑，中国大百科全书出版社，1994，第70页。

② 李延铁：《黑龙江史前考古文化》，黑龙江人民出版社，2014，第72页。

制的，但压制的占了绝大多数，为 287 件。有镞、尖状器、刮削器、石矛、石叶、石片和石核等。桦川县万里霍通遗址出土的石器绝大多数也是压制的。在华北地区，旧石器时代晚期就已出现压制石器，新石器时代更多，如山西峙峪、河北虎头梁等遗址都有压制石器的出土。华北地区的压制石器较黑龙江早，二者在形制上又有较大的共性，所以黑龙江的压制石器技术也来源于华北地区。

值得注意的是，华北地区的石器制作技术在黑龙江地区还得到了进一步的发展。黑龙江地区在新石器时代出现了令人叹为观止的精细、精美的石器。昂昂溪大兴屯遗址出土的"一个普通刮削器即能轻轻将纸划破；而其熟练掌握的钻孔技术，即使懂得很多力学原理的今天，人们也很难不借助科技手段将一个细不及 0.5 厘米的石管钻通"。[1]

（二）玉石制作技术的影响

黑龙江地区的新石器文化受到华北地区和邻近华北地区的辽西地区的影响，玉石文化就是最显著的一例。这一影响大体可分为两个阶段。

第一个阶段是受到兴隆洼文化影响的饶河小南山新石器时代早期玉石文化。中国石器时代玉石文化有两个中心：一是北方以兴隆洼文化和红山文化为代表的辽宁、河北、内蒙古交界地区；二是以良渚文化为代表的太湖附近地区。兴隆洼文化与红山文化为同一个文化系统，但年代不同，前者距今 8000～7000 年，后者距今 6000～5000 年。学界对饶河小南山新石器时代遗存的时间有不同的认识，有距今 6500～6000 年[2]和距今 7000～6500 年[3]两种意见。但无论采用哪一种意见，都晚于兴隆洼文化而早于红山文化。

小南山遗存的时间早于红山文化，而且"玉器的主要品类形制，虽与红山文化有某种相近或相同的因素，但明显区别于红山文化，更远离良渚文化"。[4] 小南山遗存的"玉器种类形制比较单一，以环、璧为主，比较接

① 胡秀杰、李陈奇、刘晓东：《黑龙江文明之脉》，李陈奇主编《黑龙江省文物博物馆学会第五届年会论文集》，黑龙江人民出版社，2008，第 2 页。
② 《考古黑龙江》，第 63 页。
③ 周晓晶：《倭肯哈达玉器及相关问题的探析》，王学良主编《追寻远古》，双鸭山市文物考古资料汇编委员会内部出版，2008，第 151 页。
④ 殷德明、于志耿、孙长庆：《饶河小南山出土玉器研究》，王学良主编《追寻远古》，第 125 页。

近于东北玉器比较原始的面貌"。① 兴隆洼文化的玉器是东北乃至于整个中国北方最早的玉石文化，所以这里"东北玉器比较原始的面貌"指的就是兴隆洼文化，可见小南山玉器的源头是兴隆洼文化。它与红山文化的玉器是并列发展的关系。至于其与红山文化玉器比较相似的原因，则"更多地应理解为整个东北地区新石器时代玉器在发展过程中具有的共同时代特征"。②

第二个阶段是受到红山文化影响的黑龙江各地的新石器时代晚期玉石文化。这一阶段的玉器在黑龙江各地被广泛发现，发现玉器的遗址有 26 处之多，玉器数以百计，种类有玉璧、玉佩、玉斧、玉凿、玉锛、玉环、玉匕、玉管、玉珠、玉璜、玉铲等。其中有的玉器从形制到制作技术都与红山文化的相同器型表现出很多方面的一致性。③

在用料和形制方面，黑龙江出土的玉器用了宽甸玉和岫岩玉，玉璧以圆角方形居多，有四圆角玉璧和三联璧，三联璧的上璧渐次小于下璧，璧缘、孔缘磨成似刃的锐角，这些都与红山文化十分相似。

在加工方法方面，黑龙江玉器和红山文化玉器都采用了对面钻孔技术。依兰倭肯哈达洞穴出土的异形玉璜的磨制方法与红山文化的勾云形玉佩完全相同。

在伴生物方面，黑龙江各处有玉遗址出土的打制石器、磨制石磨盘、石磨棒、压制石器等与红山文化玉器的伴生物也十分相似。④

这样的相似已经大大超出了共同时代特征的范畴，应当被看成是文化的传承关系了。正如学者指出的那样，"中国的玉石文化首先是在东部沿海地区孕育和初步发展，然后在中原地区得到汇集和再创造，由此发扬光大起来"，⑤ 并向四周扩散。黑龙江的玉石文化就是在这一影响下发展起来的。

---

① 郭大顺：《玉器的起源与渔猎文化》，《北方文物》1996 年第 4 期。
② 郭大顺：《玉器的起源与渔猎文化》，《北方文物》1996 年第 4 期。
③ 于建华：《黑龙江省出土的新石器时代玉器及相关问题》，《北方文物》1992 年第 4 期。
④ 殷德明、丁志耿、孙长庆：《黑龙江新石器时代玉器研究》，王学良主编《追寻远古》，第 149 页。
⑤ 白云翔、顾智界：《中国文明起源座谈纪要》，《考古》1989 年第 12 期。

第二节　三大族系的经济特点

大约在新石器时代中晚期到商周时期，东北地区的原始文化逐渐形成了三个各具特色的区域文化，即西部草原地区文化、中部平原地区文化和东部山地平原文化。新石器时代末期以后，三个区域的原始人类分别发展成为东胡、秽貊、肃慎三大族系。这三大族系中，肃慎的主体部分就在黑龙江区域内，与黑龙江关系极大；秽貊的主体部分在辽宁北部到吉林中部，"北端或可略达黑龙江南部边缘地带"；[①] 东胡的主体部分则从辽宁、河北、内蒙古交界地带向北一直到呼伦贝尔和黑龙江西部。对于三大族系的经济，受限于资料不足，我们无法全面展现。文献上关于三大族系的资料，基本都是记载他们与中原地区联系的，我们只能在这些记载中寻找关于经济的只鳞片爪，再结合考古资料，了解其经济的基本情况。

一　肃慎

肃慎经济以渔猎为主。这一点在文献中有证。依据现有的资料，黑龙江最早与中原地区有政治联系的是东部的肃慎。肃慎又作息慎、稷慎，皆为同音异写。早在传说中的五帝时期，肃慎人就与中原地区有了联系，并且向中原地区的强大部落联盟表达了归附之意。《大戴礼记》载，五帝中的最后一帝——帝舜有虞氏嗣尧之位时，"海外肃慎、北发、渠搜、氐、羌来服"。[②] 其后，中原地区从部落联盟时代走出，进入国家文明时代。夏、商时期，肃慎与中原政权的关系稳定。每逢中原有大事发生，比如禹建立夏王朝、成汤建立商王朝等，肃慎都会"来服"。"舜有禹代兴，禹卒受命……海之外肃慎、北发、渠搜、氐、羌来服……成汤卒受天命……海之外肃慎、北发、渠搜、氐、羌来服。"到周代，这种关系得到进一步的发展，肃慎频频到周朝贡。《大戴礼记》载，"文王卒受天命……海之外肃慎、北发、渠搜、氐、羌来服"。[③]《竹书纪年》载，武王十五年，即克商以后的第三年，"肃慎氏来

---

① 刘晓东等：《黑龙江通史·先秦卷》，社会科学文献出版社，2019，第292页。
② 戴德：《大戴礼记》卷十一《少间》，清乾隆五十一年（1786）雨雅堂丛书刻本。
③ 戴德：《大戴礼记》卷十一《少间》。

宾"。《肃慎记》对肃慎使节此次前来有较详细的记载："昔武王克商，通道九夷百蛮，使各以其贿来贡，使无忘职业。于是肃慎贡楛矢石砮，其长尺有咫。"[1] 楛矢是用楛木做的箭杆。楛木属荆条类，红色，坚韧且不易变形，正适合做箭杆。古人对此早有认识，《诗经》中就有"榛楛济济"之句，[2]《说文解字》引《周礼》也说"楛可为矢"。[3] 石砮是用石质材料做的箭头。肃慎人有"楛矢石砮"，并且十分珍视。它既是兵器又是狩猎工具，狩猎应当在肃慎人的经济生活中占有重要位置。

考古资料对肃慎的渔业经济有更直观的体现。一般认为新开流文化是肃慎的代表。新开流遗址位于密山市大、小兴凯湖间的湖岗上，年代为公元前5500～公元前4500年。1972年发掘后，命名为新开流文化。该文化分布很广，北到黑龙江下游，南到兴凯湖，东达日本海，西到老爷岭一带。这正是肃慎的分布范围。

新开流遗址发掘了10座鱼窖和32座墓葬。鱼窖是其鲜明的特色，分圆形和椭圆形两种，窖内堆放着层层鱼骨。[4] 看来肃慎人渔业产量较高，食用之外，还有大量剩余可以储存起来，以备不时之需。这种用窖储存鱼的方法一直沿用到近代，当地的赫哲人捕鱼多时，就在阴凉的沙地挖窖储鱼。窖大小不一，一般直径和深度都不超过一米，也有大些的。这种方法确实有效，夏天时把鱼腹部朝上一层层摆放，上盖蒿草树枝或木板，其上再覆土，不用盐也能保持新鲜3～5天。若是冬天则放一层鱼浇一层水，冰冻后再盖木板覆土，能一直保存到第二年春暖花开。

新开流遗址中还出土了骨质鱼镖、鱼卡、鱼钩、鱼叉，以及石制渔网坠等渔具，不但足见渔业在肃慎人生活中的地位，还表明其捕鱼方式的多样化（见图1-4）。

渔业之于肃慎人的重要性在其器物的纹饰上也有明确的反映。新开流遗址出土的陶器多为鱼鳞纹、菱形纹、斜行篦点纹和渔网纹。鱼鳞纹是仿鱼鳞形而作；"菱形纹是从鱼鳞纹中概括出来的图案化了的纹饰，其中边框略弧者，尚有写实意味，而直边者则已图案化了"；斜行篦点纹是鱼鳞纹的简化；

---

① 张楚金撰《翰苑》，雍公叡注，日本京都大学文学部影印唐抄本。
② 《诗经》卷三《大雅·旱麓》，黄山书社，2002，第146页。
③ 许慎著、汤可敬撰《说文解字今释》，岳麓书社，1997，第755页。
④ 《考古黑龙江》，第56页。

图 1 - 4　新开流遗址出土的骨鱼镖

资料来源：《考古黑龙江》，第 59 页。

渔网纹是肃慎人能够用网捕鱼的体现，"陶器口沿外侧的篦点纹等组成短斜线，恰似渔网网绳；由篦点纹、菱形纹等组成的倒三角纹，饰于鱼鳞纹、菱形纹的下缘，则与缚坠下沉的网底相似"。[①] 骨器上有斜方格纹，应该是从渔网、鱼鳞中抽象出来的图案。水波纹也是肃慎人常年在水上捕鱼生活的反映。

"楛矢石砮"表明狩猎也是肃慎人谋生的重要手段，考古资料验证了此说。石砮就是石镞，是狩猎工具。新开流遗址出土的石镞不仅数量多，而且样式也富于变化，有桂叶形、柳叶形等多种，一般都双面加工，制作精美。[②] 石镞数量多、样式多说明使用多。另外遗址中出土的石器中有不少刮削器，而刮削器的主要功能是刮鱼鳞和兽皮。综上可知，肃慎人的经济生活方式就是夏季捕鱼、冬季狩猎。

新开流遗址出土的石器以压制为主，这也可以间接证明肃慎是渔猎经济。压制法只能制作小型石器，而小型石器不能胜任农业生产，多为渔猎用的小工具。

肃慎人有了一定的手工业，除打制石器和制作骨器、木器外，主要还有制陶和制衣。

新开流遗址出土了不少陶器。陶器皆为手制，以夹砂灰褐陶为主，其次是夹砂黄褐陶，还有极少量的泥质红陶。器类简单，只有罐、钵两种，特点是素面很少，多有纹饰（见图 1 - 5）。虽然制作水平低，但毕竟是从无到有的飞跃，意义重大。

肃慎人能够用桦树皮制作简单的"衣服"。《山海经》载，肃慎"有树名曰雄常，先入代帝，于此取之"。[③] 晋人郭璞分析这句话意思是"其俗无衣

[①] 谭英杰：《密山新开流遗址——省级文物保护单位之一》，《黑龙江文物丛刊》1983 年第 2 期。

[②] 李延铁：《黑龙江史前考古文化》，第 68 页。

[③] 《山海经》卷七《海外西经》，云南科技出版社，1994，第 115 页。

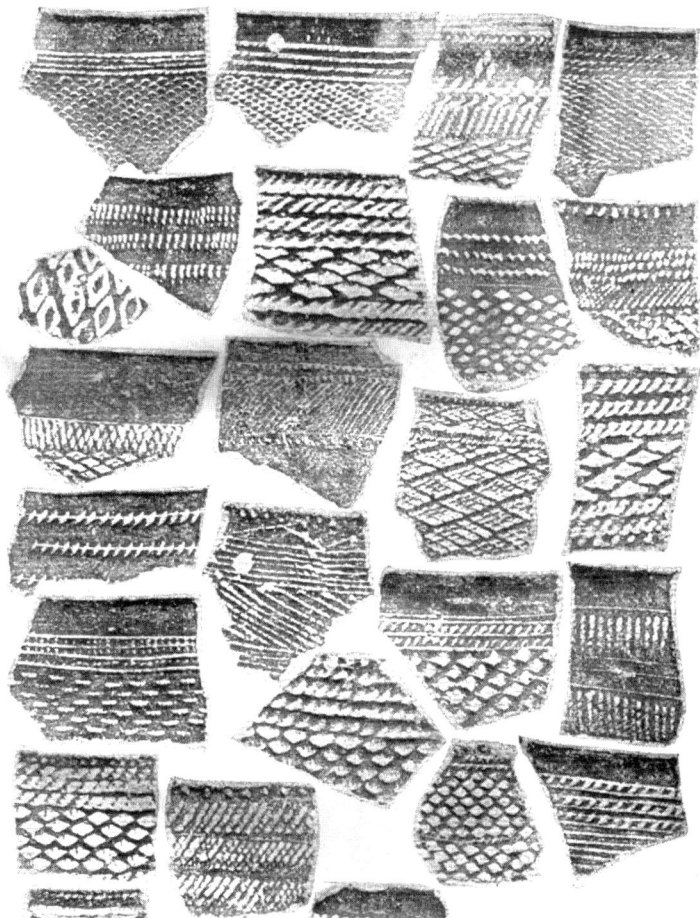

图 1 - 5　新开流遗址出土的陶器纹饰拓片

资料来源：《北方文物》1983 年第 2 期，封三。

服。中国有圣帝代立者，则此木生皮可衣也"，即如果中原有"圣帝"代先帝而立，肃慎人就到"雄常"树上取其皮制成衣服作为礼服，表示庆贺。"雄常"树为何树，历代学者无考。刘子敏先生认为应是桦树，"因为从大量考古资料可知，东北亚古族常用桦树皮制造器具，在'其俗无衣'的情况下，用桦树皮制成衣服而在某种典礼仪式上作为礼服还是可想而知的"。①

---

① 刘子敏等：《东北亚"金三角"沿革开发史及其研究（古代篇）》，黑龙江朝鲜民族出版社，2000，第 17 页。

二 秽貊

秽貊经济以农业为主。秽和貊本是两个民族（或部族），秽又作濊、獩、薉、芌、追，貊又作狢、亳。二者族源相同，风俗习惯和社会发展状况大体一致。到西周至春秋初，秽和貊在其他民族眼中无甚区别，已形同一族，遂将二者合称为秽貊。但也还有分别称为秽和貊的情况。[①] 秽貊分布的地域广阔，从黑龙江地区南部的松嫩平原，[②] 向南经松辽平原，一直延伸到朝鲜半岛。

秽貊本非农业民族。"狢"字，《说文解字》张舜徽的《约注》注："狢从豸，谓其人常与豸相处也。"[③] 而《说文解字》中"鲜"字的解释为"鱼名，出狢国。"[④]《孟子》载："夫狢，五谷不生，惟黍生之。"[⑤] 这一切都表明，秽貊本是一个以渔猎和畜牧为主，只有少许农业的民族，但后来逐渐受到中原的影响，农业得到加强，成为主要生业。这一影响是长期潜移默化和短期人为教授相结合的。

秽貊与中原地区的联系也较早。《诗经》中就提到"追貊"："溥彼韩城，燕师所完。以先祖受命，因时百蛮。王锡韩侯，其追其貊。奄受北国，因以其伯。实墉实壑，实亩实籍。献其貔皮，赤豹黄罴。"[⑥] "追貊"可以作为奖赏"锡（赐）"给韩侯，说明早在西周时期，至晚是春秋前期，秽貊就已经附属于周政权了。正因为这样，周人才能将之与肃慎一样视为自己北方

---

① 学界对此不同观点较多：孙进己的《东北民族源流》认为，濊是东北中东部地区的土著，他们从很早的时候起就过着定居的农业生活。而貊最初的活动区域在东北西部草原地带，后来貊向东北迁徙，逐渐与濊融合。而王钟翰的《中国民族史》认为，貊与商族有一定联系，甚至有一部分是商族。商族的祖先为东夷人，居山东半岛。而貊也是东夷的一支，夏商时也居山东半岛一带。在周灭商时，貊为周人东进所迫，大部分向东北和北方迁徙，迁徙至东北的一部分逐渐与濊融合。故秦汉以后，史书开始连称"濊貊"。有学者对"濊"与"貊"的关系做了认真分析后认为，虽然秦汉以后的史籍将"濊""貊"连称"濊貊"，但二者也是有区别的，濊可以叫作濊貊，但不能单独叫作貊；貊可以通濊貊，但也不能直接称濊；濊和貊是两个民族，可以统称为濊貊，然而不能将其视为同一个民族。
② 有学者认为，嫩江、松花江合流处一带是西周到春秋时期北部秽貊族的核心区域，肇源白金宝遗址即是其文化遗存。见干志耿、孙秀仁《黑龙江古代民族史纲》，黑龙江省文物出版编辑室内部出版，1982，第65页。
③ 许慎著、汤可敬撰《说文解字今释》，第1308页。
④ 许慎著、汤可敬撰《说文解字今释》，第1640页。
⑤ 《孟子·告子下》，北方文艺出版社，2013，第179页。
⑥ 《诗经》卷三《大雅·韩奕》，第173页。

的领土："肃慎、燕、亳，吾北土也。"[1]

这样的联系加强了中原地区经济对秽貊的影响。中原农业先进，并带动了社会各个方面的全方位先进。与中原人交往频繁的秽貊人不可能不受到影响；而主动的教授者就是箕子。周初，箕子东走朝鲜，教当地的秽貊人"礼义、田蚕织作"。[2] 这样，秽貊人就逐渐由渔猎转变为以农业为主。《山海经》对这一转变有曲折的反映："有芬国，黍食。"[3] 据考证，这个芬国就是秽貊，[4] "黍食"可证秽貊是以农业为主，与先前的"五谷不生，惟黍生之"显然不同。

三 东胡

胡是古代中原人对北方和西方少数民族的泛称，并不特指哪一个民族。但先秦时期的东胡是有明确所指的一个具体民族或族系。东胡又称土方或屠何。[5] 关于其地域，《山海经》称："东胡在大泽东。"[6] 学界一般认为，此大泽为今呼伦湖，[7] 则东胡应分布在今黑龙江西部和内蒙古东部。这一分布地域也是其被称为东胡的原因。汉代的服虔为《史记》作注曰："东胡……在匈奴东，故曰东胡。"[8]

东胡与中原的接触也很早，记载商代史事的《伊尹四方令》称商的"正北东胡"，则商代时东胡就已为中原政权所知，双方已经有了一定的联系。

我们可能因为后来东胡族系各族基本都以畜牧业为主的情况，先入为主地认为原始社会末期的东胡也应以畜牧业为主，但事实不是如此。东胡的经济属渔猎、农业、畜牧并存的混合型经济。关于东胡的经济，文献中能见者少之又少，仅见《逸周书》载："东胡黄熊。"[9] 这里的黄熊是一种黄色的熊

[1] 左丘明：《春秋左传》昭公九年条，北方文艺出版社，2013，第543页。
[2] 班固：《汉书》卷二十八下《地理志下》，中华书局，1962，第1658页。
[3] 《山海经》卷十四《大荒东经》，第135页。
[4] 干志耿、孙秀仁：《黑龙江古代民族史纲》，第63页。
[5] 吴文衔、张泰湘、魏国忠：《黑龙江古代简史》，北方文物杂志社，1987，第31页。
[6] 《山海经》卷十一《海内西经》，第127页。
[7] 如干志耿、孙秀仁《黑龙江古代民族史纲》，吴文衔、张泰湘、魏国忠《黑龙江古代简史》等均持此观点。
[8] 司马迁：《史记》卷一百十《匈奴列传》，中华书局，1959，第2885页。
[9] 《逸周书》卷七《王会解》，转引自东郭士、马甫生、高稚风、吴辽生编《东北古史资料丛编（一）——先秦两汉三国卷》，辽沈书社，1989，第6页。

类野生动物，是东胡献给西周政权的贡物。它既证明了东胡已与西周政权建立起朝贡与附属关系，也隐隐地透露出狩猎至少是其经济生活方式之一。

考古资料较全面地为我们展现了东胡人的经济生活情况。

渔猎是东胡人的基本生业。在黑龙江西部原属东胡人生活区域的齐齐哈尔地区，原始社会末期诸遗址中，渔猎业工具出土数量较多。早在 1929 ~ 1933 年，苏联学者路卡什金在齐齐哈尔火车站附近的新石器时代遗址中发现很多野生动物骨，有"狐狸、羚（羊）、狍子、鹿、野猪、狼和其他"，这是狩猎业的证据。该遗址的贝冢中发现"有鱼骨存在，还有鱼镖、网坠和编织渔网的骨器"。[1] 位于昂昂溪区的滕家岗遗址，出土的鱼叉或鱼镖（见图 1-6），"种类较多，器形略繁"。[2] 在该遗址还出土了陶塑鱼鹰，是一个陶罐口沿部的装饰品，制作方法简洁古朴（见图 1-7），"先在陶罐口沿下部附加凸起的泥条，然后捏塑成单纯的正面飞翔的鱼鹰整体，最后用戳刺纹饰表现头、尾、身、翼上的羽毛"。[3] 这是东胡人使用鱼鹰捕鱼在艺术上的反映。昂昂溪区五福、额拉苏等遗址也出土不少渔具。"额拉苏 C 出土较多鱼骨，可知当时渔业也很兴盛。报道五福 A 见有两端打出豁缺的石网坠……表明渔网的发达。"[4] 另外在绝大多数相关遗址中都出土有作为狩猎工具的石质箭镞，可见渔猎业在东胡人经济生活中占有重要地位。而且东胡人捕鱼方法多样化，网捕、镖扎、鱼鹰都有应用，狩猎则主要靠弓箭。

原始农业已经出现。路卡什金在齐齐哈尔火车站附近的新石器时代遗址中还发现两件石磨的磨石，[5] 为粮食加工工具，用于给谷物去皮。这是农业已经出现的一个初步证据。考古人员在滕家岗遗址发现了更加完整、更加有说服力的证据。该遗址出土大型磨制石器 24 件，有石斧、石锛、石铲、环状重石、石磨盘、石磨棒、石磨饼等。据考证，石斧、石锛用来伐木开荒，石铲用来挖地掘土，环状重石中间的孔插上带尖的木棍用来点籽，石磨盘、石

① 路卡什金：《齐齐哈尔车站附近新石器时代遗址研究》，中国社会科学院考古研究所、黑龙江省文物考古研究所、齐齐哈尔市昂昂溪区人民政府编《昂昂溪考古文集》，科学出版社，2013，第 146 ~ 147 页。
② 辛健：《昂昂溪滕家岗新石器时代遗址》，《昂昂溪考古文集》，第 285 页。
③ 崔福来：《昂昂溪遗址发现陶塑鱼鹰》，《中国文物报》1990 年 4 月 19 日，第 1 版。
④ 大贯静夫：《关于昂昂溪采集的遗物——以额拉苏 C 遗址出土遗物为中心》，《昂昂溪考古文集》，第 187 页。原文发表于《京都大学考古学研究室纪要》6，第 1 ~ 40 页。
⑤ 路卡什金：《齐齐哈尔车站附近新石器时代遗址研究》，《昂昂溪考古文集》，第 138 页。

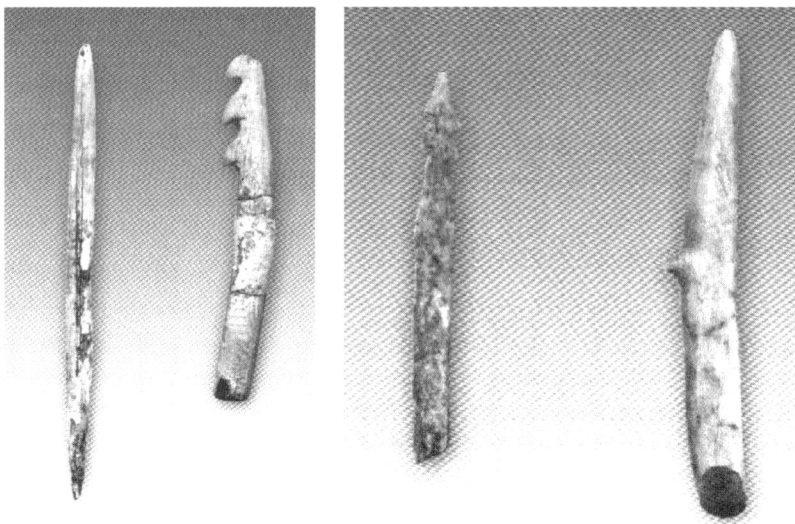

图1-6　滕家岗遗址出土的骨鱼镖

资料来源:《昂昂溪考古文集》,彩版二4、5、6。

图1-7　滕家岗遗址出土的陶塑鱼鹰

资料来源:《昂昂溪考古文集》,彩板三3。

磨棒、石磨饼用来加工粮食。[①] 这些工具代表了一个完整的农业生产流程,反映了当时腾家岗人的农业已经较为成熟。但从整体情况看,农业在东胡人的经济中还只是处于附属地位,不及渔猎业重要。

考古资料对此时东胡人的渔猎业、农业混合型经济有更为直观地反映。

①　辛健:《昂昂溪滕家岗新石器时代遗址》,《昂昂溪考古文集》,第284~285页。

在昂昂溪电机厂青年点遗址中发现碳化了的人类粪便，从其断面中"可清晰地看到一些未完全消化的鱼、鸟类动物的碎骨渣及少量植物种子壳"。① 食物中兼具捕鱼业、狩猎业、农业产品，而且渔猎业产品多，农业产品少，精准地反映了当时的经济状况。

东胡人明确地有了畜牧业。在齐齐哈尔附近的额拉苏遗址发现了狗骨、家养黄牛骨和马骨。"作为家畜的狗，其骨骼上有锐器切割的痕迹，也有部分经过火烧，由此推测狗在某种情况下会被食用……马个体较小，可能不是野马，而应和黄牛一样，是家养动物。"② 不过，此时的畜牧业在东胡人经济中所占比重不大，不能与渔猎业相比。

东胡人也能够烧制陶器，工艺水平与肃慎一样处于起步阶段，全部手制，火候低。特点是大多数陶器为素面，不像肃慎陶器有那么多的纹饰。

商周时期，中原地区青铜器发达，形成考古学上的青铜时代。黑龙江地区在这一时期也有少量铜器和青铜器使用，基本只局限于松嫩平原，而且远不像中原那样深入运用到社会生活的各个领域。就是在具有青铜文化代表性的肇源县白金宝遗址中，铜器和青铜器也很少，石器、骨器等仍在工具中占绝对主导地位。

---

① 辛健:《昂昂溪电机厂青年点遗址调查》,《昂昂溪考古文集》,第313页。
② 直良信夫:《齐齐哈尔附近额拉苏发掘的自然遗物》,《昂昂溪考古文集》,第212页。

第二章

秦汉时期的黑龙江经济

在黑龙江地区历史发展进程中，秦汉时期是非常重要的一环。这一时期，黑龙江地区各族人民首次走出传统居住区，向外发展势力，有的甚至到中原地区建立了政权，从此，黑龙江地区和全国更紧密地联系在一起了。

这一时期先后在黑龙江这片土地上生活的有挹娄、沃沮、橐离、夫余、鲜卑等民族或部族。西汉中期以前，黑龙江各民族各有基本固定的生活区域，彼此疆域大体有一条相对明了的界线。东北部以三江平原为中心的松花江下游、黑龙江下游，以及牡丹江中下游居住的是肃慎族系的挹娄。挹娄以南是属于秽貊①族系的北沃沮②，其活动范围大体在绥芬河和图们江流域。挹娄以西为秽貊族系的橐离，其活动范围在东流松花江上中游，核心区域在今宾县庆华至索离沟一带。大约在西汉初期，一部分橐离人南下到今吉林市一带，建立了夫余国（也作扶余、夫馀）。橐离以西是东胡族系的鲜卑人，③ 其核心区域在大兴安岭北段。

西汉中期，即公元前 1 世纪中叶，这一格局开始发生变化，长达数百年的民族大迁徙和大融合开始了。开迁徙之先河的是鲜卑族拓跋部④，他们由大兴安岭北部沿海拉尔河向西南迁到达赉湖一带，并在这里生活了约两个世纪。东汉后期，其再次向西南迁徙进入匈奴故地。正是鲜卑族的迁徙引起了

---

① "秽"又作"濊"，史籍中二者使用频率差不多，本书统一用"秽"，但史料原文为"濊"者除外。

② 史籍上出现过东沃沮、北沃沮、南沃沮，事实上并无三个沃沮之分，沃沮只有一个，居于南部者称南沃沮，居于北部者称北沃沮，东沃沮则是沃沮的别称。

③ 橐离以西除了鲜卑人外，还可能有貊人。有许多学者认为白金宝文化是貊人的文化，也有学者认为胡、貊同源。

④ 此时该部落只是一个普通的鲜卑部落，待其到达匈奴故地后，与当地匈奴人通婚，最终形成了鲜卑父胡（匈奴）母的拓跋部，为了便于叙述，本书以其后来名称呼之。

中国北方民族大迁徙的连锁反应。可以说，西晋末期开始的北方民族分布格局的大变化实肇始于鲜卑的迁徙。

西汉末年，夫余国强大起来以后，向北吞并了橐离，又向东、西、南各方扩展势力，占有了松辽平原、松嫩平原的广大地区。

这一时期黑龙江地区的历史发展和全国一样，处于一个充满创造力的时代、一个特色鲜明的时代。民族的迁徙、频繁的战争和交流，使黑龙江各民族间广泛融合，经济、政治大大发展，社会各方面都上了一大级台阶，形成了全新的格局。

依自然环境和民族传统的不同，此时的黑龙江经济大体可分为三个类型：秽貊族系的橐离、夫余、沃沮基本为农业型；肃慎族系的挹娄为以农业为主，兼营渔猎业的混合型；西部草原地区的鲜卑为畜牧业型。当然，这种区分并不那么严格，橐离、夫余、沃沮存在家庭畜牧业，鲜卑族也有农业。地区间发展不平衡，除夫余外，黑龙江地区的经济普遍比中原地区落后许多。黑龙江地区许多汉代遗址还发现了很多石、骨、角质工具，以致被错判为原始社会新石器时代遗址。[①] 但总的来说，这是黑龙江地区人口快速增长、经济大步前进的时期。

第一节　农业

早在秦末汉初，黑龙江地区农业就已经有了可观的发展。中国古代史籍记载的"五谷"，即稷（粟、小米）、黍（黄米）、稻、麦和菽（大豆），这一时期在黑龙江地区已经出现了除稻以外的四种。铁农具已开始使用，也就是说秦汉时期黑龙江农业的起点不低。

秽貊族系的沃沮、橐离、夫余农业最为发达，肃慎族系的挹娄次之，东胡族系的鲜卑初期没有农业，南迁后才渐渐有了初步的农业。

北沃沮的经济以农业为主，这一点可以从其村落的规模、房屋的面积和结构中清楚地反映出来。一般说来，过着定居农业生活的民族村落规模及房屋面积较大，房屋结构复杂；而畜牧和游猎民族的村落规模小，房屋小且简陋。北沃沮具有代表性的遗址——东宁团结遗址"村落达十余万平方米；房屋排列有序，一般相距数米；房子面积一般三、五十平方米，大的达一百平

---

① 张伟、刘伟：《黑龙江省汉代考古学文化及相关问题研究》，《北方文物》2014 年第 4 期。

方米，房子的结构和营建也比较复杂"。①

北沃沮人所居之处，土地肥沃，山清水秀，气候适宜，资源丰富，便于渔猎耕牧，为沃沮人的生活和经济发展，特别是农业生产提供了有利的自然条件。沃沮人生产力的提高促进了农业的发展，起初刀耕火种的原始农业发展到更高的水平。沃沮人还经常开垦新地和扩大耕种面积，粮食产量大幅度增加。农业成为沃沮人主要的经济活动。文献记载沃沮之地"宜五谷"，沃沮人"善田种"，② 这得到了考古资料的证实，如东宁团结遗址下层第5号房址出土的陶瓮中有粟等粮食作物，为北沃沮人种植粟提供了有力的实物例证。北沃沮人已经把一些野生植物改良成栽培植物，并不断地增加新品种，粮食已成为北沃沮人的主要食物之一。

沃沮人在农业生产中较多地使用石器。在东宁团结遗址、大城子遗址，俄罗斯克罗乌诺夫卡遗址中都出土了石质农具，主要有石刀、石斧、石镰三类。石刀分两种形式，一种为类似半月形穿孔石刀，或一孔或多孔，有直背、凹刃和弧背等形式，均作弧刃；另一种为长方形，可分为圆角长方形和两侧带有凹缺的长方形，多为直背、弧刃，靠近刃部往往有两面对穿的孔。在铁农具出现前，石刀是最有效的收割工具。石斧平面及横剖面均近似于长方形，弧刃较多，平面呈长方形而横剖面呈椭圆形的斜刃、圆柱状石斧是这个地区石斧的特点，一般都体积大、厚重，刃为双面弧刃，非常锐利（见图2-1）。这是开荒垦地时砍伐树木和切割杂草的有力工具。东宁团结遗址第1号房址出土的石镰，扁平窄身，弧背单刃，较锋利，可以用于大面积的谷物收割。

图2-1　沃沮人的石斧、石锛、穿孔石刀
资料来源：《考古黑龙江》，第150页。

① 匡瑜：《战国至两汉的北沃沮文化》，《黑龙江文物丛刊》1982年第1期。
② 陈寿：《三国志》卷三十《魏书·乌丸鲜卑东夷传·东沃沮》，中华书局，1959，第846页。

农业的发展与农具的进步是分不开的。在使用石器的同时，沃沮人已开始使用铁器（见图2－2）。在东宁团结遗址、大城子遗址中出土了铁镰、铁锛、小铁，俄罗斯克罗乌诺夫卡遗址中出土了铁铧、铁镬等铁质农具。铁器的使用，减轻了人们的劳动强度，进一步提高了劳动效率，促进了当时农业生产的发展。

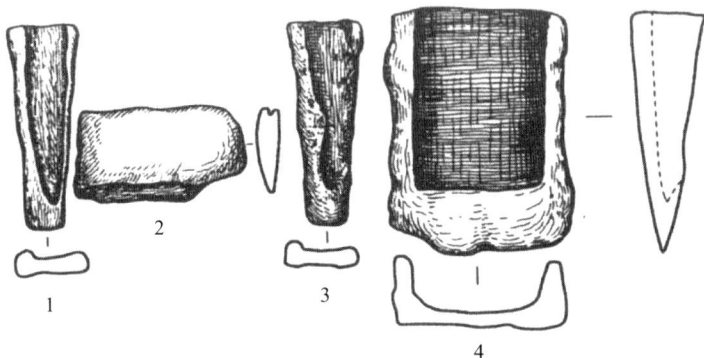

图2－2　俄罗斯杨科夫斯基文化小枕头山遗址出土的沃沮人的铁铧、铁镬

说明：1、3为铁铧，2、4为铁镬。

资料来源：魏轶莉、何方媛：《滨海地区早期铁器时代的杨科夫斯基文化、瓦连京类型的遗物》，《东北亚历史与考古信息》2008年第2期。

除石器和铁器外，沃沮人还因地制宜地制作和使用其他质地的农具。如把蚌壳磨制成蚌镰，轻便又耐用，不失为一种有效的收割工具。

农业的发展使人口得以大幅增加。俄罗斯考古工作者根据克拉乌诺夫卡遗址中某一村落房址的数量和大小推算出该村人口为540～648人。[1] 这样规模的村庄在当时是相当可观的，必然促进了其他行业的出现和发展。恩格斯说过，铁器的使用"使大面积的农田耕作，开垦广阔的森林地区，成为可能"，并将之概括为"是在历史上起过革命作用的""最重要"者。[2] 沃沮人这种开展大规模农业生产的手段，带动了其他行业的发展，促进了社会的进步，加快了经济的发展速度。

橐离与秽关系密切，秽是很早就开始经营农业的民族。这在其代表性的文化即西团山文化中已得到证实。而橐离文化即索离沟、庆华文化明显受到

---

[1] 沃斯特列佐夫：《克拉乌诺夫卡（团结）文化发展的某些人口学观点》，宋玉彬译，《东北亚历史与考古信息》1994年第2期。

[2] 《家庭、私有制和国家的起源》，《马克思恩格斯全集》第21卷，人民出版社，1976，第186页。

西团山文化的影响，据此橐离人也应是以经营农业为主的民族。在索离沟遗址、庆华遗址的发掘中，直接相关于农业的资料发现很少，这大概是发掘面积过小所致。在庆华遗址出土的一个铁锸，① 被认为是用于农业生产的工具，证明橐离人已经开始使用铁农具了，这是农业技术的重大进步。

农业是夫余经济的支柱。"旧夫余俗，水旱不调，五谷不熟，辄归咎于王，或言当易，或言当杀。"② 农业丰收与否甚至关系到国王的废立甚至生命，足见其受重视的程度。《山海经·大荒北经》也载："有胡不与之国，烈姓，黍食。"胡不与国即夫余国，"黍食"说明其经济是以农业为主的。

夫余地处松辽平原和张广才岭西麓的接壤地带，向西是一望无际的大平原，向东则是连绵起伏的崇山峻岭，既"于东夷之域最平敞，土地宜五谷"，又"多山陵、广泽"，松花江、伊通河、饮马河、东辽河、拉林河纵横其间，水资源丰富，气候温和。得天独厚的自然环境为农业和畜牧业的发展提供了有利的条件，加之铁器的广泛使用，促进了农业生产的快速发展和进步。从考古发现来看，在属于夫余文化的遗存中，都出土有大量的铁质农业生产工具，种类有镬、锸、锄、锛、镰、刀、铧等，而且数量较多，如在老河深一地，就出土铁镬27件，铁锸8件，铁镰13件。在帽儿山墓葬群还发现有铜锸（见图2-3）。器物的形制与中原地区的基本相同，铁农具的金属学研究表明，其"形制、材质与制作方法与中原地区相同，即由生铁、铸铁脱碳钢和炒钢制作而成，未发现明显的地区特征"。③ 这说明夫余的农业生产与汉代中原地区的发展水平基本相同（或相差不多），而且明显受到中原地区的影响。不过，石质生产工具还在使用，有石斧、石凿、石刀、石镰、石磨盘等。从以上情况看，夫余人长期过着以农业为主的定居生活。

农业在挹娄社会经济中占有重要地位，从事农业生产的是分布在其活动区域中的南部平原和半山地区的部落。文献记载，挹娄人有"五谷、麻布"，④ 这得到了考古资料的证实。如在蜿蜒河遗址，⑤ "每个房子里都有烧焦的粟

① 张伟：《松嫩平原早期铁器的发现与研究》，《北方文物》1997年第1期。
② 陈寿：《三国志》卷三十《魏书·乌丸鲜卑东夷传·夫余》，第842页。
③ 陈建立、韩汝玢、斋藤努、今村峰雄：《从铁器的金属学研究看中国古代东北地区铁器和冶铁业的发展》，《北方文物》2005年第1期。
④ 范晔：《后汉书》卷八十五《东夷列传·挹娄》，中华书局，1965，第2812页。
⑤ 遗址位于黑龙江与松花江合流处，经碳14测定，距今约2000年，属东汉时期，为挹娄遗存。

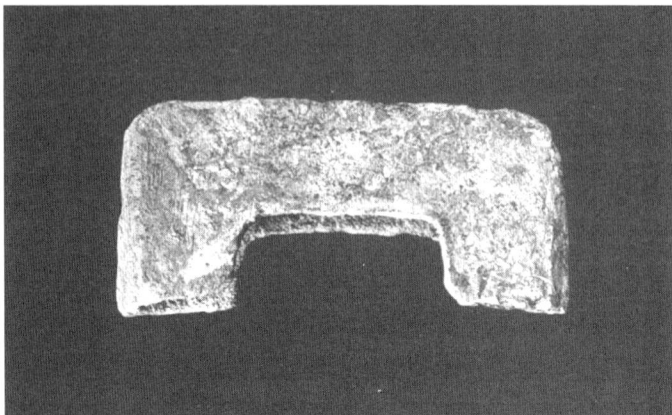

图 2 - 3　帽儿山墓葬群出土的夫余铜锤

资料来源：吉林省文物考古研究所编《田野考古集粹——吉林省文物考古研究所成立二十五周年纪念》，文物出版社，2008，第 46 页，图 4。

粒"。① 再如，在凤林城址早期 F2 号房址出土的陶器中，有 3 个罐装有粮食，经鉴定有粟、小麦和大豆。在黑龙江省宁安县（今宁安市）东康遗址的 2 号房址中出土了盛在陶瓮中的碳化谷物，经东北农业大学李文雄教授鉴定为粟和黍。② 同一遗址还出土了碳化的豆和荏（苏子）。③ 在滚兔岭遗址中出土的碳化种子，经东北农业大学李文雄教授、于学仁副教授鉴定为大麻（见图 2 - 4）。④ 此大麻不是现代所说的毒品大麻，而是俗称的线麻，桑科植物，一年生草本，纤维整齐，通顺细长，强度高，弹性好，易于染色，可用来纺织麻布、搓绳、编渔网，种籽可榨油。苏联阿穆尔河流域的波尔采文化时期相当于我国的滚兔岭文化，波尔采文化的一处房址中"发现了厚厚一层散落在屋地上并被烧焦了的黍"。⑤ 小八浪遗址中同样发现了碳化种子。宝清县劝农二道岭汉魏遗址也出土了碳化粮食（见图 2 - 5）。

---

① 朱国忱、张太湘、魏国忠、吴文衔：《渤海国的族属问题》，《学习与探索》1980 年第 5 期。
② 谭英杰、孙秀仁、赵虹光、干志耿：《黑龙江区域考古学》，中国社会科学出版社，1991，第 49 页。
③ 李砚铁：《黑龙江地区自然环境与史前社会经济》，潘春良、艾书琴主编《多维视野中的黑龙江流域文明》，黑龙江人民出版社，2006，第 231 页。
④ 黑龙江省文物考古研究所：《黑龙江省双鸭山市滚兔岭遗址发掘报告》，《北方文物》1997 年第 2 期。
⑤ 杰烈维扬科：《黑龙江沿岸的部落》，林树山、姚凤译，吉林文史出版社，1987，第 41 页。

图 2 - 4　滚兔岭遗址中出土的碳化大麻种子

资料来源：黑龙江省文物考古研究所：《黑龙江省双鸭山市滚兔岭遗址发掘报告》，《北方文物》1997 年第 2 期，图版四 10。

图 2 - 5　宝清县劝农二道岭汉魏遗址出土的碳化粮食

资料来源：藏于双鸭山博物馆，梁玉多摄。

粟就是谷子，去皮为小米，是中国人最早培植的粮食作物之一，性耐旱，生长期短，只有 60～150 天，适于在寒冷、干旱的北方种植。

　　小麦在我国的栽培历史也很久,《诗经·魏风·硕鼠》中就有"硕鼠硕鼠,无食我麦"之句。小麦耐旱,生长期短,适合在黑龙江地区种植。直到今天,黑龙江仍是我国小麦主产区。

　　挹娄人种植大豆。东北地区种植大豆的历史很悠久,属于西团山文化的吉林省永吉县大海猛遗址就出土了碳化大豆,经碳14测定,距今2590±70年,大体相当于东周时期,这是迄今发现的东北乃至于全国最早的大豆实物。[1] 黑龙江地区最早的大豆发现于宁安东康遗址。[2] 在该遗址2号居住址中出土了一个陶瓮,其中装着碳化谷物,经中国科学院作物研究所鉴定,这些谷物是粟、豆、荏。同样位于今黑龙江宁安而年代稍早的大牡丹遗址和牛场遗址也发现了粮食颗粒,大牡丹遗址是大豆、粟和黍,牛场遗址是大豆。[3]

　　在滚兔岭遗址、小八浪遗址、宝清县民富遗址和凤林城址均发现有马鞍形石磨盘和磨棒之类的脱谷器具(见图2-6、图2-7),说明粮食已成为挹娄人的主要食物之一。

图2-6　宝清县民富遗址出土的石磨盘、磨棒
资料来源:藏于宝清县博物馆,梁玉多摄。

---

[1]　董学增:《西团山文化研究》,吉林文史出版社,1993,第393页。

[2]　宁安东康遗址最初被认定为挹娄遗存,后来更多地被认为是沃沮遗存。该遗存的族属不在本书探讨范围内,但无论是哪一族的遗存,都是当时黑龙江经济的一部分。

[3]　李砚铁:《黑龙江地区自然环境与史前社会经济》,潘春良、艾淑琴主编《多维视野中的黑龙江流域文明》,第232页。

图 2 - 7　凤林城址出土的石磨盘

资料来源：黑龙江省文物考古研究所编著《凤林城：1998～2000 年度考古发掘报告》，科学出版社，2019，图版一一二 4。

　　挹娄初期出现了铁器，但还很少用到农业生产上。在代表挹娄早期的滚兔岭遗址和小八浪遗址中发现石刀、石刮削器、石磨盘、石斧，生产工具主要还是石器，说明滚兔岭文化时期农业还处在原始阶段。到挹娄晚期，即魏晋南北朝之际，铁器传入渐多，开始被用来制作农具。

　　早期的鲜卑以"畜牧迁徙，射猎为业"，[1] 没有农业。考古发掘证明了这一点，在鲜卑早期的遗址、遗迹中均没有发现与农业有关的痕迹。

　　在南迁与其他民族接触后，鲜卑才逐渐有了一定的农业。《三国志》记载，南迁之初的鲜卑与乌桓一样，靠鸟的鸣叫声识别四季，仅能耕作穄、东墙等低级农作物。1956 年，在辽宁省西丰县西岔沟的乌桓墓葬中出土了众多标有汉字的农具，一方面证明乌桓人和鲜卑人此时确实有了农业生产，另一方面也反映出乌桓人和鲜卑人的农业生产是从中原汉族人那里学到的。《魏书·吐谷浑传》记载："（鲜卑人）亦知种田，有大麦、粟、豆，然其北界气候多寒，唯得芜菁、大麦，故其俗贫多富少。"吐谷浑出自慕容鲜卑，其迁徙初期仍保持着鲜卑族的生活习俗，由此可知，鲜卑人亦种植大麦、粟、豆、芜菁等作物。当时受北方的严寒天气所限，其作物以芜菁、大麦为主，农业在部落经济生活中所占比例很小。但当拓跋鲜卑进入中原地区后，愈来愈多地受到中原农耕文化的影响，农业在拓跋部内以及拓跋部的统治地区发展起来了。

---

　　① 魏收：《魏书》卷一《序纪》，中华书局，1974，第 1 页。

第二节　畜牧业

秦汉时期，畜牧业是黑龙江经济的重要支柱，只是不同的民族经营方式不同。鲜卑的畜牧业是游牧式的，其他各农业民族则是分散的家庭畜牧业。

鲜卑族农业相对落后，畜牧业与狩猎业一直是其经济支柱。南迁以前居住在大兴安岭北段嘎仙洞一带时，鲜卑人以狩猎为主，以畜牧为辅；南迁到草原地区后则变为以畜牧为主，以狩猎为辅。嘎仙洞出土的动物骨皆为野生动物骨，扎赉诺尔墓群出土的动物骨都是家畜骨就证明了这一点。

鲜卑有着黑龙江地区堪称发达的畜牧业。长期的游牧生活造就了鲜卑人"俗善骑射，随水草放牧，居无常处，以穹庐为宅，皆东向。日弋猎禽兽，食肉饮酪，以毛毳为衣"[1] 的生活习惯；无论日常饮食，还是婚宴嫁娶，乃至祭祀丧葬都离不开牲畜，就算是犯罪也可以牛羊抵罪。特别是在部落战争中，战马更发挥了重大作用，这都使各鲜卑部落极重视畜牧业的发展，部落大人以下，各自进行畜牧生产。

内蒙古达赉湖地区发现了完工、扎赉诺尔等鲜卑墓葬，墓葬中有大量的羊骨、马骨、牛骨和狗骨，可见这些动物已被作为家畜进行驯养，且数量巨大。扎赉诺尔墓葬还出土了鹿纹金牌饰，说明鲜卑人对鹿非常熟悉，要么是狩猎对象，要么是饲养对象。

畜牧业在橐离社会经济中占有相当的比重，不仅有"猪涧"，而且有"马栏"，东明也曾"牧牛马"，[2] 这在考古发掘中已得到印证。在索离沟遗址和庆华遗址都出土有陶马，庆华遗址还出土有陶猪。索离沟遗址出土陶马 2 件，庆华遗址出土陶马 8 件、陶猪 1 件。可见马在橐离社会中深受喜爱，占有重要位置。马不仅可用于游牧，更重要的是可以作为交通和战争工具来使用。在庆华遗址还出土有较多鹿的骨骼，或许橐离人已开始驯养鹿。

橐离人能够饲养家畜，很可能已有马和猪。在宾县庆华遗址出土的陶马

---

① 陈寿：《三国志》卷三十《魏书·乌丸鲜卑东夷传·乌丸》注引《魏书》，第 832 页。
② 王充：《论衡》卷二《吉验第九》，岳麓书社，2015，第 24 页。

8 件、陶猪 1 件（见图 2 - 8），[1] 应该是橐离人日常生活中饲养马和猪在艺术上的反映。同一遗址还出土一件疑似马具的鹿角器，[2] 如果确为马具，则橐离人养马不仅为食肉，还骑乘。

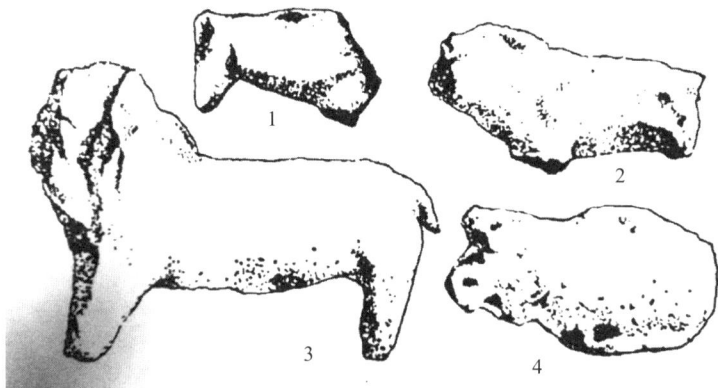

图 2 - 8　宾县庆华遗址出土的陶马和陶猪

说明：1、2、3 为陶马，4 为陶猪。

资料来源：黑龙江省文物考古研究所：《黑龙江宾县庆华遗址发掘简报》，《考古》1988 年第 7 期。

　　夫余以六畜名命官，说明畜牧业在夫余社会经济中占有重要地位。"山陵、广泽"为夫余畜牧业的发展提供了有利的场所，牲畜有马、牛、猪等，以产"名马"而著称。农业与畜牧业的发展是相辅相成的，畜牧业的发展可以为农业提供足够的畜力，牲畜的粪便又可成为极好的肥料。畜力的加入，不仅扩大了耕地面积，也使深耕细作成为可能，粮食产量随之得到了提高。当时的主要畜力就是马和牛。马既可以用于农业生产，又可以用于代步拉车，同时也可以用于战争，在夫余社会中占有十分重要的位置。在西团山文化晚期和夫余文化遗存中，都发现有陶塑的马，有的遗址会发现许多件，可见夫余人对马的钟爱。在榆树老河深墓葬中，发现有 12 例殉马现象，[3] 证明夫余人有殉马习俗。殉马是北方草原文化中常见的一种丧葬习俗，在内蒙古东部地区陈巴尔虎旗完工墓葬[4]、满洲里的扎赉诺尔墓葬[5]、巴林左旗的南杨

① 黑龙江省文物考古研究所：《黑龙江宾县庆华遗址发掘简报》，《考古》1988 年第 7 期。

② 黑龙江省文物考古研究所：《黑龙江宾县庆华遗址发掘简报》，《考古》1988 年第 7 期。

③ 吉林省文物考古研究所编《榆树老河深》，文物出版社，1987，第 18 页。

④ 潘行荣：《内蒙古陈巴尔虎旗完工索木发现古墓葬》，《考古》1962 年第 11 期；李作智：《内蒙古陈巴尔虎旗完工古墓群清理简报》，《考古》1965 年第 6 期。

⑤ 内蒙古文物工作队：《内蒙古扎赉诺尔古墓群发掘简报》，《考古》1961 年第 12 期。

家营子墓地①、嫩江流域的讷河二克浅墓地②、泰来的平洋墓地③以及通榆兴隆山墓地④等都发现有殉马现象。以上墓地，除了殉马之外，还发现有殉羊、殉牛、殉狗等习俗。但殉马现象在夫余社会并不普遍，在129座墓中仅发现12例就说明了这个问题。更多的人出于对马的珍惜不舍得用马来殉葬，于是用马的贴身之物马衔或马镳来替代马就成了夫余人丧葬习俗的一部分。在相当一部分墓葬中，都陪葬有马衔或马镳，这些墓葬规模有大有小，有富有贫，有男有女，说明马在夫余人的日常生活中是不可或缺的牲畜，死后也祈望在另外一个世界依然有马陪伴。"这种普遍葬有马具的现象，说明这个民族在生活中离不开马，畜牧是经济中的重要组成部分。"⑤牛可以拉犁耕地，又能拉车运送货物，在社会生产中起着重要作用。猪是夫余人的主要肉食来源，农业生产的扩大和进步，也为猪的圈养提供了充足的饲料。

除上述几种牲畜外，夫余人还喜欢养狗，狗既可以帮助主人放牧牲畜，又可以看家护院，同时也是夫余人的肉食来源之一。

饲养业是挹娄人以农业生产为基础发展起来的一项重要副业。文献记载，挹娄人"好养豕，食其肉，衣其皮"，⑥ 这得到了考古发现的证明。在滚兔岭遗址、小八浪遗址和凤林城址中均出土了猪、马、狗的陶塑（见图2-9）以及动物骨骼，证明挹娄人善于养猪、马、狗。⑦ 在桦南县小八浪遗址出土的家猪骨骼数量仅次于狍子骨骼，其最小个体数占总数的32.1%，"这说明家猪是小八浪遗址居民的主要肉食来源之一，家畜饲养业已有一定程度的发展"。⑧ 养猪不仅可以食肉，猪油还可以用来御寒。挹娄人"冬以豕膏涂身，厚数分，以御风寒"。⑨ 这又告诉我们，他们在养猪食肉的过程中，发明了用猪油涂身的独特御寒方式。这一办法确实有效，现代的冻疮膏中就有油脂成

① 刘观民：《内蒙古巴林左旗南杨家营子遗址和墓葬》，《考古》1964年第1期。

② 李砚铁、田禾、辛建、王长明、陈璐：《黑龙江讷河二克浅青铜至早铁时代墓葬发掘简报》，《考古》2003年第2期。

③ 杨志军、郝思德、李陈奇：《平洋墓地》，文物出版社，1990，第118页。

④ 中澍、相伟：《通榆县兴隆山鲜卑墓清理简报》，《黑龙江文物丛刊》1982年第3期。

⑤ 吉林省文物志编委会：《榆社县文物志》，内部出版，1983，第71页。

⑥ 范晔：《后汉书》卷八十五《东夷列传·挹娄》，第2812页。

⑦ 两汉时期挹娄人不养马，养马始于魏晋以后。

⑧ 潘玲：《黑龙江桦南县小八浪遗址动物骨骼的鉴定与分析》，《考古》2002年第7期。

⑨ 范晔：《后汉书》卷八十五《东夷列传·挹娄》，第2812页。

分。在属于挹娄遗存的集贤县永红城址发现陶猪3个（见图2-10），① 这是善养猪的习俗在挹娄人艺术作品中的反映。挹娄人还饲养其他家畜，史料记载其有"牛、马"。② 肃慎族系本来只善养猪，养马的习俗是从西部草原地区传入的。马在蒙古语和满语中发音相同，都为"莫里"。蒙古人的祖先东胡人早在先秦时期就已经饲养马了，史料对此有明确的记载，《后汉书·乌桓传》载，"乌桓者，本东胡也。……若相贼杀者，令部落自相报，不止，诣大人告之，听出马牛羊以赎死"。可能在秦汉以前，马由西部草原传入东部地区，马的名字也一同传入了。此后，马就在肃慎族系居住地繁衍起来。③

图 2-9　挹娄的陶猪

资料来源：高爱霞：《黑龙江省集贤县永红遗址一、二、三号灰坑清理简报》，《北方文物》2007年第2期，图版一6。

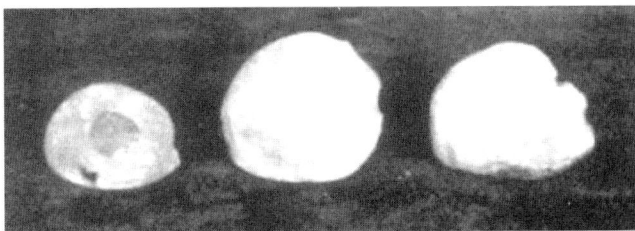

图 2-10　集贤县永红城址出土的挹娄陶猪

资料来源：王学良主编《荒原觅古踪》，双鸭山市文物考古资料汇编编委会内部印刷，2008，书前彩页。

---

① 高爱霞：《黑龙江省集贤县永红城址一、二、三号灰坑清理简报》，《北方文物》2007年第2期。
② 陈寿：《三国志》卷三十《魏书·乌丸鲜卑东夷传·挹娄》，第847页。
③ 张泰湘：《黑龙江古代简志》，黑龙江人民出版社，1989，第90页。

《晋书》记载，挹娄"有马不乘，但以为财产而已"。[①] 有马，而说其"无牛羊"，[②] 这与《三国志》的记载不同。综合分析，《三国志》关于东北民族的记事可信度高于《晋书》，挹娄应该有牛。目前确定为挹娄的考古资料发现有马，[③] 确实尚未发现牛和羊，这可能是因为牛和羊的数量少。属于挹娄到勿吉过渡期的凤林城址发现了不少用牛肩胛骨制成的卜骨，说明在魏晋南北朝时期三江平原南缘地区居民已经明确饲养了牛。对此，下文详述。

沃沮人处在适宜的自然条件下，有悠久的从事农业生产的历史。随着农业的发展，家畜饲养作为重要副业，与农业密切结合并发展了起来，在沃沮人居住过的遗址中发现的家畜骨骼证明了这种情况。在克罗乌诺夫卡遗址中发现有马、牛、猪、狗等家畜的骨骼，[④] 在索科利奇遗址中也发现了牛和猪的骨骼。猪的饲养必须要有相对稳定的定居生活来保证，定居的人常常是以原始农业为主要经济来源，而以家畜饲养为补充的副业，这些在团结遗址、克罗乌诺夫卡遗址中得到了充分的体现。

第三节　渔猎采集业

渔猎和采集业是直接从自然界取得生存资料，虽不稳定，却十分快捷，所以一直是人类最早、最普遍采用的谋生方式。秦汉时期的黑龙江地区先民也一样，捕鱼和狩猎在社会经济中占重要地位，山林中的野兽和江河湖泊中的鱼类，是其食物来源的重要方面。居住在深山老林里的部落，主要以狩猎为生；分布于江河湖泊附近的居民，主要以捕鱼为业。但按人类的发展规律，有原始狩猎的存在，必然伴随着渔猎业和采集业。因为"专靠打猎为生的民族，是从未有过的；靠猎物来维持生活，是极其靠不住的"。[⑤] 不论是农业民族还是畜牧民族都以渔猎业和采集业为重要副业，其方式方法既有基本的相似性，又有各自的特点。

---

① 陈寿：《三国志》卷三十《魏书·乌丸鲜卑东夷传·挹娄》，第 847 页。
② 房玄龄等：《晋书》卷九十七《四夷列传·东夷·肃慎氏》，第 2534 页。
③ 潘玲：《黑龙江桦南县小八浪遗址动物骨骼的鉴定与分析》，《考古》2002 年第 7 期。
④ 冯恩学：《俄国东西伯利亚与远东考古》，吉林大学出版社，2002，第 411 页。
⑤ 恩格斯：《家庭、私有制和国家的起源》，《马克思恩格斯全集》第 21 卷，第 33 页。

一　渔业

橐离人滨江而居，水产品是他们必不可少的辅助食品，庆华遗址就出土有大量的鱼骨。[①]

居住在江河沿岸的挹娄人，捕鱼业颇具规模。凤林城址、小八浪遗址不仅出土了陶网坠，而且出土了精致的铁鱼钩。由此可见，挹娄社会已经有了比较进步的捕鱼生产，鱼类也是他们的食物之一。

挹娄人捕鱼业的一个特点就是能捕大鱼，采用网捕和钩钓两种方法。发现的挹娄网坠中有的很大，单个重量达 2~3 公斤，是捕捞大鱼的大网的网坠。挹娄的鱼钩大的长度达 15 厘米，[②] 也是用来钓大鱼的。

长期的捕鱼生活使挹娄人对鱼产生了深刻印象，制作器物时自然而然地就制成了他们熟悉的鱼形，这是现实生活在艺术层面的反映。在集贤永红城址出土铁质和石质鱼形器各 1 件（见图 2 - 11、图 2 - 12），[③] 虽然用途不明，但器身整体呈鱼形则是明显的。

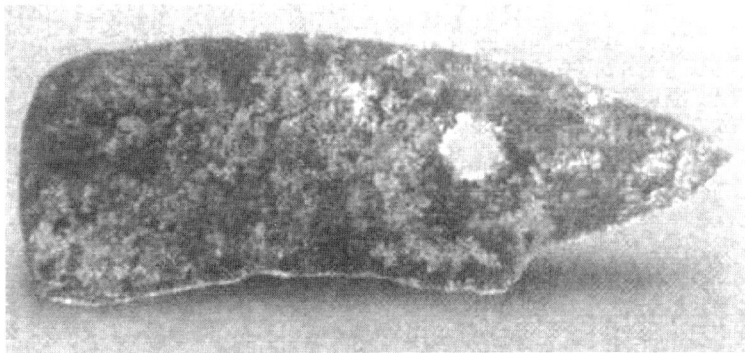

图 2 - 11　挹娄人的铁质鱼形器

资料来源：高爱霞：《黑龙江省集贤县永红城址一、二、三号灰坑清理简报》，
《北方文物》2007 年第 2 期，图版三 5。

捕鱼在沃沮人的生活中非常重要。沃沮人能乘船至海中捕鱼，获取海中的食物。[④] 靠近江河的北沃沮人的捕鱼能力很强，仅从部分遗址出土的陶质

[①] 黑龙江省文物考古研究所：《黑龙江宾县庆华遗址发掘简报》，《考古》1988 年第 7 期。

[②] 冯恩学：《俄国东西伯利亚与远东考古》，第 449 页。

[③] 高爱霞：《黑龙江省集贤县永红城址一、二、三号灰坑清理简报》，《北方文物》2007 年第 2 期。

[④] 范晔：《后汉书》卷八十五《东夷列传·东沃沮》，第 2816 页。

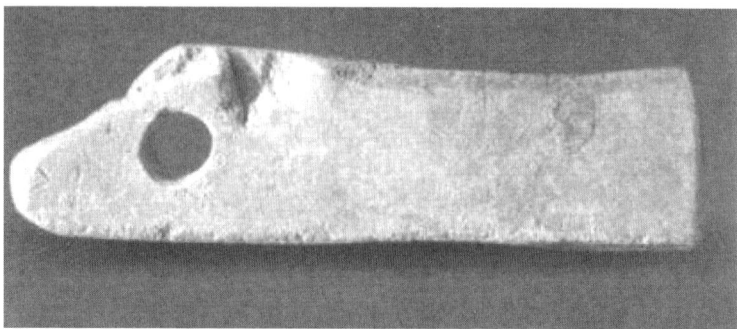

图 2-12 挹娄人的石质鱼形器

资料来源：高爱霞：《黑龙江省集贤县永红城址一、二、三号灰坑清理简报》，《北方文物》2007 年第 2 期，图版四 4。

或石质的网坠就可证明。北沃沮人的主要捕鱼工具是网、石矛、石镞。在团结遗址发现的石网坠，是用扁平的河卵石在两侧打击凹缺而成，长 8 厘米；网坠大而重，渔网肯定是比较大的。在大城子遗址中发现了两种陶网坠，一种是略呈圆柱状，中间刻凹槽一周，长 4.8 厘米；另一种形状为扁平略呈长方形，两侧各有一缺口，长 6.5 厘米、宽 4.8 厘米。这说明靠近江河湖海的沃沮人善于拉网捕鱼作业。除此之外，遗址中出土的石矛、石镞等，也有用于捕鱼作业的可能。

即使在农业比较发达的夫余，渔业作为辅助手段依然存在。居住在江河湖岸的人兼事捕捞业，在东团山、泡子沿等夫余遗址中都发现过石质和陶质的网坠，说明夫余人普遍使用渔网捕鱼，鱼鲜是他们食谱中不可缺少的美味。

二 狩猎业

橐离人狩猎除使用常见的刀、矛、弓箭外，还使用其他民族不常用的盘状器和石球。索离沟遗址出土盘状器 2 件和石球 2 件。盘状器呈扁圆体，中间厚边缘薄，系先打制成型，然后再进行磨制使器形更加规整。[1] 这种盘状器与石球大概是一种投掷型狩猎工具，制成规则的盘状和球状是为了增加投

---

[1] 李延铁、刘春海、曹伟：《黑龙江省宾县索离沟遗址发掘简报》，《北方文物》2010 年第 1 期。

出的准确性。

挹娄人的狩猎对象广泛。小八浪遗址出土了 124 块动物骨骼，其中还有软体动物的外壳。这些动物可分为哺乳类、鸟类、软体动物三大类，至少有 6 个物种。狍子骨骼数量最多，占总数的 68%，还有数量较少的马鹿、鸟类骨骼。软体动物外壳有圆顶珍珠蚌、田螺等。数量较多的肢骨的端口和骨片留下人工敲砸形成的痕迹，说明是打猎获取的。[①] 狍子和马鹿生活在稀树灌木丛和森林中，蚌类在倭肯河中常见。

史载挹娄"出赤玉、好貂，今所谓挹娄貂是也"。[②] 这既是说挹娄地区有优质貂，也是说挹娄人长于捕貂，从一个侧面反映了挹娄狩猎业的发达。挹娄早期的狩猎工具较落后，尚未摆脱肃慎时期的"楛矢石砮"，滚兔岭遗址出土的石镞，足以说明这一点。后期狩猎工具有很大的改进，凤林城址早期出土了骨镞、骨锥、铁镞、铁刀。

挹娄人狩猎的一大特点是用毒。用毒在黑龙江先民中有着悠久的传统，莺歌岭遗址距今约 3000 年，大体相当于商周时期，其出土物表明，肃慎人"普遍使用安装石箭头的弓箭（而后发明在其上涂敷有毒植物的汁液）进行狩猎，这种当时最先进的生产工具就是我国古文献中每提到的肃慎族的'楛矢石砮'"。[③] 挹娄人"青石为镞，镞皆施毒"，[④] 使用毒箭猎取凶猛的大型野兽。

猎物对当时的沃沮人来说不仅是重要的肉类来源，而且皮可以缝制衣服。因此，狩猎在沃沮人生活中占有重要地位。在克罗乌诺夫卡遗址中发现有野生动物野猪、马鹿的骨骼，说明过着定居生活、主要从事农业和饲养业的沃沮人也存在狩猎业。这个时期，沃沮人活动过的遗址中出土的狩猎工具有铁镞、铁刀、石弹丸和陶弹丸等。发现的狩猎工具与其他民族相比数量偏少，这一方面可能是因为沃沮人确实狩猎业较弱；但另一方面也可能是当时沃沮人广泛使用了无法存留痕迹的其他狩猎手段，例如有的民族志资料中见到的猎民们的集体围猎，或简单的捕套、挖坑设陷阱、布网等。

---

① 潘玲：《黑龙江桦南县小八浪遗址动物骨骼的鉴定与分析》，《考古》2002 年第 7 期。
② 陈寿：《三国志》卷三十《魏书·乌丸鲜卑东夷传·挹娄》，第 848 页。
③ 孙秀仁：《黑龙江历史考古述论（上）》，《社会科学战线》1979 年第 1 期。
④ 陈寿：《三国志》卷三十《魏书·乌丸鲜卑东夷传·挹娄》，第 848 页。

几乎所有的游牧民族都长于狩猎，越是早期，狩猎在经济生活中所占的比重越大。黑龙江西部的鲜卑族就是这样。大兴安岭北部东麓嘎仙洞一带是鲜卑族的最初居住地，这里幅员辽阔、地广人稀，昼夜温差较大，夏季凉爽湿润，秋冬寒冷多雪，适宜野生动物的繁衍、生长，是一个极佳的狩猎区。这一地区野生动物资源丰富，而且有独特的品种。"兽异于中国（指中原地区）者，野马、羱羊、端牛。端牛角为弓，世谓之角端者也。又有貂、豽、鼲子，皮毛柔蠕，故天下以为名裘。"① 嘎仙洞中出土了大量的骨镞、石镞、陶器、打制石器以及野生动物骨骼，说明洞内生活的早期鲜卑人过着以打猎为主的生活，狍、鹿、熊、野猪等普通野生动物是他们日常衣食之源，"异于中国者"的珍稀野生动物则是他们对外交换的主要商品。发展到以畜牧业为主后，狩猎并没从鲜卑人的经济生活中退出，放牧之余的狩猎所得，仍是其生活资料的重要补充。

三　采集业

在取得生活资料的各种生业中，采集业占有不小比重。在山林和田野中采集野果、山菜和菌类，也是游牧民族非常重要的食物来源。采集业较难留下工具或产品的实物，但也并非完全无迹可寻。挹娄人就明确地有采集业。在位于绥滨县新城镇的蜿蜒河遗址中发现了烧焦的榛子皮，② 这说明挹娄人已经知道采集榛子食用。

第四节　手工业

农业、畜牧业、渔猎业的发展必然带来手工业的兴旺。秦汉时期，黑龙江各地、各民族的手工业普遍向前迈进了一大步。

一　制陶业

陶器是那时人们日常生活最常用的器具，陶器制造是原始手工业的一个重要部门。

---

① 陈寿：《三国志》卷三十《魏书·乌丸鲜卑东夷传·鲜卑》注引《魏书》，第836页。
② 黑龙江省博物馆、中国社会科学院考古研究所：《黑龙江省绥滨县蜿蜒河遗址发掘报告》，《北方文物》2006年第4期。

　　秦汉时期，夫余的制陶业最发达，很可能已成为独立的生产部门。就两汉时期的黑龙江地区而言，夫余人的手工业水平略高于周边诸族，是当时较先进且富足的民族。夫余人的日常生活器皿多为陶质。五常市白旗遗址出土了一批陶器，其特点：一是斗多；二是横桥状耳发达，还有扁方钣耳和乳丁（见图2-13）。① 夫余陶器的特色是存在大型器，不少墓葬中都有高达30~50厘米的鼓腹罐。这是陶器制作技术发展的标志，也是其定居农业生活的反映，因为只有定居从事农业的民族才会制造和使用这种不易搬动的大罐。

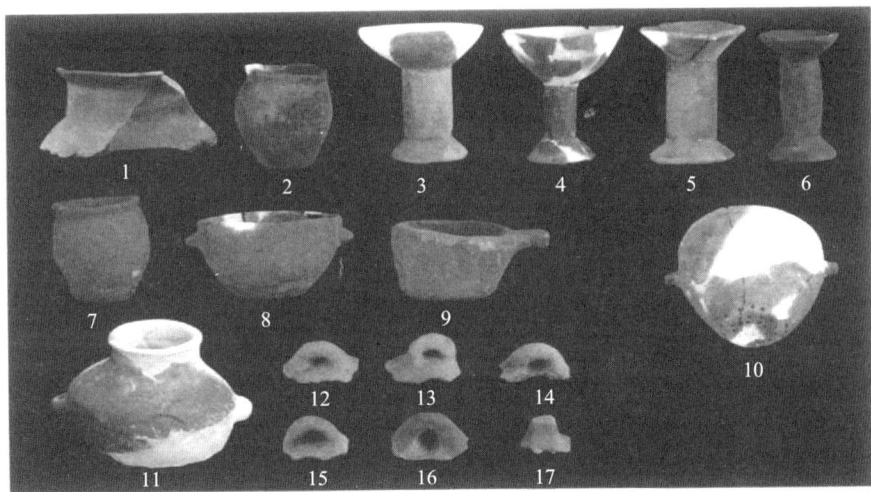

图2-13　五常市白旗遗址出土的夫余陶器

资料来源：《考古黑龙江》，第126页。

　　挹娄早期生产工具中石器占多数。一般说来，处在这一发展阶段的手工业尚未和其他生产分离。其陶器制造也没有成为专门的独立生产部门，各家各户自己制作所需陶器。虽然还处在手制阶段，烧制火候也不高，相对较落后，但已能制造生活所需的各种不同形状的陶器，几乎所有与挹娄相关的遗址遗迹中，出土最多的就是陶器（见图2-14）。他们"作瓦鬲，受四五升以食"。② 早期陶器多数为夹砂陶，个别有泥质陶；晚期泥质陶增加。陶色呈灰褐、黑褐色，有少量红衣和黑皮陶，器表斑驳不均，多为素面。个别器物

---

① 《考古黑龙江》，第126页。
② 房玄龄等：《晋书》卷九十七《四夷列传·东夷·肃慎氏》，第2534页。

颈、腹部有戳印纹和凹凸弦纹、乳丁纹。挹娄陶器的使用已延伸到了生产领域，滚兔岭遗址和凤林城址早期发现有捕鱼用的陶网坠。

图 2 - 14　滚兔岭遗址出土的挹娄单把罐

资料来源：《北方文物》1997 年第 2 期，封三 1。

沃沮人的陶器有其独特的风格：手制、体高、褐色、壁厚、柱状耳、素面、小平底，陶质以夹砂褐陶为主，制法为泥条盘筑或套接法，火候较低，器表粗犷而敦实。随着这一地区谷物生产的增加，大小储藏器和多种形状的食器和炊器骤然增加。罐形器最大的特点是多有对称的柱状钮，既搬拿方便，又具装饰作用。此时还出现了大小、形状不同的盆、碗、钵等多种器型。与挹娄相比，沃沮的陶器形式更加多样化。团结文化类型在我国境内出土的主要器型有高领长腹瓮。团结遗址 9 号房址中出土的带彩绘的陶瓮，在磨光的宽肩瓮腹部，绘有黑彩垂带纹饰，为宽带、细线组成垂直平行的几何图案，并有一对圆柱状耳；出土的喇叭形圈足豆座上绘有墨彩直线图案。彩绘系陶器烧成后绘于器表（见图 2 - 15）。

克罗乌诺夫卡文化与团结下层文化出土的同类陶器形状基本一致，克罗乌诺夫卡文化无疑就是团结文化。同类文化在朝鲜咸镜北道罗津草岛遗址、会宁五洞遗址、茂山虎谷洞遗址也有发现。陶器制法为手制，陶色呈红、黄、褐色，有的器物表面经过轻度磨光。器壁较厚，陶土中含有大量粗粒的石英和硅石。罐类流行假圈足平底，敛口，或敞口束颈，口大底小，通体高，壁外弧，或鼓腹，带粗大的柱状器耳。器型有双耳筒形罐。有的圈足上还有三角形的镂孔，个别陶器口沿带有附加堆纹。器表上纹饰少见，个别器

图 2 - 15　团结遗址出土的陶瓮、陶豆

资料来源:《考古黑龙江》,第 149 页。

表饰横向刻花纹,还有陶的串珠和圆环。

属于容器的瓮、罐,以及甑、各种不同形状的豆等雅致食器和炊器,虽然皆为手制,但在形态上已异常匀称而多样,显示了很高的制作技术。有些居住址出土有精致的陶器,工艺技巧娴熟,表明在陶器制造上已经出现熟练的专业手工作坊。

上述陶器反映了沃沮人的文化风俗和人们的情趣,反映了其文化类型的时代性特点。带柱状耳的小口长腹瓮、带柱状耳的高领长腹罐、高圈足豆、罐式豆、矮圈足豆、柱把豆、带柱状耳的筒形罐、带柱状耳的盆、甑、彩陶罐等器物,只出土在沃沮人活动的地域之中,其他地区少见或未见。

鲜卑人较早地掌握了制陶技术,早在大鲜卑山时期,鲜卑人就开始制陶。位于大兴安岭地区的鲜卑石室——嘎仙洞中出土了大量的细石器、石簇、骨簇、铁器、手制夹砂灰褐陶片、侈口长腹罐以及野生动物骨骼,说明洞内生活的鲜卑人已经掌握了制陶和冶铁技术。关于鲜卑的制陶和冶铁技术,史书中没有明确的记载,但通过鲜卑墓葬出土的随葬品可以发现,鲜卑人制作陶器的形制可以分为壶、罐、碗、钵四类。[1] 虽大部分都是夹砂粗陶,但也有质地较佳的蓖纹磨光、涂朱、长颈的红陶壶。

汉代的黑龙江人能够使用黏合剂修补陶器。橐离人制陶的水平不高,均

---

[1]　内蒙古文物考古研究所、呼伦贝尔盟文物管理站、额尔古纳右旗文物管理所:《额尔古纳右旗拉布达林鲜卑墓群发掘简报》,《内蒙古文物考古文集》第 1 辑,第 387～388 页。

为手制，陶胎较厚，多数火候不高，但其在修补损坏的陶器时有使用黏合剂的现象（见图 2－16）。"值得注意的是在陶壶的口沿残破处有用黑色物质粘对的现象……过去发现这样的现象均是在破裂处钻孔锔合，而这次发现的却是用黑色物质粘合，可见当时人们已经知道用胶类物质粘合器皿了。"① 有学者考证此胶类物质是兽皮胶，认为其"是用兽皮经过高温后反复熬制，冷却晒干后，即成为可黏合用的'兽皮胶'。在使用时用开水将干硬的兽皮胶溶解，便可直接使用"。②

图 2－16　庆华遗址出土的有黏对现象的陶壶残部

资料来源：黑龙江省文物考古研究所：《黑龙江宾县庆华遗址发掘简报》，《考古》1988 年第 7 期。

二　冶金业

夫余在汉族先进生产技术的影响下，金属冶炼业达到较高水平，不仅可以锻造铜、铁等生产工具、兵器和各种生活用品，还可以制造金、银等饰物。老河深墓地出土了大量的铁、铜、金、银等制品，其中以铁制品的数量为最多。据文献记载，夫余盛产黄金，《魏书·高句丽传》有"黄金出自夫余"之语，老河深墓地出土了较多的金制品证明了这一点。在夫余文化的各类器物中，有的是直接从中原地区引进的，如铜镜、漆器等；有的则是在本地自己打造的，如在老河深墓地发现的铁制的长剑，其剑把的样式具有明显的地方特色。夫余人可以给从中原输入的铁剑加铸铜柄，将折断的剑身重新焊接完整，还能将一种损坏了的兵器锻造成另一种兵器。③ 还有那些具有自

---

① 黑龙江省文物考古研究所：《黑龙江宾县庆华遗址发掘简报》，《考古》1988 年第 7 期。
② 邓树平：《橐离历史与文化研究》，黑龙江人民出版社，2012，第 162 页。
③ 蔺新建：《两汉夫余研究》，《辽海文物学刊》1987 年第 2 期。

身特色的金耳饰、银质和铜质的腕（臂）饰及一些兵器等，都是夫余人自己锻造的，反映了夫余社会手工业的高超技术水平。夫余的黄金制品及各种动物毛皮等土特产品，成为与周边及中原地区贸易的炙手可热的商品，说明其黄金冶炼加工及制革技术得到了普遍的认可。

挹娄已经进入铁器时代，[①] 但那时挹娄拥有的铁器大抵是通过贸易或战争从外界得来，可能不是自己制造的。因为我们迄今没有发现挹娄的冶铁遗迹，文献也记载其"土无盐铁"。[②] 挹娄刚刚迈入铁器时代的门槛，铁还很稀有、珍贵，就连重要的武器都不能普遍用铁。石器还大量存在，绝大多数为磨制（见图 2－17）。挹娄正处在石器和铁器并用阶段。桦南县小八浪遗址出土镞、刀、匕等兵器 5 件，其中石质、骨质 3 件，铁质 2 件。[③]

挹娄人可能掌握了初步的铜冶炼和铜器加工技术。在集贤县永红城址出土的一个铜佩饰（见图 2－18），不能确定是挹娄人自己制作的还是从外部输入的。但其制作工艺比较粗糙，上面的卷云纹也不精细，不像是中原地区的水平，所以存在挹娄人自制的可能。在该遗址只发现这一个铜质小饰物，说明铜的产量很低，尚不足以广泛应用。

鲜卑人较早掌握了制作"弓矢鞍勒，锻金铁为兵器"的技术，出土于鲜卑墓葬的随葬品中的铁器包括铁刀、铁剑、铁矛、铁锹、铁马衔、铁锥、铁镂、铁斧、铁锌、铁锄及铁釜残片，主要是作战、狩猎和生活用具。

从大兴安岭南迁后，鲜卑族由于与乌桓频繁接触与互动，逐渐从乌桓人处学到了铸铜技术。西岔沟乌桓墓中出土的大量安装在铁剑上的铜柄和铜镡、铜锹、铜鸣镝、铜斧、铜当卢、铜节约、铜铃、铜泡、铜扣、铜卡具、铜铰具、铜饰牌等青铜兵器和用具、饰具，在鲜卑墓葬中也有发现。与乌桓墓葬出土铜器不同的是，鲜卑墓葬中出土的青铜兵器较少，而以金属牌饰、铜镜和铜铰这几类器物较为多见。

除铸铜和冶铁以外，金银制造业也成为鲜卑族一个独立的生产部门。鲜卑妇女与乌桓妇女一样，"妇人至嫁时乃养发，分为髻，著句决，饰以金碧，

---

① 苏联和俄罗斯学界认为，通古斯族系早在公元前二千纪就进入了铁器时代。公元前二千纪相当于我国商、西周到春秋时期，这时连发达的中原地区还是青铜时代，而通古斯人就进入了铁器时代是绝不可能的。通古斯族系应该是在挹娄时期进入铁器时代的。

② 杜佑：《通典》卷一百八十六《边防二·东夷下·挹娄》，岳麓书社，1995，第 2623 页。

③ 黑龙江省佳木斯市文物管理站：《黑龙江桦南县小八浪遗址的发掘》，《考古》2002 年第 7 期。

1.A型刀（T1017④：1）

1.B型刀（F2011：2）

3.A型刀（T1018④：3）

5.B型刀（F2011：3）

4.C型刀（T1017④：9）

6.A型刀（T1031⑤：4）　　7.B型锛（F1009：1）　　8.D型刀（T1018④：1）

图 2－17　河口遗址出土的挹娄的石质工具

资料来源：黑龙江省文物考古研究所、吉林大学考古学系编著《河口与
振兴——牡丹江莲花水库发掘报告（一）》，科学出版社，2001，图版五 1、
2、3、4、5、6、7、8。

犹中国有冠步摇也"。[①] 这些风俗无疑对金银制造业起着重要的推动作用。在
鲜卑墓中出土的金银饰，有飞马纹鎏金铜带扣、马头鹿角金步摇冠饰、牛头

----

① 陈寿：《三国志》卷三十《魏书·乌丸鲜卑东夷传·乌丸》注引《魏书》，第832页。

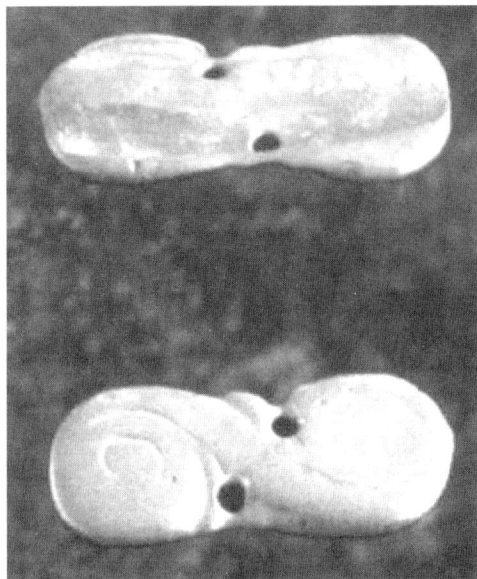

图 2 – 18 集贤县永红城址出土的铜佩饰

资料来源：王学良主编《荒原觅古踪》，书前彩图。

鹿角金步摇冠饰、双马纹铜牌等，足以展现这一时期鲜卑金银饰品的制作水平（见图 2 – 19）。

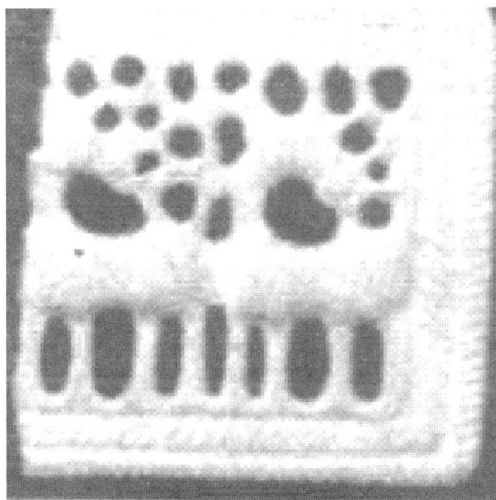

图 2 – 19 扎赉诺尔圈河鲜卑墓葬出土的鹿纹金牌饰

资料来源：《北方文物》1987 年第 3 期，封二。

沃沮人还不能制造铁器。团结遗址出土有斧、镰、锥等铁器，但考古工作者从其陶器火候都在 1000 摄氏度以下看，沃沮人还不能使炉温达到 1000 摄氏度以上，而达不到这个温度连把铁矿石冶成生铁都不可能，更不要说炼成熟铁了。所以沃沮人的铁器应是从中原地区输入的。[1] 其铁器的形制也证明了这一点。"绥芬河—图们江流域团结文化类型的无銎铁镰，形制非常类似河南辉县固围村战国时期、辽阳三道壕和吉林奈曼旗宝营子西汉同式铁镰，可以作为探索绥芬河流域铁器来源的重要线索。"[2]

需要说明的是，挹娄、沃沮乃至于黑龙江各个地区的铁最初都是从中原地区传入的，语言学给我们提供了若干间接的证据。

语言学中有这样一个普遍的现象：在相关的民族或社会群体间，越是关系到重要物质文化内容的词语，语音的差异就越小。因为它是生产生活中迫切需要的、频繁交流的东西。在这种物质文化交流的过程中，这样的词语不断被重复着，使得其在语音方面的差异不断得到矫正，自然就渐渐趋同了。赫哲语的几大方言以及鄂温克、鄂伦春等民族的语言都称铁为塞勒（se-la），这一发音由来已久。清代编的《五体清文鉴》所载的满语，铁即为塞勒（se-la）。而明代《女真译语》一书载，女真语也称铁为塞勒（se-la）。这一发音恰与汉语"钐镰"的发音极为相似。"这一情形揭示出，北方民族的'塞勒'一称，很可能是在引进南方先进的铁制生产工具钐镰的同时，也采用了它的名称和读音，并且进而引申为铁的同义语。"[3]

三 骨角牙器制造业

秦汉时期的黑龙江刚刚进入铁器时代，铁器的数量十分有限，骨器还在硬质工具中占主要地位。

挹娄人长于骨器的制作。在小八浪、集贤永红等遗址都发现了较多挹娄人制作的骨器。其中仅集贤永红城址一地就发现骨器 74 件，数量超过任何其他质料的器物，器类也很丰富，有镞、管饰、纺轮、装饰品等（见图 2 -

---

[1] 黑龙江省文物考古工作队、吉林大学历史系考古专业：《东宁县团结遗址发掘的主要收获》，《光明日报》1978 年 7 月 23 日，第 3 版。

[2] 杨虎、谭英杰、张泰湘：《黑龙江古代文化初论》，《中国考古学会第一次年会论文集》，文物出版社，1980，第 94 页。

[3] 赵振才：《黑龙江民族金属文化渊源》，《黑龙江文物丛刊》1981 年第 1 期。

20、图 2 – 21)。① 骨器的原料主要选用狍子、马鹿的角。选料时的加工方法使用砍或砍、锯结合，下料时采用砍、锯、劈裂的方法，加工成形时使用磨制方法。② 骨角器的种类有骨镞、骨锥、骨笄，还有角锥和牙坠饰。

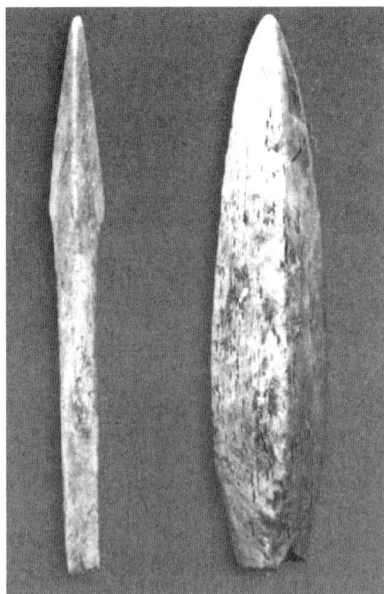

图 2 – 20　集贤县永红城址出土的挹娄骨质箭镞

资料来源：高爱霞：《黑龙江省集贤县永红城址一、二、三号灰坑清理简报》，《北方文物》2007 年第 2 期，图版二 3。

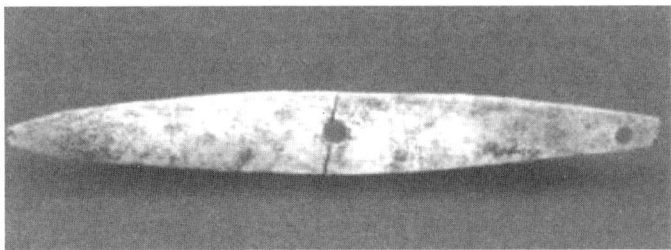

图 2 – 21　集贤县永红城址出土的挹娄骨质穿孔器

资料来源：高爱霞：《黑龙江省集贤县永红城址一、二、三号灰坑清理简报》，《北方文物》2007 年第 2 期，图版四 2。

---

① 高爱霞：《黑龙江省集贤县永红城址一、二、三号灰坑清理简报》，《北方文物》2007 年第 2 期。

② 潘玲：《黑龙江桦南县小八浪遗址动物骨骼的鉴定与分析》，《考古》2002 年第 7 期。

到魏晋时期，挹娄人的铁器、骨器制作和制革技术都有明显进步，乃综合这三项技术，制作出优质铠甲。《三国志》记载，在景元三年（262）挹娄向魏贡献的"方物"中，有用皮、骨、铁制成的"杂铠"。[1] 挹娄工匠结合了皮的柔韧、骨的轻固、铁的坚硬而造出的铠甲必定是坚固而又轻便，非常符合实战需要，是长于征战的挹娄人的心爱之物，所以才作为贡品献给中原政权。这种"皮骨铁杂铠"不见于其他民族，是挹娄人创制的水平较高的手工业制品。滚兔岭遗址和凤林城址中均发现了铠甲片（见图2－22），与史载相吻合。

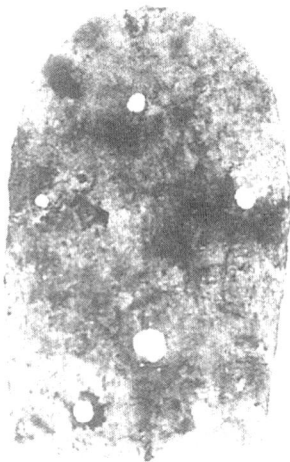

图2－22　滚兔岭遗址出土的铠甲片

资料来源：黑龙江省考古研究所：《黑龙江省双鸭山市滚兔岭遗址发掘报告》，《北方文物》1997年第2期，图版四9。

沃沮人喜欢用动物獠牙制作饰品，尤精于在獠牙上钻孔。钻孔方法多是用某种尖状物两面钻。孔钻得很精致，有的直径还不到0.2厘米。

一般说来，人们在金属器广泛使用前多用石器，但橐离人不同，他们更喜欢用骨器。在宾县庆华遗址，石器只发现1件石镞，骨器则发现骨锥、骨镞、骨纺轮、骨梳、骨甲片、骨饰件等26件。其中的"骨纺轮和骨梳皆为磨制，加工精细，质地坚固"。[2]

鲜卑人也长于制作骨器。鲜卑墓葬中普遍出土有骨器，如在扎赉诺尔圈河

---

① 陈寿：《三国志》卷四《魏书·三少帝纪》，第149页。
② 黑龙江省文物考古研究所：《黑龙江宾县庆华遗址发掘简报》，《考古》1988年第7期。

墓葬中出土骨镞、骨鸣镝、骨弓弥、骨把刀等各类骨器近 20 件（见图 2 - 23），制作都较精细，表现出一定的工艺水平。[①]

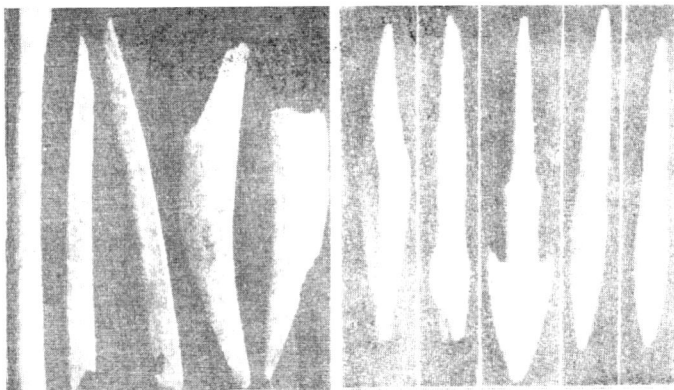

图 2 - 23　鲜卑的骨器

资料来源：《北方文物》1987 年第 3 期，封二，图 2、3。

四　纺织业

挹娄有纺织业，能够"绩毛以为布"。[②] 考古发掘发现了不少挹娄人的纺轮（见图 2 -24），[③] 如仅在集贤县永红城址一处就出土陶质纺轮 6 个（见图 2 -25），[④] 桦南小八浪遗址出土骨纺轮 9 个。[⑤] 但他们还是"夏则裸袒，以尺布隐其前后，以蔽形体"，[⑥] 说明其生产能力低下，织出来的布匹数量少，远不能满足社会需求。

沃沮人在纺线织布、织网等其他手工业部门也取得了很大的进步。纺轮、骨针、铜扣等遗物的出土，说明北沃沮人穿着缝制的衣服，并处处注意修饰。

鲜卑人在汉末就已经掌握了纺织技术，只是尚无法考证纺织产品在部落

[①]　王成：《扎赉诺尔圈河古墓清理简报》，《北方文物》1987 年第 3 期。

[②]　房玄龄等：《晋书》卷九十七《四夷列传·东夷·肃慎氏》，第 2534 页。

[③]　《河口与振兴——牡丹江莲花水库发掘报告（一）》，第 20 页。

[④]　高爱霞：《黑龙江省集贤县永红城址一、二、三号灰坑清理简报》，《北方文物》2007 年第 2 期。

[⑤]　黑龙江省佳木斯市文物管理站：《黑龙江桦南县小八浪遗址的发掘》，《考古》2002 年第 7 期。

[⑥]　陈寿：《三国志》卷三十《魏书·乌丸鲜卑东夷传·挹娄》，第 848 页。

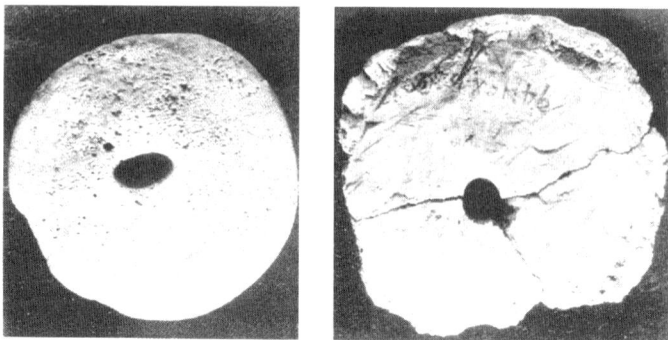

图 2 – 24　河口遗址出土的挹娄人的骨质纺轮

资料来源:《河口与振兴——牡丹江莲花水库发掘报告（一）》,图版六 2、3。

图 2 – 25　集贤县永红城址出土的挹娄人的陶质纺轮

资料来源: 高爱霞:《黑龙江省集贤县永红城址一、二、三号灰坑清理简报》,
《北方文物》2007 年第 2 期, 图版一 5。

经济中的作用。根据《三国志·乌丸传》记载, 乌桓妇女在汉末就"能刺韦
作文绣, 织缕毡毯"。乌桓人曾于西汉元始二年（2）用马、畜皮、布等向匈
奴赎回被驱掠的妇女弱小。足见, 这一时期的乌桓人已经掌握了织布技术,
而鲜卑人与乌桓人有着相同的生活习俗, 或可推知鲜卑人此时也应掌握一定
的纺织技能。另外, 在当时黑龙江各民族的墓葬中普遍发现有陶纺轮。陶纺轮
是一种手工纺线用的简单工具, 可以将毛和植物纤维纺成线, 以供织布之用。
这说明包括鲜卑人在内的黑龙江各民族普遍掌握了纺织技术。

五　其他手工业

桦皮器制作。鲜卑人很早就能制造桦皮器。在属于鲜卑早期的扎赉诺尔圈河墓葬中一次就清理出桦皮器残片 12 件（见图 2 - 26）。[①] 该墓葬出土的一个桦皮壶精致又结实，"领部用双层桦皮、外层的下缘剪作锯齿状。腹部亦为双层……肩部为单层，分别夹在领、腹之双层间"。[②] 在内蒙古拉布达林鲜卑墓群出土了多达 30 件的桦皮器，有罐、筒、箭袋、人形饰物和明器等，涉及日常生活的各个方面。[③]

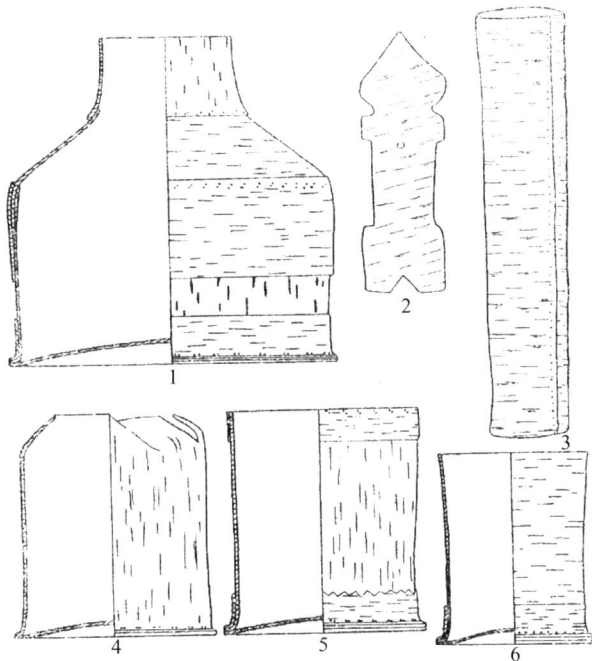

图 2 - 26　扎赉诺尔墓葬出土的鲜卑桦皮器

说明：1 为罐，2 为人形饰物，3 为箭袋，4 为桶状罐，5、6 为桶。

资料来源：内蒙古文物考古研究所：《扎赉诺尔古墓群 1986 年清理发掘报告》，《内蒙古文物考古文集》第 1 辑，第 390 页，图六。

[①] 王成：《扎赉诺尔圈河古墓清理简报》，《北方文物》1987 年第 3 期。

[②] 内蒙古文物考古研究所：《扎赉诺尔古墓群 1986 年清理发掘报告》，《内蒙古文物考古文集》第 1 辑，第 377 页。

[③] 内蒙古文物考古研究所、呼伦贝尔盟文物管理站、额尔古纳右旗文物管理所：《额尔古纳右旗拉布达林鲜卑墓群发掘简报》，《内蒙古文物考古文集》第 1 辑，第 388～389 页。

桦树皮不像铁器、陶器那样易于保存，虽然今天只能发现很少的遗留，但事实上桦皮器在黑龙江先民生活中使用的广泛程度绝不亚于陶器、铁器等，这是黑龙江先民生业与习俗的一大特点。我们今天已无法确知鲜卑人制造桦皮器的具体技术方法，但近现代鄂伦春、赫哲、鄂温克等民族还传承着古老的桦树皮加工手艺，从中似可窥见鲜卑人桦树皮工艺之一二。鄂伦春族的桦树皮工艺流程是这样的：剥取桦树皮、裁剪、缝制、装饰花纹。今天，鄂伦春等族的桦皮器制作技术是黑龙江省的一项非物质历史文化资源，它是黑龙江先民世代传承发展的结果，其源头可追溯到鲜卑甚至更早。

小饰品制作。在挹娄人的各遗址中常见的有玛瑙珠、玛瑙管，同时还发现磨制光滑的玛瑙石块。在滚兔岭遗址出土了磨制精细的石环（见图 2 - 27），推测它们应是当时人们随身携带或佩戴的喜爱物品。

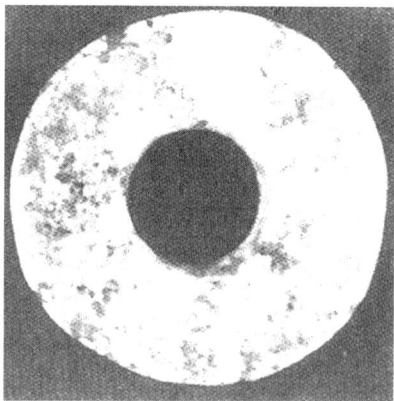

图 2 - 27 滚兔岭遗址出土的石环

资料来源：黑龙江省文物考古研究所：《黑龙江省双鸭山市滚兔岭遗址发掘报告》，《北方文物》1997 年第 2 期，图版四 4。

夫余盛产"美珠"和"赤玉"（红玛瑙石），以"大者如酸枣"的美珠最为著名。在老河深发掘的墓葬中，多座墓中都出土有玛瑙串饰，其中以红玛瑙管珠数量最多，管珠的形体较大，最大的一颗长 2 厘米、直径 1.6 厘米，与史载的"大者如酸枣"的美珠相合。夫余人能够对这些珠玉熟练地进行钻孔、打磨，加工成可以佩戴的精巧饰品。

沃沮人也长于制作各种饰品。他们用石料、兽骨、贝壳、陶土、玛瑙等，制成各种装饰品，随身佩戴，给生活增添色彩。

造船。史料记载挹娄人"便乘船",① 说明已掌握了造船技术。不过船的形制和制作方法,尚难推知。

滚兔岭遗址还出土有一件铁凿（见图 2 - 28）,这是黑龙江地区发现的第一件铁凿,证明挹娄人已经能够制造带有榫卯结构的比较精致的器物和建筑物,堪称是手工业和建筑业的一大进步。

图 2 - 28 滚兔岭遗址出土的铁凿

资料来源:黑龙江省文物考古研究所:《黑龙江省双鸭山市滚兔岭遗址发掘报告》,《北方文物》1997 年第 2 期,图版四 5。

第五节 建筑

挹娄人建筑的主要形式是聚落的防御设施和穴居、半穴居居室,"挹娄"这个词的本义就是穴居。②

挹娄人能够修建聚落的防御设施。文献及考古资料表明,挹娄人已经进入了定居生活状态。在今三江平原各地发现的聚落遗址密集成群,连成一片,已发现的聚落址和栅寨址有 400 多处。聚落内布满"居住坑",少则几

---

① 范晔:《后汉书》卷八十五《东夷列传·挹娄》,第 2812 页。
② 张泰湘:《黑龙江古代简志》,第 122 页。

座，多则几百座。每个聚落是一个氏族公社，每座"居住坑"就是一个房址，居住着氏族中的一个家庭。

"聚落"的概念不仅包括遗址内生活、生产、共同活动等单位，也包括遗址周围土地与各类资源的空间分布、开发利用方式等方面。挹娄人的聚落有两个基本特征：一是出现了具有防御设施的栅寨，说明当时的挹娄社会不怎么安定，诸部之间及其与邻族之间的掠夺和战事频频发生；二是聚落范围不大，反映了因生产力水平的低下，受到自然条件的限制，每个氏族人口不可能太多。

挹娄人的居室有穴居和半穴居两种。

穴居是人类早期普遍采用的居住方式。考古工作者在河南偃师汤泉沟发掘了一处原始社会坑式穴居址，是中原地区原始时代的穴居。平面大致为圆形，直径近2米，深度超过1人高，上口直径小，下口直径大，洞壁自上而下往外微微凹入，一根木柱，既支撑顶盖，又绑有横木充当出入之梯。顶部一侧为出入口兼排烟口。① 挹娄穴居的形式与此大同小异，其地穴"以深为贵，大家至接九梯"。② 既然"以深为贵"，说明居住空间完全是在地下，地表只是一个顶盖和顶盖上堆积的土、木、草等保暖物，望上去如同中原的坟冢一样。19世纪初，日本德川幕府派间宫林藏到库页岛和黑龙江下游地区侦察。间宫林藏见当地土著居民仍有一部分穴居，遂画下了穴居的外观（见图2-29），这使我们对穴居的外貌有了一个直观的了解。这些土著居民属通古斯，即肃慎族系，广义上也是挹娄的后裔。他们地处僻远，受中原文化影响较少，保留传统的东西较多。挹娄人穴居的外貌很可能就是这个样子。

直到近代，堪察加半岛上的克利雅克人仍然穴居，堪称穴居的活化石。其地穴开口于上，以梯出入，和挹娄人的穴居情况很像。所幸克利雅克人的穴居留有照片，让我们看到了穴居的一般情况（见图2-30）。

挹娄也有很多半地穴式建筑。如滚兔岭遗址的F7房址，平面呈正方形，边长7.8米，面积近61平方米，穴壁高0.8米（见图2-31）。居住面经过焙烤，光滑平整，十分坚硬，颇似现在的"水泥地面"。室内发现柱洞19个，东西每排5个，南北每排4个（东南角因有一长方形坑，故少一个柱洞）。室内穴壁底部，有一周宽约20厘米的浅沟槽，槽内分布有密集的小柱

---

① 何宝通主编《中国古代建筑及历史演变》，北京大学出版社，2010，第176页。
② 范晔：《后汉书》卷八十五《东夷列传·挹娄》，第2812页。

洞，故推测该房子有"板壁"设施（或为木骨泥墙）。在房址的东南角，有一大致呈南北向的长方形浅坑，坑长 1.9 米、宽 0.75 米、深 0.4 米。在居室北部中间位置，亦有一经过焙烤的中间带有小圆窝的遗迹，其形制与其他房子发现的基本相同。室内没有发现灶。该房子没有门道。

图 2 - 29　19 世纪黑龙江下游居民穴居的外貌

资料来源：间宫林藏：《东鞑纪行》下卷，附穴居外貌图，黑龙江日报（朝鲜文报）编辑部、黑龙江省哲学社会科学研究所译，商务印书馆，1974。

图 2 - 30　近代克利雅克人穴居的内部

资料来源：凌纯声：《松花江下游的赫哲族》，民族出版社，2012，第 256 页。

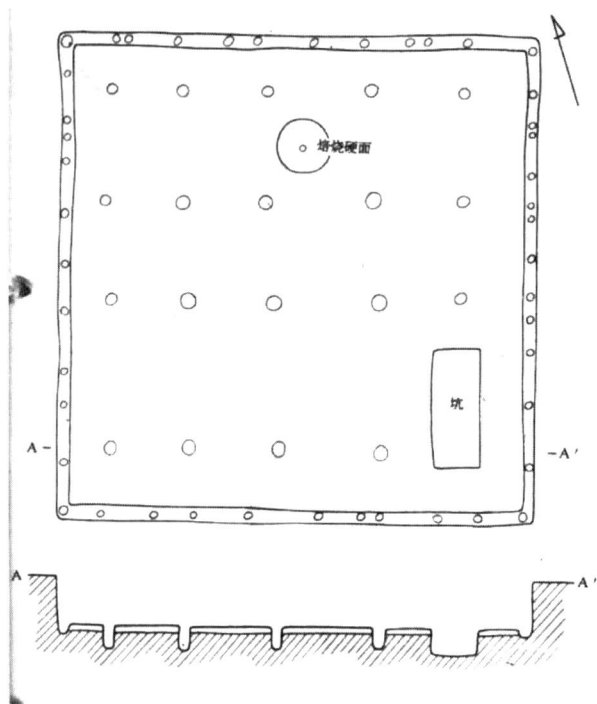

图 2-31　滚兔岭遗址 F7 房址平面示意图

资料来源：黑龙江省文物考古研究所：《黑龙江省双鸭山市滚兔岭遗址发掘报告》，《北方文物》1997 年第 2 期。

"夏则裸袒，以尺布蔽其前后。其人臭秽不洁，作厕于中，圜之而居。"① 这是文献中对挹娄人居住生活的描写，反映了其生活方式的原始与落后。

北沃沮人以农业为主要的经济来源，过着定居生活。出土遗物、遗址规模与密集程度，以及房屋的面积、结构、设施等情况，都充分地证明了这一点。沃沮人的房子修建得比较讲究。如东宁团结遗址，房址保存较好，分布密集，村落面积达 10 余万平方米；房屋排列有序，一般相距数米；房子面积通常为 30~50 平方米，大的达 100 平方米；房子的结构和修建也比较复杂，分为有火墙和无火墙两种类型。

沃沮人的房屋建筑以及室内布局比较先进，其房屋的结构远较北邻挹娄人的穴居先进，尤其是烟道和火墙等取暖设施的使用，为以后的高位火墙、

---

① 范晔：《后汉书》卷八十五《东夷列传·挹娄》，第 2812 页。

火炕设施的发明奠定了基础。从考古资料看，东北最早的火炕类设施出现于黑龙江省东宁团结遗址，在该遗址的一处房址中发现了很像现代火墙的取暖设施。"这座房址的年代据碳 14 测定为距今 1925±80 年，即相当于我国中原地区的东汉时期。这种由灶和低'火墙'组成的取暖设施，以往很少发现，我国北方流行的高火墙和火炕，当是它的发展。"[1] 同属团结文化的俄罗斯滨海地区克拉乌诺夫卡文化的基辅卡遗址"多数房址有取暖设施——炕"。[2] 火炕的发明大大增强了人们抵御严寒的能力，进一步摆脱了穴居，改善了居住条件和卫生条件，减少了疾病，增强了体质，所以火炕的出现是北方民族居住方面里程碑式的进步。

团结遗址的 F1 房址保存得很好，让我们看到了沃沮人居住房屋的具体情况。这是一座面积较大，结构较复杂的半地穴式房址。房屋平面呈长方形，南北向，穴壁南北长 9.3 米、东西宽 7.2 米、深 0.35 米，室内面积近 67 平方米。室内布局比较合理。房子挖出穴壁之后，在四壁立木板，抹上草泥土，然后修筑火墙。四壁及室内设柱洞共 16 个，对称布局，室内居住面中心有一柱洞，屋顶以这 16 根木柱支承。有的柱洞四周镶有整齐的小石块，可能是起加固和保护木柱的作用。土灶位于屋内西壁南段，由灶台、火膛、灶门构成，南北长 1.6 米、东西宽 1.3 米、高 0.35 米。灶门用自然石块垒砌，宽 0.2 米、高 0.44 米。火墙也以土垒筑，上盖石板，在房屋东北角有一出烟处，它的南端与灶台连为一体。为了防潮，居住面、灶及火墙的里外壁均用火烧烤过，十分坚硬和光滑。室内南壁东西两侧置各种陶器，东侧置大陶瓮，西侧置陶甑、陶盆、陶钵、陶罐、陶碗，灶台上放着两件陶豆。在室内北部居住面发现 3 件陶纺轮和 1 件锈蚀的铁器残片。根据上述布局分析，室内南半部分东侧似贮存粮食和物品处，西侧则为存放炊具、餐器和烧火做饭之处，而北半部分可能是人们进行室内活动和休息的地方。

索离沟遗址发现房址 3 座，其中 2 座属于橐离文化遗存。这让我们得以略窥橐离人的居住情况。发现的房址基本为正方形，半地穴式，面积在 20 ~

①　匡瑜：《战国至两汉的北沃沮文化》，《黑龙江文物丛刊》1982 年第 1 期。
②　沃斯特列佐夫：《克拉乌诺夫卡（团结）文化发展的某些人口学观点》，宋玉彬译，《东北亚历史与考古信息》1994 年第 2 期。

30 平方米。1 号房址保存稍好，为半地穴式，除东墙壁已被破坏外，其余 3
面轮廓较清晰，但墙壁上端大都被破坏，残存部分高 5～10 厘米。基本上呈
正方形，边长 5.5 米，地面和房壁均未做特别加工，灶位于房屋中部略偏东
南。在房内西北角发现柱洞一个。由于房屋东壁已遭到破坏，所以其是否有
门道不能断定。

看来，穴居和半穴居是这一时期黑龙江居民居住习俗的基本特色，这是
寒冷地区人类谋求生存的一项重要而且有效的手段。

文献记载夫余"有宫室"，考古发掘也有佐证。在吉林东团山夫余都城
城址内的南部区域，有一呈长方形的高台，高出地面约 1～1.5 米，高台南北
长约 150 米，东西宽约 75 米，可能为殿址所在。看来夫余国国王的居室应当
和中原地区春秋战国时期诸侯的宫殿差不多。不过这是受中原地区影响所
致，尚不能体现其传统居住情况。在黑龙江五常白旗夫余遗址清理出房址 1
座，该房址保存不甚完整，为半地穴式，其上为木结构，草顶，大体呈正方
形，面积约为 70 平方米。这应该是夫余的普通民居。

第六节　秦汉时期黑龙江地区与中原地区
在经济上的联系

秦汉时期，黑龙江地区各族与中原地区在经济上的联系很频繁，这是其
经济得以迅速发展的重要原因之一。其中表现最为突出的是夫余。在经济文
化上，夫余很早就同中原王朝存在密切联系。其先世秽人深受中原经济文化
的影响，这在秽人的西团山文化中有明确的反映。在夫余的考古文化中，有
许多东西都可以看到中原汉族的影响，如西团山文化的典型陶器鼎、鬲、甑
等，明显带有中原的影子。有些器物则有可能直接来自中原地区。遗址中出
土的铜镜和精美的漆器，其形制与中原汉文化的同类器十分相似，或即是直
接从中原地区输入的。此外在铁质生产工具、兵器、车马具和玉饰等装饰品
中也可以看到一些中原文化因素。如铁质的生产工具镰、锸、镬、凿、铧、
锄等的形制与中原地区的大体一致，铁质兵器中圆柱形铜柄铁剑、木柄铁
剑、环首刀、直柄刀、矛头等的形制也与中原地区的基本相同；但这些铁器
未必是从中原地区直接引进的，有可能是夫余模仿中原地区的形制自己打造
的。夫余的不少习俗与中原地区相似。文献记载，夫余人"会同揖让之仪有

似中国"。① 夫余与汉王朝的接触应该是通过辽东、辽西地区实现的，汉地文化的进入也应该是通过此一途径。

由于夫余归汉之玄菟郡节制，双方人员往来频繁，在玄菟与夫余王城之间形成了一条交通道。关于夫余前期王城所在之具体地点，学界有不同意见，但大多数学者都同意在今吉林市一带。玄菟郡在今抚顺市。据考证，汉代玄菟郡至夫余前期王城之交通道的走向为：由今抚顺市出发，溯浑河向上，跨松、辽分水岭后，沿柳河、辉发河谷下行至第二松花江，沿第二松花江岸西北行至夫余王城。② 再沿第二松花江继续下行，到了松花江与嫩江汇合处，就进入了地处今黑龙江地区的夫余北境。这是汉代黑龙江与最近的汉直辖区之间的一条主要交通线。

黑龙江地区与中原地区存在贸易与交流。中原人了解黑龙江地区的特产，所以中原王朝的史籍才能有所记载。如挹娄"出赤玉、好貂";③ 夫余"出名马、赤玉、貂狖、美珠。珠大如酸枣";④ 鲜卑所产"皮毛柔蠕，故天下以为名裘"。⑤ 那么，中原地区的人们是怎么知道这些的呢？当然是通过双方的贸易和其他交流。对此，考古学有间接的证据。如在榆树老河深夫余墓葬⑥、桦南小八浪挹娄遗址中都出土过汉五铢铜钱。⑦ 这铜钱可能是他们在与汉朝交往中得到的礼物，也可能是与汉朝贸易中得到的差额补偿款。贸易的存在还有其他考古学的证据。如在集贤县滚兔岭遗址中出土了 2 个石权，这是黑龙江地区迄今发现的最早的度量衡器具（见图 2 - 32）。度量衡器具的出现是贸易发展到一定程度的标志，在黑龙江地区商业贸易史上具有特殊意义。

---

① 房玄龄等：《晋书》卷九十七《四夷列传·东夷·夫余国》，第 2532 页。

② 王绵厚、朴文英：《中国东北与东北亚古代交通史》，辽宁人民出版社，2016，第 96 页。

③ 范晔：《后汉书》卷八十五《东夷列传·挹娄》，第 2812 页。

④ 陈寿：《三国志》卷三十《魏书·乌丸鲜卑东夷传·夫余》，第 841 页。

⑤ 范晔：《后汉书》卷九十《乌桓鲜卑列传·鲜卑》，第 2985 页。

⑥ 吉林省地方志编纂委员会编纂《吉林省志》卷四十三《文物志》，吉林人民出版社，1991，第 177 页。

⑦ 黑龙江省佳木斯市文物管理站：《黑龙江桦南县小八浪遗址的发掘》，《考古》2002 年第 7 期。

图 2－32　集贤县滚兔岭遗址出土的石权

资料来源：王学良主编《荒原觅古踪》，书前彩页。

第三章

魏晋南北朝时期的黑龙江经济

魏晋南北朝时期，黑龙江地区各民族势力此消彼长速度加快，在东北部原挹娄地区，同是肃慎族系的勿吉取代了挹娄。勿吉的经济和社会发展较快，迅速强大起来，并不断对外扩张。向南吞并了北沃沮，把边界推进到图们江流域；向西南不断鲸吞和蚕食夫余的土地。夫余在勿吉、高句丽和慕容鲜卑的持续打击下，于494年灭亡，土地大部分为勿吉所占。勿吉的势力到达第二松花江中游地区。

就在夫余叠次遭到高句丽、勿吉、慕容鲜卑的沉重打击，国势日蹙的5世纪初，夫余北部的一部分夫余人，主要是原橐离的遗民，脱离夫余北渡那河（东北流松花江），来到松嫩平原，建立了豆莫娄政权。其分布范围大体东到张广才岭和小兴安岭，南到东流松花江，西到嫩江，北到伊勒呼里山。但随着勿吉的进一步强大，越过张广才岭和小兴安岭向西扩展势力，豆莫娄的疆域逐渐向松嫩平原中部退缩。

南北朝时期，拓跋鲜卑建立了北魏王朝。这是黑龙江地区民族首次入主中原，也在事实上拉近了黑龙江与中原的距离。

南北朝时期，取代鲜卑人位置，居住在黑龙江西部地区的主要居民是室韦人。室韦又称失韦、失围，最早见于记载是在东魏孝静帝武定二年（544）。是年四月，室韦"遣使张焉豆伐等（到东魏）献其方物"。从此，这个部族为中原政权所知了。室韦主要活动在嫩江中下游，核心在今齐齐哈尔以北至嫩江县一带。作为以狩猎和畜牧为主业的民族，其流动性较大，活动范围还要包括周边的一些地区。室韦的主源是鲜卑，也融合了秽貊族系的豆莫娄、肃慎族系的勿吉等其他民族。从其不许寡妇再嫁，结婚时男方要纳聘礼到女家等婚姻习俗看，室韦已进入父权家长制时代。但直到隋代，室韦仍没有形成大的部落联盟，所谓五部"并无君长"，都分成很多小部落，"每部有余莫弗瞒咄，犹酋长也"。① 南北朝时期室韦的社会发展状况不会逾越此限。不过，从"盗一征三，杀人者责马三百匹"② 看，室韦已经有了比较明确的习惯法和私有财产观念；加之其部落首领余莫弗瞒咄"死则子弟代之，嗣绝则择贤豪而立之"，③ 则其原始的民主选举制已经被破坏，进入世选制或世袭制阶段，即将迈入文明的门槛了。

大迁徙带来了大融合。迁徙打破了原来民族或部族各自的疆界，形成了你中有我、我中有你的局面。考古研究也证明了这一点："这一时期不但各种遗址密集，而且内涵复杂，堆积厚重，往往各种文化因素错综交织的实例屡见不鲜，如松嫩平原地区传统的红衣陶器出现于牡丹江流域和三江平原地区遗存中，东兴文化遗存中出土了滚兔岭文化典型的上翘角状把手的陶器。"④ 这就是民族或部族之间的融合，结果往往是形成新的民族或部族。

这一时期，黑龙江地区经济总的情况：一是占有了黑龙江大部分地域的勿吉的经济发展迅速；二是与中原地区的经济联系加强了。

第一节　农业

一　耕作方法

勿吉的先世挹娄的农业不但远逊于中原地区，就是与其周边的夫余、沃沮比也较落后。但到了南北朝时期，勿吉人实现了肃慎族系农业发展史上的第一个跃进，最值得一提的是耕作方法。

耕作方法是反映农业发展程度的重要标准，关于勿吉的农业耕作方法，文献上切实的记载只有《魏书·勿吉传》上那区区四个字："佃则偶耕。"何谓偶耕？偶源于耦，《说文解字》说："耜广五寸为伐，二伐为耦。"⑤ 可见，耦是一种类似耜，但比耜宽一倍的农具。上古时期有一种最常用的农具叫耒，很像现代的锹或铲，由头和把组合而成，耜就是耒的头。耦耕就是用耦这种农具进行耕作。但事实上耦耕是一种耕作方法，并不会这么简单。耦与

---

① 魏徵等：《隋书》卷八十四《室韦传》，中华书局，1974，第1882页。
② 魏收：《魏书》卷一百《失韦传》，第2221页。
③ 李延寿：《北史》卷九十四《室韦传》，中华书局，1974，第3129页。
④ 《考古黑龙江》，第162～163页。
⑤ 许慎著、汤可敬撰《说文解字今释》，第604页。

偶通，它还有成双、一对之意，与奇相对。如《周易·系辞下》："阳卦奇，阴卦耦。"《三国志·吴书·吴主传》："车中八牛以为四耦。"所以耦耕一般被解释为两人共同执耜耕地。这一解释无疑是正确的。耦耕是二人合作用耜耕地，但二人如何合作呢，对此又有几种说法。

二人相对说。孙常叙的《耒耜的起源和发展》认为是二人相对，一人足迹踏耒，一人拉耜。①

二人各持一耒合作掘土说。直到西藏解放前，生活在西藏的门巴族还用木耒耦耕。方式是"二人各持一耒，合作'夹掘一穴'"。②

二人同向配合说。周昕认为，"耦耕是古代劳动人民在实践中创造的、按农事需要而适当结合的耕作方法。由于它的结合前提必须是两人或两件农具，因而产生了耦耕这个名称。凡具有同时使用两个或两种农具完成同一农艺，或两人、或两具协作完成同一种农艺的耕作方式都可称为耦耕"。③ 万国鼎认为是一人掘地挖土，另一人旋即把土块打碎磨平。④

二人二耜并耕说。蔡节的《论语集说》在解释《论语·微子》中"长沮桀溺耦而耕"⑤时，认为是长沮、桀溺二人"并二耜而耕"。⑥ 汉代郑玄注《周礼·考工记》认为是二人各执一耜，共同耕作。至于二人各执一耜如何耕作，《诗经·大田》疏中认为二人相对，《考工记》疏中则认为二人一前一后。

除上述各说外，还有两种比较另类的解释。

一是犁耕说。这种说法认为耦耕不是用耒或耜，而是用牛拉的犁，如云立峰、郭风平认为是二牛合拉一犁，一人驾驭的耕作方法，是西汉中期赵过革新的成果，原来是二牛三人合力才能耕作。⑦

二是认为耦耕不是一种耕作方法，而是一种耕作经济形式。⑧

以上诸说何者为是，笔者不敢贸然下结论，但有以下几点想法。

---

① 孙常叙：《耒耜的起源和发展》，《东北师范大学集刊》，1950，第143~144页。
② 胡德平、杜耀西：《从门巴、洛巴族的耕作方式谈耦耕》，《文物》1980年第12期。
③ 周昕：《说"耦"》，《中国农史》2004年第3期。
④ 万国鼎：《耦耕考》，《农史研究集刊》第1册，科学出版社，1959，第76页。
⑤ 《论语注疏》卷十八，《文渊阁四库全书》本，上海人民出版社、迪志文化出版社有限公司，1999。
⑥ 蔡节：《论语集说》，《文渊阁四库全书》本。
⑦ 云立峰、郭风平：《关于"耦犁"几种解释之商榷》，《中国农史》2001年第1期。
⑧ 汪宁生：《耦耕新解》，《文物》1977年第4期。

其一，耦耕是一种与十分低下的生产力相应的耕作方法，所以不可能是犁耕，不论是人拉犁还是牛拉犁都值得商榷。《诗经》中有"亦服尔耕，十千为耦"，①《论语》中有"长沮桀溺耦而耕"。可见耦耕是西周、春秋时盛行的耕作方法，而犁耕和畜力牵引的犁耕是战国以后的耕作方法。地处东北一隅的勿吉较中原更落后，他们"车则步推"，还不知道使用畜力。北方旱田比较坚硬，在铁农具尚未普及的情况下，像翻土这样的农活非一人之力可以胜任，所以耦耕是二人协作、共用一耜耕地的方法应该没有问题。

其二，二人如何合作呢？当代朝鲜人在使用铁锹挖土时还有一种二人合作的习惯，即在锹的头与把连接处系一绳，一人持锹，将锹头踏入土中，另一人相向而立拉绳铲起土，这样两个人都比较省力。耦耕或许就是如此。这样看来，孙常叙的二人相对说是正确的。其他各说则均有说不通的地方。

南北朝时期，耦耕在中原早已被淘汰，勿吉人仍用此法，明显是落后了。但在肃慎族系本身农业发展史上是一个重大进步，它摒弃了原始的刀耕火种，有了翻地的工序，松了土，或者还起了垄，粮食产量应有大幅度的提高。其实，不少民族的农业直到近代还停留在近似刀耕火种的原始阶段。黑龙江地区的蒙古族就将这一方法一直沿用到了清代。清代，"蒙古耕种，岁易其地，待雨而播，不雨则终不破土，故饥岁恒多。雨后，相水坎处，携妇子牛羊以往，毡庐孤立，布种辄去，不复顾。逮秋复来，草莠杂获"。② 相比之下，南北朝时期勿吉人的耦耕法是先进的。

但是，考古发掘又对上文的考证提出了新的疑问。1999 年，考古工作者在黑龙江省双鸭山市保安村汉魏城址发现了 1 件铁犁铧（见图 3-1）。该犁铧模铸，"整体呈不规则三角形，两侧边略弧，长度不一致。前部有三角形銎口，正面中间起脊，脊两侧对称有两个长方形小孔，背面较平。左侧边长19.2、右侧边长21.6、宽24.8 厘米"。③ 这说明早在汉魏时期，挹娄的核心地区就有了犁耕，较之更晚的勿吉没有理由没有犁耕。笔者以为，虽然汉魏时期挹娄就已经出现了犁耕，但当时铁犁昂贵稀少，只用于个别地区，到勿吉时仍远未能普及。所以史料说勿吉"佃则偶耕"，不是"佃则犁耕"。因此，把"偶耕"视为勿吉的基本耕作方法并没有错。

---

① 《诗经》卷四《颂·周颂·噫嘻》，第 182 页。
② 方式济：《龙沙纪略》，《黑水丛书》第 5 卷，黑龙江人民出版社，1995，第 930~931 页。
③ 黑龙江省文物考古研究所：《黑龙江双鸭山市保安村汉魏城址的试掘》，《考古》2003 年第 2 期。

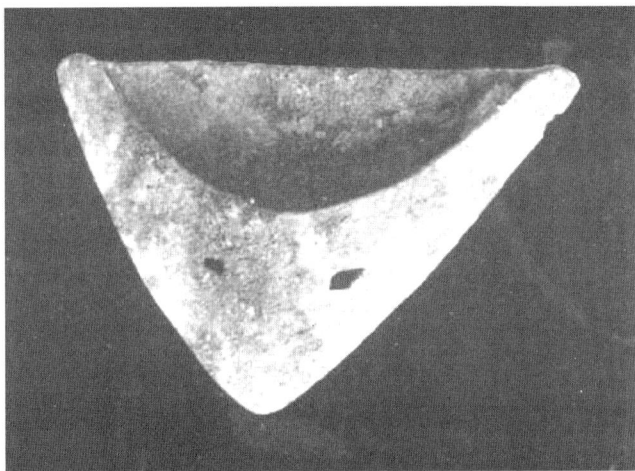

图 3 - 1　保安村汉魏城址出土的铁犁铧

资料来源：《考古黑龙江》，第 140 页。

二　农具

　　勿吉的农具仍然以石器、木器、骨器为主。勿吉社会还处在早期铁器时代，虽然已经有了铁，但铁器还比较稀少、昂贵，不可能大规模地用于农业生产。与勿吉有关的遗址出土的铁器多为兵器以及其他小用具，农具极少。1992 年至 1996 年发掘的位于黑龙江省海林市三道河子乡的河口遗址四期是典型的勿吉文化遗存。遗址中共出土铁器 14 件，其中属于农具的仅有 4 件，3 件为镬（一种类似大锄或镢头的古老农具）、1 件为铧，均残。但该遗址同时出土的石质、骨质的可能为农具的器物却很多。① 事实上，木质农具会更多，只是易于腐烂，未能保存下来而已。属勿吉遗存的友谊县凤林城址晚期共出土铁器 227 件，绝大多数都是兵器、渔猎用具以及日用小器物，属农具的只有 4 件镬（见图 3 - 2），占全部铁器的比例还不到五十分之一。但这仍可看作是一个良好开端。此后，肃慎族系各族的铁农具越来越多，带来了农业生产的大发展。

---

　　① 《河口与振兴——牡丹江莲花水库发掘报告（一）》，第 44 页。

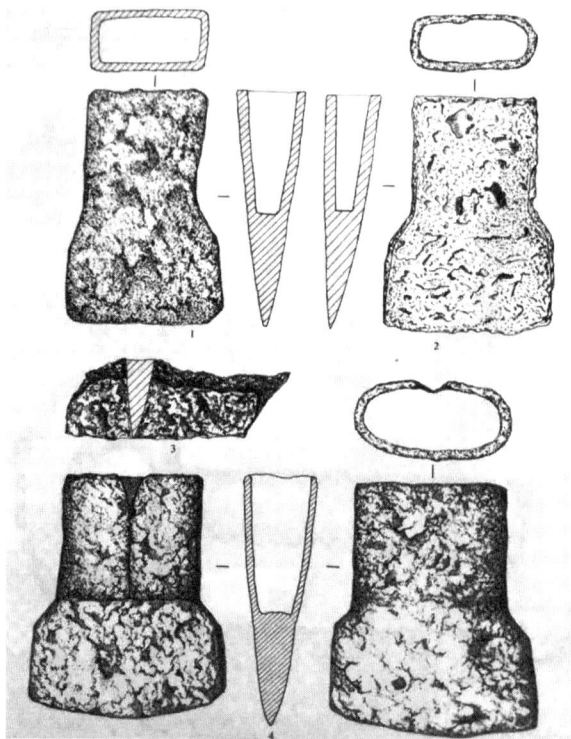

图 3 - 2　凤林城址出土的铁镬

资料来源：《凤林城：1998～2000 年度考古发掘报告》，第 205 页，图一六四。

　　豆莫娄人遗存的农具目前能确指的几乎没有。豆莫娄源于夫余，农业基础较好，且时间在夫余之后，所用农具似应比较先进，但事实可能并非如此。前几年在乌裕尔河上游北安市出土了 15 件古代一种用于挖掘的多用途农具——石耜（见图 3 - 3）。据考证，此石耜与吉林西团山遗址出土的石耜形制很相像（见图 3 - 4），[①] 则其当为夫余系民族所留。考虑到这里正是豆莫娄人的中心区域，这些石耜很可能是豆莫娄人使用的农具。看来当时的豆莫娄还在广泛使用石器，铁器远没有被普及。

---

① 王禹浪：《乌裕尔河流域的历史与文化——以北安市为中心》，《哈尔滨学院学报》2011年第 7 期。

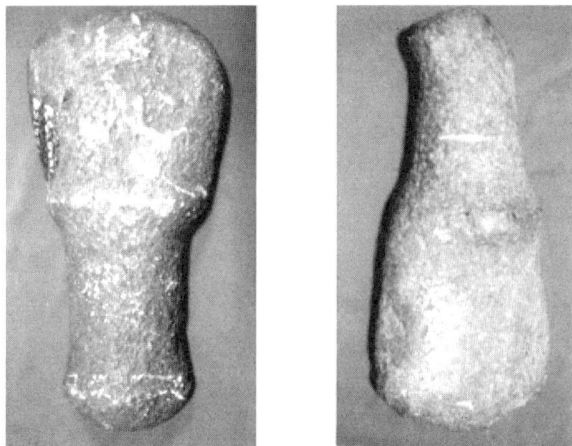

图 3 - 3　北安市出土的石耜

资料来源：王禹浪：《乌裕尔河流域的历史与文化——以北安市为中心》，《哈尔滨学院学报》2011 年第 7 期。

图 3 - 4　吉林西团山遗址出土的石耜

资料来源：王禹浪：《乌裕尔河流域的历史与文化——以北安市为中心》，《哈尔滨学院学报》2011 年第 7 期。

　　这种情况同样存在于西部的室韦。关于室韦农业的资料甚少，只在讷河红马山遗址出土了石锄、石刀等几件农具。红马山遗址处于鲜卑到室韦的过渡形态，勉强可算作室韦的遗址。鉴于发现的农具都是石器，而且制作较粗糙，加之室韦人的后世蒙古人直到清初农业技术仍很落后，鲜卑—室韦的农业很可能还处在漫撒籽，不铲不蹚，没有任何田间管理的原始粗放经营状态。所以《北史》明确说室韦"田收甚薄"，[①] 即单产很低。《魏书》记载室韦"颇有粟、麦及穄"，既是"颇有"，则其农业应当具有相当规模。这当是说室韦后期的情况，而且只是说农业产量增加了，与上文所述之室韦农业技术落后并不矛盾。

三　农作物

《魏书》载，勿吉的农作物"有粟及麦穄，菜则有葵"，[②] 室韦也"颇有粟麦及穄"。[③]

汉代时黑龙江就有粟和麦，南北朝时粟和麦仍是勿吉人主要的粮食作物。其中粟种植面积最广，占了农作物的一大半。凤林城址晚期浮选出土碳化粟粒1651粒（见图3-5），占出土农作物总数的56.4%。同一遗址浮选出土碳化大麦粒124粒（见图3-6），占出土农作物总数的5.2%。另外在该遗址中的不少房址内都发现了贮存在容器中的粟，如仅在F2房址中就发现粟3200余粒。[④]

图 3-5　凤林城址出土的粟粒

资料来源：《凤林城：1998～2000年度考古发掘报告》，第465页，图二。

---

① 李延寿：《北史》卷九十四《室韦传》，第3130页。
② 魏收：《魏书》卷一百《勿吉传》，第2220页。
③ 魏收：《魏书》卷一百《失韦传》，第2221页。
④ 《凤林城：1998～2000年度考古发掘报告》，第465、467、475页。

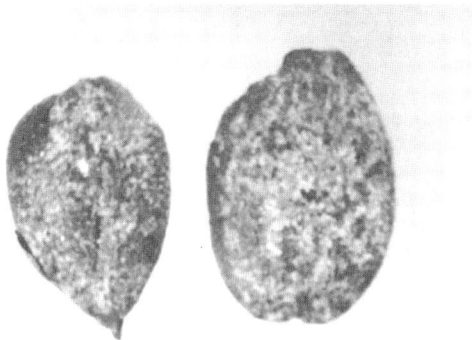

图 3 - 6　凤林城址出土的大麦粒

资料来源:《凤林城:1998~2000 年度考古发掘报告》,第 467 页,图四。

　　穄是糜子的一种,或者说是黍的一种,但没有黏性,它和一般的糜子一样耐旱且生长期短,有一句俗话“六十日还家”,[①] 意为从种到收只要 60 天。黍的生长期为 50~130 天,可见这一说法并不夸张。它是古人的美味主食,《吕氏春秋·本味》载:“饭之美者,玄山之禾……阳山之穄。”勿吉人大量种植穄,以之为主食之一。考古成果印证了文献的记载。俄罗斯布列亚河右岸大西米奇村落址的 3 号房址出土了一个盛着黍粒的小陶罐,以及一团盛在一个破碎陶罐内的黍团,该遗址的年代被测定为 3 世纪后半叶到 4 世纪中叶,相当于勿吉早期。布列亚河流域当时属勿吉人的活动范围,所以大体可判定此黍是勿吉人的遗存。[②] 凤林城址也浮选出土碳化黍粒 119 粒(见图 3 -7),占出土农作物总数的 5%。[③] 由于其产量太低,今天已无人种植,也不大有人知晓了。

　　古人也称穄为穄。北宋沈括《梦溪笔谈》载:“穄乃今天穄也,齐、晋之人谓即、积皆曰祭,乃其土音,无它义也。《本草》注云又名糜子,糜子乃黍属。”[④]

　　勿吉人种大豆较多,并培育出了优良品种。凤林城址浮选出土的大豆粒很多,共计 507 粒(见图 3 -8),占出土农作物总数的 21.1%,占出土植物

[①]　西清:《黑龙江外记》卷八,黑龙江人民出版社,1984,第 82 页。

[②]　涅斯捷罗夫:《早期中世纪时代阿穆尔河沿岸地区的民族》,王德厚译,杨志军主编《东北亚考古资料译文集》5,北方文物杂志社,2004,第 39、56 页。

[③]　《凤林城:1998~2000 年度考古发掘报告》,第 466 页。

[④]　沈括:《梦溪笔谈》卷二十六《药议》,齐鲁书社,2007,第 174 页。

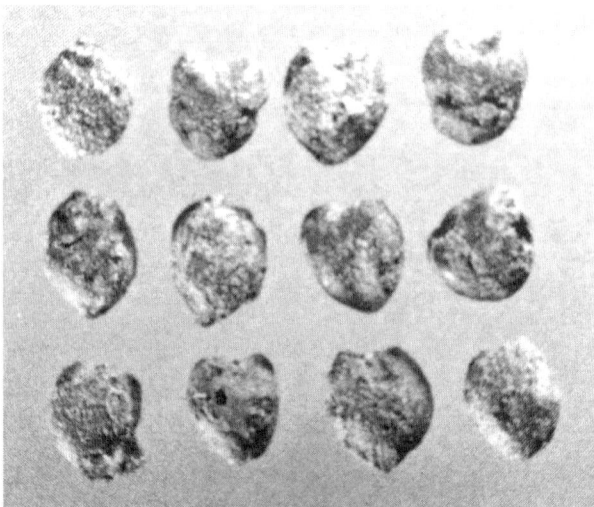

图 3 - 7　凤林城址出土的黍粒

资料来源:《凤林城:1998 ~ 2000 年度考古发掘报告》,第 466 页,图三。

种子总数的 17.3% ,这一比例相当高。凤林城址出土的大豆"粒长平均值是 5.55 毫米,粒宽 3.83 毫米",[①] 这已经十分接近现代大豆粒的平均尺寸,显然是勿吉人不断优化培育的结果。

图 3 - 8　凤林城址出土的大豆粒

资料来源:《凤林城:1998 ~ 2000 年度考古发掘报告》,第 470 页,图六。

---

① 《凤林城:1998 ~ 2000 年度考古发掘报告》,第 468 页。

在宁安东康汉代遗址出土了碳化的荏，荏就是苏子，可见苏子是肃慎族系的传统农作物。到魏晋南北朝时期，苏子的种植面积大为扩大。凤林城址的 F35 房址出土了一个陶罐，内有多达 1817 粒苏子（见图 3 - 9）。① 种苏子的目的是榨取植物油。

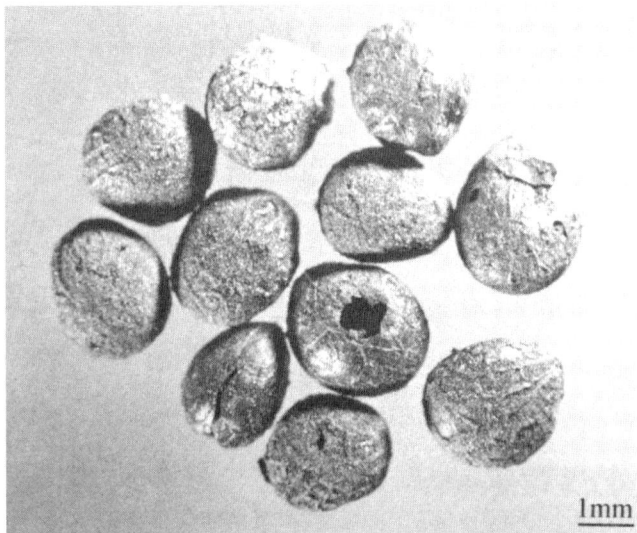

图 3 - 9　凤林城址出土的苏子粒

资料来源：《凤林城：1998～2000 年度考古发掘报告》，第 473 页，图一二。

勿吉人也种蔬菜，已知的只有葵菜一种。《魏书·勿吉传》载，勿吉"菜则有葵"。葵菜又名"冬葵""冬寒菜""寒菜"等，是文献记载中黑龙江地区出现的第一种蔬菜。这种蔬菜是什么样子，现在还有没有呢？综合各方面的记载，葵菜是一种颜色正绿，生长期长，易于栽培，产量较高，口感肥滑，最宜做汤的蔬菜。据《辞海》记载，现在南方的江西、湖南、四川等省仍有人种植和食用葵菜。②

葵菜是一种很古老的蔬菜。《诗经·邠风·七月》中就有"七月烹葵及菽"。邠在今陕西彬县，可见早在西周时期，关中地区就已开始种植葵菜。其后，葵菜的种植面积逐渐扩大，至晚到汉代已经成为全国各地普遍种植的蔬菜。汉乐府《十五从军征》中说："采葵持作羹。"南北朝时贾思勰《齐民

---

① 《凤林城：1998～2000 年度考古发掘报告》，第 473 页。
② 《辞海》，上海辞书出版社，1980，第 603 页。

要术》以"种葵"为蔬菜类的第一篇，对葵的栽培技术有很详细的叙述。葵菜是什么时候被引种到黑龙江地区的，目前还不能下结论。《魏书》《北史》《通典》《太平寰宇记》等的《勿吉传》都说南北朝时期的勿吉"菜则有葵"；而其先世——两汉三国时期的挹娄却没有任何资料记载有葵菜。由此似乎可以推测，葵菜是在魏晋南北朝时期被引种到黑龙江地区的。

挹娄人种植大麻、苴，而后的勿吉人也不可能放弃这一传统。《魏书·勿吉传》说勿吉"妇人则布裙"，"布裙"的布就可能是用大麻织成的。

勿吉人有"嚼米酝酒"[①]的习俗，室韦人也"有曲酿酒"，[②]说明粮食产量增加了，局部有了剩余，可以用来酿酒了，这是农业发展的间接反映。

凤林城址还出土了10枚板栗（见图3-10）。由于其集中于一个灰坑内，应是有意贮存的，但不能确定栗树是人工栽培的还是野生的，如果是前者，则栗树也是勿吉人的园艺作物。考虑到凤林城址所处的纬度偏高，不是栗树的自然生长带，所以很可能是勿吉人引种栽培的。

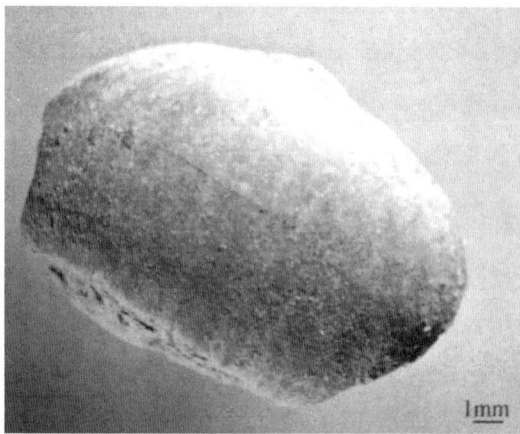

图3-10　凤林城址出土的板栗

资料来源：《凤林城：1998~2000年度考古发掘报告》，第476页，图一三。

到南北朝时期，室韦的农业有了一些发展，《魏书·失韦传》载："颇有粟麦及穄。"除这三种农作物外，室韦人可能还栽培了大豆。中国农业科学院和黑龙江省农业科学院在大兴安岭塔河县依西肯乡发现了全国面积最大的

---

① 魏收：《魏书》卷一百《勿吉传》，第2220页。
② 魏收：《魏书》卷一百《失韦传》，第2221页。

野生大豆群落，说明大豆在黑龙江的生长由来已久。[①] 这些大豆应当是历史上什么人种植的，后来因为某种原因人去地荒，沦为野生。考虑到秦汉魏晋南北朝时期时间跨度大、民族交往频繁，葵菜就是在这一时期被引种到黑龙江的，则这些大豆也可能是在这一时期由当地居民鲜卑人或室韦人引入的。

总的来说，南北朝时期黑龙江地区的农业已经较为成熟，有了一套行之有效的耕作方法，农作物种类也较丰富。

第二节　畜牧业

南北朝时期，黑龙江地区的畜牧业大体可分为两种类型：一是以室韦为代表的游牧民族，畜牧是主业；二是以勿吉为代表农耕民族，畜牧为副业。

一　室韦的畜牧业

《魏书·失韦传》载，室韦人"唯食猪鱼，养牛马，俗又无羊。夏则城居，冬逐水草"（此处有误，应为"冬则城居，夏逐水草"）。《魏书·乌洛侯传》载，"夏则随原阜畜牧。多豕"。冬天集中居住，夏天逐水草放牧，这是典型的畜牧经济，可见畜牧是室韦人主要的经济生活方式。

"唯食猪鱼"和"多豕"表明，室韦人大量养猪。鲜卑族本不养猪，室韦人养猪当是受肃慎和秽貊族系的影响。肃慎族系诸族以善养猪闻名，夫余的"诸加"中就有"猪加"，足见秽貊族系也很早就开始养猪了。室韦人既是鲜卑人与肃慎、秽貊二族系人融合而成的，受其影响而长于养猪自在情理之中。

室韦人还大量养牛和马，尤其是马。《魏书·失韦传》载，"其国少窃盗，盗一征三，杀人者责马三百"。马既可骑乘，又能提供肉、奶食品，在室韦人的生活中很重要，被普遍饲养，已经成了能为全体社会成员所接受的一般等价物了。

《魏书》说室韦无羊，南北朝时期可能的确如此。北方民族最早驯养羊的是匈奴，"其畜之所多则马、牛、羊"。[②] 鲜卑本不养羊，《后汉书·鲜卑

---

① 胡秀杰、李陈奇、刘晓东：《黑龙江文明之脉》，李陈奇主编《黑龙江省文物博物馆学会第五届年会论文集》，第 3 页。

② 司马迁：《史记》卷一百十《匈奴列传》，第 2879 页。

传》中载其"禽兽异于中国者，野马、原羊、角端牛"，这"原羊"显然是野生的。但鲜卑西迁后占有了匈奴故地，从匈奴遗民那里学会了养羊。到东汉中期，鲜卑人养的羊数量已经很多了。安帝元初六年（119），汉军出塞击鲜卑，"获牲口及牛羊财物甚众"。① 而室韦人是留在原地的没有养羊传统的鲜卑人与同样没有养羊传统的秽貊人、肃慎人融合而成的，所以史载其无羊是可信的。

室韦人有可能驯养了鹿。上文提到扎赉诺尔圈河鲜卑墓葬出土了鹿纹金牌饰，说明室韦人的先世鲜卑人对鹿非常熟悉，要么是狩猎对象，要么是饲养对象。谢尔塔拉唐代室韦人墓地②出土的木盘底部有单线条刻画的奔鹿形象："头部略仰，吻部前伸，双耳呈圆尖状竖起，身部较长，尾部上翘。"③（见图3-11）鹿的形象出现在日常生活用品上，说明南北朝时期室韦人的后裔唐代室韦人长期接触鹿，同样熟悉鹿，喜爱鹿。既然先世和后裔都驯养了鹿，南北朝时期的室韦人不可能没有养鹿之俗。

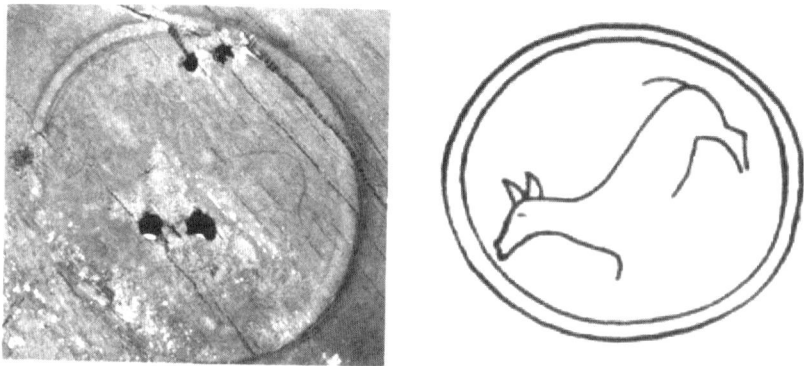

图3-11　室韦木盘底部刻画的鹿和对该鹿的临摹
资料来源：《海拉尔谢尔塔拉墓地》，彩版三三2、第39页图1。

《魏书·地豆于传》载，地豆于"多牛羊，出名马，皮为衣服。无五谷，惟食肉酪"。这是典型的畜牧经济，而且是单一的畜牧经济，完全没有农业。

---

① 范晔：《后汉书》卷九十《乌桓鲜卑列传·鲜卑》，第2987页。
② 该墓地位于内蒙古呼伦贝尔市海拉尔区谢尔塔拉镇，为唐代室韦人的遗存。虽然年代稍晚，毕竟与南北朝相去不远。考虑到古代社会变化较慢，唐代的经济和习俗形成于南北朝或更早是完全可能的。所以本书在研究南北朝时期室韦的经济和习俗时少量地使用了谢尔塔拉的资料。
③ 中国社会科学院考古研究所、呼伦贝尔民族博物馆、海拉尔区文物管理所编著《海拉尔谢尔塔拉墓地》，科学出版社，2006，第38页。

二　勿吉的畜牧业

勿吉的经济以农业为主，但农业并非像中原汉族那样居绝对优势，畜牧业和渔猎业在经济生活中所占比例较高，绝非可有可无。

《魏书·勿吉传》载，勿吉"多猪"，还"有车马"，足见猪和马是勿吉畜牧业的主要饲养对象。

肃慎族系养猪有悠久的传统。在今黑龙江省宁安市镜泊湖南端的距今3000多年的莺哥岭遗址就发现了陶猪。挹娄人"其俗好养猪，食其肉，衣其皮。冬以猪膏涂身，厚数分，以御风寒"。① 所以勿吉"多猪"自在情理之中。

较之前代，勿吉人养猪的规模扩大了，经验更加成熟了。在黑龙江省友谊县凤岗镇幸福村东山城址的一处半地穴房址中，发现了一个由21头陶猪组成的陶猪群。"这群陶猪多数身体浑圆，鼓腹，嘴巴短小，具有写意性质，完全不同于野猪形态。只有一头陶猪侧面为长方形，横截面近似三棱形，且站在群猪的前头，细观之，则其尾部只有一孔，应为排泄器官。而其后面的大猪尾部都有二孔，象征着排泄和生殖器官。这表明站在猪群前头的是雄猪，而在后面的是母猪和小猪，它展现了雄猪在猪群中的地位。这一'猪群'的发现，在三江平原地区尚属首次，它说明在汉魏时期这里的饲养业有了很大的发展，同时也表明这里的民族是一个喜爱养猪的民族。"② 在勿吉遗址中多次发现猪骨。如在俄罗斯远东布列亚河右岸的大西米奇发现了一个早期铁器时代遗址，其中的三号房址被断代为3世纪后半叶到4世纪中叶，从其地点和年代上看，正是勿吉的遗址。在该遗址中发现了猪的颅骨和臼齿残骸。③ 养猪确实是肃慎族系的一个标志性行业。

勿吉人养马。《魏书·勿吉传》载，北魏太和初，勿吉人一次就向魏廷贡马500匹，足见其牧养规模之大。勿吉人养马并非局限于某一地，而是有普遍性的。在苏联远东奥西诺夫卡的一处勿吉—靺鞨遗址中出土了两个陶马（见图3-12），"雕像躯体修长，臀部浑圆；颈部高昂，是典型的马的形状；头部较小，已部分损坏，但其耳朵一只保存完整，另一只也残留了一部分；

---

① 陈寿：《三国志》卷三十《魏书·乌丸鲜卑东夷传·挹娄》，第848页。
② 张兆国：《幸福东山城址发现"陶猪群"》，《北方文物》2008年第3期。
③ 涅斯捷罗夫：《早期中世纪时代阿穆尔河沿岸地区的民族》，王德厚译，杨志军主编《东北亚考古资料译文集》5，第39~41页。

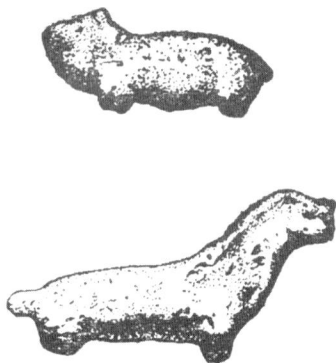

图 3 – 12　俄罗斯远东奥西诺夫卡勿吉靺鞨遗址中出土了两个陶马

资料来源：奥克拉德尼科夫：《滨海遥远的过去》，第 230 页。

马尾很短，但清晰可辨；腹下有四个圆突，代表短矬的马腿"。[1] 总的来说，对勿吉人来说，马是仅次于猪的主要家畜。马之所以被大规模饲养，是因为它一年四季都可以在野外放养，不像牛那样冬天需要人工喂养和照料。

勿吉人以马为重要的对外输出商品。上文提到的勿吉向北魏所贡之 500 匹马就有商品意义，双方通过朝贡与回赐的形式完成官方贸易。当然，其中确立宗藩关系的政治意义是主要的。后来勿吉良马在中原地区广受欢迎，纯粹的商品马交易开展起来了。

《魏书·勿吉传》说勿吉"车则步推"，似乎说勿吉人还不懂得用马驾车；但又说"有车马"，二者有矛盾。事实证明，勿吉确实"有车马"。在俄罗斯滨海地区奥利加勿吉遗址中出土了铁制马具和车的部件，如马衔的残部、马肚带上的带卡、抽套、车辖和车毂等。[2] 可见勿吉的车不仅步推，也用马拉。可能是马拉车制造工艺复杂，价格不菲，非一般人可用，不像简单的步推车那样普遍。乙力支出使北魏是乘船和步行，似乎说明勿吉人也不懂得骑乘，但事实并非如此。萝北县团结墓葬出土 1 件马衔。[3] 马衔是骑乘用具，说明勿吉人懂得骑马。另外，凤林城址出土了戴着鞍鞯的陶马和陶马鞍（见图 3 – 13、图 3 – 14），足证在挹娄末勿吉初肃慎族系就已经懂得骑马。另外，隋唐时期与高句丽的战争中，几乎每次高句丽都征调靺鞨骑兵助战，给隋唐军造成很大损失，可见那时靺鞨人的骑术已经很精湛，与之时间很近的

---

① 奥克拉德尼科夫：《滨海遥远的过去》，莫润先、田大畏译，商务印书馆，1982，第 232 页。
② 林树山：《谈俄罗斯滨海边区的奥利加文化》，《东北亚历史与考古信息》1992 年第 2 期。
③ 黑龙江省文物考古研究所：《黑龙江萝北县团结墓葬发掘》，《考古》1989 年第 8 期。

勿吉人不可能不知骑乘。

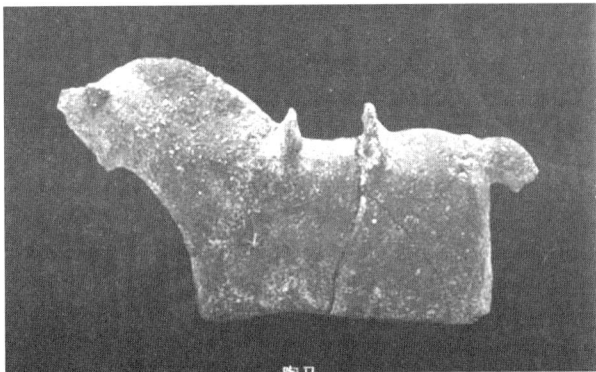

图 3 – 13 凤林城址出土的戴着鞍鞯的陶马

资料来源：《考古黑龙江》，第 142 页。

图 3 – 14 凤林城址出土的陶马鞍

资料来源：《凤林城：1998 ~ 2000 年度考古发掘报告》，第 353 页。

《魏书·勿吉传》载，"其国无牛"。《北史·勿吉传》《通典·勿吉又曰靺鞨传》《太平寰宇记·勿吉国》等史料也有相同的记事。果真如此吗？《三国志·挹娄传》载，挹娄"有五谷、牛、马、麻布"。作为勿吉人先世的挹娄人有牛，何以到勿吉时就不养牛了呢？这在逻辑上就说不过去。很可能是《魏书》的记载有误，其他史料又均抄自《魏书》，结果错错相沿。其实，与马相比，勿吉人养牛更早。牛在满语中称"依罕"，而在蒙古语中却为"乌虎力"，这说明肃慎族系各族和蒙古人的先世东胡族在先秦时都养了牛；肃慎族系的牛不是由东胡地区传入的，所以发音完全不同。① 退一步说，即使勿吉本来真的无牛，但勿吉强大后占有了夫余的大片土地，夫余人善养牛，他们"以六畜名官，有马加、牛加、狗加……"② 勿吉人也极可能从夫余人那里学会了养牛。考古资料也证明勿吉确实有牛。凤林城址出土了至少属于6头牛的179块牛骨（见图3-15），还有14块用牛肩胛骨或髋骨制的卜骨（见图3-16）。③ 看来，勿吉有牛，而且饲养牛的历史很悠久，只是不如马多。

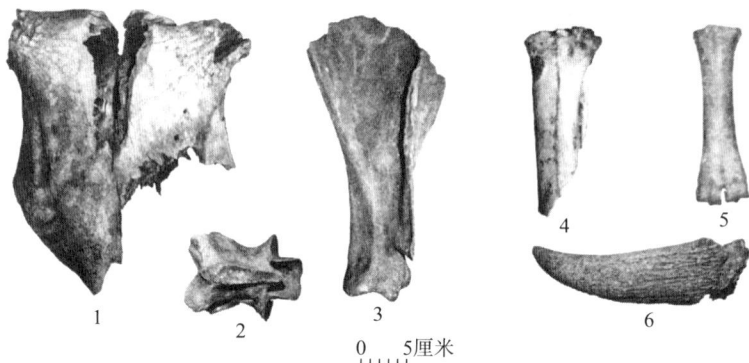

图 3-15　凤林城址出土的牛骨

资料来源：《凤林城：1998~2000 年度考古发掘报告》，第 455 页。

图 3-16　凤林城址出土的用牛肩胛骨制的卜骨

资料来源：《凤林城：1998~2000 年度考古发掘报告》，图版——三 6。

《魏书》《北史》等史料都说勿吉无羊。在勿吉的诸遗址中，只有凤林城

---

① 张泰湘：《黑龙江古代简志》，第 90 页。
② 范晔：《后汉书》卷八十五《东夷列传·夫余》，第 2811 页。
③ 《凤林城：1998~2000 年度考古发掘报告》，第 454、250~252 页。

址出土有羊骨，但仅有 1 件，为右侧距骨。① 数量太少，不排除从外界带入的可能，难以当作勿吉有羊的证据。勿吉很可能真的无羊，即使有也极少。

此外，勿吉人已开始养狗。狗是人类的朋友，是看家护院和狩猎的好助手。中国人很早就驯养了狗，在距今七八千年的河北武安磁山遗址出土了属于 9 个个体的 18 块狗骨，后来又在灰坑中的粮食窖穴底层发现了一具完整的狗骨架。东北古代民族驯养狗的历史可以追溯到原始社会，20 世纪 70 年代，在伊敏河上游的一座原始时期墓葬中就发现了作为殉葬品的狗骨。② 文献记载，勿吉"男子猪犬皮裘"。③ 考古发掘也有佐证。黑龙江省绥滨县四十连遗址出土了陶塑小狗。④ 凤林城址出土了至少属于 9 条狗的 47 块狗骨。⑤ 在苏联远东奥西诺夫卡勿吉—靺鞨遗址中也出土了陶狗。"在波诺索夫发表的插图中，陶狗是清晰可辨的。另外，根据弯钩似地翘起的尾巴，也可以辨认出狗的形象。"⑥ 在我国黑龙江省绥滨县四十连遗址（属同仁一期文化，大体相当于挹娄末、勿吉初），出土动物形陶塑 1 件（见图 3－17），"夹砂黄褐陶，扬颈昂首，伸腿垂尾，其形似狗，头及四肢残，残长 5.6 厘米"。⑦ 这些都是勿吉人饲养狗的确凿证据。

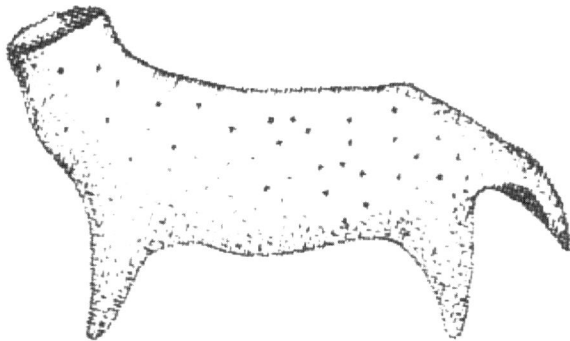

图 3－17　绥滨四十连遗址出土的陶狗

资料来源：黑龙江省文物考古研究所：《黑龙江省绥滨县四十连遗址发掘报告》，《北方文物》2010 年第 2 期。

① 《凤林城：1998～2000 年度考古发掘报告》，第 455 页。
② 林占德：《呼伦贝尔古代民族》，香港：香港天马图书有限公司，2003，第 9 页。
③ 魏收：《魏书》卷一百《勿吉传》，第 2220 页。
④ 黑龙江省文物考古研究所：《黑龙江绥滨县四十连遗址发掘报告》，《北方文物》2010 年第 2 期。
⑤ 《凤林城：1998～2000 年度考古发掘报告》，第 453 页。
⑥ 奥克拉德尼科夫：《滨海遥远的过去》，第 233 页。
⑦ 黑龙江省文物考古研究所：《黑龙江省绥滨县四十连遗址发掘报告》，《北方文物》2010 年第 2 期。

在俄罗斯滨海地区砂碛半岛一个"早期铁器时代"遗址中出土了一批家畜骨。其中,"猪骨占所有动物遗骨的51.65%,分别属于76头猪,其中有65头养到两年才杀。狗骨占整个遗骨的35.36%,分别属于74条狗,其中有不少养到一年就杀了。可见,狗肉在这里同样用作食物。牛骨占整个遗骨的0.36%……还发现了马骨和羊骨"。[①] 在俄罗斯考古学界,"早期铁器时代"的概念所指的时间很长,从公元前二千纪一直到公元一千纪,对肃慎族系来说包含了肃慎、挹娄、勿吉、靺鞨、女真等多个时期。因为该遗址出土了铁器,但数量不多,有镬,陶器多为手制,这与莲花水库振兴四期(勿吉)的情况很相像,所以笔者认为它很可能是勿吉人的遗址。这就恰好证实了上文关于勿吉畜牧业总体情况的分析:有猪、马、牛、羊、狗,狗也是用来宰杀吃肉的。不过也有不同情况,勿吉的不同地域或不同部族对狗的态度可能不一样。凤林城址晚期出土了47块狗骨,不可谓不多,但"几乎不见切割痕迹",[②]说明当地人养狗不是为食肉,而是为了当狩猎助手或看家护院。

不过勿吉人的畜牧方式是粗放式的,总体水平不高。在俄罗斯滨海地区南部康斯坦丁诺夫卡遗址出土的家畜骨中,"狗、马(盆骨),特别是牛的骨头上都有赘疣,蹄子的趾骨、踵骨、掌骨上都有结节—沉积盐"。[③] 这说明勿吉人饲养的家畜没有得到很好的照顾,很多家畜患有疾病。而且,尽管勿吉人的畜牧业颇具规模,但整体说来仍没能超过农业,在经济中居于第二位。

第三节　渔猎业

一　渔业

南北朝时期的黑龙江,最善于捕鱼的是勿吉人。勿吉地域东濒大海,境内有黑龙江、松花江、牡丹江、乌苏里江等大江大河,有兴凯湖、镜泊湖这样的大湖,渔业资源得天独厚,而今仅黑龙江水域的鱼类就达60种之多,所以勿吉人的渔业发达。勿吉人中的某些部落甚至可能和近代的赫哲人一样,

---

① 林树山:《俄罗斯滨海边区早期铁器时代的扬科夫斯基文化》,《东北亚历史与考古信息》1992年第2期。
② 《凤林城:1998~2000年度考古发掘报告》,第459页。
③ 阿列克谢耶娃、博尔金:《中世纪村落遗址康斯坦丁诺夫卡-Ⅰ出土的动物残骸》,王德厚译,杨志军主编《东北亚考古资料译文集》4,北方文物杂志社,2002,第293页。

完全以渔业为生。考古学发现的一些迹象向我们展示了勿吉人渔业多姿多彩的盛况。

　　勿吉人捕鱼擅长用网。考古发掘发现了大量的网坠，这些网坠都是利用陶器残片经过专门加工而成的。如在河口遗址三期中出土的1件陶网坠（见图3-18），"夹砂红褐陶。整体近似椭圆形，边缘经简单磨制，两侧有对称豁口。直径5.2—5.9厘米"。[1] 河口遗址四期出土8件陶网坠，质地、形状与上述差不多。这样的网坠发现了很多，大部分勿吉遗址都有。网应当是用麻织成的，因为勿吉的农作物中就有麻。在俄罗斯远东米哈伊洛夫（又译作米海洛夫）勿吉—靺鞨遗址发现了一些用鹿角制成的梭，"其形略有弯曲，一端被磨尖，被削平了的另一端带有一个凹豁。梭长为15~17公分……它们都是用来织网的"。[2] 在东康遗址中出土过一个骨质鱼形"勾网器"，即为用来织或勾制渔网的器具。[3] 从"勾网器"和陶网坠的大小可以推断，勿吉人的渔网网眼较大，是用来捕较大的鱼的。当时江河中的鱼类资源极其丰富，大鱼足够多，用不着捕小鱼。

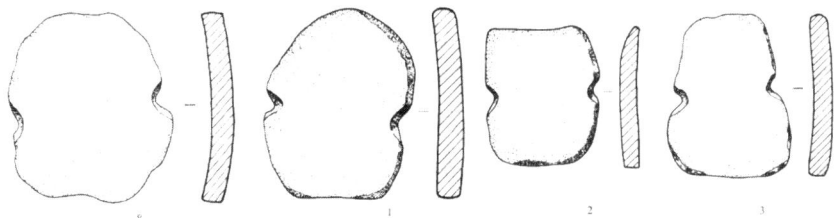

图3-18　河口遗址出土的陶网坠
资料来源：《河口与振兴——牡丹江莲花水库发掘报告（一）》，第30、39页。

　　勿吉人捕鱼也用鱼钩。鱼钩有铁质和骨质两种，现已发现多件。如在俄罗斯远东布列亚河边的大西米奇勿吉—靺鞨遗址出土了2个铁鱼钩，[4] 其形制与现代鱼钩大体相同（见图3-19）。在我国莲花水库振兴遗址四期发现了勿吉—靺鞨人的骨质鱼钩，该鱼钩为磨制（见图3-20），系"利用劈裂的兽骨片，削割成弯勾形，并在尖下部修出倒刺。长3.4、宽1.4、厚0.2厘米"。[5] 尤

---

①　《河口与振兴——牡丹江莲花水库发掘报告（一）》，第31页。
②　杰烈维扬科：《黑龙江沿岸的部落》，第67页。
③　朱国忱、张泰湘：《东康原始社会遗址发掘报告》，《考古》1975年第3期。
④　涅斯捷罗夫：《早期中世纪时代阿穆尔河沿岸地区的民族》，王德厚译，杨志军主编《东北亚考古资料译文集》5，第40~41页。
⑤　《河口与振兴——牡丹江莲花水库发掘报告（一）》，第128页。

图 3 - 19　俄罗斯远东布列亚河边的大西米奇勿吉—靺鞨遗址出土的铁鱼钩

资料来源：涅斯捷罗夫：《早期中世纪时代阿穆尔河沿岸地区的民族》，王德厚译，杨志军主编《东北亚考古资料译文集》5，第55页。

图 3 - 20　振兴遗址出土的勿吉时期的骨质鱼钩

资料来源：《河口与振兴——牡丹江莲花水库发掘报告（一）》，图版四六10。

为难得的是，在大西米奇遗址还出土了石蛾的蛹壳，考古工作者认为"它们是挂在钓钩上作饵用的"。[1] 凤林城址出土铁质鱼钩6件（见图3 - 21），形制已经"与现代同类器别无二致"。[2]

---

① 涅斯捷罗夫：《早期中世纪时代阿穆尔河沿岸地区的民族》，王德厚译，杨志军主编《东北亚考古资料译文集》5，第45页。

② 《凤林城：1998～2000年度考古发掘报告》，第204页。

图3－21　凤林城址出土的铁质鱼钩

资料来源：《凤林城：1998～2000年度考古发掘报告》，第207页，图一六六1、2。

当时，松花江和黑龙江下游经常有百斤以上的大鱼出现。捕这么大的鱼，网和钩都无效，勿吉人为此专门制作了鱼镖。振兴遗址四期出土骨质鱼镖1件（见图3－22），是"利用劈裂的兽骨片，在其上部用利器削成扁平状，中部略鼓，下部削尖，并向一侧割出倒刺。长6.8、宽1厘米"。[1] 使用时将它用细绳绑在木棍上，投掷大鱼，与现代赫哲人鱼叉的用法差不多。

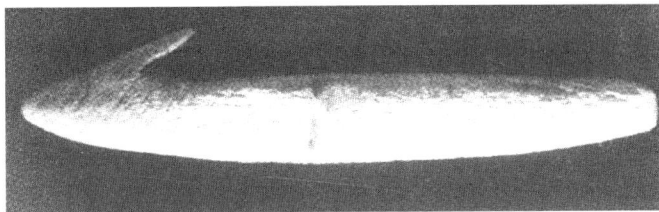

图3－22　振兴遗址出土的勿吉时期的骨质鱼镖

资料来源：《河口与振兴——牡丹江莲花水库发掘报告（一）》，图版四六1。

每年秋季，有洄游习性的鲑鱼（大马哈鱼）都要溯水到上游产卵。其时从大江河到小溪流的鲑鱼极多，勿吉人会大量捕捉。捕鲑鱼用网、钩当然都可以，但最有效率的方法是用鱼栅。这种方式一直沿用到近代。19世纪初，日本人间宫林藏在黑龙江下游地区还见到过这种捕鲑鱼的方式，并画了下来（见图3－23）。勿吉人是否用此法捕鲑鱼不得而知，但这种方法十分简单，又十分有效，勿吉时就开始使用的可能性是存在的。

---

[1]　《河口与振兴——牡丹江莲花水库发掘报告（一）》，第128页。

图 3－23　19 世纪初黑龙江下游居民捕鲑鱼图
资料来源：间宫林藏：《东鞑纪行》。

带网坠的渔网、系在绳上的鱼钩、绑在木棍上的鱼镖都是由两个以上部件构成的复合渔具，勿吉人用这些较先进的渔具捕鱼，生产效率大大提高了。渔业产品不仅是食物的重要来源，而且鱼皮可做衣鞋，鱼油可用于照明，总之，渔业解决了勿吉人生存与生活中的不少问题。

室韦人也有初级的渔业。东汉时期，迁到蒙古草原地区的鲜卑首领檀石槐见秦水中鱼很多，但不知如何捕，"闻倭人善网捕，于是东击倭人国，得千余家，徙置秦水上，令捕鱼"。① 可知鲜卑人本不会捕鱼，无渔业。但室韦人不同。在讷河学田镇红马山遗址中出土了陶质网坠、骨质鱼卡、铁质鱼钩等渔具。② 足见在东汉时期，正在融合形成中的室韦人就已经掌握了网捕、钩钓等多种捕鱼技术。不过，与畜牧、狩猎等行业相比，室韦人的渔业是最薄弱的。

二　狩猎业

勿吉人善于狩猎，这一点在东北诸族中较为突出。《魏书·勿吉传》称，勿吉人"善射猎，弓长三尺，箭长尺二寸，以石为镞"。《太平寰宇记·勿吉国》载，"善射猎"。《北史·勿吉传》更言，"人皆善射，以射猎为业"。当地广袤的森林和原野中，野猪、鹿、狍子、熊等动物很多，野生动物资源极其丰

---

① 范晔：《后汉书》卷九十《乌桓鲜卑列传·鲜卑》，第 2989 页。这一史料中的倭人可能有误，檀石槐不大可能仅仅为虏获捕鱼人而渡海远征日本列岛，倭人应该是秽人之误。
② 《考古黑龙江》，第 125 页。

富。考古发掘也证明了这一点。在勿吉—靺鞨遗址中普遍出土很多各种质地的箭镞。弓箭平时是狩猎工具，战时是武器，人人善射。

勿吉人继承了挹娄人狩猎用毒的传统，而且继续发展，他们"常七八月造毒药傅箭镞，射禽兽，中者便死，煮药毒气亦能杀人"。① 这是一种什么毒呢？文献中找不到直接的答案，但通过对史料的比较与分析，可以了解个大概。

东汉时，匈奴宇文部有"秋收乌头为毒药，以射禽兽"② 之俗。此乌头为秋天收，勿吉人造毒是在七八月，农历七八月正是秋天，二者都是在箭上施毒以射禽兽，而且，匈奴宇文部与勿吉所处的时代相去不远，所以勿吉所用之毒很可能也是乌头。

乌头是古人常用的植物性毒药。据说春秋时，晋骊姬毒杀公子申生用的就是乌头。"乌头，今江东呼为堇，晋骊姬谮申生，寘鸩于酒，寘堇于肉者是也。"③ 宋代杨简《慈湖诗传》卷十六载："《释草》云芨堇草，郭注云即乌头也，音靳。本草谓煎之则杀人。"元代时，人们还用乌头到河里药鱼，"故诗人与堇并称，堇乃乌头，非先苦而后甘也，又云荼毒盖荼有毒，今人用以药溪鱼"。④ 现代科学发现，乌头之所以被用作毒药，是因为其含有有毒成分乌头碱。乌头碱毒性很强，常人只要吃 3～4 毫克就会出现心慌、心悸、心律不齐，血压下降，呼吸中枢抑制，甚至心搏骤停、抽搐、神志不清，直至死亡。乌头有南北之分，生于四川者为川乌，生于北方者为草乌，后者毒性更大。⑤ 但乌头碱会被水解，乌头如果连续煮 4 个小时，毒性就会消失。乌头炮制后是一味中药，能治风湿痹痛及跌打损伤。直到近代，乌头还是东北地区常用的毒药。19 世纪末，俄国著名作家契科夫到萨哈林（库叶）岛旅行时还听说当地有两个因犯吞食乌头草自杀。⑥

所谓"煮药毒气亦能杀人"，可能是乌头碱解于水，随水蒸气飘出，人吸入后也会出现中毒反映。据曾公亮《武经总要》载，北宋人利用这一点制成了原始的"毒气弹"，即用乌头等几种毒药制成球，点燃后用烟熏敌人，令其中毒。如果把生乌头榨出来的汁涂在箭镞上，无论射人还是射动物，都

---

① 魏收：《魏书》卷一百《勿吉传》，第 2220 页。
② 李延寿：《北史》卷九十八《匈奴宇文莫槐传》，第 3267 页。
③ 《尔雅翼》卷七，《文渊阁四库全书》本。
④ 许谦：《名物钞》卷七，《文渊阁四库全书》本。
⑤ 成都中医学院主编《中药学》，上海科学技术出版社，1978，第 277 页。
⑥ 契科夫：《萨哈林旅行记》，刁绍华、姜长斌译，黑龙江人民出版社，1980，第 279 页。

会大大加重其伤势，加快致死的速度。《魏书》记载的"中者便死"并非言过其实。正是因为有了毒箭这一利器，勿吉人才可以猎到虎、豹这样的猛兽。勿吉人的风俗中有"头插虎豹尾"，就是因为他们经常能猎到虎、豹。

当然，毒箭不仅仅是勿吉人狩猎时的利器，也是战争时的利器。勿吉人能迅速击败周边各族，毒箭就是一件重要法宝。勿吉的后世靺鞨也可能自恃有此法宝，才敢和高句丽人一起，与强大的唐王朝为敌。在唐太宗征高句丽的战争中，他们给唐军很大的杀伤，令唐军恨之入骨，所以唐太宗对俘虏的高句丽人尚能给予宽恕，独"收靺鞨三千余，悉坑之"。[1]

勿吉人还有一个奇异的狩猎习惯，即以父母尸体捕貂。《魏书·勿吉传》载，父母如果秋冬季节死去，勿吉人就"以其尸捕貂，貂食其肉，多得之"。以父母的尸体为诱饵捕貂，以我们今天的道德观来看太不可思议。勿吉人似乎相当野蛮无情，但事实上并非如此。他们为死者设祭祀，陪葬物品，还要"冢上作屋，不令雨湿"，表现出对死者深厚的感情，绝不会如此对待父母的尸体。所谓以尸捕貂，很可能是天葬或树葬的遗风。这种葬法是将尸体放在露天，任由鸟类啄食，他们认为死者的灵魂可以由鸟带往天国。但只能由鸟来啄食，兽类因不能带死者的灵魂升天，所以不让兽类来食。貂是食肉动物，发现尸体也会来食，守尸体的死者亲人当然要来驱赶，或者直接把貂打死。这是对尸体的保护，但在不明真相的外人看来，就很可能将之当作以尸捕貂。考古发掘发现了这种葬法的痕迹。在牡丹江桦林石场沟墓地，一些墓葬中遗骨非常凌乱，考古工作者推测与此有关："这种为貂食过的骨架多零乱不堪，因此再埋入地下即无规律可循。石场沟墓地所发现的两次葬的骨架多不完整，原因与此不无关系。"[2]

虽然不会用父母尸体为诱饵捕貂，但似乎勿吉人的狩猎方法颇为多样化，他们不单会用箭、用毒，还懂得用诱饵捕捉。从他们十分看重捕貂这一点看，勿吉人狩猎不仅仅是为了满足自己对肉食和皮张的需求，更可能是为了对外交易。因为貂皮在中原、朝鲜半岛都是极受欢迎的贵重毛皮。

室韦人狩猎业很发达。其所居的大兴安岭北段和嫩江中上游地区自然条件良好，野生动物种类丰富，有利于发展狩猎业。早在东汉时期，作为鲜卑到室韦过渡形态的红马山文化的经济类型就是"以渔猎经济形态为主"。[3] 到南北朝时期，

---

① 欧阳修、宋祁：《新唐书》卷二百一十九《北狄列传·黑水靺鞨》，中华书局，1975，第6178页。
② 黑龙江省文物考古研究所：《黑龙江省牡丹江桦林石场沟墓地》，《北方文物》1991年第4期。
③ 张伟：《红马山文化辨析》，《北方文物》2007年第3期。

狩猎业是其重要的谋生手段，对有些部落来说可能是唯一的谋生手段。

《魏书·失韦传》载："亦多貂皮……男女悉衣白鹿皮襦袴。"这貂皮和白鹿皮都是狩猎业的产品，而作为室韦一支的乌洛侯人更被明确记载为"好猎射"。[1] 室韦人狩猎主要用弓箭，"用角弓，其箭尤长"。[2] 箭镞早期为骨质（见图3-24），中后期为铁质。弓箭战时是兵器，平时是狩猎工具。室韦箭的特点是长，在内蒙古海拉尔谢尔塔拉室韦墓地出土了室韦弓箭的实物，箭体通长80厘米左右，明显长于一般的箭（见图3-25、图3-26）。[3] 谢尔塔拉墓地年代虽然属于唐末五代时期，但它反映的是室韦人的传统习俗，《魏书》所载的室韦人的长箭应当就是这个样子。

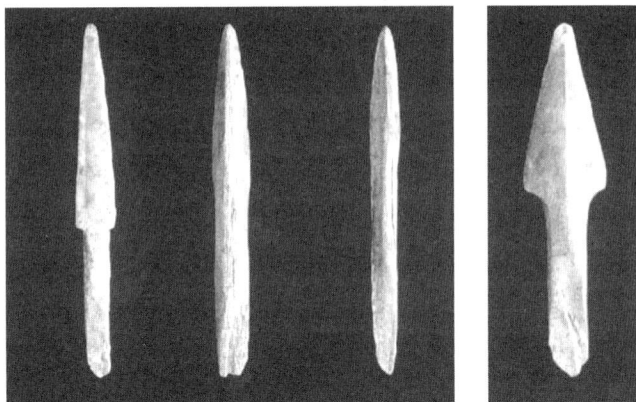

图 3-24　室韦早期的骨质箭镞

资料来源：《考古黑龙江》，第128页。

图 3-25　室韦晚期的弓和箭囊

资料来源：《海拉尔谢尔塔拉墓地》，彩版三四1、2。

[1]　魏收：《魏书》卷一百《乌洛侯传》，第2224页。
[2]　魏收：《魏书》卷一百《失韦传》，第2221页。
[3]　《海拉尔谢尔塔拉墓地》，第49页。

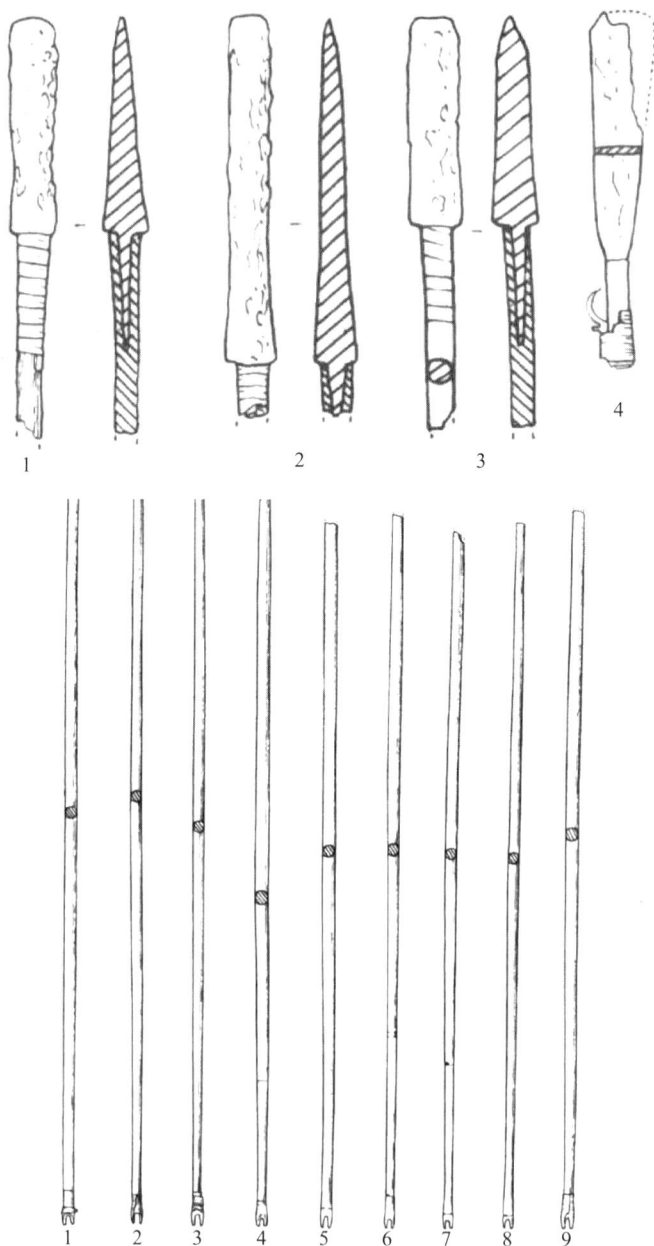

图 3-26 室韦晚期的铁质箭镞和木质箭杆

资料来源:《海拉尔谢尔塔拉墓地》,第 46、47 页。

鲜卑南迁至匈奴故地后，拓跋洁汾曾"率数万骑田于山泽"，[1] 这是部落成员集体进行大规模的狩猎活动，可见，南迁后的鲜卑族仍然保持着狩猎的传统生产方式。北魏建国后，建立了许多苑囿和围场，规模大、种类甚多，有鹿苑、野马苑、虎圈以及一般苑囿等，将野兽圈围起来，以便有计划地饲养和猎取，满足王室生活及军国所需。

第四节　手工业

一　金属的冶炼和金属器制造业

勿吉时铁器的使用范围扩大了，虽然还远没有取代骨器、石器和木器，但在社会生活的各个方面都有了铁器的应用。综合各相关遗址出土情况，铁器的种类与数量已相当可观，属生产工具的有镬、铧、锛、鱼钩、斧子，属武器的有刀、矛头、箭镞、匕首，属生活用品的有锥子、夹子、钉子、环、手镯、带卡、马具、车件等（见图 3－27）。我们当然不能排除这些铁器也有来自外部的可能，但考古资料告诉我们，至少其中相当一部分是勿吉人自己制造的。

铁器的制造有两个步骤：一是开采铁矿石，冶炼成铁；二是用铁制造成所需的器物。从遗址遗迹看，勿吉人已经掌握了这两个步骤的技术。

古人冶铁，在采矿方面有三种方法。一是用土锭铁。土锭铁是像土块一样的铁矿石块，多为磁铁矿，"土面浮出黑块，形似枰锤，遥望宛然如铁，捻之则碎土。若起冶煎炼，浮者拾之，又乘雨湿之后中耕起土，拾其数寸土内者"。二是沙铁，即细小的、掺杂在沙土中的铁矿，"凡沙铁一抛膜即现其形，取来淘洗，入炉煎炼，融化之后与锭铁无二"。[2] 三是像现代开采铁矿一样开凿矿坑。前二种取矿石方法较简单易行，但产量不高。然其方法简单，勿吉人或许采用。但单从炼铁的废弃物——熔渣不大容易分辨出原料为哪种，而且土锭铁和沙铁矿石都很细小，容易在自然环境中散失。勿吉人既使用了这两种方法也不大可能留下明显物证，所以到目前为止还不能断定勿吉人是否采用。第三种难度较大，但产量可观，勿吉人使用了此法冶铁是可以

---

[1]　魏收：《魏书》卷一《序纪》，第 2 页。
[2]　宋应星：《天工开物》，岳麓书社，2002，第 312 页。

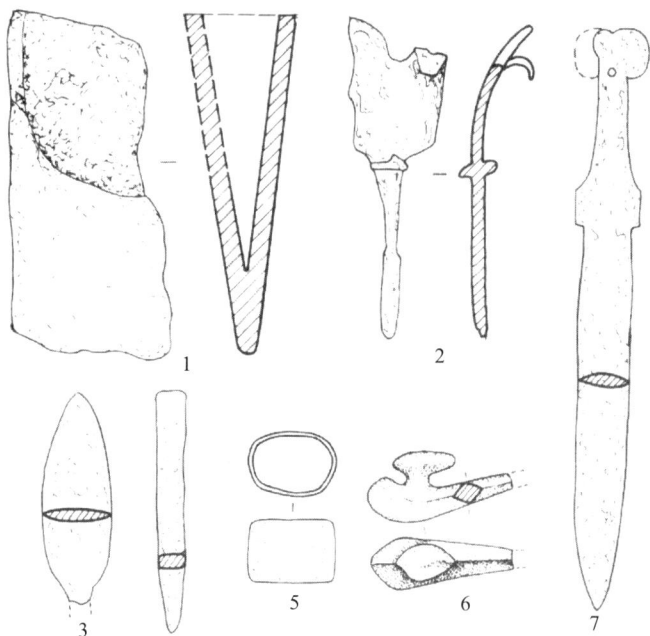

图 3 – 27　河口遗址出土的勿吉铁器和青铜器

说明：1 为铁镢，2、3 为铁镞，4 为铁锥，5 为铁环，6 为青铜带钩，7 为铁
匕首。

资料来源：《河口与振兴——牡丹江莲花水库发掘报告 (一)》，第 45 页。

肯定的。在苏联滨海地区青石砬子山脚下有一处属于公元一千纪中期的遗
址，一千纪中期大体相当于勿吉、靺鞨时期。考古工作者在该遗址中发现了
一处冶铁遗址，"可见到几堆铁矿石种矿渣残块，发现了一些研磨用的石板、
石杵和很厚一层焦化了的木柴堆积物"。[1] 另外在苏联远东奥西诺夫卡勿吉遗
址中发现了冶铁的遗物——铁矿渣。[2] 正因为有这些确实的物证，苏联学者
奥克拉德尼科夫认为，5~7 世纪，"滨海边疆区和阿穆尔河沿岸的古代遗址，
凡是其居民已开始广泛采用本地矿石冶铁因而进入真正的铁器时代的，都应
当归属于勿吉或早期靺鞨部落"。[3]

看来，勿吉人已能开采铁矿石冶铁绝无问题，那么勿吉人是怎样把铁矿
石炼成铁的呢？古人炼铁大体有生吹、高炉、坩埚炉三种方法。勿吉人用的

---

[1]　安德列耶娃：《滨海边区发达铁器时代的考古遗存》，瑶奉译，《北方文物》1985 年第 4 期。
[2]　奥克拉德尼科夫：《滨海遥远的过去》，第 231 页。
[3]　奥克拉德尼科夫：《滨海遥远的过去》，第 228 页。

是生吹法，或称块炼法，学名则是固体还原法。所谓生吹法就是在地面或半地下修筑炼炉，把燃料（一般为木炭）和铁矿石放在炉中，让它们直接接触。铁矿石的主要成分是氧化铁，木炭燃烧产生一氧化碳，正是氧化铁的还原剂，在不高的温度下（约 1000℃），就可使氧化铁还原成固态海绵铁。这种方法比较原始，炉渣中残存的铁较多，与炉体凝成一个一体的大硬坨，所以一个炉只能用一次，效率较低。中原地区早在汉代就已淘汰了这种方法，改用高炉了。

勿吉人的冶铁技术虽较中原地区落后，但也颇有可取之处，即勿吉人能炼出熟铁。俄罗斯滨海地区有一个库尔库尼哈居住址，被断代为 4 世纪末 5 世纪初，[①] 正属勿吉时期。该遗址出土了一个熟铁块。铁矿石熔化为生铁温度须达到 1146℃，达到这个温度并不难，只要使用木炭，再稍有保温措施就可以了；但生铁含碳量高，捶打易裂，不能用来锻造，只可用于铸造，要想造出耐用的铁器，非熟铁不可。熟铁的炼成温度须达到 1537℃，在以木炭为燃料的条件下并不容易（迄今已知的勿吉遗址均未发现有用煤的痕迹，可见勿吉人尚不知用煤冶铁，或者根本不知用煤），而勿吉人能炼出熟铁，足见其在熔炉的保温、炉火的吹风等方面有相当的技术。

令人惊异的是，勿吉人似乎还曾尝试炼钢。在黑龙江省绥滨县四十连遗址出土了少量铁渣，中国冶金史编写组、北京钢铁学院冶金史研究室共同对之进行了岩相鉴定，结果为："渣呈气孔状，说明是半熔融状态，此渣含铁较高，可以判定不是冶炼生铁的渣。与黑龙江同仁遗址出土铁渣的鉴定结果比较，此渣是炒钢渣的可能性比较大。"[②] 所谓炒钢，即将生铁炒成半液体半固体状态，并进行搅拌，利用铁矿物或空气中的氧进行脱碳，以期达到所需的含碳量，再进行反复多次的加热锻打，挤出渣滓，得到钢材。这可以省去繁难的渗碳工序，使钢的组织更加均匀，打破了长期以来生铁不能转为熟铁的状况。炒钢技术产生在汉代的中原地区，山东苍山县（今兰陵县）东汉墓出土的环首钢刀就是用炒钢锻打而成的。

另外，在俄罗斯远东早期铁器时代奈费尔德古墓地遗址（被断代为 1～6世纪，大体为挹娄到勿吉末），出土了刀、箭头、矛头、马衔、环、铠甲片

---

① 季娅科娃：《滨海地区的靺鞨遗存》，裴石译，杨志军主编《东北亚考古资料译文集》5，第 173 页。

② 黑龙江省文物考古研究所：《黑龙江省绥滨县四十连遗址发掘报告》，《北方文物》2010年第 2 期。

等多件铁器。俄罗斯考古工作者对之进行了金相学分析，认为它们虽然还有些技术上的问题，但都是用钢制造的。"因为利用了钢的性质，经过热处理加工得到了全钢的产品，所以才产生了黑色金属制品的加工工艺。钢的结构研究表明，甚至在一个光片的范围内也有一组完整的结构。这种状态成为在一种制品的宏观体积中含碳不均的原因，即发生在冶金过程之前的特殊性质。碳分布的不均匀性和自然铁场的存在，证明古代的奈费尔德人是在生吹炉中直接得到钢的。特有的用钢作原料和用它制作全钢制品，使奈费尔德的冶金业和金属加工业显示出东方的特点。当然，这并不排除利用'纯'铁作为原料的可能性，以及同金属制品有关的另一些流程。总的来说，遗留下奈费尔德古墓地的人们的金属加工业的发展水平相当高。"① 这是黑龙江古代冶金史上的重要一页。

值得一提的是勿吉人的铁器铸造技术。在俄罗斯远东砂碛半岛出土了两件铁镬（俄罗斯学者将此处遗址断代为公元前一千纪到公元一千纪。根据其出土的铁器多为兵器和农具的铁尖儿可知，其铁器应用并不普遍，当属早期铁器时代；又据其出土的镬与国内勿吉遗址出土的镬很相近，笔者推定当为勿吉时期），俄罗斯学者对之进行了光谱分析，结果表明，"金属中的杂质并不多。通过金属学分析得知，两件铁镬都是用生铁铸造的。一件是通过土范用灰色生铁铸造的，另一件是通过金属范用白色生铁铸造的。两件铁镬的硬度都很高"。② 足见勿吉人不仅能炼出高质量的生铁，还可以用土范、金属范等不同的方式铸造出高质量的铁器。

与铸造相比，锻造更能体现技术水平。因为熔炉里生产出来的铁都是海绵铁，余渣和砂眼很多，无法打制成型，只有反复锻炼才能去除余渣和砂眼，这需要把握好火候等多个技术要点。勿吉人的锻造技术也并非乏善可陈，出土的勿吉锻造铁器中不乏较精致者，只是铁器还主要为兵器和小饰物，铁质生产工具虽然有，但还不普遍。

黑龙江萝北团结墓地出土了一把错金铁刀（见图 3-28），"两面均用金丝错以龙纹图案，做工极精，堪称是当日错金工艺高水平的标志，这个墓地

① 杰列维扬科等：《奈费尔德古墓地》（下）附录，王德厚译，克拉明采夫：《奈费尔德古墓地出土铁器的金相学分析》，《北方文物》2002 年第 2 期。
② 林树山：《俄罗斯滨海边区早期铁器时代的扬科夫斯基文化》，《东北亚历史与考古信息》1992 年第 2 期。

年代当和同仁一期文化（公元 595±85 年，勿吉末至靺鞨初）相当"。[1] 错金是在器物表面刻出沟槽，再以同样宽度的金线、金丝、金片等按纹样镶嵌其中随后磨光表面的工艺，是一种比较复杂的金属器加工工艺。我们不能肯定此刀是从其他地方输入的，还是勿吉人自己制造的。如果是后者，那我们就不得不惊叹勿吉人铁器制造技术之高超了。

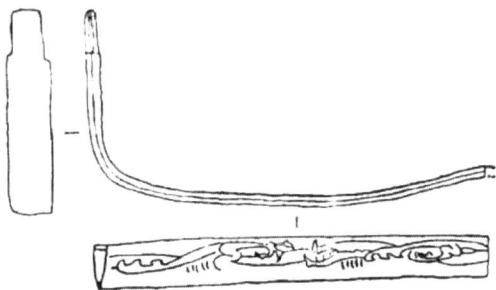

图 3-28　萝北团结墓地出土的勿吉错金铁刀

资料来源：黑龙江省文物考古研究所：《黑龙江萝北县团结墓葬发掘》，《考古》1989 年第 8 期。

勿吉人的铁器制造技术明显受到中原地区的影响。同仁遗址和老山头遗址出土的铁锛、铁镰等的形制与中原地区出土的同类物品非常相似。

勿吉人或许还能冶炼铜和铅。在俄罗斯远东马尔梅日一处勿吉或靺鞨早期居住址内发现了炼铜的遗迹，[2] 肃慎族系炼铜当肇始于此。以后其技术日益进步，规模也相应扩大，到渤海时期铜制品成了重要而大宗的出口物资。不过在勿吉时期铜的产量还很有限，只能用来制造些细小的物件。如在同仁遗址一期出土铜器 3 件，2 件为纽扣，1 件为钉。[3] 在苏联滨海地区的另一个勿吉或靺鞨早期遗址中出土了冶炼后的铅的凝块。[4] 在凤林城址出土了铜器 71 件，都是含锡、铅、砷的青铜，器物加工方法都是铸造。[5] 将锡和铅等加入铜中，就制成了青铜。青铜比纯铜硬度高，锻打时不易断裂，可制作多种器物。不过也可能勿吉工匠并不懂铜合金的冶炼，青铜的冶炼出于偶然：三

---

① 谭英杰、孙秀仁、赵虹光、干志耿：《黑龙江区域考古学》，第 56 页。
② 林树山：《苏联对远东地区早期铁器时代文化的研究》，《东北亚历史与考古信息》1990年第 1 期。
③ 杨虎、谭英杰、林秀贞：《黑龙江绥滨同仁遗址发掘报告》，《考古学报》2006 年第 1 期。
④ 安德列耶娃：《滨海边区发达铁器时代的考古遗存》，瑶奉译，《北方文物》1985 年第 4 期。
⑤ 黑龙江省文物考古研究所编著《凤林城：1998～2000 年度考古发掘报告》，第 485、490 页。

江平原地区的铜矿都不是纯铜，而多是铜、锡、铅、镍、钨的共生矿，就是说天然就有冶炼青铜的配置，并非人为。不论如何，勿吉人能够冶炼青铜制造青铜器是没有问题的。

《隋书》载，室韦"其国无铁，取给于高丽"，[①] 说明隋以前室韦人不能自己冶铁，所需的铁要从高句丽输入。但这并不能说明室韦人不了解铁器制造技术，从高句丽输入的铁应该是原料铁，不是成品，成品由室韦人自己制造。在与室韦相关的墓葬中都有铁器出土，不大可能都来自外部。

早期的室韦人就能制作细小的铜器。在库勒浅晚期墓葬出土了一个铜铃和多个铜泡。铜铃的形制与同期其他民族的差异很大，应当是室韦人自己制作的（见图3-29）。

图3-29　库勒浅晚期墓葬出土的铜铃

资料来源：张伟、王长明：《黑龙江讷河市库勒浅青铜至早期铁器时代的墓地》，《考古》2006年第5期，图版四4。

二　陶器制作

勿吉人的日用器皿以陶器为主（事实上，木器也应占相当比重，只是木器不易留存下来），有罐、壶、碗、瓶、缸、甑、豆[②]、盅、盆、斜口器等许多种类（见图3-30、图3-31），其中最多的是壶形器和瓶形器；也有少量生产用具，如渔网坠、纺轮等。

---

① 魏微等：《隋书》卷八十四《室韦传》，第1882页。
② 在俄罗斯学者关于勿吉的考古发掘报告中多次出现陶灯台，对照实物图片可知，他们所谓的灯台其实是豆。肃慎族系本不用豆，勿吉人用豆是受了沃沮人的影响。

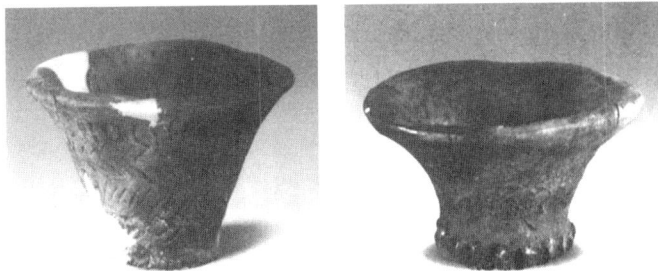

图 3 - 30　同仁遗址出土的勿吉的碗

资料来源：杨虎、谭英杰、林秀贞：《黑龙江绥滨同仁遗址发掘报告》，《考古学报》2006 年第 1 期，图版十五 2。

图 3 - 31　团结墓葬出土的勿吉的陶罐

资料来源：黑龙江省文物考古研究所：《黑龙江萝北县团结墓葬发掘》，《考古》1989 年第 8 期，图版五。

勿吉的陶器有以下三个特点。

第一，在制作方法上基本都是手制，只有极少数经过慢轮加工。多采用泥条盘筑法，即先将陶泥用手搓成长条，用泥条盘成器物的大致形状，再用手拍打细加工。器身和顶部往往分别制作，然后用手捏在一起。"以夹砂黑灰陶为主，也有夹砂红褐陶。火候不高，质地粗疏，器壁较厚。多呈灰色或红褐色。"① 只有少数红褐陶火候较高，质地较硬，器形也较规整。

第二，在纹饰方面，勿吉陶器素面的很少，大多数有纹饰，而且多为复

---

① 谭英杰、孙秀仁、赵虹光、干志耿：《黑龙江区域考古学》，第 54 页。

合纹饰。纹饰的种类很多，多施于器物的口沿、肩部等腹部以上的地方。基本属于勿吉时代的同仁一期文化遗址中，出土的陶器"大多于器腹以上饰复合纹饰，部分罐和碗通体纹饰。纹饰的种类较多，以短条蓖纹、短条刻纹、长方格纹组成的连续折线纹最富特色。常见的还有附加堆纹、弦纹、平行锥刺纹、平行方格纹、指甲纹、菱形纹和指捺纹等"。[①] 俄罗斯学者对勿吉时期陶器特点的分析也得出了大体相同的结论。在俄罗斯滨海地区"兴凯湖附近库尔库尼哈谷的古代居址，是滨海地区最早的中世纪遗存。奥克拉德尼科夫发掘了其中的一处房址，通过碳14测定将其断代为公元四至五世纪。出土陶器的特点是：综合了几种靺鞨陶器的特征。绝大多数陶器都是壶形器和瓶形器，并饰有乃费尔德式的图案，即在器肩上饰有横向划线图案带和斜线刻纹等等"。该遗址出土的一些陶器不仅在口沿下，而且在器肩上带有近似三角形横断的附加堆纹。[②]

第三，勿吉人还创造了一种陶器表面加工的新方法。如，在俄罗斯滨海地区"特罗伊查湾陶窑出土的陶器的表面加工的新方法——表面敷上一层石灰，因此表面呈微白色、浅驼色和浅粉红——驼色。颜色'发白'的器皿约占陶器总数的15%"。[③] 表面敷石灰应该是为了美化器表。

勿吉较有特点的陶器是斜口器。1970年，在苏联哈巴罗夫斯克边区犹太自治州勃拉格斯洛文诺耶村（兴凯湖畔）一处断代为4、5世纪之交的勿吉前期遗址中出土了一个斜口器（见图3-32）。"其平面图象似一个被截的椭圆形，平底也呈椭圆形，没有器颈，盛物部位的器腹直接过渡到扁平而微侈的口沿。容器的正面有一个奇特的斜口。容器的几个纵向高度为：总高36厘米，器肩以上17厘米，以下19厘米。容器的几个横向宽度为：器口宽22厘米，盛物部位最大宽度为26厘米，器底直径14厘米。……泥条盘筑……容器的纹饰是一条盘筑在正面斜口下缘的一条弧形附加堆纹。"[④] 俄罗斯学者阿

---

① 谭英杰、孙秀仁、赵虹光、干志耿：《黑龙江区域考古学》，第54页。
② 林树山：《苏联远东靺鞨渤海女真文化遗存及其出土陶器的地理分布》，《东北亚历史与考古信息》，总第5期。
③ 皮斯卡列娃：《滨海地区靺鞨遗存的地方类型》，王德厚译，于建华主编《东北亚考古资料译文集》7，北方文物杂志社，2007，第52页。
④ 阿尔金、格列宾西科夫：《关于阿穆尔河沿岸地区靺鞨铁器中独一无二的一件容器》，姚风译，《东北亚历史与考古信息》1997年第1期。

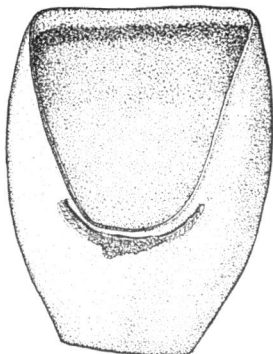

图 3 - 32　俄罗斯滨海地区出土的斜口器

资料来源：阿尔金、格列宾西科夫：《关于阿穆尔河沿岸地区靺鞨铁器中独一
无二的一件容器》，姚凤译，《东北亚历史与考古信息》1997 年第 1 期。

尔金、格列宾西科夫认为它是用来收装固体颗粒物的撮子，笔者同意这一观
点。[1] 但阿尔金等人又认为，这种器物在中国新石器时代就已经出现了，如
沈阳新乐遗址、内蒙古赤峰西水泉遗址等都有出土，说明它属于新石器时
代，不属于勿吉所处的铁器时代，勃拉格斯洛文诺耶遗址发现的斜口器是新
石器时代居民留下的，只是后来居于此的勿吉人又发现了它，并加以再利
用，它不是勿吉人制造的。笔者不同意这一说法，斜口器确实于新石器时期
在东北地区的西南部普遍存在过，但不能据此认为勿吉人不会制造此物。制
造和使用斜口器的情况在勿吉人中并不鲜见。在绥滨县四十连遗址中就出土
了斜口器 2 件（见图 3 - 33），"器形似箕，可直立，依口部形态可分为二型。
A 型 1 件。侈口……夹砂灰黑陶，形似斜开口的扁圆形罐，器身扁圆，椭圆形
小平底。口沿饰附加堆纹。口径 20、底径 9、最大腹径 21.9、高 25.5 厘米。
B 型 1 件。敛口……夹砂黄褐陶，口部下饰 2 厘米宽的泥条。口径 23、底径
8.5、高 31.5 厘米"。[2] 在黑龙江绥滨同仁遗址一期早期 F3 房址中也出土斜口
器 1 件（见图 3 - 34），"夹砂黑灰陶。此类器形似箕，可立置，亦可平放"。[3]
可见当时这种器物很普遍。事实也如此，无论古代还是今天，撮子都是人们

---

[1]　还有一种观点认为斜口器虽有撮子的功能，但主要还是像簸箕一样用来分开不同质地的
物品，见李婉琪、索秀芬、马晓丽《斜口器初探》，《北方文物》2017 年第 1 期。

[2]　黑龙江省文物考古研究所：《黑龙江省绥滨县四十连遗址发掘报告》，《北方文物》2010
年第 2 期。

[3]　黑龙江省文物考古研究所、中国社会科学院考古研究所：《黑龙江绥滨同仁遗址发掘报告》，
《考古学报》2006 年第 1 期。

日常生活中不可缺少的器具。不能因为新石器时代的居民使用此物，就认为铁器时代的勿吉人不能使用此物，石器时代和铁器时代人们都使用的器物不胜枚举。不过，勿吉时期的斜口器发现较多，故此物成了勿吉人的特色陶器。

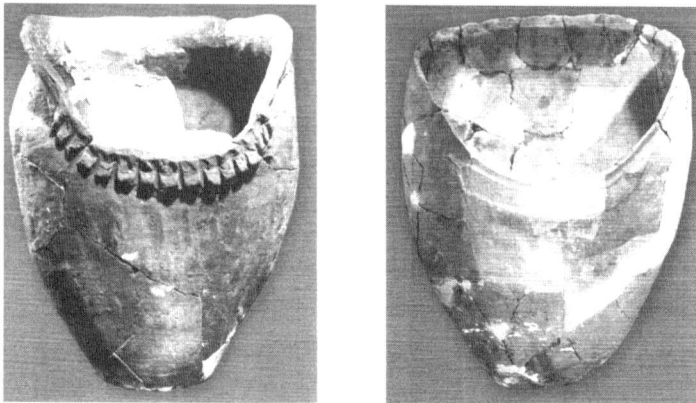

图 3-33　绥滨县四十连遗址出土的斜口器

资料来源：黑龙江省文物考古研究所：《黑龙江省绥滨县四十连遗址发掘报告》，《北方文物》2010 年第 2 期，图版三 1，A、B。

图 3-34　同仁遗址出土的斜口器

资料来源：黑龙江省文物考古研究所、中国社会科学院考古研究所：《黑龙江绥滨同仁遗址发掘报告》，《考古学报》2006 年第 1 期，图版十六 1。

考古发掘发现了不止一处勿吉的陶窑遗址。如考古人员在俄罗斯滨海地区哈桑地区南部特罗伊查发现了两座 6~8 世纪勿吉—靺鞨人的陶窑址。其中一座保存的比较完整，"窑的下部被埋在沙土之中，平面呈圆形，内径1.60 米，残高达 0.80 米，底径 1.40 米。窑壁用石屑砌成（厚度 0.20 米），内面留有一层烧结的硬壳……窑体的下部便是窑腔……根据窑壁物质的成层性质判断，这是从前用砾石层物质砌筑的一座窑床。再往上是长石岩碎片的堵塞物和粘土涂料的残块，这是破碎了的陶窑拱顶和窑壁上部的残存。在南

面的窑壁上可以见到窑门的方孔"。[1] 这一发现使我们可以清晰地还原勿吉陶
窑的概观:拱顶方门,下呈圆形,内壁以石砌成,容积较大,是技术较为成
熟的专业陶窑,过去那种在篝火或做饭的炉灶中烧制陶器的情形已不复
存在。

在俄罗斯滨海地区被断代为 5~6 世纪的勿吉—靺鞨遗址——米哈伊洛
夫卡 2 居住址发现了"陶器的新类型——鼓腹罐"。俄罗斯考古工作者认
为,"它的起源与靺鞨传统和东晋都有关系"。[2] 看来,勿吉和同时期的东
晋也存在一定的经济文化联系。这种鼓腹罐在其他靺鞨遗存也有发现,如
吉林省永吉县查里巴唐代粟末靺鞨墓地就一同出土了"靺鞨罐"和这种鼓
腹罐(见图 3-35)。

图 3-35 查里巴粟末靺鞨墓地出土的鼓腹罐

资料来源:《田野考古集粹——吉林省文物考古研究所成立二十五周年纪念》,
第 71 页。

三 桦皮器制作

黑龙江先民善于制作桦皮器。在俄罗斯滨海地区莫纳斯特尔卡 3 古墓地
的一座相当于勿吉时代的墓葬中出土了一把单刃铁刀,根据保存在刀身上的
痕迹可以看出,这把刀原是放在桦树皮刀鞘里的。[3] 在上文提到的滨海地区

---

[1] 姚凤编译《苏联远东地区 1979 年的考古发现》,《东北亚历史与考古信息》1984 年第 3 期。

[2] 季娅科娃:《滨海地区的靺鞨遗存》,裴石译,杨志军主编《东北亚考古资料译文集》5,
第 170 页。

[3] 季娅科娃:《滨海地区的靺鞨遗存》,裴石译,杨志军主编《东北亚考古资料译文集》5,
第 191 页。

大西米奇遗址出土了1件用桦树皮或树条制的容器残余。[1] 凤林城址也出土了3件桦皮器（见图3-36）。勿吉人还用桦树皮做建筑材料覆盖屋顶。[2] 可见勿吉人的桦树皮制作品种类很多，从小饰物、小容器直到建筑构件，应用十分广泛。

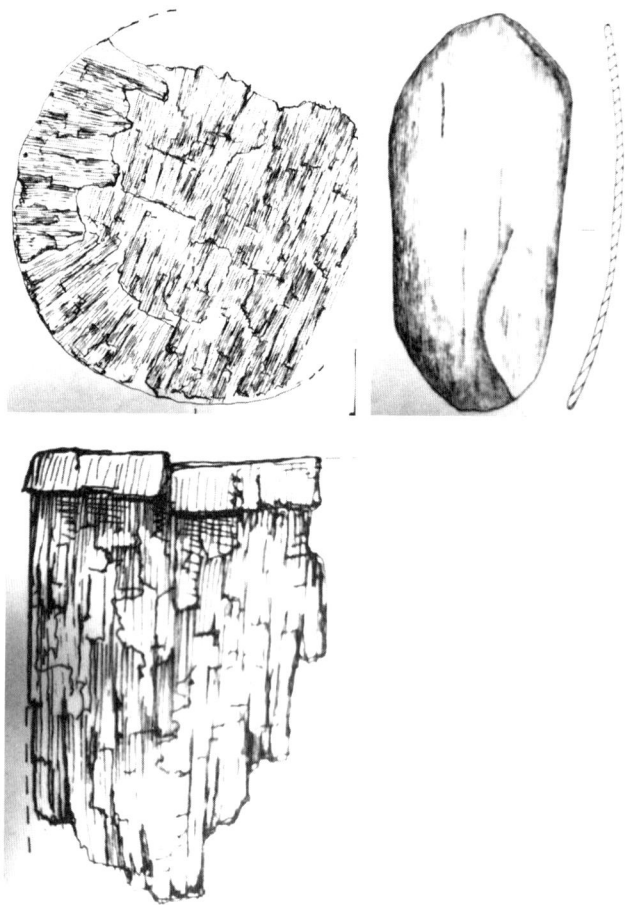

图3-36　凤林城址出土的桦皮器

资料来源：《凤林城：1998～2000年度考古发掘报告》，第262页，图二〇五1、2、3。

---

① 涅斯捷罗夫：《早期中世纪时代阿穆尔河沿岸地区的民族》，王德厚译，杨志军主编《东北亚考古资料译文集》5，第41页。

② 涅斯捷罗夫：《早期中世纪时代阿穆尔河沿岸地区的民族》，王德厚译，杨志军主编《东北亚考古资料译文集》5，第46～47页。

四　制盐

勿吉地区"水气咸凝，盐生树上，亦有盐池"。[①] 可知勿吉食盐的来源有二：一是树盐，二是池盐。

对于盐何以能生在树上，现代人不甚理解。如在《黑龙江古代民族史纲》中，作者认为此说有误，盐不能生于树上，是对树挂之误记。"当为冬季之树挂，此因外族人观之，错记故也。"[②] 这种看法十分普遍，似乎也合于情理。但树挂这种景观在北方很多地方都能见到，非勿吉地区所独有，并不罕见，误记的可能性并不大。事实上，盐凝于树上是可能的。

在今黑龙江大庆、吉林榆树等地，土壤盐碱度较高，"每年 5 月蒸发量为全年中的最大时期，土壤盐分随地下水的蒸发向地表移动，并积累于地表，形成主要返盐期。8 月下旬起雨量也相对较少，导致二次返盐，故 6 月中旬和 8 月下旬盐量较高"。[③] 此时，土壤表面以及贴地的草上就会析出一层薄薄的盐碱，远远望去，就像地上下了霜一样。这样的盐碱地一般很少长树，如果恰好有一棵小树，树上也会同样结出薄薄的一层盐碱，即所谓"盐生树上"。如果是在盐池，即咸水湖旁，这种景观更易生成。我国黑龙江省和吉林省接壤的地方，长有一种六七米高的树，每当夏季来临时，树上会冒出"汗"来，并凝成一层雪花似的盐霜，只要用小刀轻轻刮下，就可食用，质量能与高级精盐媲美。人们给它起了一个名副其实的称号——"木盐树"。[④]

隋唐时，勿吉人的后世黑水靺鞨所居之地"有盐泉，气蒸薄，盐凝树颠"。[⑤] 其实，古人已经明了"盐生树上"的原因，明确指出系因"水气咸凝"，今天再讨论这一问题似已无必要。不过，在勿吉区域内至今没有发现盐池。究竟是古代有现在消失了，还是史料误记，不能确定。

生于树上的盐被史籍作为一种奇观记载了下来，但树盐只是一种偶然的、个别的现象，勿吉人的食盐问题显然不能靠它解决。我们需要探讨的是勿吉人利用这些盐碱土制盐的方法。古人常用盐渍土制盐，一般是先将其收

---

① 魏收：《魏书》卷一百《勿吉传》，第 2220 页。
② 干志耿、孙秀仁：《黑龙江古代民族史纲》，第 142～143 页。
③ 吴国庆：《黑龙江省西部盐渍化土壤积盐规律监测》，《中国农村小康科技》2005 年第 10 期。
④ 吾桐：《木盐树及其他》，《林业与生态》2014 年第 7 期。
⑤ 欧阳修、宋祁：《新唐书》卷二百一十九《北狄列传·黑水靺鞨》，第 6178 页。

集起来，用水稀释，取得盐卤，再煮成盐。这种方法十分简单易行，勿吉人或许也采用了，但现在还没有发现直接的证据。

盐泉就是盐池，黑水靺鞨有盐池，勿吉也应当有。池盐的制作方法更简单。《天工开物》载，古人加工池盐的工艺是这样的："土人种盐者池傍耕地为畦陇，引清水入所耕畦中，忌浊水，参入即淤淀盐脉。凡引水种盐，春间即为之，久则水成赤色。待夏秋（应为春夏）之交，南风大起，则一宵结成，名曰颗盐，即古志所谓大盐也。"① 就是说，只要把盐卤水引入畦中，在春夏之交的干燥气候下，日晒风吹，去除水分就得到了盐。勿吉人用此法制盐的可能性很大。

五 嚼米酿酒

勿吉人"嚼米酿酒，饮能至醉"。② 嚼米酿酒是一种原始的酿酒方法。用粮食酿酒有两个关键步骤：一是让粮食中的淀粉糖化，即把淀粉分解为芽糖；二是令芽糖发酵，酿出酒来。但粮食中的淀粉不能自动转化为芽糖，也不能直接与酵母菌发生作用而发酵，而酒曲可以促成这两个转化。人的唾液就可以起到酒曲的作用，令淀粉糖化，发酵成酒。这种造酒方式虽然落后，但简单易行，故也曾较流行，中国台湾、日本、太平洋各岛，以及美洲大陆都有过此俗。日本江户末期，琉球（今冲绳）一带还有人用此法造酒。而巴西则直到20世纪20年代，此俗仍延续不绝。勿吉人的嚼酒具体是怎样制造的，史料无征，不得而知。不过，我国台湾的少数民族将此俗保存到很晚。这一工艺程序被记录如下：

> 至于酒及其他饮料……是由妇女用下述方法酿成的：她们把米稍稍煮过，然后摆在白或砧板上，加以舂捣，直舂至米成浆状。于是，她们又取出一点碎米，放在嘴里咀嚼。此事必须由不再有月经麻烦的老妇人来做。嚼过之后，吐在一个小壶里面，直要积到碗中约有一个品脱才好。于是，她们把这米浆掺和在舂过的米里，加以搓捏搅和。她们就将这样做成的米团放入食粮中，用以发酵，或如在啤酒里的酵母一样。做过这一切之后，她们把那米粉团放入一个大泥罐里，加满了水，用一石

---

① 宋应星：《天工开物》，第134页。
② 魏收：《魏书》卷一百《勿吉传》，第2220页。

制的罐盖密封起来。她们把它保存约两个月，到时候，这便成为一种浓烈、美味兼有又极高醉人力量的饮料了。而且储藏愈久，酒性愈烈，若是保存到十五年到三十年者，那是最好的上品了。[①]

由于糖液经发酵后能产生碳酸气，以气泡形式散出芬芳的气味，所以此酒味道也很好。

现代人可能认为用嘴嚼的方法造出的酒不洁，但古人在感情上往往把口嚼出的食物，特别是由妇女口嚼出的食物看成神圣、清洁的最高级食物。直到19世纪，勿吉后人的一支——居住在锡霍特山地区的乌德赫人还有这样的习俗："夏伊尼是最好的一味菜。由两个妇女嘴嚼：一个嚼鱼，一个嚼鲜果，两个把嘴嚼物同吐在一个碗里。然后，添入一些海豹油，并把这种混合物拌匀，奉献给客人，作为对他特别款待的表示。"[②] 嚼菜如此，嚼酒也如此。喝到嚼酒，客人不但不以为不洁，还会非常高兴。清人郁永康《番女竹枝词》有赞："谁道番姬巧解囊，自将生米嚼成浆。竹筒为翁床头挂，客至开筒劝客尝。"[③]

室韦人"有曲酿酒"。用酒曲酿酒是当时发达的中原地区采用的酿酒方式，比勿吉人的"嚼米酿酒"工艺先进多了。室韦人当是在与中原地区的交往中学得此法。

六　造船、纺织及其他

造船业。汉代时挹娄人就善于造船，史称其"便乘船，好寇盗"。[④] 5世纪后期还曾与百济密谋从水道进攻高句丽，足证其有较强的造船能力，造船数量已是相当可观。另外，在日本北海道小樽市发现了靺鞨摩崖，[⑤] 说明勿吉—靺鞨人曾到过那里，而到那里必须渡过波涛汹涌的日本海，足见勿吉人还能够制造可以航海的大船。

纺织业。勿吉"妇人则布裙"。[⑥] 前文提到勿吉的农作物中有大麻，在勿

---

① 转引自黎莹《中国台湾高山族饮酒风俗（一）》，《食品与健康》2002年第4期。

② 阿尔先尼耶夫：《林中人——乌德赫》，郭燕顺、孙运来编译《民族译文集》第1辑，吉林省社会科学院苏联研究室，1983，第292页。

③ 转引自杨友谊《"嚼酒"民俗初探》，《黑龙江民族丛刊》2005年第3期。

④ 范晔：《后汉书》卷八十五《东夷列传·挹娄》，第2812页。

⑤ 干志耿：《靺鞨族及黑龙江流域的靺鞨遗存》，《北方文物》1985年第1期。

⑥ 魏收：《魏书》卷一百《勿吉传》，第2220页。

吉的遗址中又出土过大量的陶纺轮（见图3－37、图3－38），可知布裙的布是麻布，而且是勿吉人自己纺织的。麻收割后要放到水中沤，以去除麻纤维中的其他物质，只留下纤维，并且使纤维增加韧性。然后，勿吉人用陶纺轮将之纺成线，再用线织布。但勿吉人的麻纺织技术落后，产量较低，远不能满足需求，只有妇女能穿上布裙，男人可能四季都穿皮衣——夏天无毛皮衣，冬天有毛皮衣。

图3－37　凤林城址7城区出土的陶纺轮
资料来源：藏于双鸭山市博物馆，梁玉多摄。

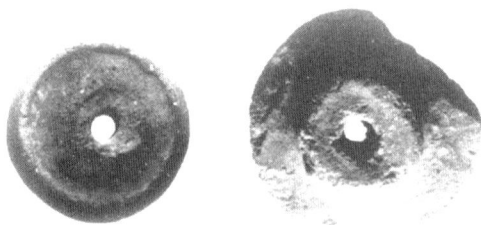

图3－38　河口遗址出土的陶纺轮
资料来源：《河口与振兴——牡丹江莲花水库发掘报告（一）》，图版一六7A、8B。

　　室韦人"男女悉衣白鹿皮襦袴"，说明能够熟制皮张，掌握了基本的制革技术。

　　木器制作也是勿吉手工业的一种。人类早期的日用器皿多为木器，后来才逐渐让位于陶器。而在古代的一些林区，木器始终没有被陶器淘汰，一直在人们的生活中发挥着重要作用。在勿吉人的日常生活中，木器可能比陶器和桦皮器更常用，只是木器易腐，没有保留下实物证据。至于其木器的形制、制作工艺如何，目前还难以考证。

骨器、角器、牙器制作。在勿吉遗存中出土了大量的骨器、角器、牙器，仅凤林城址晚期就出土骨器 141 件、角器 29 件、牙器 4 件，[①] 有鱼叉、锄、箭头、纺轮、锥、匕、弓弭、镳、铠甲片、梭、针、针盒、刀柄、带钩、纽扣等许多品种，涵盖了经济、军事和社会生活的各个方面（见图 3 - 39）。

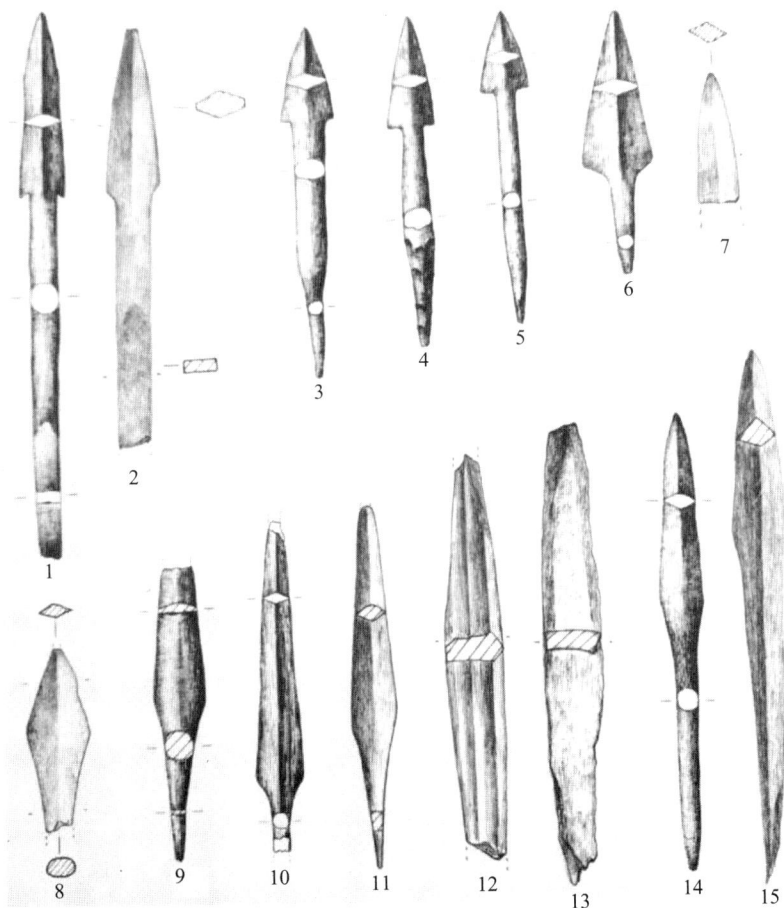

图 3 - 39　凤林城址出土的骨镞

资料来源：《凤林城：1998～2000 年度考古发掘报告》，第 240 页，图一八九。

---

①　《凤林城：1998～2000 年度考古发掘报告》，第 236、257、261 页。

据苏联学者考证，骨器制作的工艺是这样的："在加工骨料之前，要事先将其进行软化。软化骨料一般都采用开水煮泡的办法，然后再用铁刀加工。用刀将骨料的表皮刮去，削成部件，再刻上各种花纹。产品最后还要在砂岩或页岩上进行磨光和修整，需要钻孔时可用石钻或铁钻来完成。"①

木器和骨器、角器制作不像金属器物制作那样需要较高的专业技能，所以没有专业的工匠，一般都是需要者自己动手制作的。

作为室韦一支或别称的乌洛侯人，能制造箜篌。"乐有箜篌，木槽革面而施九弦。"②箜篌是结构比较复杂的弦乐器，要把乐理知识和手工工艺结合起来才能制造出来。既然史家能郑重地将之记入正史，其制作工艺水平必然有过人之处。

经济的快速发展导致人口的大量增殖，据统计，秦统一中国时，黑龙江地区人口约为 20 万人，到南北朝时期已达到 50 多万人，③增加了一倍半。而人口的增长反过来又大大促进了经济的进一步发展，最终带来了整个社会的全面进步。

第五节　建筑业

《魏书·勿吉传》载："其地下湿，筑城穴居，屋形似冢，开口于上，以梯出入。"这里"其地下湿"是对勿吉地域地理特征的记述，"屋形似冢，开口于上，以梯出入"是对穴居形态的记述，"筑城穴居"是勿吉人居住情况的主要特点。

筑城穴居，是指在由穴居式房屋组成的村落的四周建有城墙。肃慎族系在两汉时只穴居，不筑城，在所有关于挹娄的史料中都只强调穴居，没有筑城的记事。以现有的资料看，黑龙江地区筑城始于魏晋时期，即挹娄与勿吉之交。三江平原七星河流域的汉魏时期遗址中，相邻距离近者为 100~200 米，最远为 5000~8000 米。这些成群分布的遗址或依托同一相对独立的山体，或依托同一相对独立的岗地，或依托小河流。这一时期复合性聚落群的分布，基本遍及勿吉人活动过的地方；结构上通常都有一个较大的带有城墙的聚落和规模较小的

---

① 杰烈维扬科：《黑龙江沿岸的部落》，第 77 页。
② 魏收：《魏书》卷一百《乌洛侯传》，第 2224 页。
③ 黑龙江省地方志编纂委员会：《黑龙江省志》卷五十七《人口志》，黑龙江人民出版社，1996，第 3~4 页。

邑同时并存。遗址群有居住址、防御址、祭祀址、瞭望址、要塞址等。这个时期的聚落遗址，是勿吉人生产和生活的场所，它的形式和规模，既要与周围的自然环境相适应，也要利于生产和生活。在七星河中、上游发现的遗址中，有壕和不规则的土墙将聚落内的房屋围起来，其目的是使生活在一个聚落内的居民免受外来的攻击和侵扰。凤林、保安两处城址，从其修筑特点来看，不仅具有居住的功能，还具有鲜明的军事色彩。如用于防御的角楼和马面的修筑，城门配置少（凤林城址7城区周边1个城门都未见，而保安城址只见1个城门），高墙与深壕的结合，充分说明高度警备外界的侵袭。

不但大的穴居群有城，只有几个穴居址的非常小的居民点也有城墙，不过不高，看起来不大像城墙，倒像个堤坝，所以有的史料记载勿吉不是"筑城穴居"，而是"筑堤穴居"。如《北史·勿吉传》载："筑土如堤，凿穴以居。"《通典·勿吉又曰靺鞨》和《太平寰宇记·勿吉国》都记为"筑堤凿穴以居"。这些城多分布在靠近水源且形势险要的山顶或山坡上，既便于居住，又利于防守，建在平地的较少。城垣多围绕山头呈圆形或椭圆形，土筑或土石混筑，在阿城地区发现的三个勿吉城突出地反映了这些特点。

（1）杏山城。"位于大岭乡政府所在地北约500米的杏山山顶上，海拔高度365米。杏山为东西走向，其北、西、南三面为平原，东接绵亘的张广才岭，山脚下有海沟河蜿蜒流过。山城依峰顶形势堆土筑成，城垣外有一圈马道，东西两侧地势险要，西、北两侧有缓坡通往山下。该城呈圆形，周长180米，约14个半地穴式居住坑遗址。"

（2）香磨屯城。"位于阿什河东岸张广才岭西麓起伏不绝的峰峦之中。这座山城西临阿什河，依山势堆土筑成，高踞峰顶，三面皆是绝壁，无路可攀，仅在东侧有自然形成的石门可通山下。城呈椭圆形，周长300米，有居住坑址100余个。"

（3）万发西山城。"位于小岭镇万发屯万发西山西侧山顶，海拔高度大约257米……仅有居住坑3个……外围有用土堆积而成的围墙。"①

筑城的首要目的当然是防御。勿吉社会正处于部落联盟军事民主制时期，战事频繁，防御设施必不可少。故多数城都筑在地形险要、易守难攻之地。城不但可防敌人，还可防野兽。勿吉人的城还有防水患的功能。《北史·勿吉传》载："地卑湿，筑土如堤，凿穴以居。"《通典·勿吉又曰靺鞨》也说："其地

---

① 韩峰：《阿城地区魏晋南北朝时期遗址》，《北方文物》2008年第4期。

卑下湿，筑堤凿穴以居。"在提到勿吉筑堤穴居时，都先强调其地"卑湿"或"下湿"。显然，这是筑城的原因之一。勿吉早期居住的三江平原地区确实地势低，排水不易，容易发生内涝，而穴居尤惧水害，所以筑城或堤以防水是必要的。一些史料不称筑城而称筑堤也是准确的。

有的勿吉城曾被误认为是辽金时的城，哈尔滨东郊的南北城子就是这样。该城发现的较早，但一直被认为是辽金时的，20 世纪 80 年代以后有学者提出疑问：城内发现的房址都是半地穴式的，与辽金的情况不符，却符合勿吉人"筑城穴居"之俗；城内没有发现任何辽金文物，却可采集到很多具有同仁文化特征的陶器碎片；无瓮城、马面。这些都说明它不是辽金时的城，而是勿吉人的城。①

穴居利于保暖，也易于修筑，但弊端同样明显：通风性能太差，过于潮湿，夏天居住感觉憋闷。所以穴居只宜冬季，夏季则在地面另建简易住室。俄罗斯考古工作者在布列亚河流域布金泉发掘了两座早期铁器时代的房址，碳14 测定的年代分别为 650 ± 40 年和 400 ± 40 年，正是勿吉到靺鞨前期。它是"在一年的温暖季节里用作在森林里临时住所"，即与穴居相匹配的简易地面住所（见图 3 - 40、图 3 - 41）。②

图 3 - 40　俄罗斯布列亚河流域布金泉发掘的两座房址复原图
资料来源：涅斯捷罗夫：《早期中世纪时代阿穆尔河沿岸地区的民族》，王德厚译，杨志军主编《东北亚考古资料译文集》5，第 33 页。

----

① 张泰湘：《哈尔滨市的考古学研究》，《哈尔滨史志》1983 年第 2 期。
② 涅斯捷罗夫：《早期中世纪时代阿穆尔河沿岸地区的民族》，王德厚译，杨志军主编《东北亚考古资料译文集》5，第 33、46、53 页。

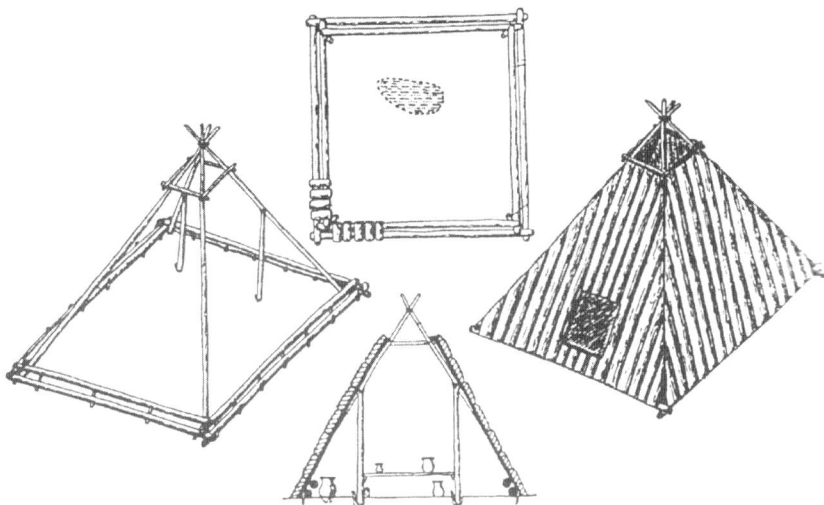

图 3 - 41　上述房屋的内部结构

资料来源：涅斯捷罗夫：《早期中世纪时代阿穆尔河沿岸地区的民族》，王德厚译，杨志军主编《东北亚考古资料译文集》5，第 46 页。

　　穴居和地面的简易房各有利弊，最好是将穴居的保暖和简易房的通风结合在一个建筑上，那就不用冬夏不同了。汉代时挹娄人就开始这么做了。在黑龙江下游俄罗斯境内的波尔采遗址①，其 5 号房址就是半地穴式的（见图 3 - 42）。但这在两汉时期还不普遍。南北朝时期，这一做法才得到进一步推广。到目前为止，发掘的勿吉房址几乎都是半地穴式的。很可能挹娄后期就已淘汰了传统的"以深为贵"的穴居方式，普遍采用了半地穴式，所以史籍上说的穴居应该就是半地穴式。

　　半地穴式房屋下半部是挖出来的，上半部是构筑的。具体地说，是先在地上挖一个比穴居浅得多、一般不到 1 米深的基坑，地表修一段墙壁，常常就是利用挖坑返上来的土，再用木封顶，用泥草苦盖。较之全地穴式，半地穴式房屋面积普遍增大了。同仁一期的 F3 是一座半地穴式房址，面积为 6 × 6 平方米（见图 3 - 43、图 3 - 44）。建筑技术也进步了，"出现了在四周穴壁底部挖槽立板为壁的新技术，即在穴壁底部挖出基槽，竖立木板，从而构成板壁，并在板壁的里侧挖坑竖柱支撑平放的圆木，屋椽搭于圆木上。圆木的

---

　　①　属波尔采文化，与我国境内的滚兔岭文化相近，为挹娄的文化遗存。

图 3 - 42　波尔采遗址 5 号房址复原图

资料来源：冯恩学：《俄国东西伯利亚与远东考古》，第 432 页。

图 3 - 43　同仁一期 F3 半地穴式房址

资料来源：黑龙江省文物考古研究所、中国社会科学院考古研究所：《黑龙江
绥滨同仁遗址发掘报告》，《考古学报》2006 年第 1 期，图版七 2。

高度与竖穴坑口齐平或约略高出，这样使圆木挤压住板壁不致内倾，更重要
的是增加了整体直接承受屋盖载荷的强度。这样做法表明，支撑圆木的立柱
和板壁还起着墙壁骨架的作用，免得墙体被压裂式塌垮。居住面四周铺板隔

潮，灶坑设在居室中央，门口向东"。① 这样做的另一个好处是可以没有中心柱，扩大了室内的活动空间，而灶也可以设在室中央，便于排烟。该房址没有发现门道，发掘者根据东壁南端遗有对称柱洞遗迹推测，门道是设在地面之上，室内需用矮梯，以便出入。② 根据地穴边缘以横梁承椽，门道又设在地面之上的情况判断，房门是开在屋顶之上的，这与勿吉房屋"穴居……开口于上，以梯出入"③ 的情形完全一致。

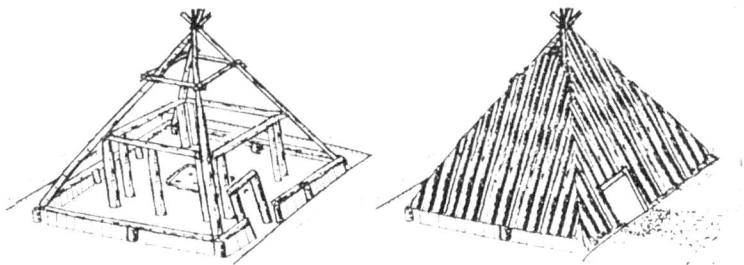

图 3 - 44　同仁一期 F3 房址复原示意图

资料来源：冯恩学：《黑龙江中游沿岸地区的靺鞨房屋》，教育部人文社会科学重点研究基地吉林大学边疆考古研究中心编《边疆考古研究》第 6 辑，科学出版社，2007，第 277 页。

在俄罗斯相当于同仁一期的奈费尔德类型（4～6 世纪，为勿吉—靺鞨遗存）阿布拉莫夫卡一处居住址，"在房址中部有用木板镶边的长方形灶。在灶坑的外面，还有 2 根柱子，可能是当作支架，用来支撑上方的横梁"。④ 灶上之横梁既可以支撑屋顶，又可以支撑出入的梯子，也符合《魏书·勿吉传》的记载。而在凤林城址中发现有一处带有门道的房址（见图 3 - 45）。宋人王曾在出使契丹的路上，在柳河馆见到渤海人的房子皆依山而建，山墙上开门。⑤ 这应是由以梯出入的勿吉人的房子演变来的。

---

① 谭英杰、孙秀仁、赵虹光、干志耿：《黑龙江区域考古学》，第 55 页。

② 黑龙江省文物考古研究所、中国社会科学院考古研究所：《黑龙江绥滨同仁遗址发掘报告》，《考古学报》2006 年第 1 期。

③ 魏收：《魏书》卷一百《勿吉传》，第 2220 页。

④ 季娅科娃：《滨海地区的靺鞨遗存》，裴石译，杨志军主编《东北亚考古资料译文集》5，第 172 页。

⑤ 叶隆礼撰《契丹国志》卷二十四《王沂公行程录》，贾敬颜、林荣贵点校，上海古籍出版社，1985，第 231 页。

图 3 - 45　凤林城址中带有门道的房址

资料来源：《考古黑龙江》，第 137 页。

不过也有学者认为，相比于"开口于上"，《隋书》的"开口向上"更准确。"从实践上看，出入于房顶似乎颇有不便之处，而开口向上则可以有朝向上方之解，并非一定是开口于屋顶之上。在同仁一期遗存的 F3（房址）中，东壁南端有宽 0.75 米的一段未挖槽立板，而其两侧立以柱，是否可以说明房屋的出入口是设于地面，而其木壁设门户，以梯出入地穴之一段距离。"① 此说也有道理，事实上可能两种情况都有。年代较 F3 略晚，可视为 F3 发展型的同仁一期 F2 房址就是设门于屋顶斜坡的一面（见图 3 - 46）。从《东鞑纪行》所画之情形及可行性分析，绝大多数房址设门于屋顶斜坡的一面，而不是出入于正屋顶。

这样的房址发现较多，如绥滨四十连、俄罗斯布列亚河流域都有，比较典型的是被"初步认定为是挹娄、勿吉人活动的遗存"的友谊县凤林城址。在该城的 6 城区和 5、9 城区的北部，"共测得半地穴式居住址 100 座。其中，圆形 76 座，直径多为 5—8 米，最大直径 10 米，最小直径 3 米，方形 23 座，边长多为 5—8 米，最大的一座边长达 20 米，深 1.2 米；长方形的一座为 5×8 米"。② 在吉林市以北松花江岸边发现 7 座与高句丽山城大不一样的小山寨

---

① 刘晓东：《靺鞨房址初步考察》，李陈奇主编《黑龙江省文物博物馆学会第五届年会论文集》，第 66 页。

② 靳维柏、王学良、黄星坤：《黑龙江省友谊县凤林古城调查》，《北方文物》1999 年第 3 期。

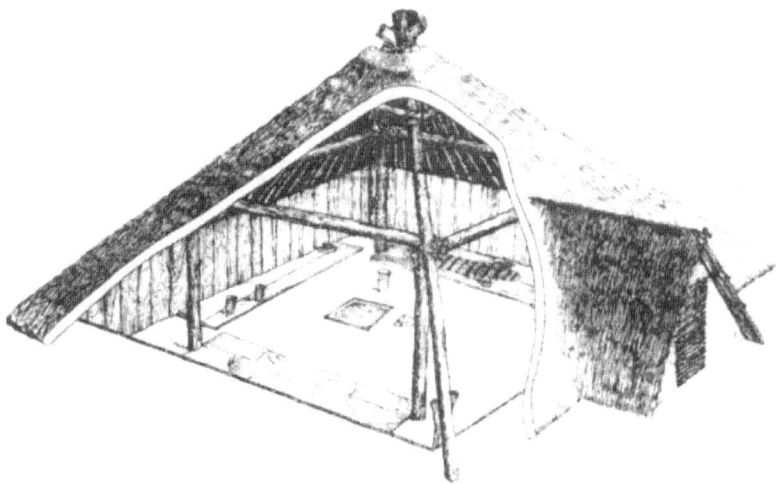

图 3 - 46　同仁一期 F2 房址复原图

资料来源：黑龙江省文物考古研究所、中国社会科学院考古研究所：《黑龙江绥滨同仁遗址发掘报告》，《考古学报》2006 年第 1 期。

遗址，寨子有石砌墙基，长宽仅数十米，里面一般有十余个圆形凹坑，系居住址。[1] 看来，半居穴是勿吉人的主要居住方式。

　　这种半地穴式房屋不再憋闷，空间扩大了，但还是比较潮湿。为了解决这一问题，有的将地面和下挖部分的墙壁用火烧，形成半陶质，大大提高了防潮及防渗效果。

　　一些不把门设在屋顶中央的房屋也在屋顶中央留一小口，以便于排烟（见图 3 - 47）。雨雪时排烟孔上可能有覆盖装置，但显然效果普遍不好，因为"在所有的住房里，灶都毫无例外地偏离中心的垂直线，也就是偏离出烟孔"，[2]这是为了避免雨雪直接落入饭锅里，或避开倒灌的气流。从这一点看，勿吉人的房屋较之中原地区仍属简陋。

　　俄罗斯考古工作者对属于勿吉—靺鞨时期的布列亚河和米哈伊洛夫卡古城址的房址进行研究后，总结出其基本建筑风格如下：

　　（1）结构类型——框架式；

　　（2）基框安置在基坑里的立柱上，基坑的平均深度为 60 厘米；

---

[1]　康家兴：《吉林九台上河湾考古调查》，《考古》1961 年第 3 期。

[2]　涅斯捷罗夫：《早期中世纪时代阿穆尔河沿岸地区的民族》，王德厚译，杨志军主编《东北亚考古资料译文集》5，第 47 页。

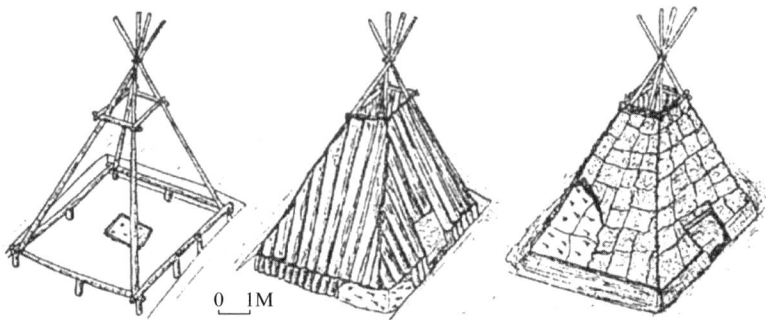

图 3-47 门在侧面、屋顶留小口的房屋复原图

资料来源：涅斯捷罗夫：《早期中世纪时代阿穆尔河沿岸地区的民族》，王德厚译，杨志军主编《东北亚考古资料译文集》5，第 49 页。

（3）人字斜梁呈 60°～70°从基础的角上向中心聚拢；

（4）屋顶铺盖厚木板、桦树皮，上面再用土覆盖；

（5）出入口在屋顶斜坡的一面，距离地表面的高度在适宜于出入的位置；

（6）在住房的中部有长方形的灶；

（7）顺着三面墙（第四面设门）设置有壁龛、日常生活用品的搁架。①

勿吉—靺鞨人的半地穴式房屋的结构和布局大体就是这样。

有的半地穴居址内部有原始的火炕设施，如在友谊县凤林古城 7 城区发现的一处半地穴式房址中所见。该房址大体呈正方形，灶塘和烟囱距离较远，几乎在对角线的两端，中间是长长的曲尺形的烟道，烟道上铺石板，石板上还应该有草泥。这就是火炕的雏形，是单洞火炕（见图 3-48），后来的多洞火炕就是由它发展而来的（见图 3-49）。这种曲尺形的单洞火炕一直保存到 20 世纪前期，俗称"万字炕"。

半地穴式房屋从新石器时代起就是我国北方普遍采用的住屋建筑方式。黄河流域在仰韶时代晚期起半地穴式房屋逐渐被地面建筑取代，而对黑龙江地区的勿吉—靺鞨人来说，直到南北朝时期半地穴式仍是其主要的住屋建筑方式。从上文提到的日本人间宫林藏到库页岛和黑龙江下游地区所见情况看，黑龙江下游地区的居民到 19 世纪初还保持着冬季穴居的习惯。

---

① 涅斯捷罗夫：《早期中世纪时代阿穆尔河沿岸地区的民族》，王德厚译，杨志军主编《东北亚考古资料译文集》5，第 52 页。

图 3 - 48　凤林城址房址中的曲尺形单洞火炕设施

资料来源:《凤林城:1998~2000 年度考古发掘报告》,图版二 0、1。

图 3 - 49　同仁遗址中的带三洞火炕的房址

资料来源:黑龙江省文物考古研究所、中国社会科学院考古研究所:《黑龙江绥滨同仁遗址发掘报告》,《考古学报》2006 年第 1 期,图版十 3。

　　与北系勿吉—靺鞨不同,南系的粟末靺鞨很早就有了建在地面的住屋。考古人员在吉林省桦甸县红石乡高兴村发现一处古代居住址,遗址年代距今 1500 年左右,大体相当于南北朝晚期。与半地穴式建筑相比,该房屋有三个明显特点:其一,墙壁有了基础处理,房基是在生土中挖槽垒砌石块而成;

其二，房址内外均没有发现柱洞痕迹，说明墙壁是承重的，房顶架在四面墙壁上；其三，墙壁比较厚，均在 70 厘米以上。[①] 可见勿吉人的住房是因地制宜，存在不同风格的。

鲜卑族是一个以畜牧为主要生产内容的游牧部落集团，他们"居无常处，以穹庐为宅，皆东向"。[②] 此外，在大兴安岭地区发现并确定的鲜卑石室——嘎仙洞，即是鲜卑族祖庙的所在地，不仅证实了《魏书》记载的真实性，也为我们确定鲜卑族发源地提供了证据。由此可知，鲜卑人曾开凿石室为祖庙，作为祭祀活动的场所；但他们日常仍居住在毡帐之中，这一习惯在鲜卑族南下、西迁后也仍然保留。但在鲜卑与室韦之交的红马山文化时代，情况有了变化。红马山文化的房址"皆为半地穴窝棚式建筑，通常由 1 个构成或 2～4 个坑套接构成"，说明此时的鲜卑—室韦人已经在一定程度上告别了毡帐，住到"房屋"建筑中了。但他们的房屋与同时期其他民族的房屋不大一样："没有固定模式，随意性强，形状不太规整，不见同一时期其他考古学文化常见定居的长方形半地穴建筑。""这可能和当时人们的居住意识和生产类型有关，反映了这群人流动性强，经常变更居住地点，很少从事定居农业。"[③]

---

① 张志立：《马鞍石鞑鞨房址》，《吉林文物》1984 年 11 月 30 日，第 13 期第 3 版。见孙进己、孙海主编《高句丽渤海研究集成 3·渤海卷》，哈尔滨出版社，1994，第 136 页。
② 陈寿：《三国志》卷三十《魏书·乌丸鲜卑东夷传·乌丸》注引《魏书》，第 832 页。
③ 张伟：《红马山文化辨析》，《北方文物》2007 年第 3 期。

第四章

唐代"海东盛国"渤海的经济

到唐代，黑龙江地区的政治格局发生了巨大的变化，首先是渤海国的建立和发展强大。隋到唐初，粟末靺鞨的一部分归附高句丽。高句丽灭亡时，他们和高句丽遗民一起被唐迁到营州（辽宁朝阳）。武则天万岁通天元年（696），居住在营州的契丹人发动反唐暴乱，这部分粟末靺鞨人在大祚荣的率领下，返回故地今吉林延边一带建立了渤海国。渤海国发展迅速，在不长的时间内就占领了牡丹江流域、图们江流域，乃至于今俄罗斯滨海地区南部的广大地区。渤海国初都吉林和龙一带，① 755 年前后迁都到今黑龙江省宁安市渤海镇。今黑龙江省中东部广大地区都在渤海国的统治范围内。渤海国经济社会发达，号称"海东盛国"，是黑龙江古代经济发展的两个高潮之一，农业、手工业、畜牧业等皆取得了重大发展。

第一节　渤海的经济体制

渤海国社会经济发达，至少在东北地区最为先进，已经进入铁器时代，有发达的农业、手工业和商业，呈现出前所未有的繁荣状况，号称"海东盛国"。但发展不平衡，先进与落后并存。而欲了解渤海的经济体制，必先从了解渤海的政治体制或者说是社会形态入手。

渤海的社会形态是渤海史研究中一个争议较大的问题。学者们从不同的角度得出了不同的结论。迄今为止，中外学界对这一问题的观点主要有四种。一是封建说。此说认为渤海的社会生产力发展水平较高，有实行封建制

---

① 关于渤海国初期的都城，学界此前认为是在吉林敦化，但近年来在吉林和龙一带的观点逐渐被多数人接受。

的经济基础。渤海的统治阶层处处以唐朝为榜样，实行了与唐朝极为相似的政治经济制度。这一切都大大促进了渤海社会向封建形态的转化，而这一转化在渤海建国初期就已完成，所以渤海只能是封建社会。[①] 二是奴隶说。此说认为渤海建立之时，靺鞨族的部落组织尚在，奴隶制刚刚出现。由这样的基础向前发展，只能进入奴隶社会。同时，作为封建社会基础的自给自足的小农经济的发展并不成熟。从经济基础决定上层建筑的理论上看，渤海的社会性质也只能是奴隶制的。[②] 三是前期奴隶，后期封建说。有学者综合前两说，认为两说都有合理的地方，也都有明显的不足，提出渤海初期是以家长奴隶制为主的社会。但在这个奴隶制社会中，封建的因素逐渐增多，社会不断地向封建制转化，到宣王大仁秀时期（818～830）转化完成，渤海社会进入封建时期。[③] 四是原始社会末期说。此说认为渤海是建立在部落联盟制基础上的。其经济除个别地区外，仍相当落后，有明显的氏族社会末期的特征。而且，渤海统治时期这种状况没有太大的变化。所以说，渤海的社会形态仍是原始社会末期。[④]

除上述四说外，还有一个未定说：凭现在有限的资料还无法下结论，应待之将来。[⑤]

笔者认为渤海国的社会形态问题比较特殊，它没有经历过发育成熟的奴隶社会，刚刚迈入阶级社会的门槛，就在外界的影响下直接进入了封建社会。可以说，渤海社会是一个氏族残余色彩浓重的封建社会。

渤海国实行的是二元制的政治体制。在其核心的五京地区实行的是与唐相同的封建体制。中央实行三省六部制，只是名称不同，地方实行府州县三级制，与唐的州县二级制大同小异。但在五京以外的非核心区，靺鞨传统的部落制仍居主导地位，实行的是过渡性质的羁縻府州县制。羁縻政策本是中原王朝对周边少数民族政权实施的一种政策，是安抚与控制，或者说是怀柔与牵制之策。它是中央政权在对周边民族进行直接统治的条件尚不成熟的情

① 魏国忠、朱国忱：《唐代渤海的社会经济》，《平准学刊》第 4 辑上册，光明日报出版社，1989；王承礼：《渤海的社会制度和社会经济》，《博物馆研究》1983 年第 1 期。
② 庄严：《渤海国社会性质试议》，《北方论丛》1983 年第 2 期；李伦冠：《渤海社会奴隶制说开篇》，《全国首届渤海国史学术讨论会材料》，1986；刘毅：《论渤海国社会性质》，《日本研究》1995 年第 2 期。
③ 张博泉、程妮娜：《论渤海国的社会性质》，《学习与探索》1982 年第 5 期。
④ 蓝永喜：《关于渤海国社会性质的商榷意见》，《牡丹江师范学院学报》1988 年第 2 期。
⑤ 孙进己：《东北亚研究——东北民族史研究（一）》，中州古籍出版社，1994，第 311 页。

况下采取的过渡性策略，是间接统治。具体地说，就是中央王朝允许边疆民族政权保持其原有的内部结构，不干涉其内部事物，仅以册封等形式进行有限的控制，目的是以和平的手段，通过施加政治、经济和文化的影响，逐渐增加其向心力，最终实现与其主体政权的一体化。在渤海的边远地区有很多靺鞨部落，与五京地区相比，其社会发展的综合水平较低，渤海国中央政府就以其原来的自然部落建立羁縻府州，较大的部落为府，较小的部落为州，并派流官担任这些羁縻府州的都督、刺史。

据日本史籍《类聚国史》载，渤海国"延袤二千里，无州、县馆驿，处处有村里，皆靺鞨部落。其百姓者，靺鞨多，土人少，皆以土人为村长。大村曰都督，次村曰刺史。其下百姓皆曰首领。土地极寒，不宜水田"。①

对于这段史料，历来有多种不同的理解。笔者认为，它十分准确地反映了渤海国在边疆民族地区实行羁縻政策的情况。

这是 8 世纪末，日本留唐僧永忠给日本政府的关于渤海国情况的报告。此时渤海已建国百年，经济已颇繁荣，仿唐所建的各项典章制度已经确立，不可能"无州、县馆驿"，而且渤海有著名的"卢城之稻"，甚至连上京地区都开始种植水稻，并非"不宜水田"。所以，永忠所见必是相对落后的边疆民族地区的情况，很可能就是渤海前往日本的出发港盐州附近地区的情况，这正是实行羁縻政策的地区之一。

这里的"土人""靺鞨""百姓"各指什么人，一向是学界争论的焦点。笔者认为，"土人"是指渤海国的主体民族粟末靺鞨人。"土人"的政治地位既然在"靺鞨"之上，就不可能是当地的一个比"靺鞨"更加落后的民族。日本人称渤海主体民族粟末靺鞨人为"土人"，是日本在双方交往中一贯所持的大国主义的体现。"靺鞨"是指相对落后的拂涅、越喜、虞娄等靺鞨各部。对于"百姓"，学界一致认为与现代的百姓含义不同，是指部落长和氏族长，或官吏及其他上层人物。

"处处有村里，皆靺鞨部落。其百姓者，靺鞨多，土人少"，是说这里的居民都是当地的靺鞨人。其上层人物也是当地的靺鞨人多，外来的粟末靺鞨人少。这些在"百姓"中占少数的"土人"，就是渤海政府派来担任羁縻府州都督、刺史的粟末靺鞨人。

"皆以土人为村长"，说明羁縻州都督、刺史都由粟末靺鞨人担任。这是

---

① 菅原道真：《类聚国史》卷一百九十三，吉川弘文馆，1965，第 552 页。

渤海羁縻政策的一大特点。而唐代羁縻府州的都督、刺史由当地民族政权的首脑充任。显然，渤海对其羁縻府州的控制力更强些。

"其下百姓皆曰首领"，可知"首领"与"百姓"含义相同，是指其周边部族的上层人物。他们中的一些人还担任羁縻府州中除都督、刺史外的其他官职。因为羁縻府州意在羁縻，采取因俗而治的政策，都督、刺史并不过多干涉部落内部事务，所以这些"首领"仍然是当地的实权人物。"首领"一词是汉语而非渤海的固有词语，是对渤海固有名词"莫弗瞒咄"的意译，[1]他们臣服渤海国后，其生产、经济活动等主要传统以及支配秩序继续被承认，而且可以作为使者参与外交。

这种二元制的政治体制决定了渤海的经济体制也是二元制的。

渤海国处处以唐制为榜样，在核心的五京地区实行唐朝的经济制度。唐中期以前实行均田制和租庸调制。均田制的核心内容是国家授予农民土地：18至60岁男子各授田100亩，其中20亩为永业田，即给予所有权，国家不再收回，可由后代继承；80亩为口分田，只有使用权，死后由国家收回。老弱病残寡授口分田30亩至40亩，没有永业田。租庸调是被授予永业田和口分田者承担的义务。租是地租，每丁每年纳租粟二石。庸是徭役，每丁每年20天。调是向国家缴纳纺织品或纺织原料，每丁每年绢（或绫、绝）2丈、绵3两，不产丝绵的地方则缴布2丈5尺、麻3斤。租庸调并非每一项都必须如数承担，可以多承担此项而少承担或不承担彼项。比如可以纳绢或布代替庸，也可用增加庸来代替租和调。按规定，庸增至35天可免调，增至50天则租调全免。与其他朝代比，唐代的租庸调制规定的赋税和徭役都明显降低，可谓轻徭薄赋。而且永业田的设置使民有恒产，大大提高了农民的生产积极性，促进了农业生产的发展，事实上也保障了国家收入。

均田制的实行有一个先决条件，即政府手中要有大量的可供分配的闲置土地。经过隋末的战乱，中原地区人口锐减，田地荒芜，黄河中下游地区"薍莽巨泽，茫茫千里，人烟断绝，鸡犬不闻"，[2]唐朝政府手中掌握了大量土地。渤海建国后也掌握着大量土地。其南部原高句丽地区，在唐灭高句丽的过程中，战火所及，十室九空。高句丽灭亡后，许多豪强大户及其所属人

---

① "首领"也并非专指渤海治下的靺鞨部落酋长，而是当时汉语中对没有正式封号的边疆少数民族酋长的泛称。

② 吴兢：《贞观政要》，北京燕山出版社，1995，第85页。

民被唐迁于内地，致使当地人口锐减，闲田甚多，而靺鞨地区原本就人烟稀少，所以渤海有条件仿唐实行均田制。当然，这还只是一种理论上的推导，还缺乏直接有力的文献和考古学证据。不过，联系到渤海对唐亦步亦趋，上到国家政体，下到风俗习惯，无不悉心仿效，不可能唯独土地制度不模仿。所以，渤海在其核心的五京地区仿唐实行了均田制这一推断应该是成立的。

而在五京以外的非核心地区，即接受渤海中央政府羁縻统治的地区，渤海中央政府没有对之进行直接统治，经济体制上主要还是靺鞨族传统的方式。靺鞨传统的经济方式又是什么呢？史料中并未直接记载，但我们可以通过间接资料略窥一二。

据《隋书·靺鞨传》载，隋代的靺鞨人共分为七部，每一部都有"胜兵"数千人，可见此时的靺鞨族已由无数个小的氏族部落统合成了七个大的部落联盟。每一部内部的政治、经济状况如何呢？据《括地志》载，靺鞨人"葬则交木作椁，杀猪积椁上，富者至数百，贫者数十，以为死人之粮"，说明当时靺鞨部落内部已经出现了比较严重的贫富分化。

唐初，内附的粟末靺鞨首领突地稽拥有"部落家僮千余人，以财力雄边"。[1] 家僮的身份是奴隶，似乎这部分靺鞨人已经进入了奴隶社会，至少存在着浓厚的奴隶制因素。事实上，直到渤海国末期，早已完成封建化的渤海中央政府也还存在着奴隶制的残余。如后梁开平三年（909）三月，渤海遣使大诚谔"来朝，兼贡女口"；后唐同光三年（925）三月，渤海遣使裴璆"贡方物，兼进女口"；后唐天成元年（926）四月，渤海遣使大陈林"进男口、女口各三人"。[2] 这样看来，一部分靺鞨部落处在奴隶制时代，准确地说是处在半氏族社会半奴隶社会时代。而与渤海中心区域相距比较遥远的地方，比如安远府、怀远府、定理府等地可能氏族社会的成分多一些，奴隶制的成分少一些。

有一点需要加以说明。《松漠纪闻》中有渤海国"其王旧以大为姓，右姓曰高、张、杨、窦、乌、李，不过数种，部曲奴婢无姓者皆从其主"的记载。持渤海社会是奴隶制说者认为这一记载证明了渤海社会是奴隶社会，大氏及高、张、杨等大姓是奴隶主，"部曲奴婢无姓者"和"儿女口"都是奴

---

[1] 刘昫：《旧唐书》卷一百九十九下《靺鞨传》，中华书局，1975，第5359页。

[2] 王溥：《五代会要》卷三十，上海古籍出版社，2006，第473~474页。渤海国灭亡于926年正月，但考虑到由渤海上京到中原水陆路程可能要数月时间，四月是大陈林到达后唐的时间，则其出发时渤海国尚存，大陈林应是渤海使节。

隶。这种结论似有不妥。不能认为这些"右姓"是奴隶主。事实上，他们和三国两晋时江南的顾、陆、朱、张等大姓一样，是门阀士族，或称封建贵族。"部曲"的身份也不是奴隶，他们和"僮仆"性质相类，是依附农民或私家军队士兵。奴婢和儿女口当然是奴隶，但有奴隶不一定就是奴隶社会。比如，西晋八王之乱时，河间王司马颙的部将张方攻入洛阳，一次就"大掠洛中官私奴婢万余人"。可见，当时洛阳的奴婢不可谓不多，但整体上看还是极少数，所以西晋是封建社会，不是奴隶社会。直到清代，将某人发给旗人为奴的事也屡见不鲜。所以说，尽管渤海社会有一定数量的奴隶，但不能改变其社会的封建性质。

对于渤海社会的封建性质，也可以从辽人、金人对渤海遗民的观感和态度中得到印证。在辽人和金人眼中，渤海人和汉人几乎没有什么区别。所以，辽、金政权都把渤海人与汉人同样看待，采用相同的办法治理。辽金时期，早已是非常成熟的封建社会。此时，渤海人被认为与汉人相似，其相似的地方绝不仅仅是文化，当然也包括社会形态。如果渤海是一个普遍使用奴隶的社会，人们就不会认为其与以小农经济为主的汉人政权相似了。

奴隶社会的经济体制和经营方式也是多种多样的，但有一个共同特点就是存在强制劳动，奴隶的劳动成果除了维持本人，或者包括家人的最基本的生存资料外，全部归奴隶主所有。渤海的经济结构是农业、畜牧业和渔猎业相结合，奴隶主要为主人种田、放牧和捕捞。侍奉主人的衣食住行者，甚至主人的私人武装中的兵士，有些也是奴隶身份。但是，种种迹象表明，即使在渤海边远地区，奴隶制生产方式也并不盛行。

渤海时期氏族制的生产方式存在的显然比奴隶制要多些。处在氏族制的渤海人的经济体制究竟如何，由于史料无征，还很模糊。但是，作为靺鞨人后裔的赫哲、鄂伦春等族，直到近代还保持着原始的生产、生活方式，透过他们的生产、生活方式，我们可以略窥处在氏族制下的渤海人的经济体制。他们并不像原始公社那样完全共同劳动、共同消费，除冬天的大型围猎活动外，日常的农耕、捕猎、渔捞都是以家庭为单位进行的，原始共产主义观念主要表现在大型猎物的共享以及日常生活中的无私互助上。如鄂伦春人捕获到鹿时，要给氏族部落每家分一块肉。渤海时期的靺鞨部落或许也是这样的。

第二节 农业

渤海是一个以农业为主的国家，农业是其经济的支柱。《贞孝公主墓志》中有"遵阡陌而盘桓"之句，说明农业受到高度重视。在其存在的200余年间，农业发展迅速，取得了令人瞩目的成就，新的农作物品种大量引入，铁农具广泛使用，耕地面积迅速扩大，农作物产量大幅提高，农业的发展支撑起了渤海国社会的全面繁荣。

一 农作物

渤海种植的农作物种类丰富，粮食类有稻、大豆、小麦、谷子、糜子、苏子，蔬菜类有葵、蒜、萝卜、葱，经济类有桑树、大麻，园艺果木类有梨、李、杏、樱桃、山楂、莲藕等。其中，由渤海人引种至东北地区的有稻、蒜、桑、莲、梨、李、杏、樱桃、山楂等。

1. 水稻

在距今7000多年的浙江余姚河姆渡遗址已出土了碳化稻谷，说明在新石器时代晚期，中国最早的水稻就已经在江浙地区出现了。其后，水稻逐渐向北方扩散。据考古发现可知，河南渑池的稻作农业距今5000年，山东栖霞杨家圈的稻作农业距今4000年。到商周时期，稻在关中和中原地区已经广有种植，《诗经》中就屡有稻的出现，如"十月获稻，为此春酒，以介眉寿"；[1]"黍稷稻粱，农夫之庆"；[2]"滮池北流，浸彼稻田"。[3]

到了山东半岛，稻作农业的传播分为两个方向：向东传入朝鲜半岛，形成朝鲜半岛最早的稻作文化——欣岩里文化，距今3300年；[4] 向北则越过渤海传到辽东半岛南部。

东北地区水稻栽培的历史十分悠久，在大连大嘴子遗址出土了距今3300～3100年的碳化稻米（见图4-1），[5] 经浙江大学著名农业史专家游修龄教授鉴

---

① 《诗经》卷一《国风·豳风·七月》，第77页。
② 《诗经》卷二《小雅·北山之什·甫田》，第124页。
③ 《诗经》卷二《小雅·都人士之什·白华》，第137页。
④ 苑利：《韩（日）语与中国东南沿海远古吴越语比较（上）》，《当代韩国》2005年夏季号。
⑤ 张翠敏：《大连大嘴子遗址栽培稻的论证与反思》，《东北史地》2005年第4期。

定为粳稻。① 但吉林、黑龙江地区的水稻种植始于渤海。

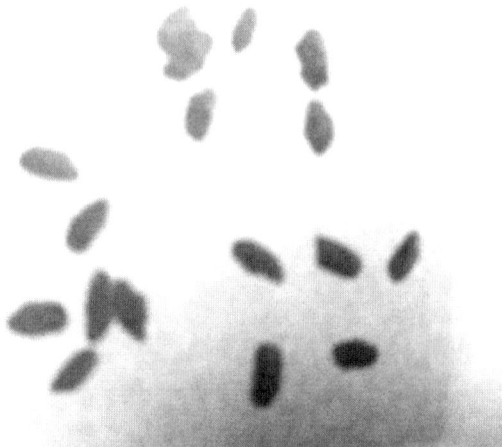

图 4-1　大连大嘴子遗址出土的碳化稻米

资料来源：刘俊勇：《大连考古研究》，第 129 页，图版十三 5。

渤海人对东北北部地区农业最大的贡献就是水稻的引种。渤海有著名的
"卢城之稻"。卢城就是卢州，卢州位于今延边地区海兰江或布尔哈通河流
域，这里气候温暖，水源充足，适合种稻，是渤海国的水稻主产区，现今该
地区仍盛产水稻。这一地区种水稻始于渤海人。

更为可贵的是，渤海人还把水田继续向北扩展到上京地区。在上京遗址
西北郊发现一条古代渠道，以及其配套工程分水堤和退水沟。② 据考证，这
是渤海人修的水利工程。③ 这个水利工程很可能是为种植水稻而修。如果是
这样，那么渤海人就把水稻的种植区域向北扩展到了北纬 44 度。这是东北
亚农业发展史上的一件大事。从气候条件上看，上京地区种植水稻是可能
的。水稻成熟需日平均气温大于或等于 10℃的温暖气候持续 80～90 天，积
温 1800～2000℃，上京地区日平均气温大于或等于 10℃的天数约为 125 天，
积温 2630.1℃，④ 完全能够满足水稻生长的需要。

而且，上京附近因地质的关系还有一个适于水稻种植的特殊条件。在第
四纪全新世晚期，火山爆发喷出大量岩浆，由此形成的玄武岩，覆盖了上京

---

① 刘俊勇：《大连考古研究》，哈尔滨出版社，2003，第 58 页。
② 宁安县文物管理所：《文物工作简报》（打字稿）1986 年第 34 期。
③ 魏国忠、朱国忱、郝庆云：《渤海国史》，中国社会科学出版社，2006，第 358 页。
④ 杨雨舒：《渤海国上京龙泉府地理环境概述》，《北方文物》1997 年第 2 期。

一带二百多平方公里的地域。这些玄武岩上布满了蜂窝状小细孔，既可以保存水分，又可以提高温度。年复一年的风力侵蚀和搬运，上面积成了厚厚的一层腐殖土，如果有了灌溉系统，就更增添了种水稻的有利条件。今天，这里仍盛产优质水稻，号称“响水大米”，是被人民大会堂选用的精品。①

可能有人会说，今天上京一带的气候是近几个世纪以来全球变暖的结果，唐代未必如此。事实上，全球气候始终处在一个波浪变化的过程中，唐代的气候温暖，与今天相似。日本学者吉野正敏研究了全球气候变化的历史，认为“从8到9世纪期间，气温处于高峰期，其后气温逐渐下降”，“至少在北半球……8、9世纪是最近2000年间温度最高的一个阶段”。不但气候温暖，降水也丰富，“渤海属大陆性气候区，冬季寒冷，夏季高温。从气候变迁的角度看，当时渤海所处的时代是一个有较多降水的温暖时代，这种温暖、湿润的气候条件是保持渤海繁荣的一个重要原因”。② 渤海国的灭亡，就和9世纪以后气候逐渐变得寒冷，损害了以农业立国的渤海的经济基础有很大关系。

总之，渤海人种植了水稻，并将之引入高纬度的黑龙江地区是事实。8世纪末，日本学问僧永忠向其本国汇报渤海国情况时说：“土地极寒，不宜水稻。”③ 看来他并没有认真进行调查研究，只是在自己经过的地方没见到水稻，就误以为渤海没有水稻。

2018年，笔者在去友谊县考察凤林古城时，听当地文物管理所工作人员说，在凤林古城7城区发现了碳化水稻，但未见于已经发表的关于凤林的发掘报告。凤林古城的年代大概为汉末魏晋到南北朝，这似乎说明渤海之前东北地区北部就有了水稻种植。这确实是一个值得进一步研究的问题。从文献角度看，汉末魏晋到南北朝时期东北地区北部有没有水稻不甚明了，但倾向于没有。东汉时期的挹娄人有“五谷、麻布”。④ 何为五谷，古代有多种说法，如“麻、黍、稷、麦、豆”，或“稻、黍、稷、麦、菽”，或“稻、稷、麦、豆、麻”等。⑤ 有的包括稻，有的不包括。不过一般认为，五谷的概念南北

① 魏国忠、朱国忱、赵哲夫：《谜中王国探秘——渤海国考古散记》，山东画报出版社，1999，第154页。
② 吉野正敏：《气候变动和渤海的盛衰》，李伊平译，杨志军主编《东北亚考古资料译文集·渤海专号》，北方文物杂志社，1998，第191、193页。
③ 菅原道真：《类聚国史》卷一百九十三，第552页。
④ 范晔：《后汉书》卷八十五《东夷列传·挹娄》，第2812页。
⑤ 《辞海》，第79页。

有别，北方的有麻无稻，[①] 所以挹娄人的五谷应是"麻、黍、稷、麦、豆"，没有稻。而南北朝时期勿吉人种植的农作物"有粟及麦穄，菜则有葵"，[②] 更是明确了没有稻。凤林古城发现的碳化稻有两种可能。一是当地确实试种过稻。既然距今 3000 多年，即挹娄人所处时代的 1000 多年前，辽东半岛南端就已经有了水稻种植，挹娄人或勿吉人试种过水稻也并非完全不可能。但可以肯定的是，即使确有试种，规模也非常小，且明显没有成功。因为如果大规模种了稻，对勿吉人种植的其他农作物都有明确记载的《魏书》不可能失载此事。二是此稻来自外部，非当地种植。这种可能性更大。所以，说是渤海人把水稻引种到黑龙江地区应当无误。凤林古城的碳化稻未见于公开发表的发掘报告，暂且存疑。

2. 大豆

在俄罗斯滨海地区的尼古拉耶夫斯克 2 号渤海城址中出土了碳化大豆。[③] 发现的一个粮食穴，其平面呈长方形，面积为 50×100 厘米，深 50 厘米，坑的底部是一层烧焦了的黄豆，其他空间堆满灰烬和木炭块，显然，这是烧掉的部分谷物和放在坑内的木柜残骸。所以，可以断定渤海有大豆，而且产量较高，有了相当的剩余可以储存起来。

有学者认为，宁安大牡丹遗址的碳化大豆就出土在渤海文化层，也是渤海人种植大豆最直接的证据。[④] 文献记载渤海的土特产中有"栅城之豉"。[⑤]豉的原料就是大豆，这更直接证明渤海有大豆，栅城就是大豆的重要产区。栅城位于今吉林珲春境内，豉是一种用大豆制成的发酵食品，味美可口，在今天东北地区的农村仍有制作。当然，"栅城之豉"只是说栅城的豉最好，最有名气，并不是说别的地方就没有豉。唐代，豉是中原地区极为普遍的调味品，渤海极可能也是如此，大豆在渤海应当是广泛种植的。

3. 谷子、小麦、糜子、荞麦、绿豆、小豆

《隋书》卷八十一《靺鞨传》载，靺鞨地区"土多粟麦穄"。渤海国的主体民族就是勿吉—靺鞨一系，所以勿吉、靺鞨种植的农作物渤海也应该有。

---

① 游修龄：《中国稻作史》，中国农业出版社，1995，第 3 页。
② 魏收：《魏书》卷一百《勿吉传》，中华书局，1974，第 2220 页。
③ 沙弗库诺夫等：《渤海国及其俄罗斯远东部落》，宋玉彬译，东北师范大学出版社，1997，第 112 页。
④ 张泰湘：《黑龙江古代简志》，第 77 页。
⑤ 欧阳修、宋祁：《新唐书》卷二百一十九《北狄列传·渤海》，第 6183 页。

在上文提到的俄罗斯滨海地区尼古拉耶夫斯克 2 号渤海城址中也出土了碳化的荞麦，证明渤海有荞麦。

海林市细鳞河渤海遗址出土的碳化种子中有绿豆和小豆。[①] 它们虽然原产我国，但种植广度远不如稻、麦、粟、菽等主要谷物，渤海居然也有种植，足见其粮食作物品种十分丰富。

4. 葵

葵菜在南北朝时期传到黑龙江，到渤海时期已经广泛种植，成了渤海人最常吃的蔬菜。渤海所处的唐朝时期，葵菜成了最为大众化的蔬菜。白居易有诗云："贫厨何所有，炊稻烹秋葵，红粒香复软，绿英滑且肥。"到宋辽时期，不但贫者喜欢葵菜，上层人物甚至皇帝也很喜欢。辽宰相张俭用"葵羹乾饭"招待上门为客的皇帝，皇帝"食之美"。[②] 古人对葵评价甚高，如《农桑通诀》谓："葵为百菜之主，备四时之馔，本丰而耐旱，味甘而无毒，功食之余，可为菹腊，枯枿之遗，可为榜簇，咸无弃材，诚蔬茹之上品也。"[③]

元代王祯《农书》还称葵菜为"百菜之主"，言其食用最为普遍。此后，可能是由于产量更高且更便于储存的大白菜的传入，葵菜渐渐在华北地区绝迹。明代李时珍在《本草纲目》中误认为当时葵菜已无人种植食用了。从那时起，蔬菜类中似乎已无葵菜这一品种。但清嘉庆年间的官员兼学者吴其濬指出，葵菜仍是南方一种普遍食用的蔬菜："冬葵，本经上品，为百菜之主。江西、湖南皆种之。湖南亦呼葵菜曰冬寒菜；江西呼蕲菜，葵、蕲一声之转，志书中亦多载之。李时珍谓今人不复食，殊误。"吴其濬自己就"种葵两三区，终岁取足"。他还把葵菜种子寄给北方的朋友，朋友试种之，不但长得很好，味亦甚美。还有的地方虽然种葵，但把它当成了观赏的花卉，而不是当成食用的蔬菜。"古人之葵，即今人所种金钱紫花之葵，俗名钱儿淑气者。以花为玩，不以叶充食。"[④] 可见，清代时葵仍有种植，只是名称和用途有了变化。今天，虽然还有不少地方在种植和食用葵菜，不过名称已经改变，称之为"冬苋菜"了。[⑤] 正是这个原因，江西、湖南、四川等省的一些

---

① 黑龙江省文物考古研究所、吉林大学边疆考古研究中心：《黑龙江省海林市细鳞河遗址发掘报告》，《北方文物》2018 年第 1 期。

② 脱脱等：《辽史》卷八十《张俭传》，中华书局，1974，第 1278 页。

③ 吴其濬：《植物名实图考长编》卷三《蔬类·冬葵》，商务印书馆，1959，第 188 页。

④ 吴其濬：《植物名实图考》卷三，中华书局，1963，第 47 页。

⑤ 汪曾祺：《中国当代名人随笔·汪曾祺卷》，陕西人民出版社，1993，第 182 页。

人往往种着葵菜，吃着葵菜，却不知道它是葵菜。

不仅是明代的李时珍，今人对葵菜也存在若干错误的认识。

其一，葵菜种植地域问题。根据《辞海》的记载，现在中国葵菜的种植范围局限于南方的江西、湖南、四川等省。但事实上，黑龙江省哈尔滨市周边地区还有少数朝鲜族人种植和食用葵菜，将之称为"阿呜"。据史料记载，民国时期，东北地区的汉族也还有人种植和食用葵菜。如武兴县（今黑龙江省泰来县）所产的蔬菜中有"寒菜"，[1] 寒菜就是葵菜的别名。拜泉县有"葵花，一名露葵，又名滑菜，茎叶俱绿"。[2] 再如，在吉林省永吉县，"有葵，茎有紫白之分，白者为胜"。[3] 既然这些地方民国时期仍有葵菜，现在才过了几十年，当然不可能完全绝迹。可能已无人种植，沦为野生，不为人重视和了解罢了。

朝鲜著名的渤海史专家朴时亨在这一问题上也有错误认识。他说，"当今（中国）东北地区也盛产葵菜"。[4] 这一说法当然是不正确的。事实上，当今中国东北地区种植葵菜者极少，绝大多数人根本不知葵菜为何物。

其二，把葵当成了露葵。如上文提到的拜泉县的"葵花，一名露葵"，从其所述的形态看，这个"露葵"就是葵菜无疑。另外，《朝中词典》中就把"葵"（阿呜）解释成了露葵。[5] 露葵是莼菜，它和葵确有相像的地方，都是用来做汤的，名字又比较接近，所以才有人把二者混为一谈。但露葵只能在春天嫩的时候做汤，到秋天老了就只能做饲料了；葵却始终都能做汤。二者的植物学名称也不同，葵是 Malua olitoria，露葵则是 Braseuia schreberi，完全是两种不同的植物。

把莼菜称为露葵还有一段来历。据宋代吴曾考证，"颜之推家训有蔡郎者，讳莼，遂专呼莼为露葵。面墙之徒，递相仿效"。于是莼菜就被称为露葵了。但古人始终清楚地知道露葵是什么，知道它与葵的不同。南朝梁承圣年间，梁遣使访齐，主人问"江南有露葵否？答曰，露葵是莼，水乡所出，今食者绿葵耳"。[6]

---

① 《武兴县佐采辑通志事项清册》物产，黑龙江省档案馆、黑龙江省地方志研究所合编《黑龙江通志采辑资料》上册，内部出版，1985，第235页。

② 《武兴县佐采辑通志事项清册》物产，《黑龙江通志采辑资料》上册，第368页。

③ 徐鼎林：《永吉县志》卷二十二《食货志二》，吉林文史出版社，1988，第375页。

④ 朴时亨：《渤海史》，平壤：金日成综合大学出版社，1979，第49页。

⑤ 《朝中词典》，朝鲜外国文图书出版社、中国民族出版社，1992，第1241页。

⑥ 吴曾：《能改斋漫录》卷六，商务印书馆，1939。

朝鲜古代也普遍种植和食用葵菜，朝鲜语中有这样的俗话来形容它的美味和有营养："葵熬汤喝三年，挤不进单扇的门。"[1] 不过，现在朝鲜半岛北方已经基本没有人种植和食用葵菜了，南方则保留了种植葵菜、喝葵菜汤的习俗。哈尔滨周边地区的朝鲜族之所以还有人种植和食用葵菜，可能是因为他们基本都来自朝鲜半岛南方，有种植葵菜的传统。延边地区的朝鲜族没有人种植葵菜，是因为他们主要来自没有种植葵菜传统的朝鲜半岛北方。

5. 蒜、萝卜、葱

渤海人引种了大蒜。渤海中京显德府兴州有个蒜山县，这个蒜山县当是渤海蒜的主产区，以生产优质蒜而闻名。可见渤海的蔬菜中还有蒜。另外还有一种可能，就是蒜山县并不产蒜，而是有一座形状像蒜的山叫蒜山，县即以此命名。即便真是这样，它仍是渤海产蒜的一个依据。因为人们必须对蒜非常熟悉，才能以之命山之名。

渤海人种蒜食蒜的习俗还为东邻日本所知。据《日本三代实录》载，883年，日方款待渤海使团的食物清单中就有蒜。想必是日本人了解到渤海人的口味，才这样做的。蒜是一种有异味的食物，如果客人无此习惯，主人是不会以之待客的。

渤海人的蔬菜中很可能也有萝卜。838年秋，日本圆仁和尚入唐求法，在登州去长安的路上见到当地"始当院收蔓青萝葡"。[2] 萝葡就是萝卜。唐时山东地区已普遍种植了萝卜。圆仁走的这条路线正是渤海使节入唐所走的路线，圆仁就在路上遇到了归国的渤海使团和渤海王子。渤海人既然常走这条路，当然也对萝卜不陌生，而且渤海国的气候也很适宜萝卜的生长，将它引种到渤海的可能性是完全存在的。

苏联学者还在滨海地区发现了野生的山葱，认为其本是渤海农民栽培出来的，渤海灭亡后，沦为野生。[3]

6. 莲藕

莲不属农作物，但其地下根茎——藕可食，似可列入蔬菜之属。张缙彦《宁古塔山水记》载，清初（17世纪末），在渤海上京龙泉府遗址东南10余

---

[1] 《朝中词典》，第1241页。原文把葵译成了露葵，误。

[2] 圆仁：《入唐求法巡礼行记》卷二，广西师范大学出版社，2007，第60页。

[3] 张泰湘：《黑龙江古代简志》，第78页。

里的地方有一长溪，"夏秋之交，荷花红敷数十里，灿若云锦，土人探莲者，荡小舟入之，浮游如画，真东京美景也"。同一时期，方拱乾《绝域纪略》载："有小菱，有莲子，满人素不识，因游东京者往寻莲陂，土人遂撷之以市。"① 直至今日，这一带的村屯仍有不少以莲花命名的，如东莲、西莲、前莲、腰莲等。1984 年时，当地泡子里还盛开着莲花。现在，黑龙江省林口、虎林、依兰、方正、东宁等地也还有莲花泡或莲花村之类的村名或泡名。

莲本非这一地区的产物，这里的莲必然是人们有意从别的地方引种的。那么，是什么人在什么时候引种的？这些地方都在渤海国境内，所以渤海人引种的可能性最大。莲花与荷叶十分具有观赏性，藕又可以做菜，引入它可谓一举两得。而且，莲花与佛教的传说有关。佛寺中不少如来佛和观音菩萨塑像都是坐在莲花宝座上的，渤海人信奉佛教，也十分钟爱莲花。渤海的瓦当基本都是莲花纹。渤海境内遍植莲花，藕也成了渤海人常吃的蔬菜。

7. 麻

在渤海的土特产名单中有"显州之布"，渤海的气候不适合种棉，② 所以应当是麻布。1972 年，在吉林和龙市八家子镇渤海北大墓中出土过一小块麻布，足证渤海人种麻以织布。麻在渤海国的种植范围很广，几乎遍布各地（见图 4 - 2）。

图 4 - 2　戈尔巴特卡渤海遗址出土的麻绳

资料来源：吉林省文物考古研究所、俄罗斯科学院远东分院远东民族历史·考古·民族研究所编著《俄罗斯滨海边疆区渤海文物集粹》，文物出版社，2013，第 240 页。

8. 桑树

渤海人也广泛种植桑树，以养蚕抽丝。据《新唐书》卷二一九《北狄传·渤海》记载，渤海的特产有"沃州之绵""龙州之绸"。绵和绸都是丝织品，一般认为渤海地属高寒，气候不适合桑树生长，这些都是用柞蚕丝织成的。

① 李兴盛、齐书深、赵桂荣主编《陈浏集》，黑龙江人民出版社，2001，第 1177 页。
② 方学凤：《渤海"显州之布"、"沃州之绵"辨析》，《延边大学学报》1982 年第 4 期。

但事实上，渤海国内桑树很多，普通的渤海人家很可能和中原内地的一般农家一样，房前屋后遍植桑树。至少在当时的龙州和沃州，抽丝纺绸也是重要的家庭副业。

龙州属上京龙泉府，位于今黑龙江宁安一带，现在看来，这里的气候似乎不适于种植桑树。但研究古代气候的学者认为，渤海所处的8、9世纪"是一个气温较高的时期"，"是最近2000年间温度最高的一个阶段"。这一时期东北亚地区与现在相比"气候温暖，雨量充沛"。① 这样的气候是适合桑树生长的。

渤海时期，居住在今黑龙江下游的黑水靺鞨人还曾向唐朝上贡过"鱼牙绸"和"朝霞绸"。② 它们都是丝织品，不是桑蚕丝就是柞蚕丝。③ 可见那时候这里至少可以养柞蚕，④ 但现在连柞蚕也养不了，说明那时候的气候比现在温暖。那么地处黑水靺鞨南，比黑水靺鞨气候更温暖的渤海国有桑树是完全可能的。

渤海有桑树还有实物证据。20世纪70年代，渤海史学研究者朱国忱等曾在牡丹江流域对渤海遗迹进行过调查，他们在依兰、林口等县境内见到了野生的桑树。⑤ 这些桑树现在仍然存在。可见，直到现代，寒冷的东北地区北部也一直有桑树生长。

20世纪初，在黑龙江省东宁县三岔口村居住的朝鲜族农民李昌浩就种植了桑树。"李昌浩家的房前屋后种了四十多棵桑树，放养春蚕和秋蚕，手工抽丝，纺成丝绸，用丝绸缝制衣服。"⑥

20世纪20年代，日本学者籐冈启对中国东北地区的桑蚕业进行过调查。

① 吉野正敏：《气候变动和渤海的盛衰》，李伊萍译，杨志军主编《东北亚考古资料译文集·渤海专号》，第191～194页。
② 王钦若：《册府元龟》卷九百七十一《外臣部·朝贡四》，中华书局，1960，第11412页。
③ 朝霞绸一般为红色，方法是先把染好的线按图案设计组合，使织出来的布呈现艳丽的花纹，这种方法至今还在印度、东南亚、中亚等地被广泛应用；鱼牙绸的"鱼牙"象征着鱼籽，是水珠状点纹，唐代文献中称这种图案为鱼子缬。见全炫室《出现在对外交流中的渤海衣料考察——以对唐、日本关系为中心》，郑永振、李东辉、尹玄哲主编《渤海史研究》12，延边大学出版社，2013，第176页。
④ 有学者认为，这里的黑水靺鞨当为新罗之误，因为新罗多次向唐贡鱼牙绸和朝霞绸。笔者以为，既然文献记载是黑水靺鞨，在没有其他否定性资料出现的情况下，还是暂且遵从史料，仍然看作黑水靺鞨为好。
⑤ 朱国忱、金太顺、李砚铁：《渤海故都》，黑龙江人民出版社，1996，第433页。
⑥ 李东源：《北满最初的韩人村庄高安村的开创者们》，(韩国)《中央月刊》1993年第10号。

得出的结论是，"在满蒙，桑叶是十分繁茂……桑很能耐寒，西伯利亚、蒙古，都生长很多的野桑，鲁桑系之桑。依其育作之法，由五成以上之枯梢，若是用（日本）内地之东北地方之栽桑之方法做去，对于桑一点什么困难的事都没有的。在满洲于果树不适当，而于水稻、棉花、甜菜也不适宜的有水害的土地，能够适应于桑园，真是侥幸的事了"。

种桑是为了养蚕，而东北地区的气候又特别适宜于养蚕。"蚕最忌温气，而满蒙恰为干燥的农业地，很少温气，真是适宜养蚕的。"① 这反过来又会促进桑树的种植。

既然现在桑树都能够在东北地区生存，那么比现在温暖的渤海时期桑树就更能生存了。现今黑龙江地区的桑树叶子比南方的要小些、薄些，但渤海时期可能没有这样的差别。那时渤海国境内桑树很多，生长得也很好。"沃州之绵""龙州之绸"既然质量都非常好，应当都是用桑蚕丝织成的。桑树在东北地区的种植并不始于渤海人。高句丽人就"种田养蚕，略同中国"，②但确实是渤海人把蚕引种到东北地区北部的黑龙江来的。

9. 梨、李、杏、山楂、樱桃

关于渤海的果树，《新唐书·渤海传》载，有"丸都之李""乐游之梨"。丸都即今吉林集安，那里的气候条件适合李树生长，至今仍产优质李子。乐游在哪里目前尚未有定论，有学者认为，乐游之梨是今延边特产苹果梨的原始鼻祖。在俄罗斯滨海地区的渤海村落址，有沦为野生的杏类、乌苏里李树、日本樱桃、桑树、大麻。③ 渤海人把这些果树种在房前屋后，春天看花，秋天吃果，极大地丰富了生活内容。

10. 花卉

渤海还出现了花卉种植。《松漠纪闻》记载，渤海遗民中"富室安居逾二百年，往往为园池，植牡丹，多至二三百本，有数十千丛生者，皆燕地所无"。这虽然是南迁后的渤海遗民的情况，但这一习俗必来自渤海时期，可见，渤海后期已经有了牡丹的种植，这显然是受了酷爱牡丹的唐人的影响。渤海人还曾引种过荷花。据张缙彦《宁古塔山水记》载，清初，流人在沙岭

---

① 籐冈启：《满蒙经济大观》，吴自强译，民智书局，1929，第88页。
② 刘昫：《旧唐书》卷一百九十九上《高丽》，第5320页。
③ 阿尔德米耶娃、鲍日金、沙弗库诺夫、列谢科：《渤海时代滨海地区居民的物质文化（上）》，宋玉彬译，《东北亚历史与考古信息》1996年第1期。

（今宁安沙兰镇）西南惊奇地发现"有长溪数十里，产荷花、菱芰。七八月荷花红敷，一望十里，与杭之西湖无异。土人初不识藕为何物。汉人教之，乃取藕入城转市，得谷布，甚喜"。"土人初不识藕为何物"，则知其必久不被当地人所知。渤海时，这里是上京龙泉府近郊，可能有些富贵人家在此修建了池苑，引种了荷花。渤海国灭亡后，东丹国南迁，上京一带荒弃了，这些荷花也渐渐野生化了。

二 耕作方法、农具与粮食的储存

在农具和耕作方法上，渤海较前代有了重大进步，普遍使用了铁器，比较普遍地使用了犁耕，但发展不平衡，地区间差异较大，铁器也没能完全取代石器、木器和骨器。

1. 铁犁和犁耕

冶铁业的发展，使渤海人能够制造出在当时东北地区堪称先进的铁犁铧。1963 年在上京龙泉府遗址中首次出土了一件铁铧（见图 4-3），"本身形制呈不等边三角形，边长 32.5—36 厘米，后端宽 27 厘米，厚约 1 厘米，重约 4.5 公斤"。[①] 这么大的犁绝非人力拉得动，必然是蓄力牵引。这种蓄力牵引铁犁的耕作方法与中原地区已无大的差别。20 世纪 80 年代初，在上京遗址宫城内又发现了一件铁犁，"模制，整体呈圆角等边三角形，底平……残长 18 厘米"。[②] 此犁与 1963 年出土的犁大小相近，应体现了同样的耕作方法。不但核心的上京地区如此，上京以外的很多地方也是这样。在俄罗斯滨海地区就发现过若干犁铧、犁镜等犁的部件。如科尔萨科夫斯科耶夫村落址的灰坑中，就出土了完整的犁铧（见图 4-4），"该犁铧平面形状近似于等腰三角形……通长 32.5 厘米、底边宽 27 厘米，重 3.4 公斤"。[③]

在牡丹江莲花水库振兴五期也出土过铁犁，虽然略显小一些，但形制与其他犁十分相似，体现了相同的耕作方法。[④] 已出土的渤海犁铧都比较大，绝非人力拉得动，应当是畜力牵引。渤海出名马，中原地区亦以之为贵，所

---

① 朱国忱、金太顺、李砚铁：《渤海故都》，第 425 页。
② 黑龙江省文物考古研究所：《渤海上京宫城内房址发掘简报》，《北方文物》1987 年第 1 期。
③ 阿尔德米耶娃、鲍日金、沙弗库诺夫、列谢科：《渤海时代滨海地区居民的物质文化（上）》，宋玉彬译，《东北亚历史与考古信息》1996 年第 1 期。
④ 《河口与振兴——牡丹江莲花水库发掘报告（一）》，第 149 页。

图 4 - 3 渤海上京龙泉府遗址出土的铁犁铧

资料来源：朱国忱、金太顺、李砚铁：《渤海故都》，第 423 页。

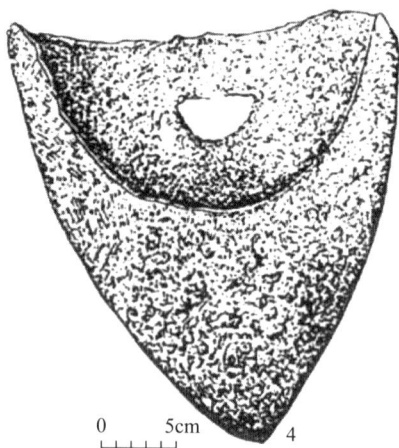

0   5cm

图 4 - 4 俄罗斯远东滨海地区科尔萨科夫斯科耶夫村落址出土的铁犁铧

资料来源：阿尔德米耶娃、鲍日金、沙弗库诺夫、列谢科：《渤海时代滨海地区居民的物质文化（上）》，宋玉彬译，《东北亚历史与考古信息》1996年第 1 期。

以存在用马的可能。不仅用马，还用牛，在渤海上京遗址宫城 2 号殿址出土了成品和半成品牛蹄铁各一块（见图 4 - 5），① 可知养牛是为了力役，拉犁当然在内。

_____

① 黑龙江省文物考古研究所编著《渤海上京城》，文物出版社，2009，第 209 页。

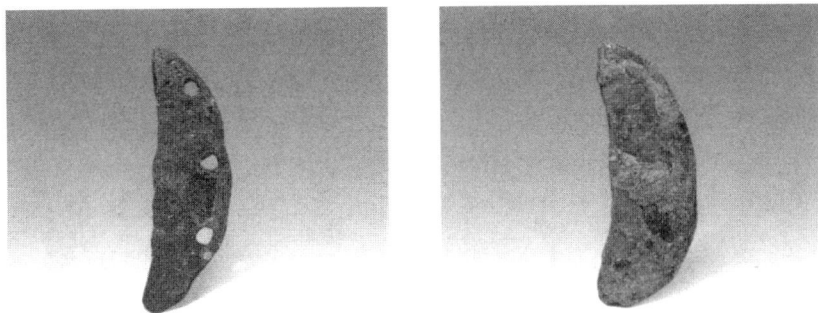

图 4 - 5　渤海上京遗址宫城 2 号殿址出土的成品和半成品牛蹄铁

资料来源:《渤海上京城》,图版二一 0、5。

　　渤海时期的犁铧不是出土于五京地区,就是出土于早已得到开发的俄罗斯滨海地区南部,其他边远地区尚没有发现,这表明犁耕在渤海国并未普及,应当还局限于以五京为主的较发达地区,边远的靺鞨部落地区尚达不到这个程度。

　　2. 农具

　　首先,铁农具得到广泛使用。综合各处渤海遗址出土铁器的情况,其中属于农具的有犁铧、犁镜、锸、镬、铲、镰、锄(见图 4 - 6、图 4 - 7、图 4 - 8)。犁铧、犁镜都是犁的部件,为起垄的工具。锸、铲就是锹,为整理土地的工具。锄为除草工具。镬的形状不一,窄者接近于镐,是人力起垄及播种的工具;宽者接近于锄,是除草工具。镰为收割工具。可见,从春种到秋收的整个农业生产过程都用到了铁农具。

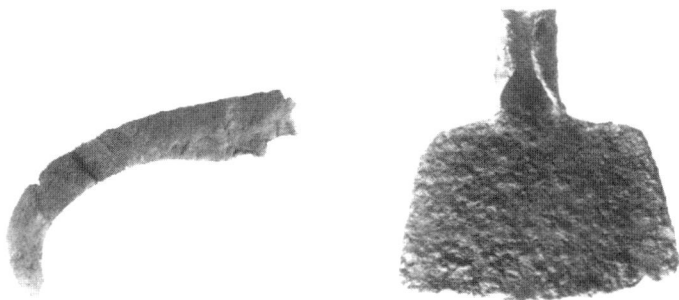

图 4 - 6　渤海上京遗址出土的镰和铲

资料来源:中国社会科学院考古研究所编著《六顶山与渤海镇——唐代渤海国的贵族墓地与都城遗址》,中国大百科全书出版社,1997,图版 104。

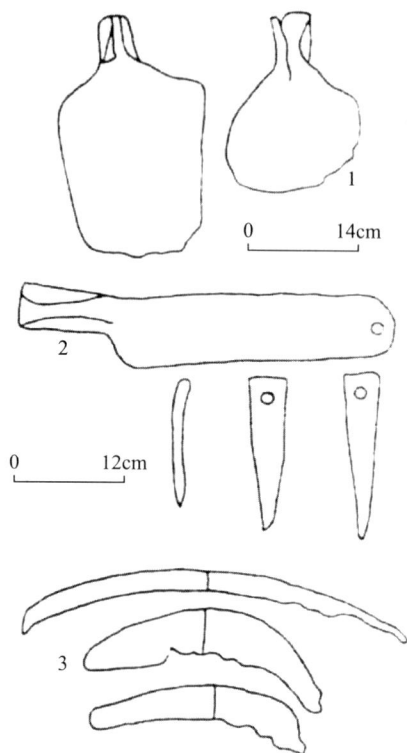

图 4-7　青海土城遗址出土的锹、锄刀、镰刀

资料来源：金宗赫：《朝鲜东海岸一带的渤海平地城和山城》，李云铎译，
刘福祥校，《东北亚历史与考古信息》2003 年第 1 期。

图 4-8　俄罗斯康斯坦丁诺夫卡 1 号渤海村落址出土的铁铲

资料来源：《俄罗斯滨海边疆区渤海文物集粹》，第 5 页。

　　其次，铁器的使用虽然比较普遍，但尚不能完全排除骨器、石器和木器，它们仍在渤海人的工具中占有相当的比例（见图4-9）。其原因主要是铁仍为较贵重之物，且商品流通不畅，不易获得。

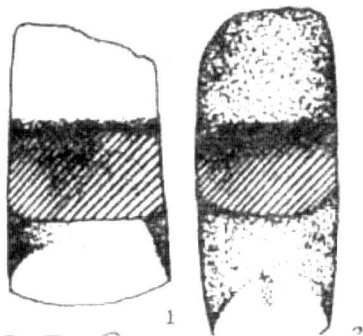

图4-9　吉林浑江出土的渤海石斧

资料来源：张殿甲：《浑江地区渤海遗迹与遗物》，《博物馆研究》1988年第1期，第71页。

　　在渤海的边远地区，农具中还有石器。比如石刀，在苏联滨海地区青石砬子居住址一处就出土了36件（见图4-10）。[①] 该遗址属发达铁器时代。苏联学界认为滨海地区发达铁器时代始于公元前一千纪末期。笔者认为这种可能性很小，这一地区的发达铁器时代当始于渤海，所以该遗址不早于渤海。石刀上都有孔，是穿小绳做把手的，用来割取农作物的穗，在铁镰出现之前，用这种石刀收割十分普遍。

　　有意思的是，渤海人不但用石头做工具，还用石头做带銙这样的细小物件（见图4-11）。这种情况在当时十分罕见。渤海人所做的带銙十分精细美观，令人不得不感叹其石器加工技艺的精湛。

　　3. 粮食的储存与调剂

　　农业的发展使粮食的产量大大增加，为了储存粮食，渤海人开始建粮仓。在俄罗斯滨海地区尼古拉耶夫斯克2号城址发现了渤海的粮仓，"粮仓是一个长方形的坑体，规格50厘米×100厘米，深50厘米。坑体的底部填充有一层碳化大豆，剩下的坑体空间为草木灰、木炭块所占据。显然，它们是烧焦了的粮食与安装在坑内的木箱的遗迹"。[②]

---

　　① 安德列耶娃：《滨海边区发达铁器时代的考古遗存》，姚奉译，《北方文物》1985年第4期。

　　② 沙弗库诺夫等：《渤海国及其俄罗斯远东部落》，第114~115页。

图 4 - 10　苏联滨海地区青石砬子渤海居住址出土的石刀

资料来源：安德列耶娃：《滨海边区发达铁器时代的考古遗存》，姚奉译，《北方文物》1985 年第 4 期，图十。

图 4 - 11　俄罗斯滨海地区克拉斯基诺城址出土的石带銙

资料来源：《俄罗斯滨海边疆区渤海文物集粹》，第 183 页。

难能可贵的是，渤海还有一套行之有效的粮食管理技术，比如籴仓法。所谓籴仓法，即封建政府在丰年以较低的价格收购粮食，歉收的年份再以稍高的价格卖出。这样既可防止丰年谷贱伤农、灾年粮价暴涨，政府也有利可图。《辽史·食货志》载，"辽东如咸、信、苏、复、辰、海、同、银、乌、遂、春、泰等五十余城内，沿边诸州，各有仓廪，依祖宗法，出陈易新，许民自愿假贷，收息二分。所在无虑二三十万硕，虽累兵兴，未尝用乏"。这里所说的"祖宗法"是谁的祖宗法？契丹人本是游牧民族，无农业，其农业是辽王朝建立后才逐渐发展起来的。而仓廪之法是与成熟农业社会相适应的仓储和救济制度，所以不可能是契丹人的"祖宗法"。那么它就只能是居于辽东的东丹国民——渤海遗民的"祖宗法"了。就是说，它是渤海国的一种管理方式。渤海人不仅有先进的农业技术和农业生产方式，而且有成熟的粮食管理调剂方式。

其实，仓廪法是在中原地区形成和发展起来的。可能在渤海前期就传到了渤海，在渤海实行了许多年，经历了几代人，最终形成了渤海人自己的"祖宗法"。

渤海国的农业是黑龙江农业发展史上重要的一页。经过渤海人200多年的开发，白山黑水间，多少榛莽变成了良田，多少荒山变成了果园，多少沉睡的荒野变得屯堡相望，鸡犬之声相闻。在东北的农业开发中，渤海人功不可没。

农业的发展，使单位土地面积的人口承载量大幅增加，据统计，到9世纪末，渤海在黑龙江流域的人口约八九十万人，室韦、流鬼及黑水靺鞨诸部约三四十万人，全黑龙江人口至少一百万人以上。[①]

第三节　渔猎采集业

采集与渔猎直接地向自然界获取生活资料，在农牧业产生以前，人类完全靠采集与渔猎维持生命；农牧业产生后，采集与渔猎仍然是人们经济生活的重要组成部分。黑龙江地区地广人稀，自然资源丰富，特别适宜采集与渔猎的发展，直到20世纪初，赫哲、鄂伦春等族还几乎完全以之为生。渤海时期，渔猎业与采集业仅次于农业，是经济的第二大支柱。

一　捕鱼业

渤海国东邻日本海，境内有牡丹江、松花江、乌苏里江、绥芬河、穆棱

---

① 黑龙江省地方志编纂委员会：《黑龙江省志》卷二《大事记》，黑龙江人民出版社，1992，第55页。

河等大的江河，又有镜泊湖、兴凯湖等大湖，至于小的河溪更是不计其数，水域辽阔，渔业资源十分丰富，大到鲸、海豹、鲟、鳇鱼，小到鲤鱼、鲫鱼、鲢鱼、鳙鱼、鳜鱼、鳢鱼、鳟鱼、青鱼、泥鳅、草根等，种类不下数十种。其中，产于湄沱湖（镜泊湖）的鲫鱼品质最佳，广受欢迎，号称"湄沱湖之鲫"。① 在其核心的五京地区，鱼是人们生活资料的重要补充；在有些边远地区，鱼几乎就是生活资料的全部来源。

渤海的渔业技术较发达，人类当时常用的几种捕鱼方式在渤海都有体现。

收获量最大的捕鱼方式就是网捕，渤海人当然也主要采用这种方式。在各地的渤海遗址中普遍出土有网坠（见图 4-12）。

图 4-12　东宁小地营村出土的渤海石网坠

资料来源：黑龙江省文物考古研究所：《黑龙江东宁县小地营遗址渤海房址》，《考古》2003 年第 3 期，图九 6。

除网坠外，还发现过渔网上的其他部件，如在振兴遗址出土了骨质网具，② 说明渔网是普遍使用的捕鱼工具。根据捕捞对象的不同，网的规格也不同。在俄罗斯滨海地区克拉斯基诺渤海盐州遗址出土了 14 件石质网坠，重量从 7.6 克到 92 克不等，说明"在捕鱼行业中，渤海人使用的捕鱼网孔大小不一样"。③ 另外，根据作业水域、水质、季节等情况的不同，网的规格也不同，出土的网坠形制不同就反映了这一情况。俄罗斯学者将在俄罗斯滨海地区各渤海遗址中出土的网坠归纳为四种类型："第一种类型，网坠剖面呈长方形，横侧器身接近边沿处有宽 0.2~0.5 厘米的粗糙的槽形夹口，网坠通长 3~4 厘米，宽 1.7~3 厘米，厚 0.6~1.5 厘米，重 12~31.4 克。该形网坠所使用的材料是泥土和砂岩。第二种类型，网坠的剖面呈长方形，网坠的边角处有 2 个或 4 个直径为 0.3~0.5 厘米的孔。网坠的通长 3~6.7 厘米，

---

① 欧阳修、宋祁：《新唐书》卷二百一十九《北狄列传·渤海》，第 6183 页。

② 《河口与振兴——牡丹江莲花水库发掘报告（一）》，科学出版社，2001，第 57 页。

③ 列辛科、拉科夫、博尔金等：《海洋采集业和捕鱼业——根据克拉斯基诺遗址考古研究资料》，盖莉萍、胡凡译，胡凡主编《黑水文明研究》第 2 辑，黑龙江教育出版社，2008，第 32 页。

宽 2~3.6 厘米，厚 0.75~2 厘米，重 16.4~70.4 克。该类网坠使用的材料为砂岩。第三种类型，网坠的剖面呈厚重的球缺形，网坠为砂岩质，有横向或纵向的槽形夹口，夹口宽 0.35 厘米……第四种类型，为不大的椭圆形的泥质网坠，侧面有粗粗的槽形夹口，器物厚 0.6 厘米，通长 3.8 厘米，重 7.6 克。"① 丰富的渔网类型反映出网捕在渤海渔业中的重要地位。

在渤海遗址中出土的泥质网坠和骨质网具也是渤海捕鱼业繁荣的实物证据（见图 4-13、图 4-14）。

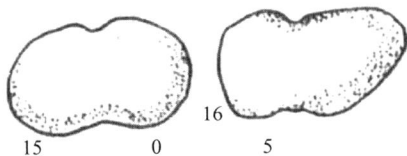

图 4-13　渤海泥质网坠

资料来源：阿尔德莱耶娃、鲍日金、沙弗库诺夫、列谢科：《渤海时代滨海地区居民的物质文化（上）》，宋玉彬译，《东北亚历史与考古信息》1996 年第 1 期，图四 15、16。

图 4-14　牡丹江莲花水库振兴遗址出土的骨质网具

资料来源：《河口与振兴——牡丹江莲花水库发掘报告（一）》，第 57 页，图五—3。

渤海的农作物有麻，渤海的网当是用麻纤维制成的。麻易腐烂，所以我们除了网坠外，见不到网的实物。在今黑龙江省海林市柴河镇群力村东南牡丹江岸的崖壁上有一组古代岩画，即群力岩画，或许可以在一定程度上弥补这一缺憾（见图 4-15）。画可分为左右两部分，右边部分有三幅画，最下端的是一幅划船于江中捕鱼的场景：一条小船，船头立一鱼鹰，船尾坐一人，正在摇船或扶舵，船中立一人，高高地举起一张网，准备撒向水中捕鱼（见

---

① 阿尔德莱耶娃、鲍日金、沙弗库诺夫、列谢科：《渤海时代滨海地区居民的物质文化（上）》，宋玉彬译，《东北亚历史与考古信息》1996 年第 1 期。

图 4 – 16）。①

图 4 – 15　群力岩画所在石崖远眺

资料来源：《黑龙江民族丛刊》2014 年第 5 期，封二。

图 4 – 16　海林群力岩画（右侧）

资料来源：陶刚、王清民：《海林群力岩画再研究》，《北方文物》1990 年第 3 期，图二。

---

① 陶刚、王清民：《海林群力岩画再研究》，《北方文物》1990 年第 3 期。

关于岩画刻绘的年代，一般认为是原始社会，距今 3000 多年。但陶刚和王清民先生认为，"群力崖画的年代，从内容和绘画技法上看，既无早期崖画的特征，也无明清时代的迹象，应推定为唐宋时期，认为群力崖画早到 3000 多年前的观点是值得商榷的。关于族属问题，因材料局限，无从详考。根据崖画的地望、年代和文献记载，作画人应是该区域古代民族中靺鞨或后来的女真人"。① 笔者赞同这一结论。为验证这一结论，笔者分析了国内外大量被公认的原始时期岩画，发现其艺术表现普遍十分粗劣，人仅画出头躯四肢，略具人形而已，动物往往分辨不出是什么动物。而群力岩画则完全不同，人物、动物比例协调，形态传神，绝非原始时期岩画可比。唐宋时期，当地是渤海和辽金，而辽金时期，这里是远离经济、文化、行政中心的荒远之地，群力岩画表现出了相当的绘画技巧，不但不可能是原始人之作，也绝非普通山野之人能为，极可能出自某文人画士之手，而文人画士不大可能来到如此偏远荒凉之地。而唐代时，这里距渤海国上京城仅 100 公里左右，在上京经济圈内，当地有很多渤海遗址遗迹，距群力岩画不远的北边就有细鳞河和河口、振兴五期渤海遗址，足见当地在渤海时期是畿内繁华之地。文人墨客乘船游牡丹江，顺流而下，到此作画留念是正常且情理之中的事。所以群力岩画最可能出自渤海人之手。若果真如此，它就反映了渤海人的生活场景，让我们看到了渤海人渔网的形制已与近代的铅网坠十分接近。

有的网坠已经制作得很精致，比如在振兴遗址出土的陶质网坠就是这样（见图 4 - 17）。② 网坠在材质上也有了显著的进步，以往的网坠都是石质、陶质、铅质（见图 4 - 18），渤海时出现了铁质。在渤海上京遗址出土了一件铁网坠（见图 4 - 19），"模铸，锈红色。背面较平，正面略鼓。一端已残，残余部分俯视基本为连接在一起的两个椭圆……残长 4 厘米，宽 2.25 厘米，厚 1.2 厘米"。③ 铁网坠比重大，下沉的速度当然快于以往的陶质、石质网坠，减少了罩在网内的鱼在网坠下沉过程中逃跑的可能，捕鱼的效率提高了。更重要的是，该铁网坠是模铸，说明是批量生产的，铁网坠已不是个别现象。

---

① 陶刚、王清民：《海林群力岩画再研究》，《北方文物》1990 年第 3 期。
② 《河口与振兴——牡丹江莲花水库发掘报告（一）》，第 146 页。
③ 《渤海上京城》，第 604～605 页。

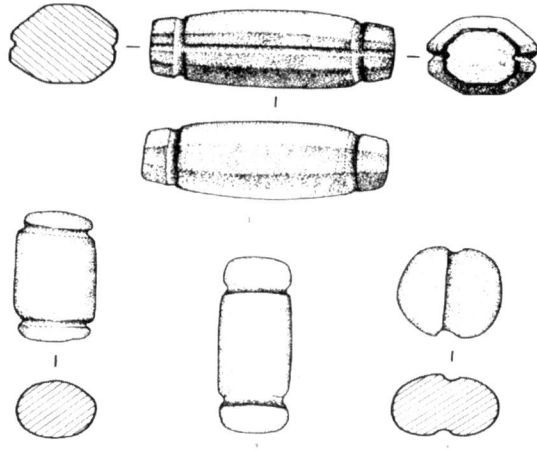

图 4 - 17　振兴遗址出土的陶质网坠

资料来源:《河口与振兴——牡丹江莲花水库发掘报告（一）》，第 146 页，图一三八。

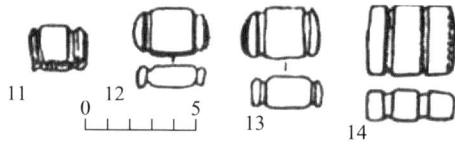

图 4 - 18　渤海铅质网坠

资料来源:阿尔德米耶娃、鲍日金、沙弗库诺夫、列谢科:《渤海时代滨海地区居民的物质文化（上）》，宋玉彬译，《东北亚历史与考古信息》1996 年第 1 期，图四 11、12、13、14。

图 4 - 19　渤海上京遗址出土的铁网坠

资料来源:《渤海上京城》，图版三八九 6。

钓钓虽然没有网捕产量高，但鱼钩制作简单，便于携带，所以是古人普遍采用的捕鱼方法，渤海人也是一样。在各地渤海遗址中发现了很多鱼钩，可以分为倒钩齿和无倒钩齿两类，有的还附有铅坠。在俄罗斯滨海地区的马里亚诺夫斯克、新戈尔杰耶夫斯克、尼古拉耶夫斯克等渤海遗址中出土铁质鱼钩多枚（见图 4－20），"通长 4～7.2 厘米，鱼钩钩身剖面通常呈圆形，尖钩带有单面或双面钩齿。有这样一种鱼钩，钩的颈部无论是否有用以固定钓线的刻纹线，钩带有压扁的环圈。此外，见有带铅坠的鱼钩，铅坠牢固地卡在钩的颈部，铅坠近似三角形或锥形"。[1] 在吉林浑江地区的永安遗址也出土了鱼钩，形制与俄罗斯出土的差不多，"鱼钩为铁线弯折而成，形体较大，无倒刺，长 6.2、直径 0.3、钩宽 3.2 厘米"。[2] 杨屯渤海遗址也出土了铁质鱼钩（见图 4－21）。钓鱼尽管效率有限，但简便易行，老幼妇孺也可操作，其在整个渤海渔业中的地位不可小觑。

图 4－20　俄罗斯出土的渤海铁质鱼钩

资料来源：《俄罗斯滨海边疆区渤海文物集粹》，第 227 页。

图 4－21　杨屯渤海遗址出土的铁质鱼钩

资料来源：魏存成：《渤海考古》，文物出版社，2008，第 206 页，图一四一26。

---

[1]　阿尔德米耶娃、鲍日金、沙弗库诺夫、列谢科：《渤海时代滨海地区居民的物质文化（上）》，宋玉彬译，《东北亚历史与考古信息》1996 年第 1 期。

[2]　张殿甲：《浑江地区渤海遗迹与遗物》，《博物馆研究》1998 年第 1 期。

渤海人在捕鱼时常常将钓钩与诱鱼器结合使用。诱鱼器又称鱼幌或疑似饵,是用骨或蚌壳等坚固又较轻的材料制成的鱼形器,大都做得十分逼真。在黑龙江海林二道河子镇细鳞河渤海遗址出土了一个骨质诱鱼器,长 8 厘米、最宽处 1.5 厘米,略具纹理,通体打磨得比较光滑,头上部有一钻孔,为鱼眼,背部和腹部又钻有 4 孔,应当是为了拴鱼线的,整体看起来十分像当地产的冷水细鳞鱼(见图 4 - 22)。[1] 渤海人诱鱼器的用法,史料无载,没有直接的说明,但这种器物在古代的东北亚地区曾广泛使用,有的民族一直用到近代。

图 4 - 22　海林二道河子镇细鳞河渤海遗址出土的骨质诱鱼器
资料来源:黑龙江省文物考古研究所、吉林大学考古学系:《1996 年海林细鳞河遗址发掘的主要收获》,《北方文物》1997 年第 4 期,图三 9。

其使用方法总结起来大概有两种。

其一是把诱鱼器既当诱饵又当钓钩,即钩和饵合二为一。具体方法是将细线拴在鱼形器上的钻孔中,在水中拉动它跑,"疑似饵在水面上飞跑,大抵就像小鱼在河水中游动"。[2] 以此引诱大鱼,大鱼误把它当成小鱼吞下,就会被卡住,人拽绳即可得鱼。

其二是只当诱饵,诱来大鱼,然后用别的器具将鱼捉住。1930 年,苏联"民族学家卡普林对外贝加尔的埃温(文)基人(中国称鄂温克人)进行调查时征集到骨制的鱼形器,并观察到使用方法。冬天,埃温基人在河的冰面上搭设小型桦树皮帐篷,帐篷建在冰窟窿上,冰窟窿的直径是帐篷的 3/4 或 1/2。帐篷内是昏暗的,目的是不让鱼从水中看见亮光。鱼形器的腹部穿孔系上破布头,代替鱼的腹鳍,背部穿孔系上绳索,绳索穿过一块木板后拴于短木棍上。在冰面上将短木棍固定好,再把鱼形器放入水中,在冰窟窿周围设置好鱼叉。晃动木板,让鱼形器游动。当真鱼游来时,用最近的鱼叉击

---

① 黑龙江省文物考古研究所、吉林大学考古学系:《1996 年海林细鳞河遗址发掘的主要收获》,《北方文物》1997 年第 4 期。

② 甲元真之:《东北亚先史时代的渔捞业》,姚义田译,《东北亚历史与考古信息》1997 年第 1 期。

刺。"① 也有的就是把它放在鱼钩旁当诱饵（见图 4 - 23）。在苏联远东的康当村石器时代遗址中，出土过一个磨得十分光滑的鱼形软玉石片，"通过在水中的简单实验表明，这玉是石器时代捕鱼者有意放在鱼钩旁边，用来诱惑大鱼上钩的石制鱼幌"。②

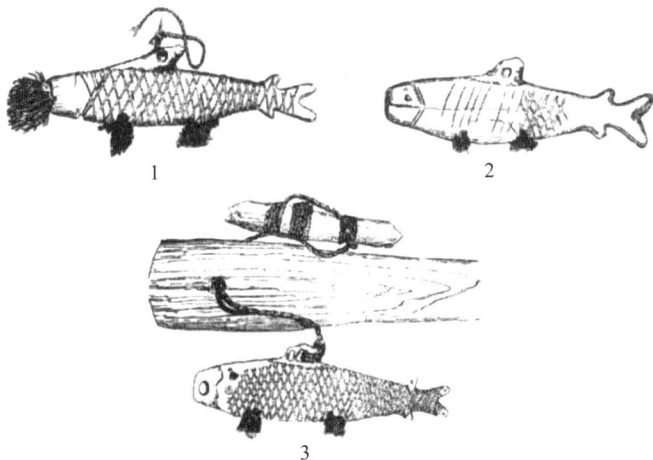

图 4 - 23　现代外贝加尔地区埃文基人使用的鱼形捕鱼工具

资料来源：曲轶莉：《东北亚古代鱼形器研究》，《北方文物》2008 年第 3 期。

渤海人还会使用海底拖曳钩，以捕捞在水下 8 ~ 10 米的贝类。在俄罗斯克拉斯基诺遗址出土很多贝类，"根据贝类的长度、厚度和形状，以及根据生长年轮的宽度来判断，贻贝的捕捞地点是在相对深度为大约 8 ~ 10 米的地方。为此，可能使用了所谓的'猫头'（连接有较大的金属钩）或者是小型的捕捞器，当它们被绳子拖曳着在海底移动的时候，它们就能够把贻贝打捞上来"。③

渤海的属部拂涅部曾于唐开元、天宝年间向唐贡鲸鱼睛。④ 鲸绝非仅使用鱼钩、渔网就能捕到，渤海人应当是使用鱼叉、鱼镖等工具。

鱼叉由叉头和柄两部分组成，有的还在叉柄上系绳索，以便叉住大鱼后拉回。在俄罗斯滨海地区南部的克拉斯基诺遗址（渤海盐州）出土了一件合

---

① 曲轶莉：《东北亚古代鱼形器研究》，《北方文物》2008 年第 3 期。
② 林树山：《苏联对远东新石器时代文化遗存的研究》，《东北亚历史与考古信息》1985 年第 4 期。
③ 列辛科、拉科夫、博尔金等：《海洋采集业和捕鱼业——根据克拉斯基诺遗址考古研究资料》，盖莉萍、胡凡译校，胡凡主编《黑水文明研究》第 2 辑，第 29 页。
④ 欧阳修、宋祁：《新唐书》卷二百一十九《北狄列传·拂涅》，第 6179 页。

成的铁质双齿鱼叉，"一根鱼叉的手柄部分被折弯，另一根鱼叉被固定在里面。两根鱼叉的手柄部分是一根截面为 0.4 厘米×0.6 厘米的长方形，中间部分和尖部是一根直径为 0.9 厘米的圆形截面，两根鱼叉的长度分别为 12.6 厘米和 12.1 厘米"。①

鱼镖和鱼叉结构有相近的地方，但独头、无柄、系绳。这是一种十分古老的捕大鱼的工具，肃慎族系早在原始时代就已经开始使用了。在属新石器时代的新开流遗址中就出土过开窝式离头镖，一般认为它是倒 T 形鱼钩，但有学者认为是离头。② 在吉林浑江永安渤海遗址也出土了一个骨质鱼镖（见图 4 - 24），"呈长条扁圆柱体，靠近上部平面处有一直径 1.0 厘米、深 0.4 厘米的黑色圆窝，窝内光洁平滑。镖体保存着兽角自然弯曲的现状，靠近尖部的背面刻有两个例钩。通长 9.6 厘米、直径 0.9 厘米"。③

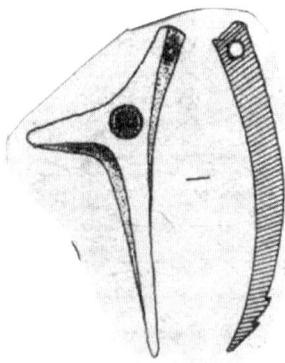

图 4 - 24　吉林浑江永安渤海遗址出土的骨质鱼镖
资料来源：张殿甲：《浑江地区渤海遗迹与遗物》，《博物馆研究》1988 年第 1 期，图一 4。

在上文提到的海林群力岩画中，一条渔船的船头立着一只鱼鹰，艺术是生活的反映，鱼鹰在渤海一定是十分普遍的。用鱼鹰捕鱼虽然产量不会太高，但比其他方式简单省力，渤海人当然不会错过这种方式。

以上是渤海人有确切证据的捕鱼方式。事实上还有一种捕鱼方式，那就

---

① 列辛科、拉科夫、博尔金等：《海洋采集业和捕鱼业——根据克拉斯基诺遗址考古研究资料》，盖莉萍、胡凡译校，胡凡主编《黑水文明研究》第 2 辑，第 30 页。
② 甲元真之：《东北亚先史时代的渔捞业》，姚义田译，《东北亚历史与考古信息》1997 年第 1 期。
③ 张殿甲：《浑江地区渤海遗迹与遗物》，《博物馆研究》1988 年第 1 期。

是用一根木棍，或者什么都不用，直接用手来捉。现在看来有些荒唐，但是当时的自然条件与现在不一样，什么都不用也能捕到大量的鱼。清代，每到大马哈鱼洄游的季节，宁古塔地区"鱼便自海而入江，聚集一起，不计其数，甚至可以踩着鱼背过江"。① 到民国初年，宁安地区仍可以十分容易地捕到大鱼，"川有鱼，不网而月明燎火，棹小舟，见鱼而椹之"。② 清代的宁古塔即民国的宁安，正是渤海的上京地区，清代如此，渤海时期也不会相差太多。鱼这么多，在浅水处可一握而得，什么用具都不需要。

渔业在渤海人的日常生活中占有重要地位，人们对鱼熟悉、喜欢，这一点在其艺术中也有体现。在各处渤海遗址中出土了不少以鱼为题材的艺术品。在上京遗址出土了一件鎏金铜鱼（见图4－25）。③ 在俄罗斯滨海地区的渤海遗址中出土了一件骨角质鱼雕像，虽然雕琢不甚精细，却颇传神（见图4－26）。④ 制作最为精细的是在吉林和龙北大墓中出土的鎏金青铜鱼饰，鱼身上用线条阴刻鱼鳞纹，腮和尾上刻有密集的阴刻线纹，看起来栩栩如生。⑤ 俄罗斯滨海地区尼古拉耶夫斯克1号城址出土的鱼形铜信符，形制也很生动形象（见图4－27）。

图4－25 渤海上京遗址出土的鎏金铜鱼

资料来源：黑龙江省文物考古研究所：《渤海上京龙泉府出土的几件文物》，《北方文物》2005年第3期，图一2。

图4－26 俄罗斯滨海地区的渤海遗址中出土的骨角质鱼雕像

资料来源：列先科、鲍尔金：《滨海地区渤海遗存中的骨器和角器》，车霁虹译，杨志军主编《东北亚考古资料译文集·渤海专号》，第139页，图三15。

---

① 柳成栋：《清稗类抄中的宁古塔》，《东北史研究》2010年第3期。
② 王世选：《宁安县志》卷三《职业·渔猎》，李兴盛、全保燕主编《黑水丛书10·秋笳余韵》，黑龙江人民出版社，2005，第2154页。
③ 黑龙江省文物考古研究所：《渤海上京龙泉府出土的几件文物》，《北方文物》2005年第3期。
④ 列先科、鲍尔金：《滨海地区渤海遗存中的骨器和角器》，车霁虹译，杨志军主编《东北亚考古资料译文集·渤海专号》，第141页。
⑤ 延边朝鲜族自治州博物馆、和龙县文化馆：《和龙北大渤海墓葬清理简报》，《东北考古与历史》1982年第1期。

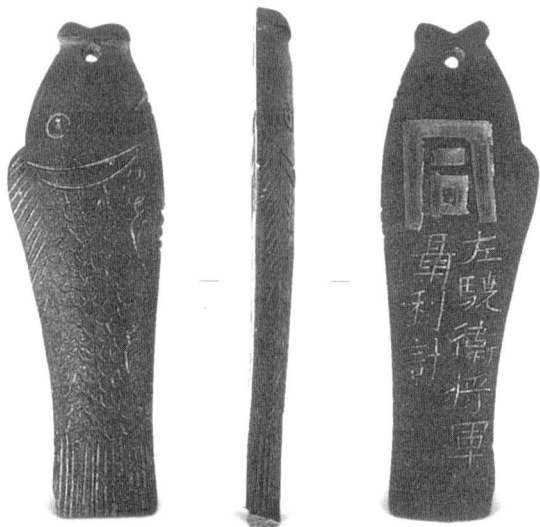

图 4 - 27　俄罗斯滨海地区尼古拉耶夫斯克 1 号城址出土的鱼形铜信符

资料来源:《俄罗斯滨海边疆区渤海文物集粹》,第 278 页。

不仅如此,渤海人在进行建筑设计时还要追求鱼的视觉表现效果。在俄罗斯滨海地区南部阿波里科索沃寺庙址,考古工作者发现在屋顶的浮雕贴塑中,"有一些直径约 3 厘米的半球状凸起。正脊的边缘还用垂直线状的雕塑来进行装饰,这样做可以形成鱼鳍的视觉效果"。①

二　狩猎业

夏天捕鱼,冬天江河封冻,渤海人就上山打猎。他们的猎物很广,俄罗斯学者分析了滨海地区渤海遗址中出土的骨头,"得以确定这样一些野生动物的骨骸占据着比较高的比例:狼、狐狸、貉、黑熊、白熊、獾、青鼬、狼獾、虎、野猪、鹿、梅花鹿、马鹿、驼鹿、斑羚、野兔、海狸、远东鼹鼠,以及一些其他小啮齿动物,还有一些禽类。在这些动物中,占优势的是大型有蹄类凶猛的哺乳动物"。② 另外,见于文献记载的还有貂、豹、罴、麝等。狩猎产品也是渤海的主要对外礼物和外贸物资。

---

① 阿勒杰米耶娃:《俄罗斯滨海地区发现的渤海国时期的宗教性建筑》,孙危译,于建华主编《东北亚考古资料译文集》7,北方文物杂志社,2007,第 116 页。

② 沙弗库诺夫等:《渤海国及其俄罗斯远东部落》,第 119 页。

渤海人狩猎有两个主要特点:一是用毒箭;二是用鹰。

渤海人的先世很早就以善用弓箭而闻名,从西周到魏晋,肃慎人向中原政权贡"楛矢石砮"之事史不绝书。在火器出现以前,弓箭始终是最优越的狩猎工具,任何其他的狩猎工具都无法比拟,当然也是肃慎人最重要的谋生之器,十分珍贵,所以才会被作为礼物进献给中原政权。到渤海时期,弓箭仍然是渤海人狩猎最常用的工具,绝大多数渤海遗址、墓葬都有箭镞出土,基本都是铁质(见图4-28、图4-29)。他们沿用其先世勿吉人的做法,在箭上敷毒,制成毒箭以提高杀伤力。

图4-28 渤海上京遗址出土的铁箭镞

资料来源:《渤海上京城》,图版二一一3、4。

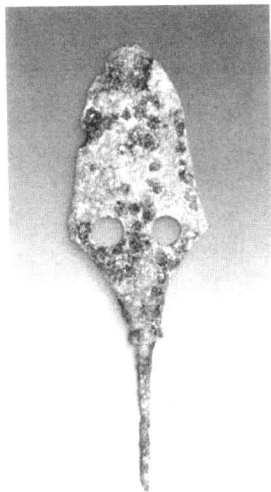

图4-29 宁安虹鳟鱼场渤海墓地出土的铁箭镞

资料来源:黑龙江省文物考古研究所编著《宁安虹鳟鱼场——1992~1995年度渤海墓地考古发掘报告》,文物出版社,2009,图版一六五3。

古代黑龙江东部地区产一种鹰，俗名海东青，体型虽不大，却极劲健，能捕天鹅等大型禽类，"大者力能制鹿"，[1] 当然更能捕捉野兔等小型动物。肃慎族系可能很早就使用海东青捕猎。密山新开流遗址[2]出土过 1 件骨雕鹰首，一般认为就是海东青（见图 4 - 30）。1993 年在辽宁省朝阳市的一座唐墓中出土男、女 2 件石俑，其中的男俑手臂立一鸟，据考证就是海东青（见图 4 - 31）。姜念思认为此俑的族属为粟末靺鞨，[3] 而粟末靺鞨正是渤海国的主体民族。海东青是渤海人狩猎的得力助手。因为极钟爱这种鹰，所以渤海人常把它作为向唐王朝朝贡的贡品（见表 4 - 1）。

图 4 - 30　新开流遗址出土的骨雕鹰首

资料来源：首都博物馆、黑龙江省博物馆编《白山·黑水·海东青——纪念金中都建都 860 周年特展》，文物出版社，2013，第 97 页。

图 4 - 31　手执海东青的靺鞨石俑

资料来源：《白山·黑水·海东青——纪念金中都建都 860 周年特展》，第 145 页。

---

[1]　西清：《黑龙江外记》，第 87 页。

[2]　比较普遍的观点是认为该遗址为肃慎先世的遗存，但也有人持否定意见，笔者暂且遵从多数人的意见。

[3]　姜念思：《辽宁朝阳市黄河路唐墓出土靺鞨石俑考》，《考古》2005 年第 10 期。

表4-1　渤海国向唐王朝贡鹰情况一览

时间	使者姓名	朝贡对象	资料来源
开元十年（722）	味勃计	唐	《册府元龟》卷九七一《外臣部》
开元十七年（729）		唐	《册府元龟》卷九七一《外臣部》
开元二十五年（737）	公伯计	唐	《册府元龟》卷九七一《外臣部》
开元二十七年（739）	大勖进	唐	《册府元龟》卷九七一《外臣部》
开元二十九年（741）		唐	《册府元龟》卷九七一《外臣部》
天宝八载（749）		唐	《册府元龟》卷九七一《外臣部》
天宝九载（750）		唐	《册府元龟》卷九七一《外臣部》
大历十二年（777）		唐	《册府元龟》卷九七二《外臣部》
元和九年（814）		唐	《册府元龟》卷九七一《外臣部》

直到清初，海东青仍是这一带的主要特产，要作为贡品贡给皇帝，用于皇家狩猎取乐。清初，"辽以东皆产鹰，而宁古塔犹多，设鹰把势十八名，每年十月后即打鹰，总以得海东青为主。海东青者，鹰品之最贵者也，纯白为上，白而杂他毛者次之……得海东青后，杂他鹰遣官送内务府，或朝廷遣大人自取之"。[1] 宁古塔正是渤海国的核心上京地区，这也从另一个角度证明鹰在渤海人狩猎生活中的重要性。

三　采集业

与其他行业相比，采集业不需要付出太多的体力，也不要求什么技术，妇女、儿童也能承担，收获却不小，所以也是渤海人经济生活中的一部分。见于记载的采集物主要有中药和食物两大类。

中药类首先是人参。人参为贵重药材，是渤海的重要土特产。除自用外，人参还作为向中原政权的贡品和对日贸易的输出品。如739年，渤海使团一次就输到日本30斤人参，[2] 可见，渤海的人参采集量很大。

考古发掘还发现了渤海人挖人参的工具。在俄罗斯滨海地区南部的尼古拉耶夫斯克2号、新戈尔杰耶夫卡等渤海遗址中出土了8件用动物肋骨制作的挖人参的小棒（见图4-32），"它们是扁平的，稍有弯弧，在其中一些小棒的末端上部有直径0.3厘米的悬挂孔。工作的一端被削尖或被用得稍钝。

① 杨宾：《柳边纪略》卷三《龙江三纪》，黑龙江人民出版社，1985，第90~91页。
② 藤原继绳等：《续日本纪》卷十三，经济杂志社，明治30年（1897），第222页。

通长 13~34 厘米，宽 0.9~1.7 厘米，厚 0.1~0.5 厘米，表面被磨光"。①

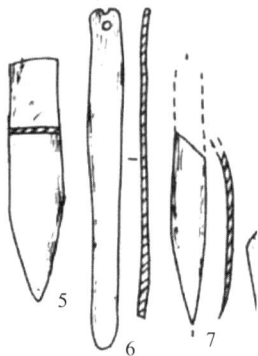

图 4-32　俄罗斯滨海地区渤海遗址中出土的用动物肋骨制作的挖人参的小棒
资料来源：列先科、鲍尔金：《滨海地区渤海遗存中的骨器和角器》，车霁虹译，杨志军主编《东北亚考古资料译文集·渤海专号》，第 137 页，图一 5、6、7。

见于记载的药材还有昆布和白附子。如后唐天成元年（926），渤海向后唐贡"儿口、女口各三人，人参、昆布、白附子及虎皮"② 等。昆布是海带的一种，"为多年生大型褐藻海带科植物"，有"软坚散结，消痰利水"之功效，③ 渤海的南京南海府沿海一带所产者为最优，号称"南海之昆布"。据考证，南海府所在的今朝鲜咸镜道东海沿岸盛产昆布，④ 足见史载不误。

食物类有松子和蜂蜜。后唐同光三年（925），渤海给后唐的贡品中就有松子。⑤ 渤海地区盛产松子，上京地区直到清初仍极多，价甚贱，"银六钱买一大斗，然食者少，不甚买也"。⑥ 739 年，渤海给日本的礼物中就有"蜜三斛"。⑦ 那时，渤海还没有人工饲养蜂蜜，这些蜂蜜应当是采集的野生蜂蜜。

以上是见于记载的，没有见于记载的应当更多，除野菜、野果外，渤海人还在海边采集潮水冲上来的贝类。如在上京宫城遗址中发现了一些海蚌壳，它们中有些装饰了颜料，一些较厚的被加工成相对规整的块状，有些还

① 列先科、鲍尔金：《滨海地区渤海遗存中的骨器和角器》，车霁虹译，杨志军主编《东北亚考古资料译文集·渤海专号》，第 137 页。
② 王钦若：《册府元龟》卷九百七十二《外臣部》，第 11421 页。
③ 吕广振：《中药学》，山东科学技术出版社，2007，第 174 页。
④ 郑永振、李东辉、尹玄哲：《渤海史论》，吉林文史出版社，2011，第 164 页。
⑤ 王钦若：《册府元龟》卷九百七十二《外臣部》，第 11421 页。
⑥ 杨宾：《柳边纪略》卷三，第 89 页。
⑦ 藤原继绳等：《续日本纪》卷十三，第 156 页。

可见到有钻孔的痕迹（见图4－33）。① 颜料和钻孔说明它们是被当成饰品了。渤海人一物多用，采集到海蚌后将肉吃掉，再用壳做饰品。看来，在渤海人的采集物中有海蚌是没有问题的。

图4－33　渤海上京宫城遗址中发现的海蚌壳

资料来源：《渤海上京城》，图版二一九5。

第四节　畜牧业

畜牧业也是渤海国经济的重要组成部分。与其以农业为主的经济相适应，畜牧业是分散的、小规模的家庭饲养，不像蒙古草原地区那样的大规模游牧。现在已知的渤海人驯养的家畜、家禽有猪、马、牛、羊、鹿、狗、鸡、鸭等。

一　养猪

善养猪是通古斯族系的一大特征，渤海人当然也不例外，养猪是他们最主要的家庭副业。尤其西部鄭颉府所产之猪品质最好，号称"鄭颉之猪"，是渤海著名的土特产之一。

考古发掘证明，猪是渤海人最主要的家畜。在俄罗斯滨海地区南部的新戈尔杰耶夫斯科耶村落址和新戈尔杰耶夫斯克城址、尼古拉耶夫斯克2号城址等渤海遗址中，"出土的家畜骨骸中猪骨占有优势。新戈尔杰耶夫斯科耶村落址中，猪骨在家畜中所占的比例达到了67.9%，新戈尔杰耶夫斯克城址中，猪骨所占的比例为63.3%。在尼古拉耶夫斯克2号城址中，猪骨所占的比

---

① 《渤海上京城》，第224页。

例约为 42.4%"。① 渤海的自然条件适宜于养猪业的发展,不需特殊的饲料和开支,牧草随处都是,所以养猪最多。靺鞨人养猪已不是三头五头零星饲养,而是采取了大规模群牧的方式。文献对此也有反映。《旧唐书·靺鞨传》载,"靺鞨,盖肃慎之地……其畜宜猪,富人至数百口"。猪肉是靺鞨人日常的食物。在俄罗斯远东地区的靺鞨②遗址中,"所有房址中均无例外地发现了大量的猪骨,这些猪骸一般都是在室内沿墙的木案上、住房之间的肉窖中、半穴式房屋的壁龛里和古墓中盛食物的容器中"。③ 这也进一步表明猪是靺鞨人普遍饲养的家畜,在他们的经济生活中占有重要地位。

猪还被渤海人广泛用于祭祀。渤海人的先世挹娄人在死后"交木作小椁,杀猪积其上,以为死者之粮"。④ 渤海人继承了这一习俗。在俄罗斯滨海地区的新戈尔杰耶夫斯克等地的渤海遗址中,"埋葬有猪头,大概具有宗教性质。不排除渤海人同高句丽人一样,把猪视为生殖力的象征,与祭祀用畜有关"。⑤

二 养马

渤海人长于养马,培养出著名的"率宾之马"。率宾即率宾府,在今绥芬河流域,渤海时这里产良马。渤海人养马很普遍,当然不止率宾一府。军队要用马来装备骑兵,民间用马来骑乘、用马服力役,还可以食马肉、用马皮,所以马在渤海国处处皆有。在阿什河下游黄家崴子靺鞨遗址出土了"人骨架及马、猪、狗及少量鼠类骨骼。以马骨为最多"。⑥ 在俄罗斯滨海地区"所有已发掘过的渤海遗存中均出土有马骨,在新戈尔杰耶夫斯科耶村落址,出土的马骨占所有家畜总量的 6.5%;在新戈尔杰耶夫斯克城址,马骨所占的比例为 10.2%;在尼古拉耶夫斯克 2 号城址的下层堆积中,马骨所占的比例为 13.7%;在该城址的上层堆积中,马骨所占的比例为 15.6%;在马里亚

---

① 阿尔德米耶娃、鲍尔金、沙弗库诺夫、列谢科:《渤海时代滨海地区居民的物质文化(上)》,宋玉彬译,《东北亚历史与考古信息》1996 年第 1 期。
② 俄罗斯学界所说的靺鞨与我国学界有所不同,我国学界的靺鞨仅指隋唐时期肃慎族系诸族,俄罗斯学界的靺鞨则还包括南北朝时的勿吉甚至两汉时的挹娄。
③ 杰烈维扬科:《黑龙江沿岸的部落》,第 52 页。
④ 杜佑:《通典》卷一百八十六《边防二·东夷下·挹娄》,第 2623 页。
⑤ 阿尔德米耶娃、鲍尔金、沙弗库诺夫、列谢科:《渤海时代滨海地区居民的物质文化(上)》,宋玉彬译,《东北亚历史与考古信息》1996 年第 1 期。
⑥ 干志耿:《靺鞨族及黑龙江流域的靺鞨遗存》,《北方文物》1985 年第 1 期。

诺夫斯克城址，马骨所占的比例为 22.5% 。上述材料表明，马肉曾被食用，屠宰的主要是成年、老年马匹。这一点多半可以证明，马这种家畜被广泛地运用于经济、军事领域"。[1]

渤海的马体质好，为中原地区所贵，所以还是献给中原政权的贡品和对中原贸易的大宗商品。武王大武艺时期两次朝唐，各贡马三十匹。[2] 渤海国灭亡后，东丹国又向后唐贡马十匹，向南唐贡马二百匹。契丹人也很喜欢渤海的马，命东丹国每年贡马一千匹。[3] 唐割据山东一带的李正己"货市渤海名马，岁岁不绝"。[4]

考古发掘还让我们看到了渤海马的大致形象。在黑龙江宁安东宁县团结村、吉林省吉林市杨屯、俄罗斯滨海地区都出土过渤海铜马、陶马等（见图4-34、图4-35、图4-36）。"马的形象是长颈、短足、长脸、竖耳，类似今日鄂伦春人饲养的马。它适于穿密林，过草甸，和蒙古草原上的高大健壮的马种不一样。"[5] 可能是因为渤海境内多山，所以才培养出这种适于山地的矮种马。

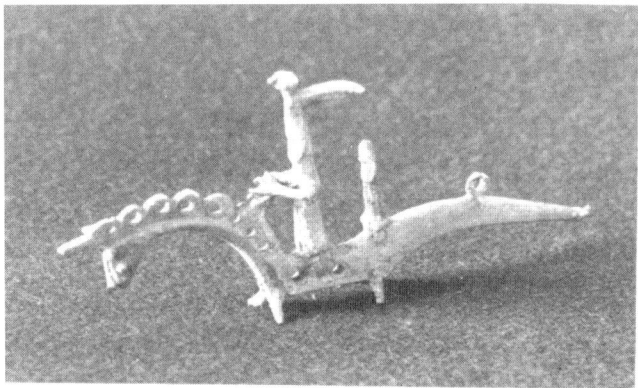

图 4 - 34　俄罗斯滨海地区奥西诺夫卡渤海遗址出土的铜质马形象

资料来源：吉林省地方志编撰委员会：《吉林省志文物志》卷首图，吉林人民出版社，1991。

---

[1] 沙弗库诺夫等：《渤海国及其俄罗斯远东部落》，第 116 ~ 117 页。
[2] 王钦若：《册府元龟》卷九百七十一《外臣部》，第 11408 页。
[3] 叶隆礼撰《契丹国志》卷十四《诸王传·东丹王》，第 150 页。
[4] 刘昫：《旧唐书》卷一百二十四《李正己传》，第 3535 页。
[5] 张泰湘：《黑龙江古代简志》，第 91 页。

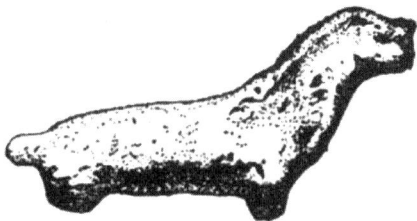

图 4 - 35　俄罗斯滨海地区奥西诺夫卡遗址出土的陶马

资料来源：奥克拉德尼科夫：《滨海遥远的过去》，第 230 页。

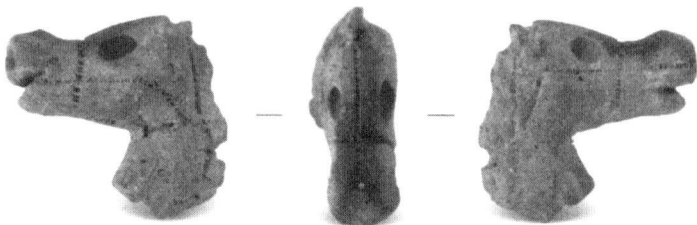

图 4 - 36　俄罗斯滨海地区克拉斯基诺城址出土的陶马首

资料来源：《俄罗斯滨海边疆区渤海文物集粹》，第 150 页。

马还被肃慎族系赋予了一定的宗教意义。考古发掘表明，靺鞨人用马头作为献给死者的祭品。黑龙江左岸俄罗斯奈费尔德遗址大体相当于勿吉晚期到靺鞨时期。俄罗斯考古工作者发现，"悼亡宴有两种类型：一种在墓穴内，一种在古代的地面上。有时在坟墓上面或墓穴底上放置马或野猪的颅骨"。[①]文献也印证了这一情况。《旧唐书·靺鞨传》载，靺鞨人死后，"杀所乘马于尸前设祭"。之所以会有这样的习俗，必然是因为马在靺鞨人的生活中有着重要意义。

三　养牛

牛也是渤海人的主要家畜之一。文献上并没有渤海人养牛的直接证据，但有间接的反映。夫余人"以六畜名官，有马加、牛加、狗加……有军事宜祭天，杀牛，以蹄占其吉凶"。[②] 可见，牛在夫余人的生活中占有重要地位。渤海国占据了夫余故地，渤海人中也有很多来源于夫余，所以渤海当然也应该有牛。

---

① 涅斯捷罗夫：《早期中世纪时代阿穆尔河沿岸地区的民族》，王德厚译，杨志军主编《东北亚考古资料译文集》5，第 99 页。

② 范晔：《后汉书》卷八十五《东夷列传·夫余》，中华书局，1965，第 2811 页。

考古资料证明了这一点。在俄罗斯滨海地区渤海遗址中出土了不少牛骨，"在新戈尔杰耶夫斯科耶村落址出土的骨骼中，牛骨占所有家畜数量的11.8%；在尼古拉耶夫斯克 2 号城址的下层堆积中，牛骨占家畜数量的16%；在该城址的上层堆积中，牛骨的比例已经达到 19.6%；新戈尔杰耶夫斯克耶村落址的渤海堆积层中，牛骨占的比例达到 29.3%；在马里亚诺夫斯克城址，牛骨所占的比例增长到为 37.5%"。牛骨中既有幼年和半成年个体，也有成年和老年个体，说明渤海人养牛的目的有两个：一是宰杀食肉；二是用来从事拉车、拉犁等劳动。但未成年体的牛骨占的比例越来越小，如在尼古拉耶夫斯克 2 号城址，渤海前期未成年体的牛骨占 42.3%，到晚期则降到32.2%。[1] 这说明渤海人逐渐侧重于使用牛来劳动，而不是宰杀食肉。牛在渤海人的生活中起着一定作用，在上京城遗址中出土的一件玉牛，即是艺术源于生活的反映（见图 4 - 37）。

图 4 - 37 渤海上京城遗址出土的玉牛
资料来源：现存于牡丹江师范学院博物馆。

如上文所述，在上京城遗址还发现了牛蹄铁，这进一步证明养牛有力役的目的。不过，总的来说，牛在渤海人生活中似乎不如在汉族等农业民族生活中重要，渤海人对力役的需求主要还是靠马。

---

[1] 沙弗库诺夫等：《渤海国及其俄罗斯远东部落》，第 116 页。

四 养羊

肃慎族系本不养羊，南北朝的勿吉"多猪，无羊"。[1] 有学者认为，蒙古语和满语中羊都称为"浩尼"，羊是南北朝以后由西部地区传入东部肃慎族系地区的，当地本来无羊，所以在引入羊时，连其名称也一并引入了。[2] 这种通过语言学来判定事物传播途径的方法值得肯定。朝鲜语的情况也证明了这一点：朝鲜人很早就开始饲养牛、鸡、猪，而马和羊是后来由中国传入的，所以朝鲜语中牛、鸡、猪的发音与汉语不同，马和羊则相同。

渤海有羊是可以肯定的，因为在渤海遗址发现了羊骨，但羊的数量很少，如在俄罗斯滨海地区尼古拉耶夫斯克 2 号城址出土了疑是羊骨的骨片，只占各类家畜骨总量的 0.04%。[3] 当时，整个东北地区北部还没有养羊的习惯，渤海西北方的室韦人"无羊少马"，北方的黑水靺鞨人"畜多豕，无牛羊"。[4] 只有西南部的契丹羊多。这样看来，渤海人极少养羊是完全可能的。认为渤海大量养羊的学者的主要证据，就是陆游《南唐书》卷十八《契丹传》中关于辽代时由渤海遗民构成的东丹国曾与辽一起"持羊三万只、马二百匹"，到南唐出售的记事。其实，以此为证据是有问题的，因为它只是说东丹人与契丹人一同带了三万只羊和二百匹马，并没有说这三万只羊中有多少是东丹人的、多少是契丹人的，可能其中绝大多数羊是契丹人的，也可能羊都是契丹人的，只有马是东丹人带来的。

渤海所在的黑龙江东部地区没有辽阔的草原，气候也比较温润，似乎不太适合养羊，羊传入本地后一直没能有大的发展。到 17 世纪末，作为渤海上京故地的宁古塔地区仍"无羊无骡，即有人带至，亦不能久"。[5]

五 养狗

渤海人也养狗，有的狗被驯养成猎狗，还当成对外交往的礼物。菅原道真《类聚国史》载，823 年四月二十一日，日本淳和天皇"幸神泉苑，试令渤海狗逐鹿，中途而休焉"。这渤海狗就是渤海使团作为礼物送给日

---

① 魏收：《魏书》卷一百《勿吉传》，第 2220 页。
② 张泰湘：《黑龙江古代简志》，第 90 页。
③ 沙弗库诺夫等：《渤海国及其俄罗斯远东部落》，第 118 页。
④ 欧阳修、宋祁：《新唐书》卷二百一十九《北狄列传》，第 6176、6178 页。
⑤ 杨宾：《柳边纪略》卷四《龙江三纪》，第 114 页。

本天皇的。

渤海人养狗还有一个目的是吃肉。渤海人喜欢吃狗肉，考古资料证明了这一点。在俄罗斯尼古拉耶夫斯克 2 号城址一处就出土了属于 246 只狗的 860 块狗骨，占出土家畜骨总量的 25.8％。因为这些狗骨都属于未成年和成年个体，未发现有老年个体，[①] 所以说，这些狗不是自然死亡，而是被人宰杀的。由此可见，渤海人养狗不只是为了看家护院和当作狩猎助手，更主要是为了宰杀吃肉。此外，在俄罗斯一些渤海遗址中还出土了陶狗（见图 4 - 38）。

图 4 - 38　俄罗斯远东杏山渤海村落址出土的陶狗残部

资料说明：《俄罗斯滨海边疆区渤海文物集粹》，第 11 页。

人们常常把自己喜欢的食物当成祭祀时的祭品，以献给神灵或故去的先人，渤海人也是这样。在俄罗斯远东阿波里科索沃渤海遗址中出土了并排放置的三具狗的头骨。沙弗库诺夫先生认为"这三具狗的头骨没有被劈开，显然不是用来提取脑子的。所以可以推测，狗头不是用来食用的，而是用来祭祀神灵以乞求得到优质的皮革"。[②] 这也从另一个侧面证实了渤海人喜欢吃狗肉。现在朝鲜族也有吃狗肉的习俗，这和渤海人喜欢吃狗肉或许有一定的关系，因为渤海国灭亡时，有十几万遗民逃到了高丽，可能是他们把这一习惯传到了高丽。

---

① 沙弗库诺夫等：《渤海国及其俄罗斯远东部落》，第 118 页。
② 沙弗库诺夫：《1996 年对阿波里科索沃村落址的调查》，刘冬冰译，杨志军主编《东北亚考古资料译文集·高句丽、渤海专号》，北方文物杂志社，2001，第 271 页。

有人可能会对这一说法有质疑，因为中原地区很早就有食狗肉之俗，朝鲜此俗更可能是从中原传去的。当然，东亚地区食狗肉的传统并非始于渤海。《周礼》载，周王"食用六谷，膳用六牲"，其下对六牲的解释是"马、牛、羊、豕、犬、鸡"。① 可见周代就有吃狗肉之俗，而且狗与马、牛、羊、猪、鸡并列，同为最高统治者周王的食物。当然并非只有周王才有资格吃狗肉，全民都可以。《史记》载，汉高祖刘邦的勇将樊哙"以屠狗为事"，张守节《史记正义》注曰："时人食狗亦与羊豕同，故樊哙专屠以卖之。"② 这说明秦汉之际，中原地区仍然普遍有食狗肉之俗，人们养狗的目的与养猪、养羊相同。不过这里的"以屠狗为事"，语气稍有不恭，似乎在当时人们的意识中，吃狗肉已经有些不雅了，樊哙屠狗自然也有些不雅。此后，中原汉族人食狗肉者渐少。《齐民要术》关于家畜的饲养只介绍了羊、猪、鸡、鹅、鸭，没有提到狗，说明到南北朝时期，狗已经不再与猪、羊并列，养狗主要不是为吃肉，人们已经大体放弃了食狗肉之俗。而文献中也未见唐以前朝鲜半岛诸民族有食狗肉之俗，所以朝鲜民族此俗不是固有的，也不是从中原地区传去的。

六 养鸡、养鸭

渤海人很可能已开始养鸡。在俄罗斯滨海地区尼克拉耶夫卡城址的渤海文化层中出土了一个公鸡塑像（见图 4-39），"是用橙黄色粘土制作的，已残损了的造型。长长的躯干达 4.6 厘米，尾部向上弯曲；喙钝，向内弯曲"。③ 它是一件艺术品，不能凭它就说渤海人养了鸡，但艺术是生活的反映，如果不是日常生活中存在鸡，怎么可能以鸡为原型塑像呢？另外，与泥塑鸡同时出土的还有猪、马等塑像。渤海确实有猪和马，想必不会仅没有鸡，至少可以说存在有鸡的可能。当时，东北亚地区养鸡已十分普遍，而渤海又与外界交往颇多，引入并饲养鸡完全是情理之中的事。确实，在各处的渤海遗址中没有发现鸡骨，这很可能不是因为渤海没有鸡，而是因为鸡骨太细小，容易腐烂，没有保存下来。

---

① 郑玄：《周礼注疏》，北京大学出版社，1999，第79页。
② 司马迁：《史记》卷九十五《樊郦滕灌列传》，第2651页。
③ 列申科：《滨海地区渤海遗址中的粘土制品》，裴石译，杨志军主编《东北亚考古资料译文集》4，第286页。

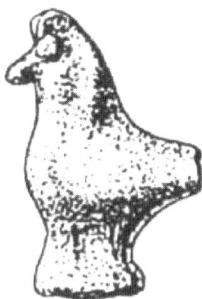

图4-39 俄罗斯滨海地区尼克拉耶夫卡城址出土的公鸡塑像

资料来源：列申科：《滨海地区渤海遗址中的粘土制品》，裴石译，杨志军主编《东北亚考古资料译文集》4，第286页，图三1。

鸭早在新石器到青铜时期就被中国人驯化和饲养了，秦汉时期已经是三大家禽之一，南北朝时期的《齐民要术》中专有养鸭的内容，到唐代时鸭早已进入千家万户。渤海人也可能养鸭。在上京城一处里坊遗址出土了一件陶鸭头（见图4-40），"圆头，扁嘴，圆眼。灰陶质，表面磨光。长6厘米，高2.4厘米"。[①] 这似乎是一件儿童玩具，应该是渤海人熟悉鸭、饲养鸭的反映。

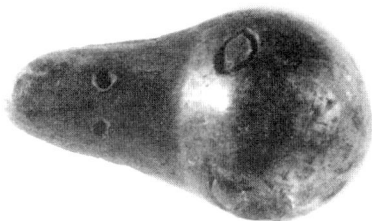

图4-40 上京城遗址出土的陶鸭头

资料来源：《六顶山与渤海镇——唐代渤海国的贵族墓地与都城遗址》，图版73-4。

七 养鹿

如前文所述，笔者赞同陶刚、王清民关于群力岩画的年代不是原始时期而是唐宋时期的说法，并进一步推定其为渤海人的作品。如果这一推定成立，那么说渤海人驯养鹿就无问题。画中共有三头鹿，带角的为公鹿，不带角、颈长腹大的为怀孕的母鹿，轻小的为幼鹿，一幅岩画中共出现四只动

---

① 《六顶山与渤海镇——唐代渤海国的贵族墓地与都城遗址》，第97页。

物，只有一只为鱼鹰，其余三只都是鹿，说明鹿在当时人们生活中占有很重要的地位。最值得注意的是人与幼鹿部分，人张开双臂呈迎接与拥抱状，幼鹿伸颈向前，表现出极亲昵温顺之状，足见该鹿不是野生，而是被人驯养的。可见，鹿和猪、马、牛、羊、狗一样也是当时渤海人饲养的家畜。

鹿的经济价值极高，肉可食，皮可制衣和其他皮革制品，茸是贵重的药材，经驯化后还可提供力役。直到近代，鄂温克人还用鹿拉车和骑乘，渤海人或许也如此。另外，当地的自然环境为渤海人驯养鹿提供了条件。直到清初，原渤海上京地区的宁古塔鹿仍极多，"鹿凡山皆有，若成百成群，三二年乃一至，不知从何来"。[①]

第五节　金属冶炼和金属器制造业

一　铁的冶炼和铁器制造业

在渤海的各遗址遗迹中，普遍出土有大量的铁器。如仅在敦化六顶山一处的 20 座墓葬中，就出土铁器 1596 件。"种类复杂，计有铲、镰、刀、矛、镞、甲片、锼、锁簧、钥匙、碗、盆、镯、带具、车辖、门枢、门鼻、桩、合页、环、铁钩、钉、钉垫、泡、八角形铁片、锥形器、盔顶、铁条等 27 种。有的属生产工具，有的属兵器，有的系生活用具，有的为建筑材料。"[②]可以说，铁已经完全深入渤海社会经济的各个领域。考古资料证明，渤海的这些铁器，不是从境外输入的，其从开采铁矿到器物制造，都是由渤海人自己完成的。也就是说，渤海人已经完全掌握了铁的冶炼和铁器制作技术。

冶铁包含着诸多科学与技术因素。

1. 矿石开采技术

渤海人能够开采呈矿、沙铁矿，以及埋藏在地下岩石中的铁矿。

俄罗斯学者分析了在尼古拉耶夫斯克 2 号城址出土的矿石，认为其化学特征与 60 公里外的新雅罗斯拉夫斯克产的呈矿接近。由于两地的地质构造接近，所以他们推测"尼古拉耶夫斯克 2 号城址附近存在类似于新雅罗斯拉夫斯克矿产地的小的呈矿现象。这样的呈矿现象非常适宜于渤海工匠开采。

---

① 张缙彦：《宁古塔山水记》，黑龙江人民出版社，1984，第 29 页。
② 《六顶山与渤海镇——唐代渤海国的贵族墓地与都城遗址》，第 112 页。

完全可能，渤海的冶金工作者在自己的实际工作中能够利用褐铁矿、铁夕卡岩（变质矿床群），后者是富含铁的磁铁矿"。[1]

渤海国灭亡后，一部分冶铁工匠被辽掠到柳河馆给契丹人冶铁。11世纪末，北宋王曾出使辽国路过柳河馆，见到这些渤海遗民开采铁矿的方法是"就河漉砂石，炼得成铁"。[2] 这是典型的滤取沙铁矿的方法。

铁矿石埋藏在地下岩石中，探寻和开采不易。但古人在长期找矿的过程中，根据地下埋藏矿石对地表植物的影响，以及矿物的伴生现象总结出了一些规律。《管子》就说："山上有赭，其下有铁。山上有铅，其下有银。山上有银，其下有丹……"渤海人也能利用这样的规律，找到埋藏在地下岩石中的铁矿，在吉林省抚松县松郊乡新安村渤海遗址中出土的碎矿石[3]就属这类。

探矿技术的发展使渤海人找到了不少可供开采的铁矿。一般情况下，人们不大可能费时费力地将铁矿石从产地运到别处冶炼，冶铁址应该就是铁矿址，渤海时的冶铁遗址见表4-2所示。

表4-2　渤海冶铁遗址

地点	基本情况	资料来源	备注
吉林省汪清县仲坪乡（今白草沟镇）高城村	东西16米，南北24米，高约0.5米的椭圆形炼铁渣堆积	《吉林省文物志》编委会主编《汪清县文物志》，内部资料，1984，第40~41页	
吉林省和龙县西城乡古城村	遗址东400米沟口处，发现大量炼铁渣，面积达1000平方米	吉林省地方志编纂委员会编纂《吉林省志·文物志》，吉林人民出版社，1991，第64页	今天在该遗址西南30里处有卧龙铁矿
吉林省和龙县东城乡红星村圣教屯	发现大量炼铁渣	郑永振、严长录:《延边古代简史》，延边大学出版社，2000，第85页	
吉林省抚松县松郊乡新安村	东西长30米，堆积厚0.6米左右，土层中夹有大量烧土、铁渣、碎矿石，有的烧结成大块	《中国文物地图集·吉林分册》，第139页	出土了赤铁矿石
吉林省和龙市勇化乡惠章村	面积1000余平方米，地表散布着大量铁渣	《中国文物地图集·吉林分册》，第215页	

---

[1] 沙弗库诺夫等:《渤海国及其俄罗斯远东部落》，第127页。

[2] 叶隆礼撰《契丹国志》卷二十四《王沂公行程录》，第230页。

[3] 国家文物局主编《中国文物地图集·吉林分册》，中国地图出版社，1993，第139页。

地点	基本情况	资料来源	备注
俄罗斯滨海地区尼古拉耶夫斯克	有"熔化铁矿石的迹象"	沙弗库诺夫等：《渤海国及其俄罗斯远东部落》，第119页	距此60公里处，有今天的铁矿
朝鲜咸镜北道茂山郡一带（渤海位城）	文献记载出产优质的"位城之铁"	《新唐书·渤海传》，第6183页	
黑龙江省依兰县一带	可能产铁	史料无明确记载，由《新唐书·渤海传》中"铁利府"的名称推测	这里今天仍有铁矿

2. 冶炼技术

渤海人冶铁仍沿袭勿吉人的生吹法。生吹法在技术上有三个关键，即筑炉、鼓风和添加剂的使用。保存下来的渤海冶铁炉基本形态略具的有二个，一个在俄罗斯滨海地区尼古拉耶夫斯克2号城址；另一个在河北省滦平县白旗乡半砬子东沟村。后者严格地说是辽代的冶铁址，但其从业者都是渤海遗民，反映的是渤海的冶铁技术，单从技术上讲，可以归类为渤海冶铁。

熔炉不能太大，太大则通风不好，炭燃烧不充分，炉温上不来；也不能太小，太小则容纳矿石太少，效率不高。比较适中的规格为直径1米至3米。渤海的冶铁炉正合于这个规格。尼古拉耶夫斯克2号城址的冶铁炉"呈长方形，规格1.3米×3米"。① 河北滦平的冶铁炉"基本为圆形，直径1.9米……炉体残高70厘米"（见图4-41）。炉体的大小绝不是随意为之，而是工匠们根据燃料的火力、通风能力等方面的情况精心设计的，体现了渤海冶铁水平的一个重要方面。

炉体的修筑首先要保温，同时也要考虑到坚固和经济性。渤海人因地制宜，几个方面都有所兼顾。如河北滦平的炉子，"采用的是泥筑法，被当地群众称作'泥拌珠'的草拌泥，为黄土掺草合成，用其砌筑炉体既坚固又保温，既经济又实用"。② 熔炉必须有通风口，以促进燃料燃烧，没有通风口就不能完成冶炼过程。多数情况下，仅有通风口利用自然风还不够，还要人工鼓风。上文提到的两个渤海冶铁炉都有通风口，由于证据缺失，我们尚不能

---

① 阿尔德米耶娃、鲍尔金、沙弗库诺夫、列谢科：《渤海时代滨海地区居民的物质文化（下）》，宋玉彬译，《东北亚历史与考古信息》1996年第2期。

② 阿尔德米耶娃、鲍尔金、沙弗库诺夫、列谢科：《渤海时代滨海地区居民的物质文化（下）》，宋玉彬译，《东北亚历史与考古信息》1996年第2期。

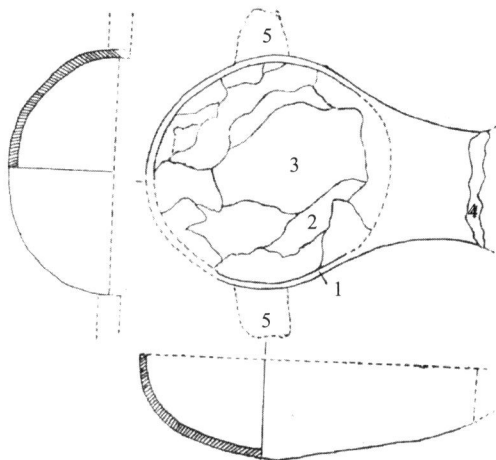

图 4-41　河北滦平辽代渤海冶铁炉示意

资料来源：承德地区文物管理所、滦平县文物管理所：《河北滦平辽代渤海冶
铁遗址调查》，《北方文物》1989 年第 4 期。

确定通风口是自然风还是用鼓风设备鼓风。如果是鼓风，那么渤海的冶铁技
术就又上了一个新台阶。我们不妨设想一下渤海人鼓风的情况。当时还没有
出现木制风箱，鼓风主要用皮囊或水排，水排是水力鼓风机，结构非常复
杂，恐非渤海人小规模冶铁所能利用，况且已知的上述两个遗址都不在河
边，所以渤海工匠应当是用皮囊鼓风。鼓风至关重要，送风强度增加，可使
炉温达到 1200℃，铁水增碳效果得到改善，得到含碳量为 4.3％ 左右的熔融
生铁。这样的铁水可以直接浇铸成铸件或锭块。这就超出了低温生吹法的范
畴，而是生铁冶炼了。

中国古代在冶铁方面有一项世界领先技术，即炼铁时添加石灰做碱性熔
剂。这有助于降低炉渣熔点，提高炼渣的熔化性和流动性，也可以起到一定
的脱硫作用。欧洲直到 16 世纪才开始了解这一技术。渤海人已能够十分熟
练地运用这一技术。从河北滦平的渤海冶铁遗址的炉渣中可以看出，"已经
是按照重量比例，在配料中加进了一定数量的石灰石作为碱性熔剂，起到助
熔和脆硫作用，从而加强了炼渣的熔化和流动性。可以判定，当时的渤海冶
铁匠人不仅对矿石的性能有了一定的科学认识，而且掌握了比较稳定的冶炼
技术"。[①]

----

① 阿尔德米耶娃、鲍尔金、沙弗库诺夫、列谢科：《渤海时代滨海地区居民的物质文化
（下）》，宋玉彬译，《东北亚历史与考古信息》1996 年第 2 期。

渤海之外，唐代黑龙江其他地区也是用这种方式冶铁的。在苏联阿穆尔州布拉戈维申斯克的谢尔盖耶夫卡村，"发现了一座八～九世纪的熔炉。残炉的上面铺有一层碳和一些烧焦了的木块，炉底留有一些矿渣。保留下来的部分是一个焦化了的直径 60 公分、深 16 公分的圆底坑。毁掉的熔炉上部呈桶穴状，不是利用土丘挖成的，就是用某种耐火材料砌成的。铁矿石和燃料被交替地填进炉膛，熔化了的铁水往下流淌，直至凝成熟铁块"。[①]

渤海工匠冶铁还有一个比较独特的工艺，即在熔炉中加入带孔的多面体，以增加通风效果。在俄罗斯滨海地区的若干渤海遗址中出土多个带有直透孔的黏土制多面体（见图 4-42），因其多被发现于熔铁炉坑内、熔渣里和灰烬中，俄罗斯考古工作者推测"它们可能是熔化金属时，为保证空气充分流通而烧制的器物"。[②]

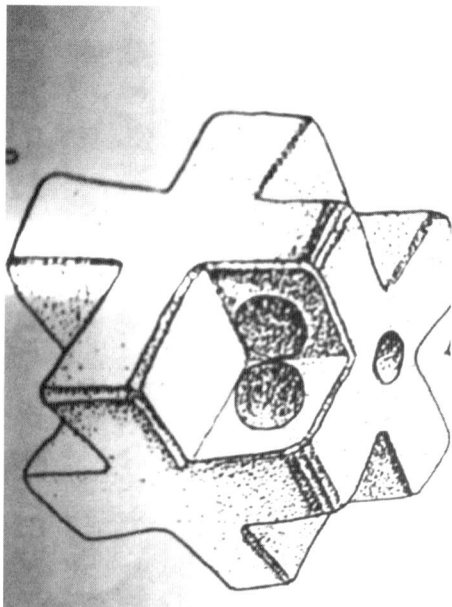

图 4-42　俄罗斯滨海地区渤海遗址出土的黏土制多面体

资料来源：列申科：《滨海地区渤海遗址中的粘土制品》，裘石译，杨志军主编《东北亚考古资料译文集》4，第 284 页，图二 8-9。

---

① 杰烈维扬科：《黑龙江沿岸的部落》，第 61 页。

② 列申科：《滨海地区渤海遗址中的粘土制品》，裘石译，杨志军主编《东北亚考古资料译文集》4，第 284 页。

渤海人不但能冶铁，还能炼钢。宁安虹鳟鱼场渤海墓地出土了若干铁甲片，其中，"铁甲片和铁刀的多部位的观察表明，同一件铁器不同部位的含碳量差异很大。铁甲片93NHM2113（下层）：1横断面A—A面观察为含碳量0.8%高碳铁，纵向断面B—B面观察为0.1%低碳钢+熟铁，铁器整体显然是由0.8%高碳钢和熟铁相叠加锻打而成，低碳区域只是碳扩散过渡区。铁甲片92M2001：2—A—A面观察含碳0.1%—0.2%低碳钢+熟铁，B—B面观察为含碳0.4%—0.5%中碳钢+含碳0.1%低碳钢，说明器物至少采用了中碳钢和熟铁相叠熔合。铁甲片M2113（上层）：23A—A面观察，有含碳量0.8%高碳钢和0.2%低碳钢组织存在，B—B面观察到含碳量0.8%高碳钢和熟铁组织，表明器物由0.8%高碳钢和熟铁锻打结合而成"。[1]

钢是从他处输入的还是渤海人自己冶炼的呢？笔者以为是后者。从渤海人金属冶炼总体水平看，炼钢并非难事。况且，渤海人的先世勿吉人和靺鞨人就能炼钢。在黑龙江省绥滨县四十连遗址出土了少量铁渣，中国冶金史编写组、北京钢铁学院冶金史研究室共同对之进行了岩相学鉴定，鉴定结果为："渣呈气孔状，说明是半熔融状态。此渣含铁较高，可以判定不是冶炼生铁的渣。与黑龙江同仁遗址出土铁渣的鉴定结果比较，此渣是炒钢渣的可能性比较大。"[2] 所谓炒钢，即将生铁炒成半液体半固体状态，并进行搅拌，利用铁矿物或空气中的氧进行脱碳，以达到所需的含碳量，再进行反复多次的加热锻打，挤出渣滓，得到钢材。这可以省去繁难的渗碳工序，使钢的组织更加均匀，打破了长期以来生铁不能转为熟铁的状况。炒钢技术产生在汉代的中原地区，勿吉时期首次出现在东北地区北部。渤海人的先世能够炼钢，积极向唐朝学习、经济繁荣的渤海绝不会倒退到不如其先世的程度，所以说渤海人能够炼钢是完全可能的。

考古学上也有渤海人能够炼钢的直接证据，而且渤海人并非只用炒钢一种方法炼钢。在对宁安虹鳟鱼场渤海墓地出土的铁器进行金相学检验时发现，"铁器所用中、高碳钢非金属夹杂物比较少，为含有少量氧化亚铁的硅酸盐夹杂物，熟铁夹杂物多些，但没有低温冶炼产物的大块不规则形状复相

---

[1] 《宁安虹鳟鱼场——1992～1995年度渤海墓地考古发掘报告》，第571～572页。

[2] 黑龙江省文物考古研究所：《黑龙江省绥滨县四十连遗址发掘报告》，《北方文物》2010年第2期。

夹杂物，也没有炒钢中常见的成簇分布的氧化亚铁硅酸盐夹杂物，有些较大夹杂物出现在两层材料叠加锻打的交界，这类夹杂物可能会在锻打过程中产生。所以，加工铁器所用高碳材料极有可能由生铁块退火得到"。[1] 对上京城出土铁器的金相学检验也表明，"渤海人仍使用铸铁退火的简易方法来获得钢材，只是方式有所不同，是在锻造的同时对小块铸铁进行退火而不是在退火炉中对铸成的器物或型材整体退火。由这一例子推测，其他铁器所用的高碳钢材料亦来源于小的铸铁块"。[2] 这种钢是生铁在氧化下进行退火脱碳，只析出很小的石墨颗粒而成的钢，即固体脱碳钢。

关于渤海的冶铁用什么燃料，从现已发现的渤海冶铁址的遗物上看是木柴或木炭。渤海人已经开始使用煤，在俄罗斯克拉斯基诺一处瓦窑遗址发现了烧过的褐煤块，但在冶铁遗址没有发现煤。[3] 铁矿石熔化为生铁温度须达到1146℃，炼成纯铁也就是钢，温度则须达到1537℃。燃烧木柴或木炭温度达到1146℃并不难，所以冶炼生铁不难，但温度要达到1537℃就不那么容易了。渤海人既然能够炼出较为纯净的铁，说明他们在高炉的保温、炉火的吹风等方面有相当高的技术。

与中原地区相比，渤海的冶铁技术并不高。中原地区几百年前就用上了更为先进的高炉，而他们还在使用比较落后的生吹法，炼钢还采用中原地区已经淘汰的铸铁退火法，但他们的冶铁技术在东北地区是先进的，所以渤海国灭亡后，辽政权还主要役使渤海工匠从事冶铁和铁器制造业。

3. 铁器制造技术

有了铁就可以制造铁器，铁器的制造有锻造和铸造两法，这两个方法的关键技术渤海人都掌握了。

从出土的器物看，渤海人用锻造法相对多一些。锻造法即将在生吹炉得到的海绵铁反复加热锤打，一来挤出废渣，二来使碳渗透均匀，提高硬度和韧性，然后再锤打成所要的器物。渤海人的锻造技艺较高。俄罗斯学者研究了出土的渤海锻造铁器，发现它们"质量相当好，炼渣等夹杂物的含量一般都不大。这大概说明，渤海的锻工有相当的专业水平。他们在制造尺寸很小的锻件时，已经善于正确地选择必需的热能用量。能证明在锻

---

① 《宁安虹鳟鱼场——1992～1995年度渤海墓地考古发掘报告》，第575页。
② 《渤海上京城》，第650页。
③ 沙弗库诺夫等：《渤海国及其俄罗斯远东部落》，第143页。

造过程中由于加热过度而出现的魏氏组织结构的样品，目前一件也没有发现。所有这些，都是证明当时的锻造生产技术水平高的证据"。① 这一评价并非言过其实。渤海人的冶铁技术较中原落后，但铁器锻造技术与中原几乎不相上下。

锻造优质铁器的工艺十分复杂，其中的几个关键工序渤海人都已掌握，这一点可以从其使用的工具中看出来。在俄罗斯新戈尔杰耶夫卡渤海遗址中出土了锻工钳、錾子和锉。锻工钳是用来夹住加热后的铁块，以便进行锤打的工具，锤打是锻造器物的基本工序。錾子是用来割断、挖槽沟或刻划的工具，属器物的细加工用具。"錾子的背面被砸成'铆钉帽'形，这证明它在工作中被频繁地使用"。锉也是用来进行精细加工的，"锉纹是手工錾刻的，齿距相等，均为0.3—0.4毫米"。能制造出这样精细的锉本身就反映了渤海人工艺的高超。另外，不少渤海铁器上都有大小不一的透孔，列尼科夫认为渤海工匠使用了专门的透孔工具——冲子。这也是锻造过程中的一项重要工艺。②

渤海工匠还十分熟练地掌握了淬火技术。淬火是金属器锻造的重要步骤，即将高温中打造的器物放入液体中，使之迅速冷却，能加强硬度，同时保持其韧性。制造不同的器物，用的淬火介质也不同。"分析的结果可以肯定，渤海锻工的热处理工艺已经相当完善。证明在热处理过程中金属加热过度的组织结构目前尚未见到。应当肯定，淬火的方法取决于制品的用途。工匠们选用不同的淬火物质：水、油、油脂或直接在空气中冷却。"③ 渤海工匠对淬火的度把握得也很好。对六顶山遗址出土铁器的金相学研究表明，淬火组织只限于很薄的表层，这样既可以获得坚硬的外表，又不影响内部组织的韧性。④

有时，淬火后还要再回火，渤海工匠也了解这一工艺。宁安虹鳟鱼场出土的一把铁刀就"经过热锻淬火回火"。⑤ 在俄罗斯远东渤海遗址出土的一组

---

① 列尼科夫：《渤海人的黑色金属冶炼业和加工业》，王德厚译，杨志军主编《东北亚考古资料译文集·渤海专号》，北方文物杂志社，1998，第144页。

② 列尼科夫：《渤海人的黑色金属冶炼业和加工业》，王德厚译，杨志军主编《东北亚考古资料译文集·渤海专号》，第145页。

③ 列尼科夫：《渤海人的黑色金属冶炼业和加工业》，王德厚译，杨志军主编《东北亚考古资料译文集·渤海专号》，第146页。

④ 吉林省文物考古研究所、敦化市文物管理所编著《六顶山渤海墓葬——2004～2009年清理发掘报告》，文物出版社，2012，第226页。

⑤ 《宁安虹鳟鱼场——1992～1995年度渤海墓地考古发掘报告》第573页。

铁箭镞经分析也表明，"最后的工序是淬火后又经过高温回火（温度在500℃—700℃）处理"。[1] "六顶山遗址出土铁器锻造后普遍采用淬火回火方法对器物进行热处理，西古城出土铁器中观察到淬火工艺的应用，虹鳟鱼场墓地出土铁刀亦如此处理，渤海上京遗址一些铁器显示出锻打之后具有比较快的冷却速度迹象，因此，热处理已经是经常的技术。"[2]

渤海工匠的熔焊技术也值得一提。在俄罗斯新戈尔杰耶夫卡出土的穿甲镞是用熔焊工艺制造的，焊缝十分严密，"在显微镜下才能看到"。"锻工把铁和钢做成的两个半成品熔焊后，再把它锻成箭头，然后以在空气中慢慢冷却的方式进行硬化处理。这样的过程可称为正火过程，这也是在制品加工规程中可选用的最佳方案。"[3]熔焊在今天也是锻造过程中一项较难的工艺，渤海人能够大体掌握已经很不容易了。

最能体现渤海工匠水平的是刀的锻造（见图4–43）。刀要锋利，就要用硬度高的钢材；而刀又需一定的柔韧性和弹性，以防折断，就要用硬度稍小的熟铁。宁安虹鳟鱼场渤海遗址出土的刀表明，渤海工匠为解决这一矛盾采用了不同含碳量材料叠加锻打的方式，即将硬度高的高碳钢或中碳钢，以及硬度较小的熟铁或低碳钢分别锻打成片状长条，把后者放在上下，前者夹在中间，然后再加热锻打，则刃部坚硬锋利，通体又不乏弹性，完全合乎要求。[4] 直到今天，制作剪刀和菜刀仍然用这一方法。和龙西古城就出土过用这一方法锻造的铁器（见图4–44）。从出土铁刀的腐蚀层厚度及金属核心保存状况来看，一般都具有良好的耐腐蚀性能，足见其工艺设计对于抗腐蚀要求也是比较合理的。

图4–43　俄罗斯滨海地区契而良基诺5号渤海墓地出土的铁刀

资料来源：《俄罗斯滨海边疆区渤海文物集粹》，第51页。

---

[1] 列尼科夫：《渤海人的黑色金属冶炼业和加工业》，王德厚译，杨志军主编《东北亚考古资料译文集·渤海专号》，第147页。

[2] 《六顶山渤海墓葬——2004～2009年清理发掘报告》，第227页。

[3] 列尼科夫：《渤海人的黑色金属冶炼业和加工业》，王德厚译，杨志军主编《东北亚考古资料译文集·渤海专号》，第147页。

[4] 《宁安虹鳟鱼场——1992～1995年度渤海墓地考古发掘报告》，第575页。

图 4 - 44　熟铁与低碳钢叠加锻打的渤海铁钉的金相图

资料来源：《田野考古集粹——吉林省文物考古研究所成立二十五周年纪念》，第 110 页。

除这种叠加锻打法外，古人还常用"生铁淋口"法来使器物同时具有硬度和韧性："凡治地生物，用锄、镈之属，熟铁锻成，熔化生铁淋口，入水淬健，即成刚劲。每锹、锄重一斤者，淋生铁三钱为率，少则不坚，多则过刚而折。"① 高句丽人就是采用这种方法制造铁器的。② 渤海人与高句丽人采用了不同的制造技术，或者说制造习惯不同。这种不同也从另一个角度证明了渤海不是高句丽的继承者。

铸造是把熔化的铁水倒入预先准备好的槽具中来制造器具。铸造因为不需锻打，不用担心在锻打过程中开裂，所以对铁原料的韧性要求不高，用火候不甚高的生铁就可以，制造相对容易些，因而被广泛采用。已经发现的渤海铸铁制品有锅、碗、犁铧、钟、车辖、轮毂等。有些铸件的铸造工艺比较复杂，如锅、铧等。"大概是在可拆卸的模、范中进行的，而铸造过程是用不同的装置分几个阶段完成的。"③

渤海工匠懂得为需要高强度的铸件保留加强筋。在渤海上京城遗址出土

① 宋应星：《天工开物》，第 248 页。

② 贾莹：《高句丽铁器内涵的启示——"生铁淋口"工艺探讨》，中国考古学会编《中国考古学会第十二次年会论文集》，文物出版社，2009，第 184 页。

③ 列尼科夫：《渤海人的黑色金属冶炼业和加工业》，王德厚译，杨志军主编《东北亚考古资料译文集·渤海专号》，第 148 页。

的铁器中，有一件大型铸铁（见图 4 - 45），"残长近 30 厘米，正面锈蚀较为严重但仍然可以辨识出卷曲的拟植物类纹饰的印记，其背面仍保留有明显的铸缝，可能是故意保留作为增加机械强度的加强筋"。[1]

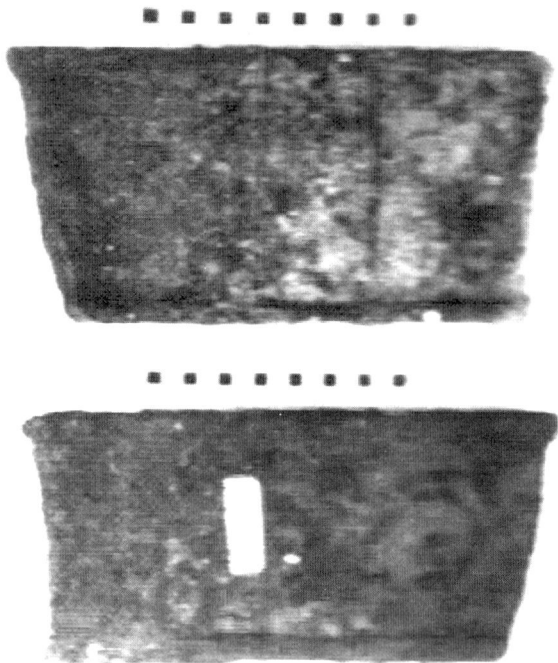

图 4 - 45　渤海上京城遗址出土的带有加强筋的铸件

资料来源：李辰元、李延祥、赵哲夫：《渤海上京城出土金属及冶炼遗物科技分析》，《北方文物》2018 年第 2 期，图版七 4。

渤海工匠对含碳量和含杂质量不同的铁各自的物理性质有较为熟练的把握，能够根据需要冶炼出品质不同的铁，再用不同的方法加工成不同的器物。"总体看来（上京城出土的）铁器物的生产加工原料和处理条件不甚相同，而这些区别明显与不同的几何结构和机械性能需求有直接的关联。"[2]

总之，渤海人已经有了比较成熟的铁冶炼和铁器加工技术。考古工作者对西古城出土的渤海铁钉进行了金相检测和扫描电镜 - X 射线能谱仪检测，

---

[1]　李辰元、李延祥、赵哲夫：《渤海上京城出土金属及冶炼遗物科技分析》，《北方文物》2018 年第 2 期。

[2]　李辰元、李延祥、赵哲夫：《渤海上京城出土金属及冶炼遗物科技分析》，《北方文物》2018 年第 2 期。

其结果可以让我们对渤海的铁工艺有一个大概的了解：（1）冶炼温度不均衡；（2）冶炼所用燃料为木炭；（3）含硅量普遍较高，这与冶炼所用铁矿石中二氧化硅含量、冶炼炉温等条件有直接关系；（4）具有比较成熟的夹钢工艺，可以利用不同含碳量的材料进行叠加锻打，以得到需要的强度和韧性，这也反映出渤海工匠对所采用材料的性能有足够的认识并积累了丰富的经验；（5）具有比较规范的工艺，采用了热加工、渗碳、淬火等工艺，铁钉的工艺与现代 20 钢的热加工和热处理工艺规范已比较接近；（6）所选材料具有较好的锻压比，铁钉多为熟铁和含碳量在 0.1% ~ 0.2% 的低碳钢的锻件，含碳量在这一范围的材料都具有比较好的锻压性能；（7）能炼高强度锰钢。[1]

冶铁和铁器加工是渤海的一个重要行业，渤海国有一支比较庞大的铁工队伍。据统计，渤海国的铁工总数"少说也在四五千人左右"。[2]

从很多渤海铁器与唐朝的同类器物相似或相近看，其技术明显源于唐朝或受到唐朝的影响，这是渤海人积极向唐朝学习的结果。正是如此，渤海国才在该领域有远超出周边其他民族的技术水平，即便是渤海国灭亡后，周边民族发展冶铁业仍然要靠渤海工匠。

二 渤海冶铁和铁器制造技术与高句丽的关系

国外有学者认为，渤海的冶铁和铁器制造技术完全承袭自高句丽。比如，朝鲜学者朱荣宪在他的《渤海文化》一书中，就以铁箭镞为例阐述了这一观点：

从铁箭镞上也可以清楚地看到渤海的遗物是继承高句丽的。当然，高句丽的箭镞和渤海的箭镞之间是有些不同，同时渤海的箭镞改造得比高句丽的箭镞更精练，好用。但箭镞的全貌和高句丽的没有多大差别。

渤海遗迹里出现的九种箭镞，在高句丽的遗迹里几乎都可看到，这一事实就是最好的说明。例如：集安县麻线沟高句丽古墓中出土的窄梃尖状箭镞，形状与渤海箭镞的第一种形状几乎一样；集安城后遗址出土的宽梃尖状箭镞与渤海的第二种形状的箭镞相仿；慈江道中江郡长城里

① 吉林省文物考古研究所、延边朝鲜族自治州文化局、延边朝鲜族自治州博物馆、和龙市博物馆编著《西古城——2000 ~ 2005 年度渤海国中京显德府故址田野考古报告》，文物出版社，2007，第 359 ~ 360 页。
② 魏国忠、朱国忱、郝庆云：《渤海国史》，第 367 页。

的高句丽堆石墓里面出土的凿刃状的箭镞与渤海的第二种形状的箭镞完全一样。特别值得注意的是，像斧刃一样的第四种形状的箭镞，这是高句丽时期大量使用的箭镞的一种。出现这种箭镞的高句丽遗址，有代表性的如：平安南道顺安郡龙宫里、集安麻线沟遗址以及通沟五盔坟的第四号墓等。此外，集安县高句丽遗迹里出土的锥尖状的箭镞、集安城后遗址和民主遗址中出现的毒蛇头状的箭镞以及高句丽遗迹或古墓壁画中见到的带响的箭镞（鸣镝），形状分别和渤海时期的第七、第八、第九种箭镞几乎完全一样。

由此可见，渤海时期的箭镞中，只有第五种形状的三翅箭镞和第六种形状的双刃箭镞，在高句丽时期的遗迹里还没有发现，其余形状的箭镞都是高句丽时期大量使用过的。

但是，渤海时期的三翅箭镞或双刃箭镞与高句丽时期的箭镞，并不是完全没有关系的。其中三翅箭镞虽然还没有发现实物，但在高句丽时期的古墓壁画中可以见到类似的箭镞。而且通沟五盔坟第五号墓的壁画里，守门的将军做拉弓状，那里画的箭镞就是分成三股的箭镞。从这里还可以看出，渤海时期的双刃箭镞，最终也是承袭了高句丽人在箭镞上分几股的兴趣和传统，将其改造成两股。

把渤海时期的箭镞与高句丽的箭镞相比较，虽然几方面进行了改造，但就其全貌来看，可以说几乎是原样承袭了高句丽的。[①]

不错，渤海的一些箭镞在形制上看起来确实与高句丽的一些箭镞有相近的地方，但那是当时整个东北亚甚至整个东亚共同的流行款式，其根源在中原地区，不在高句丽。换句话说，那些样式本是中原地区流行的，高句丽和渤海都是受了中原地区的影响。《渤海文化》一书中所举的那些渤海与高句丽造型相近的箭镞，包括窄铤尖状箭镞、宽铤尖状箭镞、凿刃状的箭镞、斧刃状的箭镞、锥尖状的箭镞、毒蛇头状的箭镞等，都是南北朝到隋唐时期中原地区广泛流行的样式，并非高句丽所独有，而那个"带响的箭镞"就是很早就出现并在北方广大地区流行的鸣镝，亦非高句丽独有。同处在东亚文化

---

① 朱荣宪：《渤海文化》，顾铭学、李云铎译（据 1979 年日本雄山阁出版株式会社版翻译），吉林省考古研究室编《渤海史研究资料》第 2 辑，内部油印本，1981，第 57～59 页。

圈内的渤海和高句丽都有这些相似的箭镞，并不能说明什么。更能说明问题的是，在渤海遗址中常见的真正具有渤海特色的三翅箭镞和双刃箭镞在高句丽遗址中反倒没有发现，足见渤海在文化上与高句丽的关系还没有与中原近。其实，高句丽的冶铁技术最初也是来源于汉族。4~5世纪时，高句丽利用中原分裂战乱之机向西发展，占领了两汉以来一直是辽东地区冶铁中心的辽东郡平郭县，这使其冶铁和铁器制造业水平上了一大台阶。

另外，在铁器制作工艺特点上，也可以看出渤海与高句丽区别明显，缺乏相关性。

在古代，人们在制造铁器时普遍会遇到这样的难题：限于冶炼技术，人们得到的铁要么是含碳量极低（0.5%以下）且渣滓较多的熟铁即块炼铁，要么是含碳量较高（2.5%~5%）的生铁。前者易于锻打成型，但硬度差，容易磨损，不够锋利；后者虽质地坚硬锋利，但性太脆，不易锻打，只能用于铸造。如何才能制造出兼有二者优点，既足够柔韧易于锻打成型，又足够坚硬锋利的钢一样的材料呢？不同的地区、不同的民族采取了不同的方法。在南北朝到隋唐时期的东北亚地区，比较普遍采用的是夹钢法、灌钢法。高句丽工匠处理这一问题采取的是"生铁淋口"法，这一工艺在当时是颇具特色的。

"生铁淋口"一词最早见于明代宋应星的《天工开物》："凡治地生物，用锄、镈之属，熟铁锻成，熔化生铁淋口，入水淬健，即成刚劲。每锹、锄重一斤者，淋生铁三钱为率，少则不坚，多则过刚易折。"[①] 这种方法就是将熔融的生铁擦涂于铁器表面，形成一层致密的高碳层，甚至是生铁融覆层，以获得坚硬的外表和锋利的刃部，同时还保持内部的韧性，不易折断。一般认为，这一工艺最早出现在宋代，但近年来的考古学研究表明，大约自汉代开始，高句丽人就使用这一工艺了。

位于吉林省集安市的高句丽丸都山城出土的铁镞，年代被定为3世纪中期到4世纪中期。该铁镞的金相学研究表明，其"表面形态与现代'生铁淋口'技术生产的铁器表层形态相近"。[②]

位于辽宁桓仁的五女山城出土过一个环形铁器，年代被定为4世纪末5世纪初。该环形铁器"渗碳体+珠光体+莱氏高碳层显然是为了增强表面的

---

① 宋应星：《天工开物》，第248页。
② 贾莹、金旭东、张玉春、于立群：《丸都山城高句丽铁器的金相与工艺》，《文物保护与考古科学》2008年第2期。

强度而施加的，石墨的存在不是单纯的渗碳工艺的产物。器物表面结构的形成应与熔融生铁的表面处理相关"。[1]

有证据表明，高句丽在唐代时仍在使用"生铁淋口"工艺。[2] 所以说，"生铁淋口"是高句丽铁器制造的特色。如果说渤海的铁器制造承袭自高句丽，那么毫无疑问也当使用这一工艺。但由前文可知，渤海工匠处理这一问题采用的是"夹钢"等方法，不使用"生铁淋口"技术。这充分说明渤海的铁器制造技术与高句丽没有明显关系。

当然，不能说高句丽的冶铁和铁器制造技术对渤海完全没有影响。渤海国十五府中的显德、龙原、鸭绿、南海四府为高句丽故地，渤海的国民中也有一部分高句丽遗民，所以高句丽在社会生活的各个方面都对渤海存在影响也是不难理解的。在冶铁领域也存在这样的影响。比如，1980 年在吉林敦化六顶山渤海贵族墓地出土了一把铁刀。[3] 该刀"与高句丽墓葬出土的环首刀，无论是铁质、形状还是锋刃都极为相似"。[4] 但这只是个别现象，不具有普遍意义。

虽然高句丽的冶铁对渤海影响十分有限，但对鲜卑的影响却是明显的。"从鲜卑和高句丽铁器的比较可以看出，出土的高句丽铁器与鲜卑铁器在形制上是相似的；在铁器的使用功能上是相同的，即兵器较多，而工、农具较少。"[5] 这是因为，一方面高句丽与鲜卑的铁器制造技术同来自中原，因而比较相像；另一方面，鲜卑的铁器生产不能满足需要，或者有些地方的鲜卑人不会冶铁，遂大量从高句丽输入铁。双方铁器有诸多相像的地方也就不足为怪。

三　铜和青铜的冶炼与加工

与铁相比，渤海人的铜冶炼和铜器制作技术更成熟。渤海人能炼优质熟铜，自给有余，还输出到唐朝。《册府元龟》载，"文宗开成元年（863）六月，淄青节度使奏：新罗、渤海将到熟铜请不禁断"。[6] 唐朝的铜冶业和其他

① 贾莹：《高句丽铁器内涵的启示——"生铁淋口"工艺探讨》，《中国考古学会第十二次年会论文集》，第 187 页。
② 贾莹：《高句丽铁器内涵的启示——"生铁淋口"工艺探讨》，《中国考古学会第十二次年会论文集》，第 187 页。
③ 吉林省文物志编委会：《敦化市文物志》，内部印刷，1985，第 57 页。
④ 高峰、刘洪秋：《浅析渤海国冶铁业的发展》，《东北史地》2007 年第 2 期。
⑤ 陈建立：《中国古代金属冶铸文明新探》，科学出版社，2014，第 323 页。
⑥ 王钦若等：《册府元龟》卷九百九十九《外臣部·互市》，第 11727 页。

众多行业一样，都代表着东亚最高水平，渤海的铜能在唐朝打开市场，受到唐人的喜爱，足见其冶炼水平不低，产量也相当可观。

在渤海遗址中出土的铜器很多，主要是生活用品、装饰品、建筑构件、宗教用品，有剪刀、镊、带扣、纽扣、簪、耳环、手镯、锅、碗、钵、匙、锁、合页、铃、盒、骑士像、佛像等几十种类型。与铁相比，铜主要用于一些细小物件的制造，兵器和大型农具基本不用铜。

渤海的一个大型铜矿开采和冶炼中心在今吉林省白山市错草顶子乡立新村（原浑江市错草顶子乡夹心岗村）。1984 年，在这一带面积约 10 平方公里的广大范围内，发现散布的冶铜址近百处、巨大的铜渣堆数处及古矿洞多处。考古工作者认为这是一处高句丽、渤海时期的铜矿遗址。① 从有近百处冶铜址这一点看，当时这个铜矿产量很高，应当是渤海铜的主产地。在此遗址以北仅 2 公里处，就是现今的临江铜矿。

在距该遗址不远的临江市六道沟镇冰湖村的山上，考古工作者发现了遍布满山的铜渣堆，并发现冶铜炉、古矿洞多处（见图 4 - 46），推测也是高句丽、渤海时期的铜矿遗址，与立新村遗址应属同一个矿系。

图 4 - 46　吉林省临江市六道沟镇发现的冶铜炉

资料来源：《田野考古集粹——吉林省文物考古研究所成立二十五周年纪念》，第 83 页。

---

① 张殿甲：《鸭绿江中上游高句丽、渤海遗址调查综述》，《北方文物》2000 年第 2 期；另见《中国文物地图集·吉林分册》，第 133 页。

渤海三个独奏州中的铜州，是因州内盛产铜而得名。因为铜很重要，所以渤海国才把铜州列为由中央直辖的独奏州。谭其骧先生把铜州定位在今黑龙江宁安至吉林汪清之间，[①] 这可能有误。铜州应当在有众多冶铜遗址的白山市错草顶子一带。

今天，在吉林省桦甸市、龙井市和朝鲜咸镜南道都有铜矿，这些地方都处在渤海国的腹地，也许渤海人曾开采和冶炼过这些铜矿，只是我们还没有发现其遗址罢了。

渤海的另一个铜冶炼制造中心在今黑龙江东宁大城子一带。这里有一座渤海古城址，有人认为是渤海率宾府遗址。在该遗址出土有铜炼渣，说明这里有铜冶炼业。该遗址出土了大量的铜器，远比一般的渤海遗址多，计有鎏金铜铺首2件、鎏金铜带子婴3件、铜带子婴7件、鎏金铜带子婴垫5件、铜带扣5件、鎏金铜铰链2件、鎏金铜锁1件、铜器盖1件、铜镜1件、铜盒1件、铜佛2个、鎏金舍利铜函1件。[②] 值得注意的是，这里出土了一个圆柱形的红铜铜锭。制造铜器不是用黄铜就是用青铜。铜矿石冶炼出来的铜是红铜，红铜质地较软，又缺乏韧性，只有加入锌变成黄铜，或加入锡变成青铜，才经得起锻打，才能制成各种器物。就是说，铜器生产工艺流程是这样的：铜矿石经过冶炼成为红铜，红铜加入锌或锡制成黄铜或青铜，然后再打造或铸造铜器。红铜的发现，说明大城子遗址的工艺流程很完整。这证明大城子确是渤海国集冶炼、加工制造于一体的铜业中心之一。

铜的熔点是1083℃，比铁低得多。即使使用木柴或木炭为燃料，将铜溶化成液态也比较容易，所以制造铜器多采用铸造的方式。在渤海上京龙泉府宫城出土了2个用于熔化铜的陶质坩埚（见图4-47），其中1个里面还有1块熔铜。[③] 熔化了的铜汁被倒入模具中，从而铸出铜器。这种模具在渤海遗址中也有发现。在黑龙江省海林市三道河子乡河口村的渤海遗址中出土了1个陶质模具，长13.2厘米、宽5.6厘米、厚4厘米。推测是铜牌饰或带饰的模具。[④] 另外，据沙弗库诺夫先生的研究，渤海工匠在铸造薄片形的牌饰时还使用了蜡范技术。[⑤] 已发现的渤海铜器做工精细、表面光滑，说明渤海人

① 谭其骧主编《中国历史地图集》第5册，中国地图出版社，1982，第78~79页。
② 张泰湘：《大城子古城调查记》，《文物资料丛刊》第4辑。
③ 黑龙江省文物考古研究所：《渤海上京宫城内房址发掘简报》，《北方文物》1987年1期。
④ 《河口与振兴——牡丹江莲花水库发掘报告（一）》，第50页。
⑤ 沙弗库诺夫等：《渤海国及其俄罗斯远东部落》，第138页。

的铜器制造技术已很成熟（见图 4 - 48）。

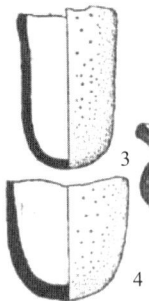

图 4 - 47 上京龙泉府宫城出土的陶质坩埚

资料来源：黑龙江省文物考古研究所：《渤海上京宫城内房址发掘简报》，《北方文物》1987 年 1 期，图五 3、4。

图 4 - 48 上京城遗址出土的铜质建筑饰件

资料来源：《渤海上京城》，图版三〇七 1。

　　渤海的青铜器制造业也很发达。青铜一般是在铜里面加锡、铅制造而成的。青铜不仅像黄铜一样有韧性，而且硬度也比较高。渤海人一般用青铜来制作一些装饰品或宗教使用的细小物件，如牌饰、带銙、手镯、簪、钗、耳环、带钩、佛像等（见图 4 - 49）。

　　渤海的青铜器除了含铜、锡、铅外，还含有锑、砷、铋、钴及其他一些元素，这是因为渤海的青铜器是由多金属矿石炼取的。"多金属矿石是包括

图 4 - 49　海林市三道河子渤海遗址中出土的铜牌饰或带饰的陶质模具
资料说明:《河口与振兴——牡丹江莲花水库发掘报告（一）》,图版一九 4。

滨海地区、朝鲜、日本在内的整个太平洋地区的矿体特点。这种青铜器的优
点在于,它天然的熔点较低,并有一定的防锈性能,锑、砷含量使铜具有防
锈性。"① 在俄罗斯滨海地区的新戈尔杰耶夫斯克城址中,出土了有金属痕迹
的坩埚,这个坩埚容量很小,小于 7 立方厘米,符合渤海人用青铜铸细小物
件的特点。此外,还发现了炼渣和小浇桶等冶炼青铜的器物。②

制造青铜器需要锡。俄罗斯远东地区锡矿丰富,现在正在开采的锡矿就
有 35 处。古代人也在这里开采锡矿。在滨海地区蚂蚁河河口遗址铁器时代
前期的房址中,就出土有锡块。③ 渤海的锡可能也来自这里。

四　金银的冶炼与加工

渤海的金器出土不少,种类有钵、带具、耳环、龙首形饰物、金花饰件、
指环等。这些金制品有的是从他处输入的,有的则是渤海人自己制作的。

渤海人是否已经开采金矿、冶炼黄金,考古发掘目前还没能提供确切的
证据。但从渤海所处的地理环境和所拥有的金属冶炼技术上看是完全可能
的。在今吉林省桦甸市到靖宇县一带有一个范围很广、又埋藏浅的金矿带。
清末,韩边外招集数万人在此挖金,建立了高度自治的黄金王国数十年。渤
海时,这里当属中京显德府,正是渤海腹地。另外,在今黑龙江省勃利县黑
背地方也有易于开采的浅金矿,这里也在渤海国境内。渤海国境内有这么丰
富的金矿,以渤海人的探矿和开采技术（这一点从其冶铁业和冶铜业可知）,
开采利用是完全可能的。那么为什么没有发现渤海人冶炼黄金的遗址遗迹

---

① 沙弗库诺夫等:《渤海国及其俄罗斯远东部落》,第 136 页。
② 沙弗库诺夫等:《渤海国及其俄罗斯远东部落》,第 139 页。
③ 小岛芳孝:《渤海的产业和物流》,陈国庆译,杨志军主编《东北亚考古资料译文集》4,
　第 134 页。

呢？这可能是因为与铁、铜的冶炼相比，金的冶炼规模太小，炼渣等弃物也少，不大容易被发现。当然，这只是一种推测，事实如何还需要考古发掘来证明。

渤海的金器制作水平很高，能够制作出十分精美的器物。如1971年，在吉林和龙县八家子镇河南村的墓葬中出土了金带、金带扣、金钗、金耳环及其他饰件共计近300件。这些器物做工都较精细，就连镶在带具或刀鞘上的很小的金花饰件都做得十分仔细，有多种花样，如桃形、花形、盾形、云纹形、漫丘形等。而最能代表渤海金器制作水平的则是1988年在上京城遗址出土的一尊小型金观音菩萨像。这尊菩萨像为立式，双脚站在莲花托上，眉目清晰生动，头顶发髻，身上内着"僧祇支"，外披袈裟，内衣外衣层次清楚，连袈裟的褶纹都条条可辨，左手还提着一只长穗净水瓶。如此复杂的人物形象却只有5厘米高，加上下面的莲花托也不过7厘米，足见其做工之精细。另外，1992年在赤峰耶律羽之墓出土了大量金银器，有五瓣花形金杯、圆口花瓣腹金杯、圆形嵌松石金戒指、金花银渣斗、金花银碗、鎏金錾花银盘、鎏金錾花银盒等多件，造型精美，令人叹为观止（见图4-50）。此墓虽是辽代墓葬，但耶律羽之掌东丹国实权多年，他的用物应为东丹国渤海遗民工匠所造，或者可能就是原渤海国宫廷之物，总之是出自渤海工匠之手。

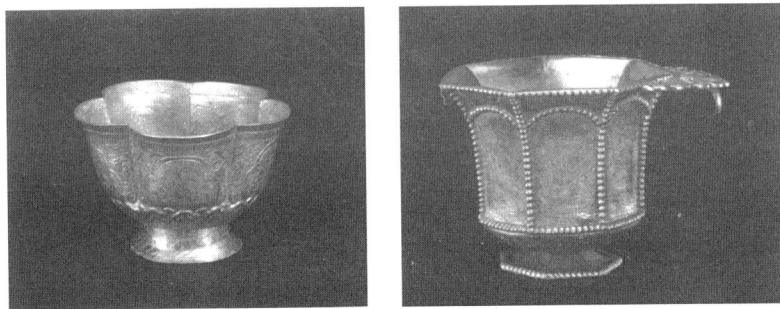

图4-50 耶律羽之墓出土的五瓣花形金杯和鎏金錾花银把杯

资料来源：内蒙古文物考古研究所、赤峰市博物馆、阿鲁科尔沁旗文物管理所：《辽耶律羽之墓发掘简报》，《文物》1996年第1期。

许多金银器和细小的铜器、青铜器是铸造的。在俄罗斯滨海地区新戈尔杰耶夫斯克城址出土不少陶质坩埚，口径为2厘米到5厘米，深为1厘米到6厘米（见图4-51）。这样小的坩埚只能是用来铸造细小的金银器和铜器、青铜器的。

图 4 - 51　俄罗斯滨海地区戈尔巴特卡城址出土的陶质坩埚

资料来源：《俄罗斯滨海边疆区渤海文物集粹》，第 210、211 页。

渤海人擅长鎏金技术。在渤海遗址和墓葬中出土过很多鎏金的铜器（见图 4 - 52）和银器，主要是各种首饰和装饰用的小配件。鎏金不但可以使器物更加光亮美观，还能防止氧化生锈，延长使用寿命，是金属器物制造的一项重要技术。

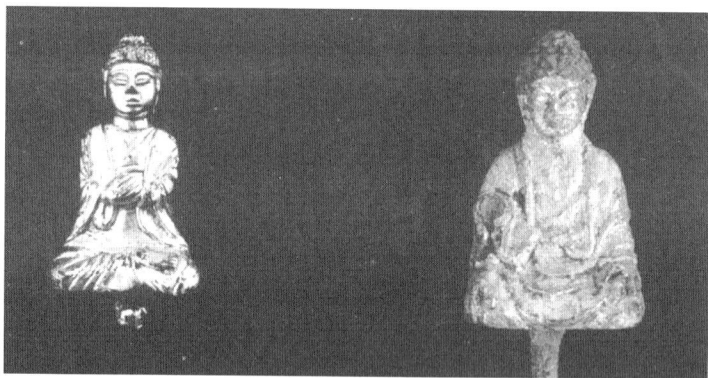

图 4 - 52　渤海鎏金铜佛像

资料来源：《考古黑龙江》，第 180 页。

渤海人银器制造的水平很高，出土的银器既有簪、耳环以及其他小饰物，也有金花银碗、鎏金錾花银把杯、鎏金錾花银盘等做工复杂精美的银器。渤海人还向唐献过"金银佛像各一"，[①] 想来工艺也一定不低。尤其值得

---

① 王钦若：《册府元龟》卷九百七十一《外臣部·朝贡四》，第 11471 页。

一提的是，在上京龙泉府遗址出土的舍利函里的两个银盒（见图 4 - 53）。其中一个银盒桶状方形，高 8.5 厘米，盒有盖，用合页连接在盒身上，盖用一个不足 3 厘米长的十分小巧精致的六棱形小银锁锁着。这样细小精致的锁，没有高超的技术是加工不出来的。银盒的盒盖和四壁都刻着形象生动的人物、花饰等纹饰。在这个银盒里面又装着一个更加小巧的桃状银盒。[①] 这两个银盒充分展示了渤海人银器制作技术的高超。

图 4 - 53　上京龙泉府出土的舍利函银盒

资料来源：黑龙江省渤海上京博物馆：《渤海上京文荟》第 5 期，2000 年 8 月 16 日。

　　渤海人制作银器用的银也是渤海自产的。辽有银州，为产银之地，"本渤海富州，太祖以银冶更名"。其下辖之新兴县 "本故越喜国地，渤海置银冶，尝置银州",[②] 说明富州是渤海国的产银之地。怀远府应在今俄罗斯滨海地区，富州属怀远府，但具体地点无法确定。朴时亨先生认为："今滨海州达利涅列琴斯克及其他地区有很多朱锡、白腊（朱锡和铝的合金）铅、锌等有色金属的合金矿，却未见银矿的传闻。那么，渤海怀远府富州的银或许指

---

①　宁安县文物管理所、渤海镇公社土台子大队：《黑龙江省宁安县出土的舍利函》，《文物资料丛刊》2，文物出版社，1978。
②　脱脱等：《辽史》卷四十《地理志二》，第 469 页。

的不是银，而指这些有色金属，或者当时曾开发过一定的银，但以后开采完后无存，或失传至今再未发现，无从知晓。"[1] 笔者认为，朴时亨先生的后一种说法可能是合理的，即渤海、辽时该矿矿石被开采完毕，所以现在没有了。富州的银矿可能是浅层小矿，储量不大，经过渤海人和辽人多年的开采后枯竭了，所以现在无存。

渤海人还掌握了金银平脱技术。他们不但用金银制造各种用具，还用金银来装饰其他器物。在上京龙泉府遗址出土的舍利函里有一个漆匣，上面的图案就是用银平脱技术镶上去的（见图4-54）。虽然匣大部分已朽坏，但银平脱花纹仍清晰可辨，非常精美。金银平脱工艺的流程为：在木器或竹器上涂漆，把用金银丝、片制成的花纹图案镶入漆层里，上面再涂漆覆盖，然后打磨漆面，就露出了金银丝、片构成的图案。这种纹饰漂亮且耐久，是手工业中的一项重要技术，渤海人显然熟练地掌握了这一技术。

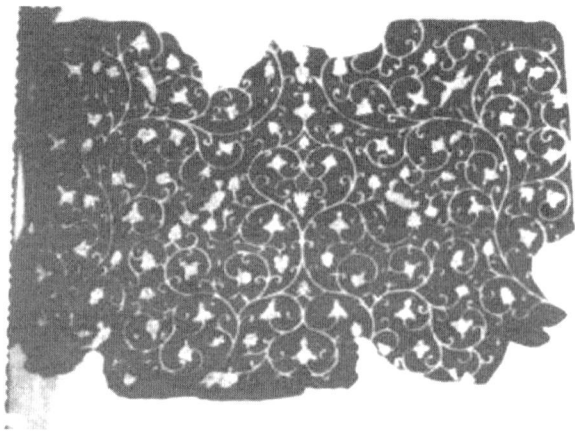

图4-54　上京遗址出土漆匣的银平脱花纹

资料来源：朱国忱、金太顺、李砚铁：《渤海故都》，第579页，图82。

第六节　窑业

在已发掘的渤海遗址、墓葬中，出土最多的物品都是陶瓷器物。人们的

---

① 朴时亨：《渤海史》，平壤：金日成综合大学出版社，1979，第212页。

日常生活离不开碗、碟等用品，好的建筑物又都离不开瓦和砖，所以窑业是与渤海人日常生活息息相关的重要手工业。

一 无釉陶

现在所见的渤海陶器绝大部分都是无釉陶，有砖、瓦等建筑材料，有砚台等文化用品，有佛像、鼎等宗教和祭祀用品，最多的是人们日常生活中常用的碗、盘、盆、锅、缸、勺、罐、钵等，还有网坠、纺轮、坩埚、模具等工具。可以说，涵盖了社会生活的各个方面。

先谈谈瓦和砖。

瓦和砖也属陶器，它们的烧制过程和其他陶器一样。已经发现的渤海瓦窑比陶窑多，有吉林珲春甩湾子、图们新兴洞、长白民主、俄罗斯滨海地区克拉斯基诺、黑龙江省宁安市杏山乡梁家村等6处，而且规模也大。其中规模最大的是牡丹江右岸的梁家村，从这里顺牡丹江东北行15公里就是上京龙泉府。在这里建窑，显然是为了利用牡丹江水路将烧成的瓦运到上京城。该窑址不是一座窑，而是由十几座窑组成的窑群，窑与窑整齐地排列，间距约1.3米，呈长条形，与近现代手工烧砖瓦的马蹄形窑不同。窑的设计巧妙，建在沙岗的南坡上，利用南低北高的地势，将火口建在低于地面的南面，利于燃烧。"窑室内的烟火分散从三个烟道口进入烟筒，这样即可以使窑内砖瓦烧烤得均匀，又利于通风排烟，使窑内温度保持平均，保证了产品质量。"从出土的遗物看，这个窑群可烧筒、瓦条状瓦、鞍状瓦、轮状莲花瓦、瓦当、长方形砖、圭形砖。另外从出土了一些灰陶片的情况看，该窑群可能也烧制少量的陶器。

据推算，该窑群每窑每次烧制需7~10天，可烧500~600块大型板瓦或相同数量的大型方砖。那么这个窑群一次就可烧至少6000块以上的瓦或砖，这个产量在当时相当可观，上京城所需的瓦和砖无疑就是在这里烧制的（见图4-55）。[1] "该窑年产砖瓦千万块以上，至少需100多劳力分别从事掘土、选料、和泥、制坯、晾晒、着色、挂釉、装窑、看火、出窑、保管及采伐运输燃料等多种工序和作业，应为内部分工精细的大窑场。"[2]

---

[1] 黑龙江省文物考古研究所：《渤海砖瓦窑址发掘报告》，《北方文物》1986年第2期。
[2] 魏国忠、朱国忱：《论渤海经济》，《学习与探索》1984年第2期。

图 4 - 55 渤海上京城出土的宝相花纹砖

资料来源:《考古黑龙江》,第 179 页。

在这个窑群以北 1.5 公里的牡丹江南岸还有一处窑址,目前还没有进行正式的发掘,初步调查得知,这个窑址面积很大,遗物不仅有砖、瓦,还有大量的陶器残片,可知该窑不但烧制砖、瓦,还烧制陶器。[①]

在俄罗斯克拉斯基诺城址发现的瓦窑,结构与杏山遗址的瓦窑大体一致。通过对出土物品的分析,俄罗斯学者复原了渤海工匠制仰瓦的过程:首先,向瓦的模具中填塞泥条,填满后用木槌打实,这样就制成了瓦坯;接着,在仰瓦瓦坯正面端面上用施纹工具施上花纹,然后将瓦坯从模具上取下,晒干后就可入窑烧制了。[②] 木槌敲打的工艺虽然简单,却十分科学。敲打可以减少成品外表气孔率,瓦均匀且薄,提高了晾干和焙烧的稳定性,使机械收缩率最小化,从而改善其防渗水性、强度和热物理学性能。当时,包括唐朝在内的东亚国家普遍使用这种方法。

渤海工匠还掌握了简单实用的给瓦上不脱落的颜色的技术。比如庙顶的柳瓦,"这种瓦的凸面涂有一层桔绿色的颜料。颜料乃是赭石或者褐铁矿,即铁的天然氧化物。用显微镜观察赭石在瓦上就像漫射入瓦内的细小潜晶质微粒。这种现象是由赭石具有与其他物质相互牢固粘着的特性所决定的。因此,

---

① 朱国忱、金太顺、李砚铁:《渤海旧都》,第 618 页。

② 沙弗库诺夫等:《渤海国及其俄罗斯远东部落》,第 145~146 页。

用不着采取什么特殊方式把颜料固定在瓦上。另外，赭石在纯净状态下并不为水所浸。所以，当搅入赭石的粘土泥浆干涸时，赭石在瓦的表面上才会形成一层薄膜，而且不会为水冲刷掉"。[①]

1980年，在吉林省长白县长白镇民主村发现了一处渤海砖窑址，但破坏严重，窑的形制、结构不清，有待发掘。[②]

从各地渤海遗址发现的大量残砖残瓦看，其类型多样，规格不一，火候很高，坚固耐用，而且全系模制，为批量生产。

再谈谈瓦和砖以外的陶器，也就是一般所说的陶器。各种质地的陶器在社会生活中需要的量很大，所以烧陶器的窑应当很多，但到目前为止，只发现了六道泡和克尔萨克夫卡两处遗址。

六道泡遗址位于吉林省珲春市敬信乡六道泡村，伪满时就被发现，曾被盗掘。1979年，当地文物部门对遗址进行了试掘，发现有陶窑址。[③] 该遗址现已被破坏无存。

克尔萨克夫卡遗址位于俄罗斯滨海地区乌苏里斯克区克尔萨克夫卡村，发现了三处陶窑。其中有一处保存良好，基本是原样，这让我们看到了渤海陶窑的样品。窑由燃烧室（火膛）、焙烧室（窑室）和烟囱三部分组成。三部分沿同一轴线连在一起，制好的陶坯放在焙烧室中，在燃烧室中燃火，掌握好火候，就可以烧制出陶器了。

从技术角度讲，陶器可分为釉陶和无釉陶两种，绝大多数都是无釉陶，所以先谈谈无釉陶。陶器制作大体有三个步骤：配制陶泥、成型和烧制。配制陶泥是一项很有技术含量的工作，不同的配料、不同的搭配比例，烧制出来的陶器质量大不相同。比如，在俄罗斯滨海地区渤海遗址中出土的手制陶器，用岩相学分析了其中的20件，"在制作时分别使用了不同的粘土：有水云母粘土、高岭土、高岭土和水云母混合粘土。陶土中含铁质氧化物乃是这类陶器的共同特点……陶土与硗化剂的比例不尽相同。其中18种样品的粘土含量占70%～80%，有2件60%。硗化剂的相对含量则分别为20%～30%

---

① 瓦西里耶娃：《滨海地区渤海文物资料研究中自然科学方法的运用》，车霁虹译，黄定天校，《北方文物》1997年第2期。

② 吉林省文物志编委会编《长白朝鲜族自治县文物志》，内部资料，1986，第75页。

③ 国家文物局主编《中国文物地图集·吉林分册》，第203页。

和 40% 。陶泥搭配相当准确而稳定，显然下过功夫"。① 这种搭配主要是为了器物的坚固。如果要注重美观则是另一种搭配之法。比如轮制陶器的一种，"陶泥只用一种或两种粘土，没有添加任何硗化剂。通常是高岭土和含有大量（多于6%）氧化铁的水云母粘土。这种陶泥制成的陶器焙烧后，器物表面摸上去使人感到柔和而又光滑"。② 要让器物强度更大，则在陶土中加入石棉，如在朝鲜东海岸渤海遗址出土的陶锅就是这样。③ 焙烧程序也很关键，大体说来，炉温高则烧出来的器物质量好，"渤海工匠在焙烧陶瓦时其窑温可达1100℃（尽管不稳定），在陶器生产中这已经是很高的工艺水平了"。④ 渤海人陶器制作的工艺在一些方面已经达到或接近当时东亚的先进水平。

我国考古工作者对八连城出土的板瓦和筒瓦瓦坯的制作工艺有详细的探究：

> 板瓦的制作工序是先将泥坯铺在表面覆盖麻布的弧形模具之上，泥坯分成两端瓦沿部分和瓦身部分三块……瓦坯成型后与模具剥离，使用刀具在凹面沿两侧边缘直线切割，切割时只切透瓦壁厚度的一半左右，然后掰断，去除多余的泥坯。宽端沿面切成平面，窄端沿面抹成圆弧形，并微向凸面翘起。两端瓦沿用刀具刮去凹面的直角形成斜面……瓦身凸面采用横向刮削、抹平方式进行修整……凹面采用纵向刮削、压磨的方法进行修整……筒瓦的制作工序是先将泥坯铺在表面覆盖麻布的半圆形模具之上，泥坯分为瓦身部分和瓦舌两块……模具的瓦舌一端应有凹缺，瓦舌泥坯放在凹缺位置，其上覆盖瓦身泥坯一次性擀压成型。瓦坯成型后与模具剥离，使用刀具在凹面沿两侧边缘从瓦身的一端向瓦舌直线切割。切割时只切透瓦壁厚度的一半左右，然后掰断，去除多余的泥坯。瓦沿的沿面切成平面，有的还用刀具刮去瓦沿凹面的直角。瓦身

① 季娅科娃：《滨海地区渤海文化的陶器》，林树山、姚凤译，杨志军主编《东北亚考古资料译文集·渤海专号》，第94页。
② 季娅科娃：《滨海地区渤海文化的陶器》，林树山、姚凤译，杨志军主编《东北亚考古资料译文集·渤海专号》。
③ 金宗赫：《朝鲜东海岸一带的渤海平地城和山城》，李云铎译，《东北亚历史与考古信息》2003年第1期。
④ 格尔曼、博尔金、扎利夏克等：《颇具前途的一种方法——克拉斯基诺古城址出土陶瓦的岩相学研究》，林树山、姚凤译，杨志军主编《东北亚考古资料译文集·高句丽、渤海专号》，第296页。

凸面采用纵向刮削、抹平方式进行修整。①

在对渤海遗址的考古发掘中，出土了大量的板瓦和筒瓦（见图 4 – 56、图 4 – 57、图 4 – 58）。

图 4 – 56　渤海的板瓦

资料来源：《八连城——2004～2009 年度渤海国东京城故址田野考古报告》，图版四八 1。

图 4 – 57　渤海的筒瓦

资料来源：《渤海上京城》，图版三二三。

---

① 吉林省文物考古研究所、吉林大学边疆考古研究中心、珲春市文物管理所编著《八连城——2004～2009 年度渤海国东京城故址田野考古报告》，文物出版社，2014，第 306 页。

图 4 – 58　渤海上京城 4 – 1 号宫殿殿顶坍塌堆积

资料来源:《渤海上京城》,图版四 0、1。

　　按俄罗斯学者的分类法,渤海陶器的制作技术可分为手制、慢轮制和快轮制三种。[①] 轮制比手制质量更好,效率更高,由手制到轮制是陶器制造技术的一大飞跃。在长白山以北地区,渤海以前没有轮制陶器,是渤海人把轮制技术传到了这一地区。

二　釉陶

　　釉陶的出现是陶器制作的一大进步,陶器上了釉会大大降低吸水率,也增加了亮度和光滑度,更加美观。釉陶技术的关键是釉原料的选用。不同的釉料烧出来的陶器颜色不同,质量也不同。俄罗斯学者分析了在俄罗斯远东滨海地区出土的渤海釉陶,认为"按照物理、化学性能,所有器物的特点是施两种釉:软性含铅釉和硬性高烧点的长石釉。软性粘土质瓷土焙烧料或普通陶器适宜施前一种釉,硬性瓷土器、细石质瓷土陶器以及半瓷性器物、瓷器适于施后一种釉"。[②] 在釉料中加入铅是釉陶工艺的杰出成就。铅是一种助熔剂,可以降低釉的燃点,便于烧制,还可使釉面增加亮度,平整光滑。这一技术

[①]　季雅科娃:《滨海地区渤海文化的陶器》,林树山、姚风译,杨志军主编《东北亚考古资料译文集·渤海专号》,第 92 页。

[②]　盖尔曼:《渤海的釉陶及瓷器》,宋玉彬译,杨志军主编《东北亚考古资料译文集·渤海专号》,第 121 页。

出现于汉代中原地区，到唐代发展完善，普遍应用，渤海人显然是从唐人那里学到了这一技术。釉料中加铜，烧出来的釉陶为绿色，加铁则为黄褐色或棕红色。已发现的渤海釉陶多为绿色，其釉料中应是加了铜（见图4-59）。此外，渤海工匠还以黑曜石为釉。俄罗斯学者奥夫相尼科夫教授"利用岩石学的特征和带釉物品的化学成分资料，认定渤海工匠制造的釉是用碎小的研磨过的黑曜石制成的，这种不同形状的黑曜石块在许多渤海遗址中经常见到"。①这或许是渤海工匠的创举。

图4-59　渤海上京城出土的釉陶兽头
资料来源：《渤海上京城》，图版一八五2。

釉色的合成和陶器的烧制实质都是化学反应的过程，这说明渤海人有相当的化学知识。虽然他们还不了解这些反应的原理，知其然而不知其所以然，但能熟练地运用，亦属难能可贵。

与无釉陶相比，釉陶更美观、结实、防水性好。渤海的釉陶有两种釉："软质含铅釉、硬质高熔点釉即长石岩釉"。② 在辽饶州遗址就出土有釉陶。③

---

① 瓦西里耶娃：《滨海地区渤海文物资料研究中自然科学方法的运用》，车霁虹译，黄定天校，《北方文物》1997年第2期。

② 阿尔德米耶娃、鲍尔金、沙弗库诺夫、列谢科：《渤海时代滨海地区居民的物质文化（下）》，宋玉彬译，《东北亚历史与考古信息》1996年第2期。

③ 冯永谦、姜念思：《辽代饶州调查记》，《东北考古与历史》1982年第1期。

在今内蒙古阿鲁科尔沁旗罕苏木朝克图山的辽耶律羽之墓，主墓室完全用绿釉琉璃砖砌成。[①] 如上文所述，耶律羽之长期在事实上主政东丹国，所以，其墓的建造出自渤海遗民之手是完全可能的。

釉陶技术的高级阶段是三彩技术。它是用铅氧化物做助熔剂，用含有铜、铁、钴、锰等元素的矿物做着色剂，在窑内高温状态下，熔融的各种金属氧化物扩散流动，彼此混合，形成多彩釉，颜色有率绿、黄、蓝、白、赭、褐等，虽谓三彩，实为多彩。唐代是中国三彩器烧制技术发展的一个高峰。

烧制三彩陶是当时东亚地区的潮流。唐有唐三彩，新罗有新罗三彩，日本有奈良三彩，渤海人也能烧制三彩器。三彩陶要求的材质较高，必须是白色黏土做坯，烧制工艺复杂，对技术水平要求很高。器物泥坯制成后，先"入窑烧至1100℃左右，然后再对陶坯上彩，进行釉烧，烧至900℃即成。釉烧的温度较低，使铅釉中的铜、铁、钴等元素经过烧制而分别出现绿色、黄褐色和蓝色"。[②] 事实上，渤海的三彩陶不只是三色，有紫、褐、绿、黄、蓝、红等多种颜色。[③]

在各地的渤海遗址中发现了不少三彩器。

上京附近三灵4号墓出土的三彩熏香炉，器形优美，"器身盆形，子母口，炉盖为覆盆形，上附宝珠状盖纽，下部三足为兽面、狮爪。盖面上有对称的四处镂空，花纹图案为饱满的莲花纹"。[④] 黄绿釉色明亮，极其精致，是渤海三彩之极品，质地与著名的唐三彩相比也不逊色（见图4-60）。近年来，不少关于渤海的著述都以之为配图，成为渤海文化的标志物之一。

最能体现渤海三彩制作水平的是上京城遗址出土的一口大缸。此缸白胎，虽然胎体较粗疏，但内外所施黄绿釉，今天看来仍然感觉明朗，色彩与唐三彩十分接近。缸的做工和装饰精细，"大口，卷唇，弧腹，器身较矮，腹部两侧各附一横耳，凹底。唇下有横置的麦穗状纹，肩、腹部各有一条附加的装饰带，其上有连续的忍冬纹，约100厘米间隔一朵宝相花纹"。它的规格令人吃惊，上口和底部直径分别是138.5厘米和108厘米，两耳间距离

---

① 内蒙古文物考古研究所赤峰市博物馆、阿鲁科尔沁旗博物馆：《辽耶律羽之墓发掘简报》，《文物》1996年第1期。

② 张泽咸：《唐代工商业》，中国社会科学出版社，1995，第128~129页。

③ 朱国忱、金太顺、李砚铁：《渤海故都》，第436页。

④ 魏国忠、朱国忱、郝庆云：《渤海国史》，第377页。

图 4 - 60 三彩熏香炉

资料来源：现存于黑龙江省文物考古研究所。

更达 140.5 厘米。[①] 如此规格与形制的三彩器为渤海所独有（见图 4 - 61）。在上京城遗址还出土有一个三彩釉陶罐，亦是色彩明亮（见图 4 - 62）。

图 4 - 61 上京城遗址出土的三彩大缸

资料来源：现存于渤海上京遗址博物馆，梁玉多摄。

---

① 《渤海上京城》，第 180 页。

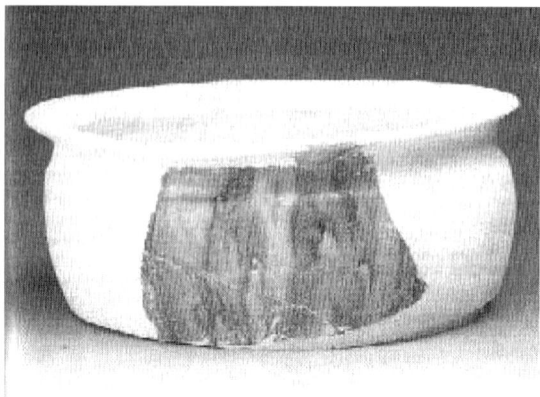

图 4 - 62　上京城遗址出土的三彩釉陶罐

资料来源：黑龙江省文物考古研究所、牡丹江市文物管理站：《渤海国上京龙
泉府遗址 1997 年考古发掘收获》，《北方文物》1999 年第 4 期。

在吉林省和龙市一座渤海时期的墓葬中出土了三彩男俑和三彩女俑，制
作精美，也是渤海三彩陶器的代表（见图 4 - 63）。

图 4 - 63　吉林省和龙市渤海墓葬出土的三彩男俑、三彩女俑

资料来源：吉林省文物考古研究所、延边朝鲜族自治州文物管理委员会办公室：
《吉林和龙市龙海渤海王室墓葬发掘简报》，《考古》2009 年第 6 期，图版拾贰 1、2。

但学界对这些三彩器的来源存在不同的看法。一种意见认为，渤海没有
烧制三彩器的能力，出土的三彩器来自唐朝；[①] 另一种意见认为，渤海人掌握
了三彩器的工艺，发现的三彩器是渤海自己生产的，至少部分如此。如俄罗斯
学者盖尔曼认为，虽然渤海遗址发现的三彩器"在釉色和质地上与唐的三彩非

---

① 李红军：《渤海遗址和墓葬出土的三彩器研究》，《文物研究》1995 年第 10 期。

常相似，但二者还是有差别的，渤海三彩的质地发灰，且釉色不鲜艳，唐的三彩釉色非常鲜艳，且釉药的质地较高。其最大差异在于所使用的土的颜色"。①我国学者冯浩璋则进一步指出，"已发现的渤海釉陶三彩器除少数日用器皿的胎质为白色，釉色鲜艳明亮外，多数都是红胎、红褐胎或夹砂灰白胎，釉色发暗、发黄。其釉色也主要是黄、绿、褐三色，常用则是黄绿或黄褐色，这和唐代中原地区常见的黄、绿、蓝、白釉不同。因此渤海国出土的釉陶三彩器除少数可能为唐代中原地区产品外，多数应该是渤海国本地烧造的"。② 看来，渤海人确已掌握了烧制三彩器的技术，这是渤海人陶器制作技术的一个飞跃。

渤海烧制的三彩器还得到日本上层社会的喜爱，成了对日贸易的输出品。在奈良县高市郡明日香村的坂田寺遗址出土的三彩兽脚以及三彩大盘和壶的碎片等即被视为产自渤海。换句话说，在渤海生产的渤海三彩器以及多种多样的陶器作为交易品被带到了日本，并得到日本贵族和寺院僧人的珍视。③

渤海人的陶器制造技术并没有因渤海国的灭亡而湮没，渤海遗民在这方面对辽代的影响是显而易见的。

莲花纹瓦当是渤海陶器的一大特色，在各主要渤海建筑遗址中都有大量出土（见图4-64），而在辽代饶州这个以渤海遗民为主的城市也发现了几乎完全一样的莲花纹瓦当（见图4-65）。

图4-64 渤海上京龙泉府遗址出土的莲花纹瓦当

资料来源：《六顶山与渤海镇——唐代渤海国的贵族墓地与都城遗址》，图版88。

---

① 铃木靖民、盖尔曼、王勇等：《围绕着渤海的古代东亚之交流的讨论》，杨晶译，杨志军主编《东北亚考古资料译文集》4，第150页。

② 冯浩璋：《唐代渤海国釉陶三彩器初探》，刘晓东主编《渤海国的历史与文化》第2辑，黑龙江人民出版社，2003，第175~176页。

③ 酒寄雅志：《渤海和古代日本——相隔日本海的交流》，郭素美译，梁玉多主编《渤海史论集》，中国文史出版社，2013，第359页。

图 4 - 65 辽代饶州遗址出土的莲花纹瓦当

资料来源:冯永谦、姜念思:《辽代饶州调查记》,《东北考古与历史》1982 年
第 1 期。

渤海的三彩技术可能对辽三彩的出现有很大影响。契丹人本身的陶器
制作技术很低,辽代早期的三彩器应出自渤海遗民之手。饶州遗址就出土
有三彩器,"三彩为黄绿白三色,釉光洁。器形有碗、碟等"。[1] 辽代中期
以后出现了辽三彩。对于辽三彩与渤海三彩的关系,有学者认为,辽三彩是
仿造唐三彩和渤海三彩发展起来的。[2] "渤海的三彩烧制技艺则完全可能伴随
着东丹的西迁而传播到了东京辽阳一带,从而对后来辽中叶三彩工艺的发展
产生直接的影响。"[3] 不过也有不同意见,"从目前的材料看,似乎还不宜下
这样的结论。辽三彩是在辽代后期才兴起的品种,见于纪年辽墓中最早的材
料为内蒙古宁城县萧阊墓,此时距渤海灭亡已近一个半世纪,很难想象三彩
工艺能跨越如此之大的时间缺环而得到传承"。[4] 看来,最终的结论还有待于
进一步研究。

---

[1] 冯永谦、姜念思:《辽代饶州调查记》,《东北考古与历史》1982 年第 1 期。

[2] 李逸友:《略论辽代契丹与汉人墓葬的特征与分期》,《中国考古学会第六次年会论文
集》,文物出版社,1987,第 187 ~ 196 页。

[3] 魏国忠、朱国忱、郝庆云:《渤海国史》,第 379 页。

[4] 彭善国:《试析渤海遗址出土的釉陶和瓷器》,教育部人文社会科学重点研究基地吉林大
学边疆考古研究中心编《边疆考古研究》第 5 辑,科学出版社,2006,第 131 页。

三 瓷器

制瓷工艺是在制陶工艺的基础上发展而来的，但二者之间有重大区别。瓷器的坯料是高岭土、正长石和石英，胎表要施玻璃质的釉，要在1200℃的高温下焙烧。陶器的坯料则宽泛得多，烧制的温度在700～800℃就可以了，最多不过1000℃左右。一句话，瓷器的工艺技术更高。

瓷器在渤海遗址中发现很少，且多是残片（见图4-66、图4-67）。从这些残片上看，其烧制水平不低。如在上京出土的瓷器"虽然都是残片，但从轻净轻柔的白色或清灰色的美丽色彩，涂得很结实的彩釉、质地细腻坚硬等方面来看，是很优秀的瓷器"。[①]学界曾认为渤海不能烧制瓷器，这些瓷器数量不多，可能来自唐朝。不过，综合现有的考古和文献资料，这些瓷器为渤海自制的可能性更大。

图4-66 渤海上京龙泉府遗址出土的瓷碗

资料来源：《渤海上京城》，图版三九三4。

渤海瓷器也有完整的精品，即咸和年款的绞釉葫芦酒瓶，[②]"瓶高24.5厘米，状如葫芦，褐色绞釉，宛如流云绞绕，白胎，有鎏金铜帽，铜帽两侧有穿，圈足，瓶底墨书咸和年款，工艺精巧，造型浑厚优美，堪称渤海瓷器之精品，代表了渤海制瓷的工艺水平"。[③]

到目前为止，确定为渤海烧制瓷器的窑址只发现了一处，即位于朝鲜咸镜南道新蒲市梧梅里的瓷窑址。该窑与陶窑结构差不多，也由火间、窑间、

---

① 朱荣宪：《渤海文化》，顾铭学、李云铎译，《渤海史研究资料》第2辑，第9页。
② 李汝宽：《渤海绞釉葫芦瓶》，《中国青花瓷的源流》，雄山阁，1982，第208页。
③ 王承礼：《中国东北的渤海国与东北亚》，吉林文史出版社，2000，第122页。

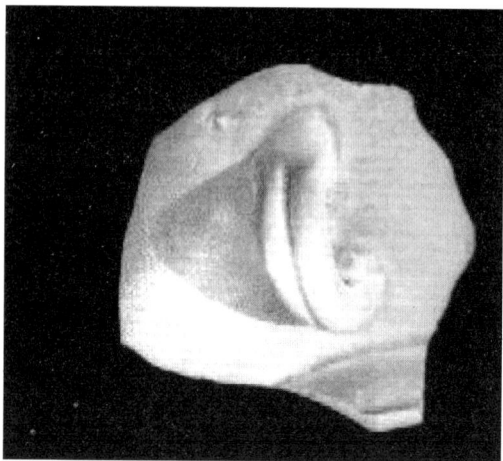

图 4-67　吉林省和龙市西古城渤海遗址出土的青瓷罐残片

资料来源:《西古城——2000~2005 年度渤海国中京显德府故址田野考古报告》,图版五一 4。

烟囱构成,窑壁用石头砌成。朝鲜考古学者金宗赫认为,窑中出土的碟子与不远处佛寺建筑址出土的碟子"在形态、胎土、釉色等方面相同",而该佛寺可以认定为是渤海的,那么,"通过这样的事实,便可知晓梧梅里瓷窑址是在渤海时期构筑的"。[①]如果这个结论是正确的,就在考古学上证明了渤海人掌握了烧制瓷器的技术。

在该窑址出土的一个瓷质大碗的口沿上有三条白线纹,这三条白线是镶嵌上去的。另又出土一个瓷瓶底部残片,上有无数镶嵌上去的小点儿。这说明渤海工匠已经掌握了瓷器的镶嵌技术,纠正了学界过去认为镶嵌瓷器为高丽时期生产的错误见解。[②]

不过,也有学者认为梧梅里发现的瓷窑址可能是高丽时期的,不是渤海时期的,[③] 这种可能性确实存在。由于资料所限,目前只能存疑。

还有一则广为人知的文献史料与渤海瓷器有关。《杜阳杂编》卷下载,唐武宗会昌元年,"渤海进玛瑙柜、紫瓷盆……紫瓷盆,量容半斛,内外通莹,其色纯紫,厚可寸余,举之则若鸿毛。上嘉其光洁,遂处于仙台秘府,

---

[①]　金宗赫:《朝鲜东海岸一带的渤海陶瓷窑址》,《东北亚历史与考古信息》2003 年第 1 期。
[②]　金宗赫:《朝鲜东海岸一带的渤海陶瓷窑址》,《东北亚历史与考古信息》2003 年第 1 期。
[③]　彭善国:《试析渤海遗址出土的釉陶和瓷器》,《边疆考古研究》第 5 辑,第 129 页。

以和药饵。后三才人掷玉环，误缺其半菽，上犹叹息久之"。[1] 这则记事显然有夸大的成分，因为在当时，即使是制瓷业技术水平最高的唐朝也不能造出这样的器皿，所以这个记事只是个"灵异物品的传奇"，[2] 不能以之为据。但渤海人进贡了一个质量较好的紫瓷盆，为唐朝皇帝所喜爱却可能是事实。如果真是那样，则可以肯定渤海人能造瓷器，水平还不可小觑。

综合考量，渤海的瓷器制作技术和产量都很可观，基本可以满足日常生活所需，但高档器物还要靠从唐输入，在渤海的主要遗址遗迹中，唐越州窑、定窑、磁州窑的产品都有发现。

四　渤海陶瓷技术的特点和来源

在生活器具的制造方面，每一个民族都有自己的特点，在彼此交流较少的古代更是如此。所以渤海陶器也间接地显示了渤海民族的来源。

渤海的陶器种类繁多，有重唇敞口深腹罐、横耳器、盘、碗、碟、壶、瓶、钵等好多种。在渤海初期，重唇敞口深腹罐和横耳器更多些，后来逐渐多起来的其他各种器型大多可在中原地区的陶器中找到原型，是学习中原地区的结果，所以这两种器型更多地反映了其来源，下面来重点考察。

渤海早期陶器的代表器型就是重唇敞口深腹罐，以手制夹砂黄褐陶、灰褐陶为主，泥制灰褐陶、灰陶次之，流行在口沿下饰以锯齿形附加堆纹，常见"盘口"。器身素面居多，少量的有刻划纹、弦纹、附加堆纹、压印纹等，一般烧制火候不高（见图 4 - 68、图 4 - 69）。

俄罗斯远东滨海地区的靺鞨族受其他文化影响较小，可视为较纯的靺鞨文化，其陶器的特点是："①除了少数出自于特罗伊查湾的轮制容器以外，遗址中只有手制陶器。②在上述所有遗址中，都存在着口沿下没有饰附加堆纹的容器。③半数以上容器是平唇。④容器的附加堆纹用三种方式形成：捏成闪檐式、在口沿下向外抻出、在口沿下合成辫形的。粘贴的附加堆纹高出口沿边缘 9～11 毫米。在整个收藏品中，用最后一种方法装饰的、截面为圆形的附加堆纹占多数。⑤在少量被装饰的容器中，装饰法是多种多样的，而且用齿状工具压印的压印纹占多数。装饰着附加堆纹的容器也占多数。⑥底部是用统一方

---

① 金毓黻：《渤海国志长编》，《社会科学战线》杂志社，1982，第 74 页。

② 彭善国：《试析渤海遗址出土的釉陶和瓷器》，《边疆考古研究》第 5 辑，第 132 页。

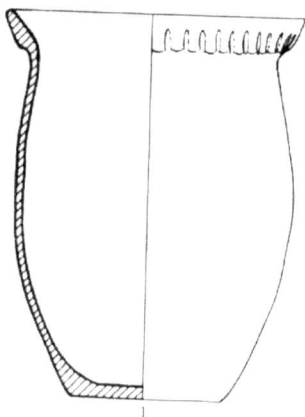

图 4 - 68　黑龙江省海林市兴农渤海城址中出土的陶器

资料来源：黑龙江省文物考古研究所、吉林大学考古学系：《黑龙江省海林市兴农渤海时期城址发掘报告》，《考古》2005 年第 3 期，图一〇一。

图 4 - 69　宁安虹鳟鱼场渤海墓葬中出土的两个陶罐

资料来源：《宁安虹鳟鱼场——1992～1995 年度渤海墓地考古发掘报告》，图版六五 2、3。

法成形的。⑦加工表面使用一致的方法进行加工，其结果是器壁的厚度一样（5～6 毫米）。⑧容器由粘土制作，并掺有小、中等颗粒的稍加碾磨的矿物质硬化料。"① 这与渤海的同类器物非常相似，可以说完全属于一个系统。所以黑龙江考古界将产于靺鞨与渤海的此类罐统称为"靺鞨罐"（见图 4 - 70）。

---

① 比斯卡列娃：《大彼得湾沿岸南部靺鞨遗址的陶器》，孟昭慧译，杨志军主编《东北亚考古资料译文集》6，北方文物杂志社，2006，第 39 页。

图 4 - 70　同仁遗址出土的勿吉—靺鞨时期的陶罐

资料来源：黑龙江省文物考古研究所、中国社会科学院考古研究所：《黑龙江绥滨同仁遗址发掘报告》，《考古学报》2006 年第 1 期，图版 12.3、13.3。

　　俄罗斯学者在对俄罗斯远东滨海地区渤海遗址出土的陶器进行分析后也得出了同样的结论。对渤海考古颇有造诣的季娅科娃在对 8500 件陶器实物进行研究后认为，"渤海文化陶器与靺鞨文化陶器的分类原则是一致的"。她从制作技术上把渤海陶器分为三种，即手制陶器、慢轮修正陶器和轮制陶器，认为约 80% 的手制陶器为"典型的靺鞨式陶器"。[①] 由此可以看出，渤海国的主体民族为靺鞨族无疑。我们同时应看到，渤海陶器也存在横耳罐（见图 4 - 71、图 4 - 72）。而横耳罐是高句丽陶器的特征，这反映了渤海居民构成中有高句丽的因素。在渤海人的来源中，高句丽遗民也是重要的一支，但与靺鞨族相比，显然是次要的。

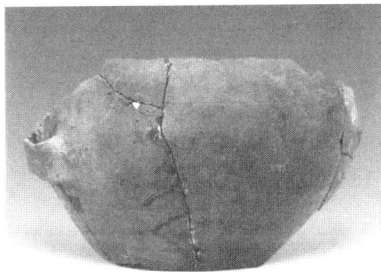

图 4 - 71　宁安虹鳟鱼场出土的横耳罐

资料来源：《宁安虹鳟鱼场——1992~1995 年度渤海墓地考古发掘报告》，图版六六 1。

[①] 朱国忱、朱威：《渤海遗迹》，文物出版社，2002，第 199 页。

图 4 - 72　宁安虹鳟鱼场出土的横耳罐

资料来源：《宁安虹鳟鱼场——1992～1995 年度渤海墓地考古发掘报告》，图
版一〇六 4。

第七节　建筑业

建筑是渤海人创造的物质文明中最辉煌的篇章，从城市规划到建筑材
料，从宫室庙宇到普通民居，各个方面都超过了其先世，取得了令人惊叹的
成绩。

一　城市的规划与设计

高句丽人以善于建造山城而闻名，渤海早期的城堡建筑显然受到了高句
丽山城的影响。东牟山山城、仰脸山城、五峰山山城、城墙砬子山城等渤海
早期山城，从形制到建筑方法，与高句丽山城基本上没有多大区别。山城的
主要功能是军事防御，所以多建在战略要地，依山傍水，规模不大，但非常
坚固。

后来，随着形势的逐渐安定，渤海人转而大规模修建平地城。建筑风格
也由高句丽式转向唐式。平地城除防御意义外，还强调政治、经济和生活作
用，所以更好地反映了渤海的建筑水平。

上京城是渤海建筑成就的突出代表（见图 4 - 73）。该城完全以唐长安城
（见图 4 - 74）为蓝本，不但规模宏大，而且有高度的规划性，总的格局正如
白居易诗中对长安城的描述，"百千家似围棋局，十二街如种菜畦"。全城可
分为外城（郭城）、皇城、宫城三部分。皇城和宫城位于外城北部中间，皇

城在南、宫城在北。这种布局是儒家南面而治思想的反映。

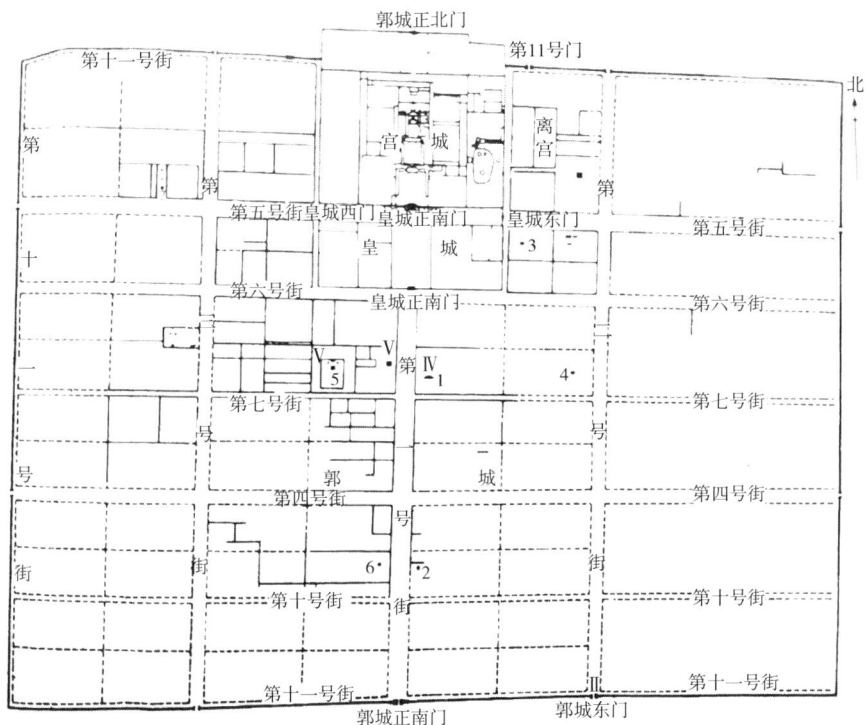

图 4 - 73　渤海上京城平面图

资料来源：赵虹光：《渤海上京城考古》，科学出版社，2012，第 15 页，图一。

外城呈长方形，周长约 32 华里，城墙宽 2 米余，是以夯土为基，用石块和土建造的。东西两墙各 2 道门，南北两墙各 3 道门，共 10 道门，[①] 其中北墙西侧门可能是"水门"。城正中有一条南北走向的大街，相当于唐长安城的朱雀大街，我们暂且也将之称为朱雀大街。全城的街道、里坊、城门都以这条街为中轴对称分布，排列整齐，井然有序，呈棋盘状。所有的街道均宽阔笔直，其中最宽的达 110 米，几乎可与今日北京"第一街"——长安街相比。

皇城是政府各部门衙署的所在地，为横长方形，周长 6 华里。内有 10 处官署建筑，中间是一个大广场。

宫城在皇城和外城北墙之间，是国王办公和居住的场所。周长近 8 华

---

① 事实上外城共 11 道门，但北墙东侧的一道门因为是偏门，一般不计。

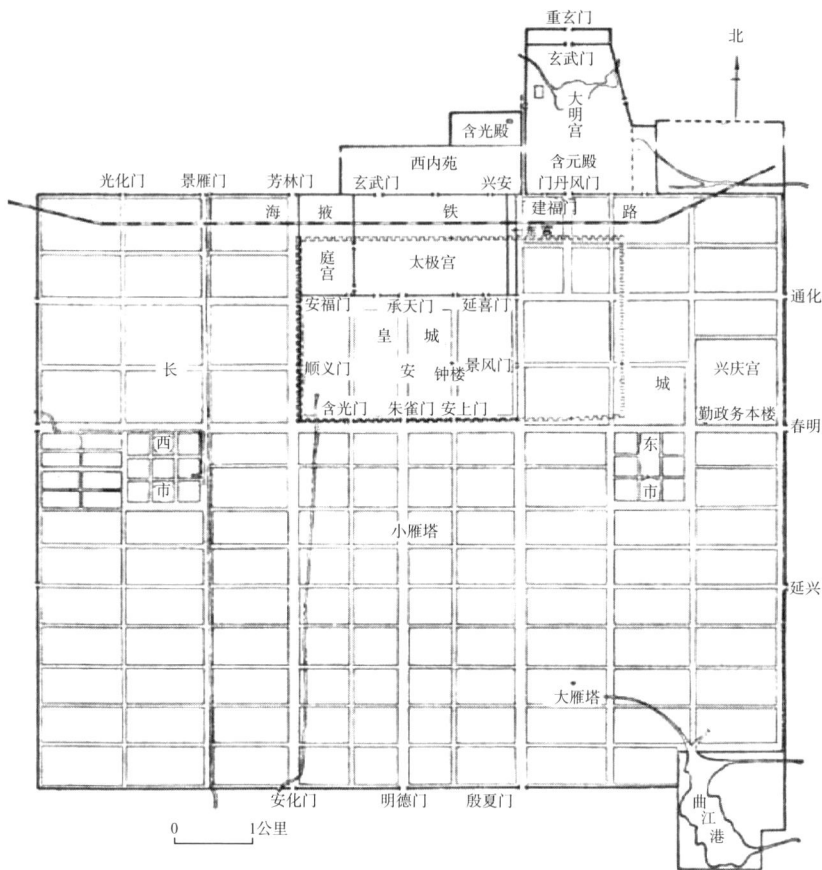

图 4 - 74　唐长安城平面图

资料来源：齐东方：《隋唐考古》，文物出版社，2002，第 15 页，图一。

里，内有水池、假山、宫殿、回廊，彼此交相辉映，构成一幅完美的画卷。

　　渤海人还引入了中原地区的园林设计，宫城中有构思精巧的园林，御花园在"宫城东垣以东，周长约三公里。今存池塘遗迹，面积近 2 万平方米，为一人工湖。池塘东西两侧有假山址，北部有亭榭址，础石仍旧原址存放，附近多黄绿色釉瓦。亭榭原是八角形建筑"。① 园中植树种花，开渠搭桥，放置奇石，在园林这片小天地中再现了大自然的万千气象。园林的出现是当地建筑史上的一件大事，表明建筑设计不仅仅是为了提供居住的房屋，还升华为艺术上的追求。

---

　　① 陈清柏：《唐代渤海国上京龙泉府遗址》，《黑龙江文物丛刊》1981 年创刊号。

渤海上京城虽然比唐长安城少二三十坊，但在东北亚地区绝对称得上是一个大都会。建成一座这样大的城市，并使之正常运转，反映了渤海人的城市设计能力。他们已从讲究单个建筑的质量发展到了单个建筑与城市整体规划相协调的新阶段。

渤海有5京15府62州，下辖数量庞大的县（县名可考者有130多个），境内至少有200余座城。其中，东京龙原府和中京显德府两城的格局与上京龙泉府相似，只是规模小得多（东京龙原府的外部未完工）。其他府城、州城多分为内外两重，呈回字形。在府治一级的城里也有规模宏大的建筑。率宾城里的一个建筑物占地面积竟达350平方米。县城则简单得多，只是一个方形小城。这也和唐制一致。

二 宫殿与寺庙建筑

上京宫城里有五座大殿，各殿的建筑形制一依唐式。大型建筑都建在夯土台基上，金厢斗底槽，高台筑明，且有鸱吻的设置。青瓦和釉瓦铺顶，顶瓦可能是绿边灰心的"剪边"做法。墙外涂泥。内壁和现在一样，涂以白灰。有的白墙上绘有彩色壁画，有的则嵌有花纹砖。屋檐下多设有砖砌散水。宫殿建筑都很高大宏伟，华丽壮观。有一点令人稍感不解：渤海人能烧砖是没有疑问的，但上京的宫殿等大型建筑的墙多是用土坯砌成的（见图4-75）。比较合理的解释是出于保暖方面的考虑，因为砖性凉，而土坯性暖。

图4-75 渤海上京宫城4号殿建筑群所用的土坯

资料来源：《渤海上京城》，图版三一三5。

渤海人懂得对大型建筑物的基础处理。其方法是在地上挖一个大于地面台基的基础坑，坑的深度要超过冬天的冰冻线，以减少强烈寒暑变化对建筑物的影响，一般在1.8~2米。坑内填充石块和沙土，夯实使之成为一个整体。然后在其上筑台基，最后再在台基上修建宫殿或寺宇。这种下大上小的结构有利于重力的分散，大大增强了建筑物的坚固性。这是一个里程碑式的进步，在渤海以前，黑龙江地区的建筑物还没有进行基础处理的。

渤海的宫殿建筑在技术上值得称道之处甚多，这里再举几例。

王宫不仅是渤海国王办公和生活的地方，也是向臣民显示王室神秘威严的地方，为了达到这一效果，渤海人在王宫的设计上下了一番功夫。上京宫城的五座大殿都建在一条主轴线上，从南到北依次为1号殿到5号殿，殿与殿之间的距离越来越小，前庭的宽度也越来越缩窄。"这样一来，相当于每一宫殿前庭东西两个角的回廊，将其北折的部分彼此连接便成为笔直的线，把连接起来的东角的线与连接起来的西角的线至终端合在一起，就形成一个等腰三角形。"[1] 这样的设计，使人向里走时，会感觉到宫殿一直排列到很远，幽深神秘感油然而生。反过来，如果让殿与殿之间的距离越来越大，前庭的宽度也越来越大，可以让人感觉宫殿更加宏伟、华丽，渤海东京八连城的宫殿就是这样设计的（见图4-76）。不但整体结构经过了科学的规划，每一个具体的建筑物也都根据其功能予以科学的设计。比如上京宫城1号殿，是渤海国王处理政事、召见臣下的地方，应当高大庄严，所以设计者将两端的回廊与大殿本身连为一体，看起来就显得大了许多，人站在殿前会感到自己非常渺小（见图4-77）。这自然增加了王权的威严。

渤海人在建筑方面已经从简单地盖房子发展到了考虑整体效果，并且用建筑物营造某种气氛，这是建筑技术的一个升华。

减柱技术。中国古代建筑不论是宫殿、官厅，还是寺庙，多为木结构。木结构的特点是屋顶的重量全由一根根的木柱来承担，这使室内大柱林立，缩小了可用空间，也极大地影响了视线。那么，能不能少用一些柱子呢？能，工匠们常常可减去室内中心位置的若干柱子，称为"减柱"，不过这要经过周密的计算和巧妙的设计，是当时建筑方面的重要技术之一。渤海人就掌握了这一技术。

上京宫城1号殿，"台基上有用熔岩做成的像大块岩石一样雄伟的柱础石。柱础石东西5排，每排12个，但第三排中间缺6个，只在两头各有3个"。[2] 中间缺的6根柱子是有意减掉的（见图4-78）。

---

① 朱荣宪：《关于渤海的建筑》，文一介译，《东北亚历史与考古信息》2004年第2期。
② 朱荣宪：《渤海文化》，顾铭学、李云铎译，《渤海史研究资料》第1辑，第39页。

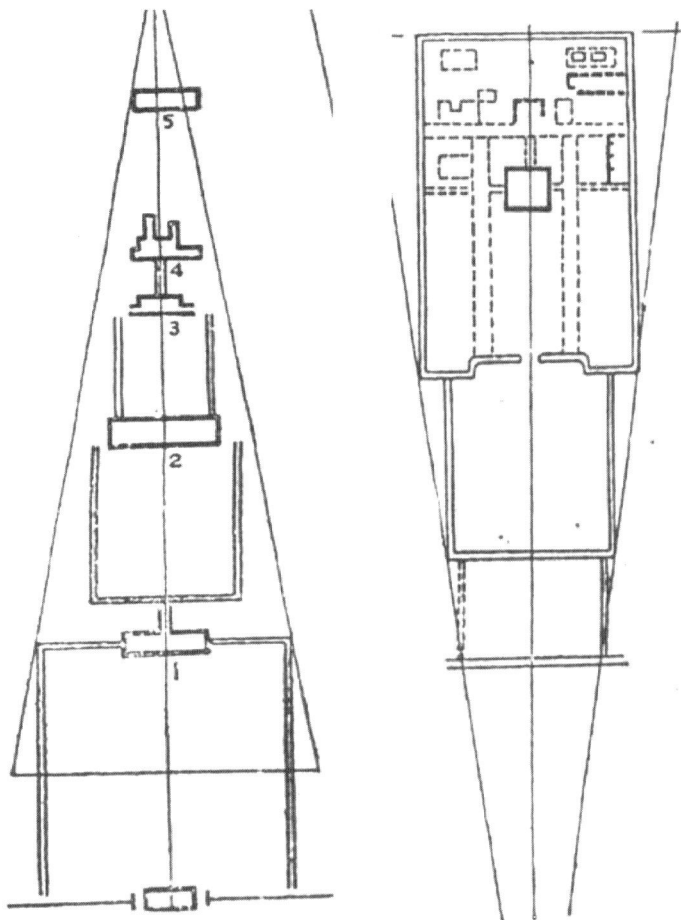

**图 4 - 76　渤海上京宫城五座大殿排列示意图（左）和东京
八连城宫殿排列示意图（右）**

资料来源：朱荣宪：《关于渤海的建筑》，文一介译，《东北亚历史与考古信息》
2004 年第 2 期。

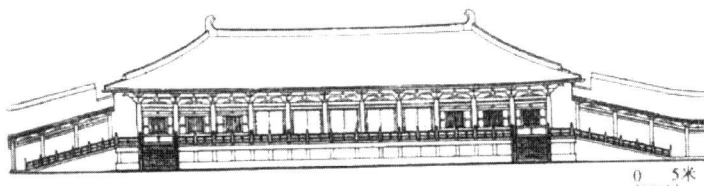

图 4 - 77　渤海上京宫城 1 号殿立面图

资料来源：刘晓东主编《渤海的历史与文化》第 2 辑，2003，第 85 页。

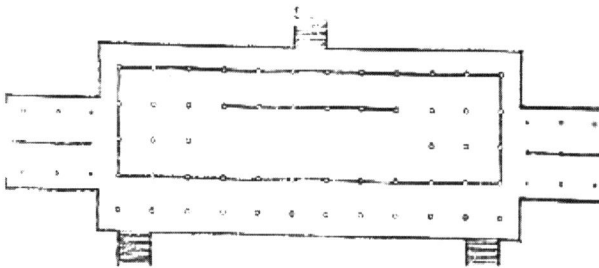

图 4 - 78　渤海上京宫城 1 号殿平面图

资料来源：刘晓东主编《渤海的历史与文化》第 2 辑，第 85 页。

上京城 1 号佛寺的主殿，"东西长 17.9 米，南北宽 14.32 米，里面每隔 3.58 米整齐地放五排柱础石，每排 6 个。只有中间一排当中（这里是佛坛的中心）少两个柱础石。这座殿是用减柱式方法盖成的带套间的建筑"。[①]

上京城 9 号佛寺的主殿基坛上，"28 个柱础石均匀放置。柱础石排成 5 行，每行各有 6 个，只有中行的中心部分缺两块柱础石。因此，此建筑与前面所谈 1 号寺址的正殿一样，是用减柱法构筑的"。[②] 上京城里有一处官厅遗址，"柱础石 5 行，东西 11 个，南北各 5 个，只中间行的第 3 行，仅东西两端有柱础石，其中间则没有……总之，此房屋是：减去中间的那一些柱子，把房屋整个构成一个大筒子间"。[③]

企口技术。现代建筑为了防止构件间发生位移和错动，在构件的衔接处制成凹槽和凸条，使之相互咬合，以增加建筑物的牢固性。在渤海上京宫城南门箭楼遗址上四角的石料就进行了这样的处理。

抢阳。渤海上京城的宫殿并不完全按子午线朝正南，而是略有偏差。据朱国忱先生考证，这并不是因为子午线测得不准，而是有意如此，以便更多地接受阳光，即建筑学上的"抢阳"。

还有些建筑的细节也很有创造性，如用陶制柱围覆盖装饰大殿木柱柱底部分，"这种装饰不仅不见于中国中原地域，就连韩半岛地域也看不到，这是渤海独特的建筑样式。这表明在渤海以前时期，该地域建筑以平面装饰为

---

① 朱荣宪：《渤海文化》，顾铭学、李云铎译，《渤海史研究资料》第 1 辑，第 54 页。

② 朱荣宪：《渤海文化》，顾铭学、李云铎译，《渤海史研究资料》第 1 辑，第 39 页。

③ 朱荣宪：《渤海文化》，顾铭学、李云铎译，《渤海史研究资料》第 1 辑，第 39 页。

主，到渤海时期则向立体雕刻的装饰发展"。①

在中世纪的欧洲，教堂是可以和王公的宫殿媲美的，是当地最高建筑水平的体现。渤海的佛寺也是这样。上京龙泉府的一座佛寺，其主殿的规模仅次于王宫中的两座大殿，是渤海的第三大建筑。它的主殿台基面积达460余平方米。渤海国全国各地还有许多佛寺，其中不乏建筑水平颇高者。如位于今朝鲜咸镜北道明川郡宝村里的改心寺，是由大雄宝殿、寻剑堂、音向阁、观音阁、山神阁等五座殿堂构成的佛教建筑群。各殿阁屋顶均用绿釉瓦，华丽壮观。佛寺建筑有共同的样式：都建在人工修筑的台基上；都是柱廊结构，木质柱下都有础石，础石埋于地下或简单地排列于地表；屋顶盖瓦，屋脊上装饰有雕塑的鸱吻；房檐上悬有铃铛（据说叮当作响的铃声可以吓跑魔鬼）。寺庙看起来都很高大、庄严，气派非凡，绝非低矮的民居能比（见图 4 – 79）。

图 4 – 79　上京城 1 号寺址外观推测复原图

资料来源：李秉建：《北韩的渤海建筑研究成果》，李东源译，梁玉多主编
《渤海史论集》，第 477 页。

宫城里的建筑雄伟高大。据考证，宫城正门的"五凤楼"台基上的箭楼可能高达 20 米，相当于今天六七层楼那么高，这在 1000 多年前实在是令人叹为观止。

渤海宫殿、寺庙的建筑样式完全仿照唐的同类建筑，但其所用建筑材料很有特色。上京城周围有很多火山熔岩（玄武岩）。这种岩石呈黑色，上面有蜂窝状的小孔，是优良的建筑材料。上京城许多大型建筑的台基、望柱、石狮头、础石、石灯、门枢等都是用这种材料制成，既美观又坚固。

除宫殿和寺庙外，渤海还有专门的祭祀性建筑。2011 年，在俄罗斯滨海地区科克沙洛夫卡城址（推定为安边府治所）内发现一个由 7 个东西向建筑

---

① 李秉建：《朝鲜民族主义共和国的渤海建筑研究成果及批判》，李东源译，郑永振、李东辉
主编《渤海史研究》11，延边大学出版社，2009，第 114 页。

构成的建筑群（见图4-80）。7个建筑物大小不等，但结构相同，"在4号建筑物采集了从中国输入的香瓜形青色釉瓷器；从3号建筑物和4号建筑物采集到渤海时期的圆筒形器皿底座。由此推定，4号建筑物是该建筑群的主体建筑，疑为与古代礼仪相关的渤海国祭祀类建筑"。[①]

图4-80　科克沙洛夫卡1平地城渤海国祭祀建筑群全景

资料来源：尹玄哲：《科克沙洛夫卡1平地城首次发现渤海国祭祀建筑物》，郑永振、李东辉、尹玄哲主编《渤海史研究》12，第318页，图1。

渤海人能够用石灰石烧制白灰，其大型建筑普遍使用白灰。涂白灰不但是装饰，还可以灭菌和保温，是渤海较其先世在建筑上的一大进步。另外白灰还是土法炼钢的一种添加剂，渤海人能炼钢，或许也有使用白灰做添加剂。

渤海的大型宫殿类建筑群内还有完善的排水系统。比如东京龙原府宫城内就有5条排水渠，均为石块铺底砌壁、石板封盖的全封闭式暗渠（见图4-81）。[②] 排水系统的出现是渤海建筑史上的一大进步。

正如学者所说："毫无疑问，这一切决非一般的编户民工所能建造，必为专业人员所设计及专业匠人所修建。故知当时在各主要城市已出现专司建筑的行业。"[③]

[①] 尹玄哲：《科克沙洛夫卡1平地城首次发现渤海国祭祀建筑物》，郑永振、李东辉、尹玄哲主编《渤海史研究》12，第317页。

[②] 《八连城——2004~2009年度渤海国东京城故址田野考古报告》，第238页。

[③] 魏国忠、朱国忱：《论渤海经济》，《学习与探索》1984年第2期。

图 4 - 81　东京龙原府宫城 2 号、4 号排水渠

资料来源：《八连城——2004～2009 年度渤海国东京城故址田野考古报告》，图版四十四、四十六。

三　民居建筑

渤海的民居建筑分为地穴、半地穴式房屋、茅屋和瓦房。

渤海人穴居的情况可能与其先世勿吉人差不多。地穴的建法十分简单，在高爽的地面挖一深穴，上排横木，留出出入口，再以厚土覆之，以梯出入。穴底呈方形或三角形，宽度大小不一，较大的达 3 米。这种地穴从外面看像坟墓一样，令见到它的中原人士惊讶不已。地穴尽管形象不佳，避寒却十分有效。不足之处是通风不好，夏天过于闷热。所以穴居者仅冬天住在穴内，春夏秋三季则在地面另建简易的茅屋居住。渤海时期，这种穴居方式仍存在于北部和东北北部的偏远地区。半地穴式房屋的建筑方法稍稍复杂些，须先在朝阳的山坡上向下挖一截面，然后以截面为后墙，再建前面、侧面墙壁和顶盖；也有的是在平地上挖一个 1 米左右深的坑，再在坑沿上修墙盖顶。这种半地穴式房屋修建方便，又冬暖夏凉，所以应用很广（见图 4 - 82）。其共同的特征是"它们的平面均呈长方形，屋角均抹圆；面积平均在 10 平方米左右；房址的地面深入地平面下平均达 1 米；用石头垒成的灶坐落在靠近出口处；在房址地穴基坑的外面经常发现墙壁支柱的柱坑"。[1] 较之全地穴式，半地穴式房屋面积普遍增大了。这种半地穴式房屋不再憋闷，

---

[1]　郭素美：《渤海国历史与文化》，黑龙江人民出版社，2002，第 121 页。

空间扩大了，但还是比较潮湿。为了解决这一问题，渤海人有的将地面和下挖部分的墙壁用火烧过，形成半陶状，大大提高了防潮效果。直到 20 世纪初，这种房屋还在东北地区北部的一些山区存在着，俗称"地窨子"或"地抢子"。

图 4 – 82　细鳞河遗址发掘的渤海半地穴式房址

资料来源：《北方文物》2018 年第 1 期，封二 1。

让我们感到意外的是，在渤海国首都上京城内居然也有大量的穴居和半穴居建筑。这种建筑现在都已埋在了地下，所以很长时期都没有被发现，但近年来在城内现代水渠两侧发现了这种建筑的遗迹，证明其确实存在。① 在拥有大量金碧辉煌的宫殿、庙宇和其他高档建筑的上京城内还有这样落后的建筑确实不大协调，但也是很正常的。上京城内不仅有达官贵人，也有大量的贫民甚至奴隶，他们若是能住在高大宽敞的房屋中才是真的不可思议。这也从另一个侧面反映了渤海社会贫富差别之大。

另一种常见的民居建筑是茅屋。茅屋的室内面积都不大，一般不超过 20 平方米，是普通百姓居住的。其共同特点是有火炕类取暖设施。炕由石板或土坯筑成，多沿房屋的北墙和西墙呈曲尺状，宽度一般为 1～1.5 米，这表明

---

① 朱国忱：《渤海上京城的"市"与市易媒介和人口问题》，郑永振、李东辉、尹玄哲主编《渤海史研究》12，第 245 页。

人是顺烟道而卧的。这和现代民居中的炕不同。现代的火炕宽度都在 1.8 米以上，人是横烟道而卧的。19 世纪初，日本人间宫林藏对他在黑龙江下游地区见到的当地中国人的茅屋有很详细的记载。这种房屋"用方木制成，四面留有门窗，用于取光，并作出入之用。房顶用树皮覆盖，其上再覆以杂草。惧风刮，纵横置木以压之……屋内四周垒炕，外面以石砌成中空，于两端之近门处，从上凿孔修灶，故炊烟不外溢，均经炕洞达屋之四周后从屋之木筒中冒出。因此，严冬积雪季节，屋内亦感温暖"。[1] 这虽说是近千年以后的情况，但在这一千年中，黑龙江地区的茅屋并无质的变化。所以，渤海的茅屋大体也就是这个样子。

地穴、半地穴和茅屋都是普通百姓的住宅。在各京、府、州、县城里居住的贵族官吏住的是宽敞明亮的瓦房。1998 年，在吉林省珲春市英安甩湾子村发现一处长方形石墙瓦顶房址，分左中右三室。因其内部无火炕遗迹，所以可能不是一般的民居，也许是仓库或祠堂。不过，也不排除是采用了其他取暖方式的富有人家的住宅。其确切用途还有待于考古发掘工作的深入才能弄清楚。

瓦房是达官贵人的住宅，其形制大体与宫殿相近，只是要小一些，简陋一些（见图 4-83），在此不再赘述。

图 4-83　渤海上京城西区居住房址外观推测复原图
资料来源：李秉建：《北韩的渤海建筑研究成果》，李东源译，梁玉多主编《渤海史论集》，第 477 页。

值得注意的是上文提到的火炕设施。渤海的住房（包括宫殿）普遍有火炕，有的已经从勿吉时期的单洞为主，发展到以双洞、多洞为主；形状也在曲尺形、U 形基础上增加了长方形。在朝鲜咸镜南道北青郡金山一处渤海建筑址发现两铺火炕，均为双洞。上京城的建筑中很多都有火炕。比如宫城 2

----

① 间宫林藏：《东鞑纪行》，第 25 页。

号殿西廊西侧一座房址分南北两间，南间东、南、北三面墙内壁皆有火炕，南、北炕双洞，东炕单洞；北间火炕位于室内东侧，四洞（见图4-84）。[1]双洞或多洞炕面积大，可供多人坐卧，进一步改善了居住环境。渤海的火炕，至少是较高级建筑的火炕有了室外烟囱的设置，这是火炕技术的一个进步。团结文化的火炕烟道在火炕尽头通过出烟孔直通室外。没有烟囱，容易受到风向和气压的影响，排烟不畅。有了烟囱情况就好多了。据考证，东北地区火炕房屋的烟囱始于高句丽人，渤海人受到了高句丽人的影响。[2]朝鲜北青的渤海火炕还明显设有迎火面刃状的分火石，这可使炕面热度较均匀，也是火炕技术的一大进步。

图4-84　上京城宫城2号殿一座房址的火炕

资料来源：《渤海上京城》，图版三八。

火炕的发明大大增强了人们抵御严寒的能力，可以使人们进一步摆脱穴居，改善了居住条件和卫生条件，减少了疾病，增强了体质，所以火炕是北方民族居住方面里程碑式的进步。

四　二十四块石建筑

国内外学界对渤海史的研究已逾百年，成果丰硕。历史的浓雾被一层一

---

① 赵虹光：《渤海上京城考古》，第28~29页。
② 华阳：《东北地区古代火炕初探》，《北方文物》2004年第1期。

层地拨开，但仍有一些至今未能破解，或未能完全破解的谜团，二十四块石
就是其中之一。

所谓二十四块石，就是在略高于地面的筑台上规则地放置二十四块石。
大石分三行，每行八块，石块间距0.3~1.3米，行距3米左右，石块露出
地面部分的高度为0~0.9米不等。大石基本都是用质地坚硬的火山岩略加
休整而成，一律平整面朝上，并大体在同一高度上。迄今为止，共发现二
十四块石遗址12处：吉林敦化市城郊（敖东城）、官地镇东胜村、林胜乡
海青房、大山嘴子乡腰甸村各一处，图们市月晴乡石建村、马牌村各一
处，黑龙江省宁安市镜泊乡弯沟村、防身沟村、复兴沟各一处，朝鲜咸镜
北道渔郎郡会文里、金策市东兴里各一处，俄罗斯滨海地区乌苏里斯克市
东南的高尔巴特加镇一处。另外，据朝鲜境城地方志《境城邑志》载，青
津市松坪区也曾有过一处，但没有保存下来。各处遗址中大石的排列方
式、间距、用材质地，乃至于加工方式等方面都大体一致（见图4-85、
图4-86）。

图4-85 清理后的敦化江东二十四块石

资料来源：吉林省文物考古研究所、敦化市文物管理所：《吉林敦化市江东、林
胜"二十四块石"遗迹的调查和发掘》，《考古》2009年第6期，图版十六2。

图 4 - 86 朝鲜会文里二十四块石遗迹全景

资料来源:《朝鲜遗迹遗物图鉴》8《渤海篇》,第 184 页,转引自方学风、郑永振主编《渤海货币及二十四块石论著汇编》,吉林人民出版社,2000,第 199 页。

关于二十四块石的用途,目前史学界主要有五种看法。

其一,仓库建筑的础石。这一说法出现很早,1913 年出版的《鸡林旧闻录》提到敦化城郊的二十四块石时说,"江(牡丹江)左岸东南约里许有一高阜,周围数武(步),有础石二十三块……有谓系当年仓库遗址,而荒远无可稽矣"。魏声和用"有谓"一词,显系采自民间传说,并无考据;况且他对此说也不甚相信,谓"荒远无可稽矣"。近年来,又有韩国学者支持这种说法,并举出了近代乃至于当代还有类似的仓库建筑为证。但是,其所举例证仅形式上相似,并不像二十四块石那样严格地统一规模和样式,而且也多不是二十四块。还有,俄罗斯高尔巴特加的二十四块石就在城门外 10 米处。把仓库放在城门外不合常理,所以二十四块石是仓库础石的可能性很小。

其二,二十四块石是渤海国王归葬途中停棺歇息、祭祀的垫棺座。[1] 渤海王室成员有死后归葬祖茔的习俗,始祖大祚荣葬于敦化一带的"旧国",迁都上京后,各王死后仍归葬这里。此说可以解释为什么所有的二十四块石的规模和形制都惊人地相似,因为国王之丧乃国之大礼,一切都须严格按典章执行。但这种说法实质上也是经不起推敲的。首先,大石下都有按大型建筑物建设要求而做的灌基工程。一般每处挖 3 条深 1 米,长 10 米的沟槽,填以 0.7 米厚的河卵石,其上再放大石。可见,大石是大型建筑物的础石,不

---

[1] 吉林大学历史系敦化文物普查队第二小组:《敦化县二十四块石遗址调查记》,《吉林大学社会科学学报》1953 年第 2 期。

可能是为了停棺的临时用途而建。其次，在朝鲜东海岸和俄罗斯滨海地区都发现了二十四块石，而渤海从未在那里建都，亦未有哪一代渤海王死在那里的证据。最后，如果是停棺祭祀之用，就应当在交通线上等距离分布，就像从上京到敦化之间的几处一样。但俄罗斯滨海地区高尔巴特加的二十四块石就在城门外。假定有些王或王室重要成员死在这一带，归葬经过这里，怎么可能刚出城门就歇息呢？显然不合常理。2005 年，考古工作者对吉林敦化市江东的二十四块石遗址进行了发掘。在遗址西侧 2.6 米处，中排础石的西向延长线上清理出一处灶址（见图 4 - 87），灶的外缘有一层厚达 0.05 ~ 0.15 米的坚硬烧土面。[①] 这样厚度的烧土面是长期使用的结果，说明二十四块石上的建筑不是偶尔临时使用的，进一步证明二十四块石不可能是渤海国王归葬途中停棺歇息、祭祀的垫棺座。

图 4 - 87 敦化江东二十四块石西侧灶址、烟道

资料来源：吉林省文物考古研究所、敦化市文物管理所：《吉林敦化市江东、林胜"二十四块石"遗迹的调查和发掘》，《考古》2009 年第 6 期，图版十六 3。

---

① 吉林省文物考古研究所、敦化市文物管理所：《吉林敦化市江东、林胜"二十四块石"遗迹的调查和发掘》，《考古》2009 年第 6 期。

其三，驿站馆舍建筑的础石。[①] 这是目前被普遍接受的说法，理由是：二十四块石遗址都位于当时的交通主干线上；在没有发现俄罗斯滨海地区的二十四块石遗址之前，如果把"旧国"定在敦化南的永胜遗址，还可以认为它们基本上是等距离分布的；在二十四块石遗址及其附近多有食器等生活用品出土，与驿站供食宿的功能相符；驿站的修建和管理是政府行为，有统一的标准，这说明为什么各处二十四块石规模和形制如此一致。与上两种说法相比，这一说法理由最为充分，但也还有不能自圆其说的地方。如，俄罗斯高尔巴特加的二十四块石就在渤海古城城门外 10 米处，行人大可不必刚出城就马上歇一歇。另外，图们江岸石建和马牌两处二十四块石遗址相隔仅 6.5 公里，二者间道路又很平坦，驿站不可能如此密集。可见，这种建筑不是驿站，至少不仅仅有驿站的功能。

其四，宗教祭祀性建筑。持此说者认为，古人往往将大石神秘化，有崇拜神石的习俗，二十四块石就是崇拜神石的场所，汉族人将之称为石佛寺，朝鲜族人将之称为石国司。[②] 但二十四块石的形制与汉族的石佛寺和朝鲜族的石国司都相去甚远。

其五，渤海王室贵族的纪念性建筑。此说完全属于推测，到目前为止还没有见到可信的证据。无论是从历史学，还是从民族学、宗教学的角度，都还没人能说出其为渤海王室贵族的何种纪念性建筑。

那么二十四块石究系何种建筑呢？种种迹象表明，其极有可能是军事哨所建筑的遗迹。二十四块石都坐落在交通要道上。当时，这些道路上官差商民络绎不绝，当然须有安全保障，于是每隔一定距离修哨所一座，驻兵士若干，以资警备。由于是官方统一规划的，自然规模形制统一；这些哨所都是永久性的，内有兵士常驻，故有食器等生活用品。这也可以解释为什么有的二十四块石遗址就在城门外。维护交通线治安，不用太多的兵力，但必须反应迅速。晚上城门关闭后，城外路上如果发生什么紧急情况，打开城门从城内派兵出城，不但惊扰官民，且可能误事。城门外有哨所，就可以迅速反应处理了。在驿站不完备的情况下，远离城镇的哨所或许也可用来接待过往的

---

① 持此说者较多，有代表性的有李殿福、孙玉良和孙秀仁，见李殿福、孙玉良《渤海国》，文物出版社，1987；孙秀仁《渤海国二十四块石之谜解析》，方学凤、郑永振主编《渤海货币及二十四块石论著汇编》，第 208 ~ 221 页。

② 车成芭：《图们江岸二十四块石遗址初探》，方学凤、郑永振主编《渤海货币及二十四块石论著汇编》，第 222 ~ 226 页。

官方人员，为之提供食宿和其他便利，起到一定的驿站作用。

二十四块石并非都是柱础石，大多数二十四块石除四角的四块有修整出来用于立柱的细平面，或置过立柱的痕迹外，其他都没有这样的痕迹。有一种说法对这一现象有较好的解释，"具体而言，这二十四块石之上原来应铺一层厚木板，作为该建筑的活动面，二十四块石是木板活动面的基础石。每块石块上面并非都竖立承托屋顶的木柱，承托屋顶的木柱则是直接竖立在四角和周围所需的几块石块之上，或者竖立在石块之上的木板上"。① 可见这是一个由四根立柱支撑屋顶的房屋，房屋的活动面与自然的地面不在一个平面，是由二十四块石支撑起来的木板面。换句话说，它是木柱、泥墙、瓦顶的干栏式建筑，② 特点是室内地面高架，易于保持通风干爽。这确实符合仓库类建筑的要求，但人居住这样的房子也很舒适，而且高架起来的房屋更有利于观察外面的情况，符合军事哨所的要求。

还有学者把二十四块石排除在了渤海史研究的范畴之外，认为其不是渤海的遗迹。其一认为是东夏国的遗迹，理由是不论对中国还是对朝鲜二十四块石遗址的发掘，都没有发现典型渤海时期以莲花纹为主要图案的瓦当和以鱼骨纹为特征的檐头板瓦，说它是渤海的缺乏实物证据。相反，出土的压印方格纹滴水与金代檐瓦一致，应当归属到金文化范畴中。而东夏国是金末元初由金人建立的政权，其文化当然是金文化。二十四块石遗址又都在东夏国疆域范围内，所以说是东夏国的遗迹。至于其用途，他们也认为是交通驿站。③ 其二认为是金代的遗迹，但没有具体到东夏，理由与东夏说相近，认为渤海说缺乏实物证据，出土遗物金代特征明显。用途是仓廪，理由是二十四块石多在城镇附近，形制相同，规格统一，乃官方建筑。建筑形制利于通风防潮，非日常生活遗迹。④

当然，以上诸说或多或少都还有不甚严密之处，目前给二十四块石下结论为时尚早。二十四块石应当不止已发现的这几处，随着以后新的二十四块石的发现，以及考古发掘工作的深入，我们一定能解开这个谜团。

---

① 魏存成：《渤海考古》，文物出版社，2008，第198～190页。
② 孙秀仁：《渤海国二十四块石之谜解析》，《北方文物》1993年第4期。
③ 李强、白淼：《二十四块石研究》，郑永振、李东辉、尹玄哲主编《渤海史研究》12，第297～302页。
④ 王志刚：《考古学实证下的二十四块石》，教育部人文社会科学重点研究基地吉林大学边疆考古研究中心编《边疆考古研究》第8辑，科学出版社，2009，第198～200页。

五 其他建筑

渤海人的造桥技术也很高超。上京城附近的忽汗水（牡丹江）上就建有5座桥，桥梁密度超过今天。其中，距上京城3华里的上官地桥，俗称"七孔桥"，实为七墩八孔的石墩木桥，全长160多米，桥墩间距近17米（见图4-88）。这样长度和跨度的桥在黑龙江历史上是前所未有的。

图4-88 牡丹江上渤海"七孔桥"遗迹
资料来源：牡丹江市文物管理站提供。

渤海人还修建了一条小长城，研究者将之称为边墙或小长城，位于牡丹江市和宁安市境内，由牡丹江段、江东段、镜泊湖段三段边墙组成。

镜泊湖段边墙起于宁安市江山娇林场附近的镜泊湖边，一路向东南延伸，在过了大青沟山不远处结束，全长4.5公里（见图4-89）。墙有石砌和土石混筑两种，一般在地势较平坦、防守难度大的地方用石砌，以求坚固难攻；而在地势险要、易守难攻的地段则土石混筑，且只是堆砌，不做夯土，以求省工省力。土石混筑墙保存较好的是由湖边向山顶延伸段，现存的墙体高度为1.5~2.5米，基宽5~7米，顶宽1~2米。石砌墙保存相对较好的是在大青沟山顶附近的一段，现存的墙体高度为2.5米，基宽2米，顶宽0.5~0.8米，是采用干插石方法砌筑的，所用多数是自然石块，少量为人工加工的石块。墙的北面每隔65~90米设1马面，共有38个。马面大小不一，最小者4米高、3米宽，最大者7米高、7米宽。在大青沟山后比较平缓的地方，墙的内侧（南侧）有5个土坑，直径3.5~4米，深0.5~0.9米，土坑间相隔约10米。这些土坑可能是半地穴式房址，是守卫边墙者居住的地方。

牡丹江段在今牡丹江市北郊的山中，大体西北东南走向，绵延约56公里。与镜泊湖段一样，牡丹江段也是采用石砌和土石混筑两种方式修筑。有特点的地方是射洞和马面。牡丹江段边墙墙体上有射洞，可惜完整保存下来的只有 1 个。这个射洞呈横斗形，内口大于外口，内口高 50 厘米、宽 40 厘米，外口高 25 厘米、宽 30 厘米。马面形制多样，大体有四类。一是土筑，多用在地势较平坦的地方，一般与墙体等高，个别的高于墙体，平面呈半圆或圆角梯形。二是山头式，即利用凸出的高山头，加以修整而成。山头顶上修平或略下凹，可瞭望、防守，也可用作烽火台。三是山包式，是利用低于山头而高于墙体的山包修筑的，多出现在墙的拐弯处。这种马面较少，都是砌在石墙中，形制与土筑马面相同，但都比较小。据测算，修筑此墙需土石 15 万立方米，这在当时的条件下无疑是一个了不起的大工程。

江东段起于宁安市江东乡 1 公里的牡丹江右岸，经江东乡、江南乡山区向东南延伸。已调查部分长 28 公里。

牡丹江边墙不见于文献，准确地判断其修筑时间和防御对象有困难。从边墙的走向和当时的形势看，推测它的修建是为了抵御黑水靺鞨的入侵。金元之际的东夏国为抵御蒙古的进攻而修缮沿用，并增建了不少设施。[①] 总之都是防御的需要，是中国长城文化的一部分（见图 4 - 89）。2005 年，牡丹江边墙被黑龙江省政府立为省级文物保护单位。

图 4 - 89　边墙镜泊湖段一部
资料来源：梁玉多摄。

---

① 牡丹江市文物管理站：《牡丹江边墙调查简报》，《北方文物》1986 年第 3 期。

以上建筑，不论是城市、宫殿，还是佛寺、桥梁，如今都只余残迹。虽然可以通过考古发掘大致进行复原，但毕竟不能实实在在地看到其昔日的辉煌，不免令人遗憾。聊可告慰的是，还有一座渤海佛塔保存至今，让人能直接领略渤海建筑的风采。该塔位于吉林省长白县城北后山顶，称为"灵光塔"。塔高13米，塔身方形，用青灰色、灰褐色砖筑成。密檐楼阁式，空心结构。塔的底层高2.8米，边长3.1米多。塔的正面（南）有拱形小门。在门两侧和另三面近塔檐处的正中，分别嵌有莲花纹和卷云纹的阴刻花纹砖。以上四层逐层内收，层间砖檐夹叠涩和菱角牙子，塔尖是双重圆檐式。塔身底层四面镶嵌有花形图案文字砖，可环读为"王并（立）国土"。这座五重檐的佛塔，不仅看起来朴实典雅，结构也非常合乎建筑学理论。虽然经历了至少1100多年的风霜雨雪，但仍然保存完好，这在唐朝的同类建筑中也不多见，是渤海人高超建筑水平的物证（见图4-90、图4-91）。

图4-90　长白灵光塔

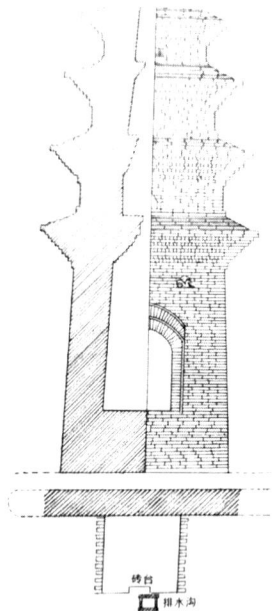

图4-91　长白灵光塔及地宫剖面图

资料来源：图4-90，郭素美：《渤海国的历史与文化》，黑龙江人民出版社，2002，书前彩页；图4-91，《中国文物地图集·吉林分册》，图版第143页。

1987年对灵光塔进行修缮时，发现塔基下有地宫，清理出鎏金铜饰件等少量遗物。

还有一座位于吉林省珲春县马滴达乡的渤海佛塔也几乎保存到今天。它是一座密檐式 9 层空心砖塔。可惜于 1914 年（一说 1921 年）倒塌了。

渤海建筑的基本特征可概括为三个方面：一是积极大胆地引进唐的先进建筑技术，并与本地的传统结合起来；二是大型建筑的结构、布局都经过精心的设计、规划，使其产生令人震撼的视觉效果；三是适应东北地区寒冷的气候，大型建筑做了打过冻土层的基础处理，建筑物普遍采用了火炕这种取暖设施。

第八节 交通路线与交通工具

交通本不属经济范畴，但它与经济的关系极为密切，渐渐已为现代经济学涵盖。为全面反映渤海国的经济面貌，我们对渤海国的交通略做探讨。

一 交通路线

据《新唐书·渤海传》载，渤海国的对外交通线路主要有 5 条，即朝贡道、日本道、新罗道、契丹道和营州道。

1. 朝贡道

朝贡道是从渤海上京到唐都长安之间的交通线，因为渤海赴唐朝的贡使团多取此道，故称朝贡道。这是一条繁忙的交通线。在渤海国存在的 200 余年中，共向中原王朝朝贡 130 余次，唐派使者出使渤海十几次，没有被史籍记载下来的双方往来次数必定更多，双方绝大多数都取道朝贡道，使之成为渤唐之间最主要的交通干线。

朝贡道从上京龙泉府向南，溯马莲河，越哈尔巴岭，入嘎呀河谷而下，经春阳、天桥岭、大兴沟、汪清、石岘，到达嘎呀河与布尔哈通河汇合处。以上路线与日本道重合，到此则与折而向东的日本道分开，溯布尔哈通河、海兰江向西南，经龙井，再向前行百余里，就到了渤海五京之一，并且是"天宝中王所都"的中京显德府。上京至中京的这段路线，是朝贡道陆路部分较好走的一部分，基本上都是沿河谷较为平坦的地方行进，与今日的铁路、公路走向一致。

中京显德府位于今吉林省和龙县西城镇古城村，是朝贡道上第一大都会。这里是渤海重要的经济中心之一。显德府所领的卢州产稻，以质优而闻名，铁州产铁，府治所在的显州更以产好布闻名。"显州之布"是渤海对外贸易的大宗出口商品。渤海使团向唐进贡或贸易所用的布一定是取于此，使团"裹粮而行"，也要在这里补充稻米。

从中京显德府继续向西，经安图县二道白河镇马村（渤海兴州城）、抚松县（渤海丰州），折向西南，就到了鸭绿江边的临江。这段路穿越了长白山腹地的原始森林，是整个朝贡道最崎岖难行的一段。如果在今天，有人想从和龙去临江，实在算不了什么，而且还是一件很惬意的事，坐在汽车中，望着窗外的风景，用不了一天就到了。可是在古代，穿越原始森林却需要极大的勇气和毅力。渤海人没有留下有关的记载，我们无从知道他们走这段路时的详情。17 世纪，有一位内地人士叫杨宾，出关到宁古塔（今宁安）省亲。他对穿越长白山时的记录，形象地表述了人们在原始森林中跋涉的感受："（森林里）万木参天，排比联络，间不容尺……而树根盘错，乱石坑呀，秋冬冰雪凝结，不受马蹄。春夏高处泥沼数尺，低处汇为波涛……蚊虻白蛾之类，攒啮人马，马畏之不前……夜据木石，燎火自卫。山魈野鬼啸呼，堕人心胆。"[1]走这样的路实在是件可怕的事。但这些并没有难倒渤海人。"三人渤海当一虎"，他们硬是在这"崎岖阴惨，不类人间"的大森林里开辟了一条道路。

临江是朝贡道上的第二大都会，五京之一的西京鸭绿府。走到这里，行人一定有一种柳暗花明的感觉。崎岖的山路已被抛在了后边，宽阔的鸭绿江河谷展现在眼前。行人们把车马留在西京城里，乘小船沿鸭绿江而下。这种小船称"小舫"，速度很快，是渤海人内河航行的主要工具。经高句丽故都丸都（今集安）再下行 500 里，到达泊汋口，即今丹东市蒲石河口。这是渤海的边界，过此就是"小高句丽国"的地界了。"小高句丽国"前期附于唐，后期从属于渤海，所以始终没有成为渤海朝唐的障碍。

由泊汋口下行 30 里，江面变宽，江水变深，于是换乘宽敞舒适且更耐风浪，可以在海上航行的大船。再顺流行百余里，在鸭绿江口入黄海，然后沿辽东半岛东岸，经乌骨江（今叆河）、石人汪（今庄河县城附近的石人岛）、杏花浦（新金县杏树屯）、青泥浦（今大连），到达辽东半岛最南端的都里镇（旅顺老铁山），在此横渡渤海海峡。纵列在渤海海峡上的庙岛列岛成了天然的航标，先后过乌湖岛（隍城岛）、末岛（庙岛）、龟歆岛（砣矶岛）、大谢岛（长山岛），到达山东半岛的登州，即今蓬莱。唐在此专门建了渤海馆，接待渤海使者和商旅。从渤海上京龙泉府至此，水陆共 2130 里，始得入

---

① 杨宾：《柳边纪略》卷一《龙江三记》，第 20 页。

唐境。

渤海使者和商旅在登州的外港青山浦下船，住进渤海馆，一边休息，一边等待唐许可入京的文书，就像现在等候入境签证一样。拿到许可文书后，向西经蓬莱州、青州（山东益都）、兖州、汴州（河南开封）、郑州、洛阳，入潼关到长安。

不仅渤海人朝唐走这条路，唐派往渤海的使节也走这条路。正由于此，中原人对这条路不陌生，当时的地理学者能大概说出这条路的走向及各段的里数。文献中对朝贡道的记载远较营州道、日本道等其他几条交通线详细。朝贡道加强了渤海与唐的联系，促进了双方的经济和文化发展。

2. 日本道

在渤海的几条主要对外交通线中，日本道是最艰险的一条。它不但要翻越哈尔巴岭和老爷岭的一座座山峰，还要横渡波涛汹涌的日本海。在木帆船时代，其艰难可想而知。但是，勇敢无畏的渤海人以汗水和生命为代价，开辟了这条交通线。

日本道的开辟缘于政治因素。渤海第二代王大武艺时，因击黑水靺鞨和门艺事件而与唐交恶，与新罗的关系也相当紧张。而一度十分强大，与唐相抗多年的突厥也已为唐所败。渤海国举目四望，可以寻求的盟友只有一个隔海相望的日本了。所以才冒险开辟日本道，以与日本"亲仁结援"。[①] 后来，随着渤海与唐关系的改善及渤海经济文化的发展，日本道的政治和军事意义逐渐降低，经济文化意义占了主导地位。

日本道包括陆路和海路两部分。陆路的路线也分为前后两个时期。当渤海都城在旧国（吉林延边地区）时，陆路前期的路线是：沿图们江下行，到达位于今吉林珲春县城西 7.5 公里的东京龙原府，由此向东南不远就到了出日本海的海港盐州。盐州在今俄罗斯克拉斯基诺城，位于波谢特湾海岸，南距图们江约 40 公里。陆路后期路线出发点是上京龙泉府，向南溯马莲河，越哈尔巴岭，入嘎呀河谷，经春阳、天桥岭、大兴沟、龙泉坪、松林洞、过凉水、密江，到达东京龙原府转向南，到南京南海府的外港吐号浦港出海。但绝大多数时候是从盐州出海的。

从渤海去日本的海路有三条。其中两条是以盐州为起点，称为筑紫线和北线；还有一条起点是吐号浦，称南海府线。

---

① 藤原继绳等：《续日本纪》卷十，第 163 页。

南海府线是从南海府吐号浦港出发，沿朝鲜半岛东海岸南行，过对马海峡，到筑紫（今日本北九州）的大津浦港（又称博多大津、日本福岗），然后向东过濑户内海，达难泊江口（今日本大阪），转赴京都。这条路多沿海岸航行，看似安全，实则不然。它的一大段离新罗海岸很近，有遭到与渤海人长期对立的新罗人袭击的可能；更为严重的是，对马海峡虽然不宽，但洋流是顺向的，横渡非常困难；而且，这条线路行程太远。在海上多航行一天，就多一分危险，所以渤海使团不愿选择此路。日本方面因为接待外国船只的机构都设在大津浦港，在那里有专门的人员和设施，便于安排接待。更重要的是，这条路线经过的是日本最富庶的地区，日本人当然愿意让远方的客人看到自己好的一面。如果走北线，在能登、加贺一带登陆，让外国人看到本州中西部山区的贫困，会有失国家脸面。所以，日方力促渤海人走南海府线。776 年，渤海使团走了一次这条线，行至对马海峡一带遇风暴，舵折帆落，全部 167 人中，121 人遇难，仅余 46 人死里逃生漂到日本。这是渤海访日使团人员损失最大的一次。渤海人悲痛之余，此后再也没有走过这条线路。

筑紫线是从盐州出发，沿朝鲜半岛东海岸向南航行，过了吐号浦一带以后与南海府线重合。所以它也与南海府线一样有诸多不利。渤海人只应日方要求于 759 年走过一次，不幸遇风，船只漂到对马。以后再未走此线。

北线是条捷径。从盐州出发，向东南直接越过日本海，到达本州西海岸的能登、加贺一带，登陆后再走陆路向东南，入日本京都。实践证明，这条线是渤日之间的最佳航线，水路只有 900 公里，不但路程近，而且有洋流和季风可以利用。日本海西岸附近有自北向南的洋流——里曼寒流，东岸附近有自南向北的洋流——对马暖流。海面上秋冬刮北风和西北风，夏季则刮南风和东南风。渤海人了解了这些自然特点后，对之加以充分利用。他们秋末冬初出航，在海流和风力的推动下，可迅速而省力地到达日本本州中部西海岸，第二年夏天再利用东南风和北向洋流返回。走这条路又快又安全，所以尽管日方反对，渤海人还是更愿意这么走，日方后来也不得不开禁，并在能登等地修造客院，以备接待，又禁伐当地山上之大木，以备渤海使团修造归舟时取用。渤海国存在 200 余年间，共 34 次遣使访日。除了南海府线和筑紫线各走一次外，其余 32 次都走此线。所以，日本道在多数情况下就是指这条路线（见图 4-92、图 4-93）。

图4-92 日本道海路部分的出发点之一盐州城遗址
资料来源：首尔大学博物馆、东北亚历史财团编《从天空中看到的高句丽和渤海》，首尔大学博物馆，2008，第151页。

图4-93 渤海访日使团在日本的登陆点之一福良津
资料来源：王承礼：《中国东北的渤海国与东北亚》，书前彩图。

关于日本道，学界还有一些不同的看法。这里择其与上文所述差异较大者简要介绍一下。

朝鲜学者李太熙认为，盐州所在的波谢特湾不可能是日本道水路的出发点。理由是波谢特湾冬季有三个月的冰期，而渤海使团多次于冬季到达日本，从渤海到日本航行只需一至二周，所以他们是冬季出发的。但是，结冰的波谢特湾冬季是不能航行的。可见，这个出发点当在南方不冻海岸，他认为应当是今朝鲜咸镜北道青津市青岩区富居附近的连津港或龙渚港。这一观点看似有理，实则不然。波谢特湾近代确有三个月的冰期，但近年来冰期越来越短，冰层越来越薄，几乎可以称为不冻港了。这是因为北方的气候事实上是周期性变化的，这个周期大约是一千多年，现在是一个高峰，而上一个高峰就是渤海时期。如前文所述，渤海所处的八九世纪"是一个气温较高的时期"，"是最近2000年间温度最高的一个阶段"。这一时期"东亚东北部的唐、渤海、朝鲜半岛、日本等地（与现在相比）气候温暖，雨量充沛"。①那时的波谢特湾就是不冻港。

日本学者新野直吉认为，从渤海去日本，在上文所述的北线之北，还有一条航线，他称之"北方之海路"，即从盐州出发，利用洋流，沿海岸线向东北，到库页岛南端后折而向南，至北海道或出羽（今秋田县、山形县）登陆。前期的渤海使团多走此路。这条路虽有洋流之便，但要经过虾夷人辖区，当虾夷人与日本政府关系紧张时，这条路是危险的。786年和795年，渤海使团两次遭虾夷人劫掠后，才不再走此路。

3. 新罗道

新罗道是渤海去新罗的交通线。从上京龙泉府（前期则是从旧国）出发，沿日本道到东京龙原府（今吉林珲春八连城），接着沿图们江到海，再沿朝鲜半岛东海岸狭窄的平地向南，到南京南海府（今朝鲜咸镜南道北青附近）。之后，再向南行，经今咸州、定平、金野、过泥河（今龙兴江），进入新罗境内。又经高原、川内、文川，到新罗泉井郡（今朝鲜江原道元山市德源）。自东京龙原府至此，"凡三十九驿"。考虑到渤海人善于航海，则新罗道可能还有一条水路。它可能是从盐州或南海府出发，沿海岸直抵新罗东部各港。水路显然比陆路方便。

由于渤海与新罗之间的政治军事关系长期紧张，加之双方贵族交换奢侈品的互补性不大，所以双方交往较少，新罗道也就不如朝贡道、日本道繁忙。但渤海与新罗之间的关系并非一直紧张，所以新罗道也并非一直受到冷落。大祚荣建国之初，国小力弱，外交上对新罗也表示臣服，接受了新罗所授的"五品大阿餐"之职，双方关系良好。此时，新罗道当不寂寞。第二代王大武艺即位时，经过二十多年苦心经营的渤海国实力已大大增强，不再把新罗放在眼里，并开始与新罗争夺今朝鲜半岛东北部的土地。双方刀兵相向，往来几乎停顿。

---

① 吉野正敏：《气候变动和渤海的盛衰》，李伊萍译，刘晓东校，杨志军主编《东北亚考古资料译文集·渤海专号》，第191～194页。

到737年文王大钦茂即位后，渤海国偃武习文，对内着重发展经济，完善各项制度，对外与唐、新罗缓和关系。新罗也乐于实现双方关系正常化。新罗曾于790年和812年两次遣使访问渤海，显然是为了改善双方关系。此时的新罗道，使节商旅常来常往，兴旺一时。但到818年大仁秀即位后，渤海向南扩张领土，新罗"筑浿江长城三百里"以拒之，双方关系再次恶化，使节断绝，商旅不行，新罗道随之半废。这种情况一直持续到渤海灭亡，一百余年没有大的变化。

4. 契丹道

渤海是靺鞨人借契丹反唐之机逃离营州建立的，最后又亡于契丹，真可谓成也契丹，败也契丹。契丹是渤海的重要邻邦，所以在渤海的几条重要对外交通线中有一条通往契丹的契丹道。

契丹道分前期和后期两条线路，旧国时期为前期，迁都上京后为后期。前期路线是：从旧国出发，大体沿今长图铁路向西，经蛟河、吉林、九台、越饮马河、到农安。农安是渤海西部重镇扶余府所在地，渤海在此"常屯劲兵捍契丹"。① 由农安向西南，在今吉林双辽一带入契丹境。然后，经通辽、开鲁、阿鲁科尔沁旗，达契丹上京临潢府，即今内蒙古巴林左旗。后期路线是：从上京龙泉府出发，向西直接翻越崎岖陡峭的张广才岭，到扶余府，以后的路线与前期路线相同。契丹灭渤海时，走的就是这条路。

渤海与契丹最初是反唐的盟友，双方关系较为密切，契丹道一度较为繁荣。但随着双方各自的发展壮大，都有了强烈的扩张领土的愿望，逐渐化友为敌，长期武装对峙，军事冲突时有发生。特别是到渤海晚期，双方互为水火，血战数十年，成了"世仇"。在经济上，契丹较为落后，不能生产渤海贵族们所需的奢侈品，而契丹的许多物质需求也可以方便地从唐得到，无须求助于渤海，所以双方的贸易往来几乎没有。这一切使渤海中后期的契丹道十分萧条。

契丹道上的重镇扶余府还是渤海通往室韦、乌洛侯、豆莫娄等部的交通枢纽。另外，渤海还一度通过契丹道与回纥汗国和南西伯利亚各族来往。

5. 营州道

营州道是渤海人经营州（今辽宁朝阳）去唐长安的交通线。安史之乱以前，它是唐渤之间的主要交通线，是唐"入四夷之路与关戍走集最要者"的七条交通线之一。安史之乱以后，由于契丹和其他游牧民族的兴起，营州道时常受阻，经鸭绿江的朝贡道代之而成为主要干线，但营州道也并未完全废

---

① 欧阳修、宋祁：《新唐书》卷二百一十九《北狄列传·渤海传》，第61832页。

弃，仍是渤海对外交通线之一。

营州道的起点是渤海都城。中京显德府（吉林和龙西古城）、东京龙原府（吉林珲春八连城）、上京龙泉府（黑龙江宁安渤海镇）都做过渤海京城。但在上京龙泉府时间最长，所以，我们以上京龙泉府为营州道的起点来叙述。

从上京出发，沿牡丹江到敦化一带，然后向西越威虎岭，过第二松花江，溯辉发河到渤海长岭府（今桦甸苏密古城，一说在今梅河口市西南）。出长岭府不远，就出了渤海国境，再向前就到了新城（今抚顺市）。新城城不大，但因唐安东都护府一度驻于此，故小有名气。又经盖牟城（今沈阳附近），到辽东城（今辽阳市）。从上京龙泉府至此的路程为750公里。以上路线，大体和今日的铁路、公路走向一致。

辽东城是营州道上最重要的城池之一。自秦汉以来，它一直是辽东地区的政治、经济中心和军事重镇。虽经历了隋唐与高句丽之间数次战祸，仍不失为一大繁荣都市，往来的使节商贾，可在此休息补充。

出辽东城西渡辽水，经汝罗守捉（在今北镇市境内）、燕郡城（在今义县附近大凌河畔），向西再行54里就到了营州城。

营州道以营州命名，足见营州在这条交通线上地位之重要。营州在两汉魏晋时称柳城，隋唐时始称营州，一直是中原地区进入东北地区的门户，也是中原政权控制东北地区各族的重要机关所在地。汉在此设辽东属国都尉，管辖附近各少数民族。三国时，三郡乌桓割据于此，袁绍败亡后，其子袁尚、袁熙来投，曹操发兵攻袭，击败乌桓与二袁联军。隋唐时，中央政府将监控东北地区的机构设于此，也把来归和被平定的各少数民族安置于此。以大氏为首的粟末靺鞨集团就是在高句丽灭亡后被迁于此，后趁契丹人叛乱之机回到故土建立了渤海国。

到了营州也就到了唐的直辖区。唐在东北地区直辖区的界线时有变动，但营州始终是唐的直辖区。所以唐以营州为入渤海、契丹、室韦、黑水靺鞨等部族交通线的起点。从营州继续前进，沿辽西走廊或直接翻越燕山山脉，经幽州（今北京）赴长安。

除上述5条线路外，渤海还有1条一直不大被学术界重视的交通路线，即黑水靺鞨道。据《新唐书》载，上京龙泉府"其北经德里镇，至南黑水靺鞨千里"。[①] 据《中国历史地图集》，德里镇在牡丹江与松花江交汇处，即今

---

① 欧阳修、宋祁：《新唐书》卷四十三下《地理七下》，第1147页。

黑龙江依兰，则此路是从上京出发，顺牡丹江向北，到牡丹江入松花江口，再折向东北，顺松花江而下，到达三江平原和黑龙江下游地区。史载黑水靺鞨数次入唐朝贡，走的应该就是这条路。这条路夏为水路，乘船而行，十分便捷；冬走江边陆路，或在江中冰上行走。

这条路到黑龙江入海口后并没有停止，而是继续向前，沿鄂霍次克海岸，或乘船横渡鄂霍次克海，一直延伸到堪察加半岛。史载，"流鬼在北海之北，北至夜叉国，余三面皆抵大海。南至莫设靺鞨船行十五日"。[①] 这个流鬼就在堪察加半岛。贞观十四年（640），流鬼首领孟蚌遣其子可也余志入唐朝贡，走的应该就是这条路。

二　交通工具

渤海国的商业贸易发达，对外交往频繁，这就要求有相应的交通工具，车船制造业遂应运而生。

渤海人能制车。南北朝时期，中原人就知道渤海人的先世勿吉人"有车马""车则步推"。那时的车当然是十分简陋的。渤海建国后，在唐的影响下，造车技艺大大提高，已能够制造十分复杂的车。在渤海遗址发掘中，常常发现铁质肖栓、轮毂、饰物等车的零部件（见图4-94）。如果根据这些部件把车复原，当是铁木结构的两轮大车。贞惠公主、贞孝公主的墓志中都提到"辕马"，可知当时的车辆是以辕马为中心的由几匹马拉的大车。这种车是"车身较长，车体较重，前有车辕，两侧车轮包有铁瓦并以中轴相接，轴端小孔插有铁辖，车毂口孔裹有铁棺的以铁木为结构的坚固耐用的车辆"。[②] 与同一时期中原地区的车大体一致（直到20世纪60年代，这样的车在我国有些农村仍能见到）。当时的诗人说渤海与唐"车书本一家"，表明渤海车的形状大体与唐一致，渤海造车技艺源于唐。清初流人踏访上京遗址时，仍可看到"城门石路，车辙宛然"。[③] 可见渤海人确实是大量建造和使用车辆。不过，从对"城门石路"上辙迹的测量可知，渤海车辆的轨距与中原地区是不同的。渤海与中原书虽同文，车却不同轨。

这种车结构复杂，涉及木工、铁工、皮工等多个工种，非单个普通人所能

---

① 杜佑：《通典》卷二百《边防十六·北狄七·流鬼》，第2852页。
② 魏国忠、朱国忱、郝庆云：《渤海国史》，第413页。
③ 张缙彦：《宁古塔山水记》，第11页。

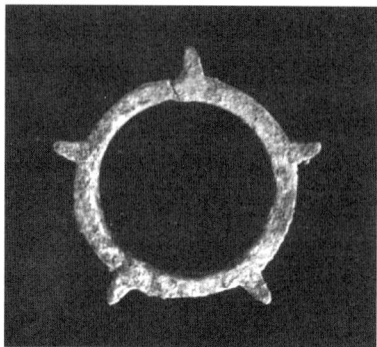

图 4 - 94　渤海遗址出土的车毂

资料来源：《考古黑龙江》，第 194 页。

造，必已形成了一个分工明确的造车行业。正因渤海人有很强的造车能力，故
渤海国灭亡后，契丹人还用渤海人造车。"富谷馆居民多造车者，云渤海人。"[1]

与陆路交通相比，水上交通更加重要。渤海的五京和绝大多数府的治所
或沿海、或沿大江大河，就连一般的居民点也多临河而建，所以渤海对内对
外交通中水路很重要。这种需求促进了渤海造船业的发展。渤海国 34 次派
使团横渡波涛汹涌的日本海出访日本，又多次循海路朝唐，还曾派水军（一
说利用海贼）渡海攻唐登州城。这说明他们能够制造经得起风浪的海船。海
船小的可载 20 人，外加少量货物，大的可载 65 人以上，外加一定量的货物。
与同一时期唐的海船相比，这样的船算不上很大，但对于起步较晚，财力有
限的渤海来说已经是很了不起了。这些海船的主要动力是风，都是帆船，但
也装备了橹和桨，没有风时就靠摇橹划桨行驶，因为吃水较浅，在大海和大
一点的江河中都能航行。船身主体为木结构，只有钉和其他少数部件用铁，
船上舵、桅、楫、锚、碇、缆绳等设备一应俱全。渤海的海船虽然不大，但
数量较多，访日的船队船多时达 17 艘，攻唐的渤海水军能攻下重镇登州，出
动的船数也绝不可能太少，这说明渤海的海船生产规模不小，而且造船技术也
不比唐落后多少。考古发掘发现，位于俄罗斯滨海地区埃克斯佩孚齐亚湾楚卡
诺夫河河口的盐州是其一个主要造船业中心，出访日本的船大都是在这里建造
的；位于朝鲜咸镜南道北青附近的南京南海府也是一个重要的造船基地，制造
的船用于渤唐之间的航运。渤海人还能制作一种简单轻便的小船，称为"小

---

[1]　叶隆礼撰《契丹国志》卷二十四《王沂公行程录》，第 231 页。

舫",用于内河航运。这种小船工艺简便,随处都可以制作。虽然史料对这种"小舫"记载极少,但它必定是内河航运的主角,数量应当很多。契丹人很看重渤海人的造船技术,灭亡渤海国后,役使了大批渤海工匠为其造船。

第九节 商业贸易

一 国内的贸易与货币

渤海的国内商业贸易也较其先世活跃了许多。它的一些广受欢迎的特产,如太白山之菟、南海之昆布、栅城之豉、夫余之鹿、鄚颉之豕、率宾之马、显州之布、沃州之绵、龙州之䌷、位城之铁、卢城之稻、湄沱湖之鲫、丸都之李、乐游之梨等,就是在商品交易中成名的。在渤海的大城市里有专门的商业区,称为市。考古发掘探明,上京龙泉府就有东、西两个市。对于市的具体情况,因尚未进行进一步考古发掘,还不知其详。唐长安的东、西两个市内都按行业区布局,还有专设的市场管理机构。渤海上京既是完全仿唐长安设计,想必其两市情形也与唐长安大体相似。[1]

渤海人是怎样进行交易的呢?是直接以物易物,还是使用货币?如果使用了货币,那是什么样的货币呢?是不是也铸造了金属钱币?这些问题由于文献和考古资料的不足而显得有些迷离。史学界对此多有探讨和争鸣。[2] 正

---

[1] 在对渤海上京城的调查中发现,外城内有两个地方遗址遗物比较集中,还发现了数个铁权,分别在东、西城区。朱国忱先生认为这两个地方就是东、西两市的遗迹。见朱国忱《渤海上京城的"市"与市易媒介和人口问题》,郑永振、李东辉、尹玄哲主编《渤海史研究》12,第228~229页。

[2] 对于渤海的货币问题,学术界主要有三种观点。一是认为渤海国铸造和使用了货币,代表成果为魏国忠的《东北亚研究——东北民族史研究(二)》第六编第四节"渤海钱币之猜想"(中州古籍出版社,1994)、《关于唐代渤海王国的货币问题》(《学习与探索》1986年第1期)、《再论渤海国的货币问题》(《黑龙江金融》1990年钱币专刊),朱国忱的《关于渤海国的货币问题》(《黑龙江金融》1990年钱币专刊),姜华昌的《试论唐与渤海货币问题》(《黑龙江金融》第172期),宋德胤、黄德烈的《渤海货币探讨》(《延边大学第二次渤海史学术讨论会论文集》,1992)。二是认为渤海国没有铸造和使用货币,代表成果为孙秀仁的《对渤海史三个问题的探索》(《学习与探索》1986年第6期),刘晓东、孙秀仁的《渤海货币研究二题——"新史料"辨伪与"自铸币"考实》(《北方文物》1995年第1期),周膺、赵哲夫的《关于渤海国钱币的一些问题》(方学凤、郑永振主编《渤海货币及二十四块石论著汇编》)。三是认为渤海国没有铸造自己的货币,使用中原货币进行流通,代表成果为刘林章的《渤海国货币初探》(《高句丽渤海研究集成·渤海卷》,哈尔滨出版社,1995)。

是这些讨论逐步让人们认识了事实真相。现在虽还不能说问题已全部得到解决，但至少在以下几个方面达成了共识。

第一，渤海国没有铸造自己的金属钱币。虽然有不少关于渤海人可能铸造了金属钱币的推论，这些推论又很合乎情理，但迄今为止，无论是文献资料中还是考古发掘中，都没有发现确凿的证据。文献中确实屡有"币"字出现。如727年，大武艺致日本天皇的国书中有"皮币非珍，还惭掩口之诮"；① 926年，阿保机率契丹大军灭渤海后，"以所获器币诸物赐将士"。② 有论者以为这里的"币"就是金属钱币，是渤海铸造货币的证据。但据考证，这是一种误解。此处的币是指帛等珍贵物品，不是钱币。还有文章说，在镜泊湖渤海遗址中曾出土"朱雀通宝"一枚。因为渤海僖王有朱雀年号，所以"朱雀通宝"就是渤海自己铸造的钱。遗憾的是其资料出处不明，不具有说服力。退一步说，即使渤海确实铸造了"朱雀通宝"钱，其量也一定相当小，不足以在流通中广泛使用。

第二，出土的少量唐钱、日本钱没有进入流通领域。有一种观点认为，渤海虽未自己铸钱，但可能将通过种种途径获取的唐钱、日本钱用于流通。这种观点也被已证明是与事实不符的。据统计，国内各渤海遗址共出土钱币10枚（见图4-95）。其中唐钱8枚（开元通宝），北周钱1枚（五行大布），日本钱1枚（和同开珎）。另外，在俄罗斯乌苏里斯克等地的渤海遗址中也有若干唐开元通宝被发现。中外全部渤海遗址中出土的钱币不过十几枚。这些钱币的来源可能是唐和日本给渤海使节的馈赠或双方贸易的差额款。但不论是哪一种来源，数量都不会太多。渤海使节或商旅远道带回来，自然成了稀罕之物。人们把它当成了避邪物、装饰品，或是值得炫耀的异域珍品。有几枚钱币是在墓葬中发现的。人死了还要把生前拥有的一枚或几枚钱币随葬，可见钱币在渤海人心目中是多么宝贵。既然如此，以之投入流通是绝对不可能的。那么，会不会渤海确曾大量铸造和使用钱币，只是没能发现呢？这种可能性可以说是不存在的。到目前为止，中国、朝鲜、俄罗斯已发现和发掘了渤海遗址遗迹达数百处之多，是有普遍意义的。如果渤海真的大量铸造和使用了钱币，不可能不被发现。如金代大量制造和使用了钱币，其遗址遗迹中就有大量的钱币被发现。

---

① 藤原继绳等：《续日本纪》卷十，第163页。
② 脱脱等：《辽史》卷二《太祖下》，第22页。

图 4 - 95　海林兴农渤海遗址出土的开元通宝

资料来源：黑龙江省文物考古研究所、吉林大学考古学系：《黑龙江海林市兴农
渤海时期城址的发掘》，《考古》2005 年第 3 期。

　　关于渤海是否铸有钱币的问题，20 世纪 80 年代学界有过一次对"宽永
通宝"的争论。近代以来，中国东北地区和俄罗斯滨海地区屡有"宽永通
宝"钱被发现。日本有宽永（1624～1643）年号，大致相当于中国明末天
启、崇祯时期。其时日本确曾大量铸造"宽永通宝"，学界据此认定中国发
现的"宽永通宝"是流入的日本钱。后来，因为发现的"宽永通宝"较多，
又联系到曹廷杰《西伯利东偏纪要》中记载的俄双城子东南德商火磨坊中有
古碑，相传碑文有"宽永十三年，湖北进马二千匹"等语，有学者认为中国
发现的"宽永通宝"可能不是日本钱，而是东北地区历史上某个不为人知的
号称"宽永"的政权铸造的，也可能"宽永"是渤海后期某王失载的年号。
这样说来，"宽永通宝"就有可能是渤海铸造的钱币，这确实是很令人鼓舞
的。但是，随着研究的深入，学者们发现中国出土的"宽永通宝"与日本国
内保存下来的"宽永通宝"在形和质上都没有太大区别，曹廷杰的记载亦是
采自传闻，于是又重新倾向于认为"宽永通宝"为日本钱币。可是，要想彻
底否定"宽永"政权的存在也有困难。曹廷杰的记载虽然采自传说，但至少
证明有这样的传说，罗继祖先生在其《再谈"宽永通宝"钱》一文中还提到
吉林大学有位老校工早年当华工去过海参崴（符拉迪沃斯托克），在那里听
到过有所谓"宽永王"的传说。总的来说，"宽永通宝"基本可以认定为日
本钱币，"宽永"政权是否存在过却还有待继续研究。

　　第三，渤海商业贸易的形式主要还是以物易物。古代中国东北地区经济
文化的发展有几个高潮，渤海时期是其中之一。渤海有堪称发达的政治、经
济和文化，号称"海东盛国"。说它的商业贸易形式还是以物易物似乎令人
费解，但事实即是如此。对渤海的经济发展状况不可估计过高。渤海地域辽

阔，各地区之间发展程度差别很大，其核心地区已经普遍使用铁器，进入了封建社会；广大的乡间和边远地区则还是金石并用（在渤海遗址中屡有石质农具发现），还处在原始社会末期。总的来说，渤海的经济还是以自然经济为主。与这种较低的经济发展水平相适应，商品交易的形式也不会是高级的货币贸易，传统的物物贸易就可以解决人们在生产和生活中的需求。

据考证，当时比渤海经济社会发展程度高得多的辽也是以物物交换为主要贸易方式。在朝鲜，直到17世纪，钱币仍然没有在流通中起多大作用。"在流通方面起重要作用的除银子外，还有麻布、棉布和粮食等实物货币。田税、大同米的不少部分和军布、奴贡的全部均用麻布和棉布缴纳。"① 18世纪，黑龙江下游地区的人们还实行物物交换的交易形式。"其交易形式，夷人将各种畜皮挟于腋下来交易所，换取自己所需之物品，如酒、烟、布匹、铁器……如看中某物，则肯出各种物品交换。如换不到，甚至脱下自己的衣服进行交易。"② 这样看来，渤海人的贸易方式以物物交换为主也就不足为怪了。以我们今天的眼光来看，物物交换的贸易方式是很不方便的，但习惯成自然，古人这样交易，并不会感到有什么不便。

钱币的产生除为方便商品交换外，还是为了财富的贮藏。只有经济发展到一定程度，社会财富有了相当的积累，钱币才会出现。渤海经济的总体发展水平不但远不及唐，和新罗、日本相比也略逊一筹，整个社会的财富相对贫乏，从贮藏功能这个角度来说对钱币的需求也不强烈。所以，不论是在流通方面还是在贮藏方面，渤海钱币的产生都缺乏社会需求方面的刺激。

第四，渤海的经济发达地区，可能出现和使用了作为一般等价物的货币。人类的各个民族在使用钱币之前，都曾存在一个使用实物货币的阶段。人们往往把自己准备用来交换的物品先换成受到普遍欢迎的某种物品，然后再用这种物品换取自己想要的物品。这种在交换中起媒介作用的物品就是货币。羊、布匹、粮食、贝、金银等都充当过这种意义上的货币。渤海国商业贸易活跃，仍然全是直接的物物贸易也不甚合情理，在一定程度或一定范围内使用了实物货币是可能的，只是目前还没有直接的文献或考古资料证明这一点。

随着商业贸易的发展，计量器具也出现了。渤海存在秤，"上京遗址发

---

① 郭素美：《渤海国历史与文化》，第 129 页。
② 间宫林藏：《东鞑纪行》，第 14 页。

现的三种大小不同规格的铁权（秤砣）表明，当时的渤海已同内地一样建立了相应的度量衡制度，并且由于铁权之与中原的铁权形制相近，推知渤海的度量衡制度大体上效法唐制无疑，从而趋于与中原地区度量衡制度的统一"。① 秤的存在是渤海商业发展的证据。

在俄罗斯滨海地区的戈尔巴特卡城址还出土了一个石质的权（见图 4 - 96），说明渤海的商业不仅存在于上京这样的中心城市，也存在于边远地区，其商业发展的程度可见一斑。

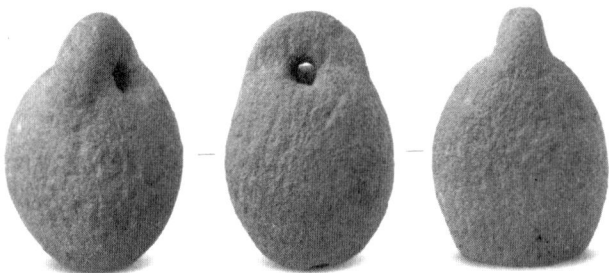

图 4 - 96 俄罗斯滨海地区戈尔巴特卡城址出土的石权

资料来源：《俄罗斯滨海边疆区渤海文物集粹》，第 240 页。

二 对外贸易

渤海人致力于对外贸易，这一点在唐周边诸民族政权中表现得十分突出。其原因大概有三个方面：其一，渤海的上层社会在生活方式上处处仿唐，追求唐的奢侈品以及外国的高档消费品，这是渤海人不畏艰辛与外界进行贸易的主要动力；其二，粟特商人的作用（下文详述）；其三，为获取生活必需品。不过，综合分析，前二点更重要，第三点作用不大。

渤海国的贸易对象一是唐，二是日本。

唐是当时东亚地区文明的中心，经济繁荣，对周边地区有着强烈的吸引力，渤海人对唐的物品非常向往。开元元年（713），"靺鞨王子来朝，奏曰：'臣请就市交易，入寺礼拜'，许之"。② 渤海建国之初称靺鞨国，③ 这个靺鞨王子就是渤海的王子，这是见于记载的渤海与唐贸易之始。此后，渤海人到

---

① 魏国忠、朱国忱、郝庆云：《渤海国史》，第 392 页。
② 王钦若：《册府元龟》卷九百七十一《外臣部·朝贡四》，第 11405 页。
③ 梁玉多、魏国忠：《渤海国初称靺鞨考》，《东北史地》2006 年第 3 期。

唐贸易常态化。中唐时，山东军阀李正己"货市渤海名马，岁岁不绝"。① 开成元年（836），淄青节度使奏："新罗、渤海将到熟铜，请不禁断。"② 渤海的这些商品绝大多数是由海路，即朝贡道运到山东半岛的登州，再运到唐各地的。日本圆仁和尚入唐求法，在登州即听闻有渤海交关船泊于登州外港青山浦。③ 日本语称贸易为交关，所谓渤海交关船就是贸易船。为方便渤海商人、使节往来，唐朝在登州还专门设有"渤海馆"。④

以上记载反映的都是渤海与唐之间的官方或半官方贸易，此外还有民间贸易，道教经典《道藏》中收录了李光玄的著作《金液还丹百问诀》和《海客论》。《金液还丹百问诀》载，"光玄年方弱冠，乃逐乡人舟船，往来于青社淮浙之间，贸易巡历"。《海客论》也说他"泊弱冠，随乡人舟，往来于青社淮浙，为商贾"。据林相先考证，李光玄是渤海人，既从事商业活动，又从事道教活动。⑤ 李光玄搭乘乡人的船，长年在唐的"青社淮浙"一带贸易，说明有一批渤海人长期在唐经商，他们也是渤海与唐贸易的重要担当者。

渤海遣使入唐朝贡的贡品，与唐王朝回赐的赐物具有双重意义：一方面体现了渤海作为地方政权对唐中央必须履行的政治经济义务；另一方面也有经济上互通有无的作用，即实际上的物资交流。渤海对唐的朝贡较为频繁，尤其在文王之世最为频繁。据《新唐书·渤海传》记载，唐玄宗开元天宝年间渤海"朝献者二十九"，唐代宗大历年间"二十五来"。终文王一世，入唐朝贡达54次之多。渤海入贡唐廷的贡物主要有鹰、鹘、鲻鱼、乾文鱼、鲸鲵鱼睛、昆布、熊皮、马皮、皮革、人参、牛黄、白附子、蜂蜜、黄明、头发、松子、金、银、佛像、细布、紫瓷盆、玳瑁环、玛瑙杯等土特产品和贵重物品。渤海每次朝贡之后，按唐廷的惯例，都会接受唐廷回赐的许多物品，如绢、帛、锦采、绵等各类丝织品和药、银器、粟等，大体都是渤海少有或一时短缺的物品。有时，渤海的贡物数量相当大。如开元二十六年（738），渤海"献貂鼠皮一千张、乾文鱼一百口"。而唐廷回赐的物品数量往

① 刘昫：《旧唐书》卷一百二十四《李正己传》，第3535页。
② 王钦若：《册府元龟》卷九百九十九《外臣部·互市》，第11727页。
③ 圆仁：《入唐求法巡礼行纪》卷二，广西师范大学出版社，2007，第56页。
④ 圆仁：《入唐求法巡礼行纪》卷二，第56页。
⑤ 林相先：《渤海后期李光玄的著述及生平》，梁玉多译，《考古、文字、文化大视野中的东北亚文明国际学术讨论会论文集》，内部印刷，2008，第359页。

往要多于入贡的物品数量，如开元二十四年（736）十一月"靺鞨首领聿弃计来朝，授折冲。赐帛五百匹"。这在当时来说也是个庞大的数量了。

渤海人还横渡波涛汹涌的日本海，开辟了与日本的贸易。渤日之间最初的接触主要目的在政治和军事。武王大武艺时期，渤海与唐关系紧张，相邻的新罗、黑水靺鞨都站在唐的一边，只好与隔海相望的日本联系，正如大武艺给日本天皇的国书中所说的，遣使的目的是"亲仁结援"，[①] 所以前几次访日大使都是军事将领。而日本方面一方面希望与渤海共同对付新罗，另一方面有大国意识，希望建立自己的朝贡体系，所以对渤海来使极为欢迎。后来，渤海与唐关系缓和，出访日本的政治、军事意义渐弱，经济贸易成了主要目的，渤海使团几乎完全成了经贸团。

关于渤日之间贸易的形式，王承礼认为可分为宫廷贸易、官方贸易和民间贸易三种，[②] 笔者认同这种观点。

宫廷贸易。渤海使到日本，要代表渤海国王向日本天皇赠送礼物，有时，大使及其他使团成员还以个人身份向日本天皇赠送礼物，天皇都相应给予回赠。表面看来这是一种礼仪，但赠予与回赠之物都是对方所缺的己方特产，实质是互通有无的贸易。这种贸易的贸易额并不小，日方对回赐物品的数量有过具体的规定："渤海王，绢三十匹、绌三十匹、丝二百绚，并以白布裹束。大使，绢十匹、绌二十匹、丝五十绚，绵一百屯。副使，绌二十匹、丝四十绚，绵七十屯。判官，各绌十五匹、丝二十绚，绵五十屯。录事，各绌十匹、绵三十屯。译语、史生及首领，各绌五匹、绵二十屯。"[③] 绢帛以长五丈一尺、宽二尺二寸为一匹，一绚为一斤，一屯为二斤。全部加起来，数目很可观，这是渤日之间贸易的主流。见于记载的这类贸易有 29 次（见表 4－3）。

渤日之间的宫廷贸易通过这种"朝贡"与"回赐"的方式进行。因为日本方面有大国主义思想，视前来贸易的渤海使团为朝贡，为体现自己的上国地位，算政治账多于算经济账，"回赐"往往高于渤海使带来的礼品，形成一定的贸易逆差，渤海使又频繁前来，造成了不小的经济负担，因而有日本大臣主张不以国使的态度对待渤海使团，对违期前来的渤海使不予接待。

---

① 藤原继绳等：《续日本纪》卷十，第 163 页。
② 王承礼：《中国东北的渤海国与东北亚》，第 256～262 页。
③ 藤原时平、藤原忠平：《延喜式》卷三十《大藏织部》，日本国史大系本，第 372 页。

表4-3 渤海与日本的宫廷贸易一览

年份	大使姓名	渤海国王带给天皇的礼物	日方回赠给渤海国王的礼物	资料来源	备注
728	高齐德	貂皮三百张	彩帛一十匹、绫二十匹、绵二百屯、丝一百絇、绵二百屯	《续日本纪卷十》	天皇赠高齐德等人"当色服",并"赐禄绢"
739	己珍蒙	大虫皮、罴皮各七张、豹皮六张、人参三十斤、蜜三斛	美浓绝三十匹、绢三十匹、丝五十絇、调绵二百屯	《续日本纪》卷十三	天皇赠己珍蒙美浓绝三十匹、绢十匹、"余各有差"
753	慕施蒙	信物(具体不详)	"并赐物如别"(具体不详)	《续日本纪》卷十三	
759	杨承庆	"常贡物"(具体不详)	土毛绢四十匹、美浓绝三十匹、丝二百絇、绵三百屯、锦四匹、两面二匹、缬罗十匹、白罗十匹、彩帛四十匹、白锦一百帖	《续日本纪》卷二十二	对使团成员"赐绵有差"
760	高南申	"方物"(具体不详)	绝三十匹(恐为绢之误)、丝二百絇、绵二百屯、调绵三百屯	《续日本纪》卷二十三	"大使以下各有差"
763	王新福	"方物"(具体不详)		《续日本纪》卷二十四	赠使团成员"绢有差"又"杂色袷衣三十柜"
771	壹万福	"方物"(具体不详)	美浓绝三十匹、绢三十匹、丝二百絇、调绵三百屯	《续日本纪》卷三十一	日方赠"大使壹万福以下亦各有差"
777	史都蒙	"方物"(具体不详)	绢五十匹、绝五十屯、黄金小一百两、水银大一百两、金漆一缶、漆一缶、榴油一缶、水精念珠四贯、槟榔扇十枝	《续日本纪》卷三十四	日方赠大使绢二十匹、绝二十匹、绵二百屯
779	张仙寿	"方物"(具体不详)	"信物"(具体不详)	《续日本纪》卷三十五	

续表

年份	大使姓名	渤海国王带给天皇的礼物	日方回赠给渤海国王的礼物	资料来源	备注
796	吕定琳	"土物"（具体不详）	绢二十匹、绵二十匹，丝一百绚、绵二百屯	《类聚国史》卷一九三	
798	贺茂麻吕		绢、绵各三十匹，丝二百绚、绵二百屯	《类聚国史》卷一九三	此次为日本出使渤海
799	大昌泰	"信物"（具体不详）	"信物"（具体不详）	《类聚国史》卷一九三	日方赠使团成员上奏折衣
799	滋野船代	"轻鲜"（具体不详）	绵、绢各三十匹，丝二百绚、绵二百屯	《日本后纪》卷八	此次为日本出使渤海
809	高南容	"方物"（具体不详）		《日本纪略》前篇十四	
810	高南容	"土物"（具体不详）	"少物"（具体不详）	《日本后纪》卷二十	
814	王孝廉	"方物"（具体不详）	"信物"（具体不详）	《日本后纪》卷二十四	日方赠副使以下夏衣
819	慕感德	"方物"（具体不详）		《类聚国史》卷一九四	
820	李承英	"土毛"（具体不详）		《类聚国史》卷一九四	
822	王文矩	"信物"（具体不详）	"信物"（具体不详）	《类聚国史》卷一九四	
824	高贞泰	"信物"（具体不详）		《类聚国史》卷一九四	大使高贞泰"别贡"契丹大狗二口，猧子二口。日方赠使团成员"冬衣服料"
825	高成祖	"土宜"（具体不详）	"轻毛"（具体不详）	《类聚国史》卷一九四	
828	王文矩			《类聚国史》卷一九四	日方赠大使以下、稍工以上"绢绵有差"
842	贺福延	"信物"（具体不详）	"信物"（具体不详）	《续日本后纪》卷一〇	大使贺福延"私献方物"
849	王文矩	"土物"（具体不详）	"信物"（具体不详）	《续日本后纪》卷十八	赠使团成员"日本服"

续表

年份	大使姓名	渤海国王带给天皇的礼物	日方回赠给渤海国王的礼物	资料来源	备注
859	乌孝慎	"信物"（具体不详）	"信物"（具体不详）	《日本三代实录》卷二	渤海大使乌孝慎"别贡土宜，日方乃赠乌孝慎东绢五十匹、绵四百屯"
861	李居正			《日本三代实录》卷五	日方以渤海违期前来为由，拒收渤海的礼物，也无回赠，但赠渤海使团成员绢一百四十五匹、绵一千二百二十五屯。另赠大使李居正绢二十五匹，绵一百四十屯
872	杨成规	大虫皮七张、豹皮六张、熊皮七张、蜜五斛		《日本三代实录》卷二十一	
877	杨中远	"方物"（具体不详）		《日本三代实录》卷三十一	
883	裴颋	"信物"（具体不详）		《日本三代实录》卷四十二	

826 年，以高承祖为首的渤海使团在日本隐岐登陆，日本右大臣兼皇太子傅藤原绪嗣上表天皇，指出渤海使团"实是商旅，不足邻客"，认为"以彼商旅，为客损国，未见治本……弊多迎送，人疲差役，税损供给……伏请停止客徒入京，即自着国还却。且示朝威，且除民苦"。① 但他的建议没有被采纳。不过，日廷确实制定了对渤海使来访次数的限制措施，先是规定 6 年一次，后又改为一纪（12 年）一次。渤海人在利益的驱动下，常不到规定的年限就来了，日方也并没有严格执行规定，对违期前来的渤海使，虽然也有在登陆点劝返之事，总的来说，还是给予了正常接待。到 779 年日廷又提出"宜其修聘之使，勿劳年限"，② 完全废除了年限。

官方贸易。以礼品和回赠形式的宫廷贸易结束，就可以由内藏寮与渤海使团贸易了。内藏寮是日本政府部门，所以这是官方贸易。见于记载的官方贸易有这样几次：822 年农历四月二十日，"内藏寮与渤海客回赐货物"。③ 883 年农历五月七日，"内藏寮和气朝臣彝范率僚下向鸿胪馆交关，八日癸西，内藏寮交关如昨"。④ 交易一天不能完成，说明交易额不小。《日本三代实录》卷二十一载，822 年农历四月二十二日，日方以"官钱四十万，赐渤海国使等"，四十万不是个小数目，日方不可能无故赐给渤海人。同书记载两天前内藏寮与渤海人进行了贸易，这四十万必是双方贸易的差额款，这也进一步说明官方贸易的数量可观。

民间贸易。官方贸易结束，渤海使团就可以和日方民间进行贸易了。822 年农历四月二十日，内藏寮与渤海客交易后，乃于次日"听京师人与渤海客交关"，二十二日继续"听诸市人与客徒私相交易"，又唤集市廛人，卖与"客徒"土物。⑤ 这一次交易竟连续进行两天，贸易之活跃可以想见。民间贸易的活跃在一定程度上冲击了宫廷贸易和官方贸易，所以日廷明令禁止。882 年农历十一月二十八日，"安置渤海客于便处，依例供给，勤加优遇，又禁止私回易客徒所赍货物"。⑥ 不过，这项禁令看来并没有被严格执行。

---

① 菅原道真：《类聚国史》卷一九四，第 358 页。
② 藤原绪嗣等：《日本后纪》卷八，经济杂志社，大正 2 年（1913），第 26 页。
③ 藤原时平、菅原道真、大藏善行：《日本三代实录》卷二十一，吉川弘文馆，2002，第 308 页。
④ 藤原时平、菅原道真、大藏善行：《日本三代实录》卷四十三，第 536 页。
⑤ 藤原时平、菅原道真、大藏善行：《日本三代实录》卷二十一，第 308 页。
⑥ 藤原时平、菅原道真、大藏善行：《日本三代实录》卷四十二，第 528 页。

考古发掘也证明了渤日之间贸易的存在。1988 年，在日本长屋王邸宅中出土了写有"渤海使""交易"等字样的木简，[1] 说明这里是渤日之间贸易的场所之一。据石川县埋藏文化财中心编《关于记者发表资料 宙田ナベタ"遗址出土的金属箍》报道：2001 年 10 月，在日本石川县金泽市出土了一个金属箍。"金属箍比较小、长 18 毫米、宽 19 毫米、厚 2 毫米、重只有 2.3 克。表面在铸有宝相华唐草文青铜胎质上贴有金箔，而且在图文的凹处涂上黑漆令花纹鲜明地浮起……像带有这类图样的金属箍在日本列岛至今还没有发现过，从这种金属箍原材料的青铜中没有测出国产青铜中含有的砷和锑，这说明该金属箍不是在日本国内打造，金属箍或许是来自日本海对岸的渤海国。"[2]

渤海使访日正值日本积极向唐朝学习进行封建化的时代，日本社会从宫廷到民间都热衷于使用唐朝的物品、学习唐朝的文化，次数十分有限的遣唐使带回来的物品等无法满足这一巨大的需求，渤海使的贸易恰好起到了补充作用。从这个角度说，渤日之间的贸易也促进了日本社会的发展。

不论是对唐贸易还是对日贸易，也不论是哪种形式的贸易，渤海方面的主要输出品都是毛皮。唐和日本气候都较温暖，毛皮并非必需品，但好的毛皮贵重，是财富和身份地位的象征，达官贵人、富商大贾竞相穿用。其中，虎皮和豹皮（"豹"字或与"貂"字通用，应为貂皮[3]）是五品以上的参议和三品以上的高官在仪式上才允许穿着。日本重明亲王不顾夏季炎热的天气，着八件黑貂皮衣赴宴就是这一风气生动的体现。渤海气候寒冷，所产毛皮质量上乘，数量也多，广受欢迎，一直是最主要的输出商品。9 世纪后，日本与新罗、唐的官方交流基本停止，渤海几乎成了日本上层社会高档毛皮的唯一来源，渤日之间的贸易更显重要。

三 粟特胡商的作用

粟特是中亚地区一个古老的民族，本居住在以撒马尔罕为中心的阿姆河和锡尔河之间地区，大体相当于今乌兹别克斯坦一带。操印欧语系东伊朗

---

① 酒寄雅志：《从渤海国看东北亚的动向与古代日本》，宁波译，《博物馆研究》1993 年第 4 期。

② 酒寄雅志：《渤海和古代日本——相隔日本海的交流》，郭素美译，梁玉多主编《渤海史论集》，第 355 页。

③ 铃木靖民：《渤海国家及对外交流》，郭素美译，梁玉多主编《渤海史论集》，第 277 页。

语，有自己的拼音文字，一般称为粟特文。粟特人信奉祆教，他们建立过九个绿洲城邦，即康、安、曹、石、史、米、何等国，后以国为姓，形成了康、安、曹、石、史、米、何等大姓，[①] 中国史籍将之称为"昭武九姓"或"九姓胡"。但粟特人没有建立过统一的国家，故长期受制于其他政权。粟特地区正处于中亚西部丝绸之路的干线上，经商条件便利，粟特人逐渐发展成了一个独具特色的商业民族，主要是从中亚购入体积小、价值高的珍宝，如宝石、珍珠等，运到中原地区卖掉，购买丝绸，再运到中亚、西亚出售，从中获利。

正是由于经商，到唐代，粟特人逐渐扩散到丝绸之路沿线及中国北方的许多地区。粟特人"善商贾，争分铢之利。男子年二十，即远之旁国，来适中夏，利之所在，无所不到"。[②] 营州就是粟特人比较集中的地区之一。

营州即今辽宁朝阳，自古以来就是东北与中原交通的咽喉要地。隋唐时，这里是汉族和各少数民族错杂居住之地，唐在此设营州都督，是唐控制东北地区的军政枢纽，也是一大贸易集散地，各地客商云集，商品交易活跃。这对善于经商的粟特人来说自然极具吸引力，所以不少粟特人定居于此。开始时营州的粟特人以经商为主，后来渐渐地也有不少粟特人从事其他行业。由于粟特人在营州各少数民族中文化程度相对较高，走南闯北的商业生涯又使其见多识广，再加上吃苦耐劳的精神，他们当中不少人跻身上流社会，成了有影响、有地位的人物。发动安史之乱的安禄山乃"营州柳城胡也，本姓康"，[③] 史思明也是"营州宁夷州突厥杂种胡人也"。[④] 康、史都是粟特大姓，据考证，二人实际都是流寓该地的粟特部酋。[⑤] 粟特人善于投附较强大的政治势力，以取得一定的政治地位，从而有利于商业活动的开展。

早在安史之乱一个世纪前，粟特人在营州的数量就不少，而且依附当地居于主导地位的粟末靺鞨，取得了一定的政治势力。武德四年（621）六月，"营州人石世则执总管晋文衍，举州叛，奉靺鞨突地稽为主"。[⑥] 这个石世则

① 玄奘、辩机：《大唐西域记校注》卷一，季羡林等校注，中华书局，1985，第72～98页。
② 刘昫：《旧唐书》卷一百九十八《西戎传·康国》，第5310页。
③ 欧阳修、宋祁：《新唐书》卷二百二十五上《逆臣上·安禄山》，第6411页。
④ 刘昫：《旧唐书》卷二百上《史思明》，第5376页。
⑤ 陈寅恪：《唐代政治史述论稿》上篇，上海古籍出版社，1982，第31页；荣新江：《安禄山的种族与宗教信仰》，中国唐代文化学会编辑委员会编《第三届中国唐代文化学术研讨会论文集》，1997，第235页。
⑥ 司马光：《资治通鉴》卷一百八十九《唐纪五》，岳麓书社，1990，第3册，464页。

是营州石氏的代表人物，石是粟特九姓之一，王小甫先生认为营州石氏就是粟特人。^① 突地稽是粟末靺鞨的首领，隋末率千余家内属，被安置在营州，炀帝授他金紫光禄大夫、辽西太守。唐初，以其部置燕州，仍以突地稽为总管，后因军功封著国公。贞观初，升任右卫将军，赐姓李。^② 从突地稽的经历和唐对他的册封，以及赐以国姓等情况看，唐对他信任有加，他没有真的被粟特人石世则拥戴为主，或者是他拒绝了石世则的推举。后者的可能性更大些。粟特人这次反唐无疑失败了，但这件事至少说明两点：（1）营州粟特人有过反唐失败的经历，对唐有一定的敌意；（2）粟特人与靺鞨人关系良好，在一定程度上结成了以粟末靺鞨为主的联盟，这种关系持续了很多年。

武则天万岁通天元年（696），契丹人李尽忠、孙万荣杀营州都督赵文翙反，以乞乞仲象、大祚荣父子和乞四比羽为首的靺鞨人以及粟特集团参与其事。李尽忠、孙万荣失败后，靺鞨人、粟特集团东奔。不久，乞四比羽被杀，乞乞仲象死，大祚荣率领这一集团在天门岭击败唐李楷固的追兵，乃于698年来到靺鞨故地东牟山（今吉林敦化一带），建立了靺鞨国。后大祚荣接受了唐的渤海郡王的封号，改称渤海国。粟特人参与了渤海的这一建国过程，并成为渤海人的组成部分之一。

在渤海国的居民中有粟特人，这可从以下几个方面窥知。

第一，渤海人中有可考的粟特人。王小甫先生指出："近年人们在渤海国赴日使团的名单中，发现了出身史国的粟特胡人史都蒙，以及出身安国的粟特胡人安贵宝的名字。"^③ 在渤海访日使团中出现的安姓和史姓人名如下：（1）760年，以高南申为大使的渤海国使团访日，使团中有一个判官名叫安贵宝（或安贵琮）；^④（2）777年，渤海访日使团大使名叫史都蒙，使团的一个大录事名叫史道仙；^⑤（3）842年，以贺福延为大使的渤海国访日使团中，有一个录事名叫安欢喜。^⑥ 安、史都是粟特九姓之一，联系到粟特人参与渤海建国的情况，存在他们是粟特人的可能。张碧波先生认为："可以推想，

① 王小甫：《"黑貂之路"质疑——古代东北亚与世界文化联系之我见》，《历史研究》2001年第3期。
② 刘昫：《旧唐书》卷一百九十九下《靺鞨》，第5359页。
③ 王小甫：《"黑貂之路"质疑——古代东北亚与世界文化联系之我见》，《历史研究》2001年第3期。
④ 藤原继绳等：《续日本纪》卷二十二，第378页。
⑤ 藤原继绳等：《续日本纪》卷三十四，第598、604页。
⑥ 藤原良彦等：《续日本后纪》卷十一，经济杂志社，大正2年（1913），第349页。

这些粟特人均原是营州地区的粟特移民。"①

　　说史都蒙等人是粟特人，除姓氏外，还有民俗方面的证据。史都蒙擅长给人相面。他在日本时见一青年"眉目如画，举止甚都……姿仪魁伟"，乃"问通事舍人山于野上云：'彼一少年为何人乎？'野上对：'是京洛一白面尔。'都蒙明于相法，语野上云：'此人毛骨非常，子孙大贵。'野上云：'请问命之长短？'都蒙云：'三十二有厄，过此无恙。'"此人姓橘名清友，其女橘嘉知子后来入宫立为皇后，应了子孙大贵之预言；而且，橘清友也正是在三十二岁时病死，一切都"果如都蒙之言"。② 相面是粟特人所信奉的祆教的重要内容之一，所以不少粟特人都精于此道。有的粟特人还以此为业，比如上文提到的粟特人安禄山，其"母阿史德氏，亦突厥巫师，以卜为业"。③ 史都蒙明于相法，则进一步增加了他是粟特人的可能性。

　　第二，考古学发现证明，渤海遗存中有粟特文化的因素。粟特是一个善于经商的民族，渤海国的粟特人也一样，在渤海国及其周边地区留下了粟特文明及其商业活动的痕迹。

　　（1）俄罗斯伯利州发现中亚银币，该银币为卑路斯以及瓦弗兰五世时代萨珊银币的仿制品，7～12世纪在中亚实际上作为流通货币使用。

　　（2）在今石勒喀河与额尔古纳河的汇流地带，出土了一面中亚铜镜，铜镜背面图案是一个骑乘者，刻有粟特语或伊朗语似的文字。

　　（3）俄罗斯滨海地区克拉斯基诺村出土的工艺品，铃木靖民认为是唐代陶瓷器以及中亚的遗物；④ 王小甫认为即使不是中亚原产，也是中亚产品的仿制品。⑤ 两人都认定其是粟特人的遗物。克拉斯基诺是渤海盐州遗址，是渤海日本道的起点，在这里发现粟特人的遗物，说明这里要么是粟特人的一个聚居区，要么经常有粟特人活动。

　　（4）1995年，俄罗斯学者在滨海地区阿尔瑟尼耶夫市收集到一枚黑衣大食时代的中亚银币。为古代中亚安国银币的仿制品。银币的表面铸有王的正面胸像，王冠上部可见半月与星的形状，脸的右边铸有安国文字，专家认为

---

① 张碧波：《唐代渤海兴起史研究自选集》，香港天马出版有限公司，2011，第234页。
② 藤原基经：《文德天皇实录》卷一，经济杂志社，大正2年（1913），第501页。
③ 刘昫：《旧唐书》卷二百上《安禄山传》，第5367页。
④ 铃木靖民：《渤海远距离交易与运输者》，《亚洲游学》1999年第6期。
⑤ 王小甫：《"黑貂之路"质疑——古代东北亚与世界文化联系之我见》，《历史研究》2001年第3期。

其意为"安国王"。此银币可能是黑衣大食呼罗珊总督穆罕默德在任时（758~768）所铸。①

（5）在渤海上京龙泉府出土过一个银盘，据说属中亚文物的仿制品。另外在上京还出土过舍利函，共七层，第七层为玻璃质，翠绿色。样品分析表明，其基本成分与罗马玻璃相似。②

（6）在俄罗斯滨海地区的"马里亚诺夫斯克城址、新戈尔杰耶夫斯克城址、新戈尔杰耶夫斯科耶村落址发现了渤海时期的青铜铸造生产遗迹，研究表明，新戈尔杰耶夫斯科耶村落址是索格狄亚那人（中国史籍中所称的康居国人或粟特国人）青铜铸造工匠的居民点"。③

中亚和西方文化出现在渤海国，其来源只有两种可能：一是唐作为一个开放性大国，中亚人将中亚文化带到了唐，与唐来往密切的渤海又从唐将中亚风格的文化引入渤海；二是渤海人中就有源自中亚的成分，即粟特人。综合各方面的情况分析，后者的可能性更大。

俄罗斯学者沙弗库诺夫从语言学角度论证了粟特与渤海的联系。他注意到，塔吉克语与满语的一些词语发音相同或相近，如锯、豆、加调料的奶渣、猎人、井、桃、稻等，进而做出这样的推测："在古穆克利人（通古斯族系）和室韦人的词汇中，存在着借用伊朗语族的索格狄亚那人的术语。众所周知，索格狄亚那人是相当塔吉克人的祖先之一，因此在现代通古斯满语族民族的词汇里存在着同塔吉克语相对应的词汇，所以说，古索格狄亚那人长时间地保持着同穆克利人、其后是渤海人的密切联系……很明显，在渤海人与上面列举的民族长时间和亲密的接触中，源于另一种语言的词和术语可能渗透到渤海人的词汇中去。"④ 这种接触就是通过长期居住在渤海的粟特商人实现的。"在渤海地域内有很多来自康居、吐火罗、和田和其他国家操伊朗语商人的洋行。这些洋行的伊朗语族居民长时间远离自己的祖国，娶渤海女人为妻，建立自己的家庭，就是很自然的事了。"⑤

---

① 沙弗库诺夫：《东北亚民族历史上的粟特人与黑貂之路》，《东北亚的古代文化》，大和书房，1998，第148页。
② 张碧波：《唐代渤海兴起史研究自选集》，第237~238页。
③ 沙弗库诺夫等：《渤海国及其俄罗斯远东部落》，第139页。
④ 沙弗库诺夫：《论渤海的民族与文化构成》，裴石译，杨志军主编《东北亚考古资料译文集》6，第54页。
⑤ 沙弗库诺夫：《论渤海的民族与文化构成》，裴石译，杨志军主编《东北亚考古资料译文集》6，第54页。

渤海民族中有粟特族成分，这也解释了为什么渤海人有那么强烈的商业意识。

渤海人强烈的商业意识，可从其积极开展对日贸易中略见一二。从 727 年的第一次到 919 年的最后一次，192 年间，渤海国共遣使访日 34 次，平均 5 年多一次，在木帆船时代，这个交往频次是相当惊人的。除了最初是以建立军事联盟，共同对付新罗和唐以外，其余绝大多数都打着外交旗号，实则为了贸易，即以兽皮、药材等土特产换取日本的高级丝织品、丝织原料以及其他奢侈品。如前文所述，双方贸易是以"朝贡"和"回赐"的方式进行的，日本以上国自居，回赐品的价值高于渤海的贡品，实质上日本是逆差贸易，所以日本限制渤海使团到来的间隔时间，798 年规定 6 年一次，后又于 824 年规定 12 年一次。但是，渤海人经商意愿强烈，常常没到规定的年限就以种种借口赴日，有时日本拒绝接待，使团被冷落在边地。再加上渤、日之间隔着波涛汹涌的日本海，赴日贸易实际上冒了极大的风险。尽管如此，渤海人还是以大无畏的精神，开辟了这条商路，或可以称为东北亚的"丝绸之路"。为了开辟这条路，渤海人付出了生命的代价，船毁人亡的事经常发生，仅遇难的大使就有 2 人，随行人员遇难的更多达 200 人以上。这种对商业的执着精神在东北亚地区十分罕见。

对于渤海人善于经商的原因，绝大多数人都认为是气候条件所致。比如，金毓黻先生说："渤海僻处东北，其地濒海，气候严寒，故多产鸷禽、异兽、文石、鳞介、药材，饥不能常食，寒不能尽衣，而往往为中朝殊方之所贵。重释通使，轮蹄四达，即以所产之物辇之各国，以易米、粟、布、帛，为国人日用之需。盖立国二百余年中，无一日不如是也。"[①] 可是，同处这一地区的其他时期的政权为什么不这样呢？所以还是要在商业意识上分析。不论是横向看还是纵向看，渤海人的商业意识都非常突出。从横向看，当时的新罗、契丹，乃至于日本都没有表现出像渤海那样的商业热情；从纵向看，渤海的先世肃慎、挹娄、勿吉、靺鞨，后世的女真、满族也都没有在商业方面有什么突出的表现。何以渤海这么特殊？答案只有一个：渤海人中有一个善于经商的民族——粟特人。

粟特人的文化素养比较高，他们的加入，提高了渤海政权的政治和文化素质。更为重要的是，善于经商的粟特人改变了渤海主体民族靺鞨族传统的

---

① 金毓黻：《渤海国志长编》卷十七《食货考》，第 380 页。

以农业为主，兼营牧、猎、渔业的自给自足的生活方式，商业也成了国家经济的重要组成部分，使经济多元化了。而且，粟特人的商业活动也促进了渤海国与外界的联系，扩大了渤海国的影响。

第十节　人口

人是构成一个国家的第一要素，事实上也是经济发展的一个重要指标。无论古代还是现代，想治理好国家都要进行人口普查，渤海国也一定做过这个工作，只是结果未能保存下来。而了解渤海的人口数是我们今天认识渤海历史不可缺少的一环。所以，我们只好依据现有的资料对渤海人口数进行推测。

渤海国的人口，从其建国到灭亡的 200 余年间，经历了一个由少到多的发展过程。

《旧唐书》载，渤海建国之初，"地方二千里，编户十余万，胜兵数万人"。十余万到底是多少？按汉语的语言习惯，十余万是指超过了十万，但超过得并不多，不会超过十五万，所以十余万户当是十一至十五万户。一户有几口呢？隋大业二年，全国有户 8907536、口 46019956，每户平均 5.17 人；唐天宝元年，全国有户 8348395、口 45311272，每户平均 5.43 人；唐时高昌国 22 城有户 8000、口 37700，每户平均 4.71 人。可见，隋唐时期，无论是中原地区还是周边少数民族地区，每户大都是五口左右。以每户五口计算，则渤海建国初期人口为 55 万人至 75 万人。这个数字仍嫌笼统，能否再精确一下呢？所谓编户是指有独立经济能力，有服兵役义务的民户。建立渤海国的粟末靺鞨上层人物长期居住在营州，多已大地主化，有的有"僮朴数千"。这些大地主私人拥有的"僮朴"当不在编户之列。再者，在渤海国北部和东部可能还有臣属于渤海，但未入"编户"序列的较原始的部落。所以说，渤海的实际人口估计更靠近它的上限，定在 65 万人至 75 万人当与事实相去不远。

经过二十多年的发展，到武王大武艺时期，渤海人口有了大幅度增长。武王的弟弟大门艺曾对武王讲过这样一段话："昔高丽盛时，士三十万，抗唐为敌，可谓雄疆。唐兵一临，扫地尽矣。今我众比高丽三分之一，王将违之，不可。"[1] 从这段话可以看出，此时渤海人口大体为高丽全盛时期的三分

---

[1]　欧阳修、宋祁：《新唐书》卷二百一十九《北狄列传·渤海靺鞨》，第 6180 页。

之一。高丽被唐"扫地尽矣"时，有户 697000，仍以每户 5 口计算，则有人口近 350 万人。三分之一为 115 万人左右，则此时渤海人口在 115 万人上下。年人口增长率约为 3%。同一时期唐的年人口增长率不到 2%。渤海人口增长速度略快。这是因为唐的人口增长是人口的自然增长，而渤海的人口增长还包括疆域扩大涵盖了更多的人民。

文王以后，渤海主要实行文治，战争不多，社会较为安定，人口增长较快。到渤海灭亡前夕，人口达到了顶峰。此时，渤海有兵"数十万"。数十万是多少很难确认，但 10、20 是不能称为数十的，所以数十万至少是 30 万。军队是 30 万人以上，人口应当有多少呢？如果在平时也很难明确，因为军队人数和人口总数并无固定比例，但此时这个比例却可以大致确定下来。因为渤海当时正受到来自契丹的巨大军事压力，必然会尽最大努力增加兵力，军民比例应当是最大值。诸葛亮数次起倾国之兵北上伐魏，蜀国总人口近百万人，最多能动员十万人。高句丽与强大的唐对抗，必然是全力动员，它有户 697000，口约 350 万，可动员 30 余万人的军队。可见，在古代，兵力动员的最大限度是 10 人左右一个兵。渤海国有 30 万人以上的军队，则总人口必在 300 万人以上。

不过，渤海国人口的分布极不平衡。核心地区人口密度较大，据考证，在其全盛时期，仅上京城就有人口 15 万～20 万人。[①] 但渤海国面积有 40 余万平方公里，每平方公里平均只有 7 人左右，边远地区可能还不到 1 人。

第十一节　其他经济行业

一　纺织、制革与毛皮加工

1. 纺织

渤海人的先世很早就掌握了纺织技术。挹娄人就"有五谷、牛、马、麻布"，[②] 勿吉人"妇人则布裙"。[③] 上文提到勿吉的农作物中有大麻，在勿吉的遗址中又发现过大量的陶纺轮，可知布裙的布是麻布，而且是勿吉人自己纺织

---

① 朱国忱：《渤海上京城的"市"与市易媒介和人口问题》，郑永振、李东辉、尹玄哲主编《渤海史研究》12，第 247 页。

② 陈寿：《三国志》卷三十《魏书·乌丸鲜卑东夷传·挹娄》，第 847 页。

③ 魏收：《魏书》卷一百《勿吉传》，第 2220 页。

的。麻长成后要放到水中沤，以去除麻纤维上的其他物质，只留下纤维，并且
增加纤维的韧性。然后，勿吉人用陶纺轮将之纺成线，再用线织布。

渤海人继承先世的传统，并继续发扬光大，不但能纺织麻布，还能纺织
丝绸（见图 4-97）。1975 年，在上京龙泉府遗址出土了渤海的舍利函。舍
利函中的方形银盒和圆形银盒都用多层丝帛制品包裹，[①] 虽然已经腐朽，但
仍让人看到了渤海时期的丝织品。渤海经常从日本和唐输入丝织品，所以舍
利函里的丝织品不一定是渤海人自己织的，但是文献资料证明渤海也产丝
绸。《新唐书·渤海传》载，渤海的特产里有"沃州之绵，龙州之紬"，绵和
紬都是丝织品。上文我们讨论过，渤海国遍植桑树，所以可以说，舍利函中
的丝织品有可能是渤海人自己织的。

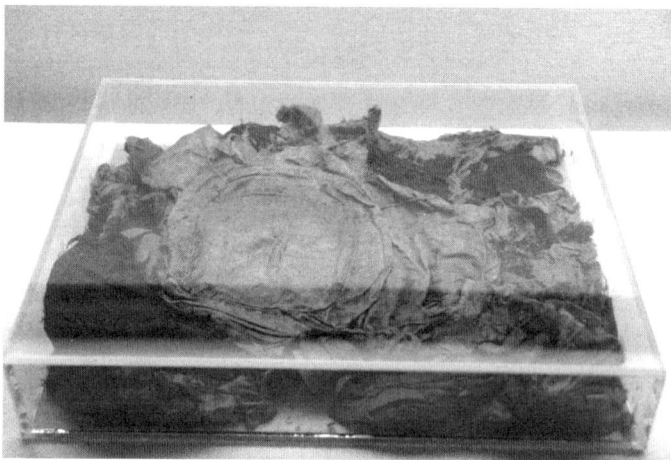

图 4-97　渤海土台子村寺庙址出土的丝织品
资料来源：现存渤海上京遗址博物馆。

从渤海不断从唐和日本输入丝织品的情况看，渤海自己产的丝织品可能
数量不足，花色品种不多，无法满足需要。丝织品服装是上层社会所着，普
通百姓着布衣。

渤海有"显州之布"，渤海的气候不适合种棉，[②] 所以这个布是麻布。
1972 年在和龙市八家子北大墓中发现了一小块麻布，"长 8 厘米、宽 4 厘米，

---

① 宁安县文物管理所、渤海镇土台子大队：《黑龙江省宁安县出土的舍利函》，《文物资料丛
刊》2，文物出版社，1978。

② 方学风：《渤海"显州之布"、"沃州之縣"辨析》，《延边大学学报》1982 年第 4 期。

是用纯麻线织成的平纹布，每平方厘米经 12 根，纬 12 根，属粗布"。① 因为这里正是渤海显州，所以这种布可能就是"显州之布"。另外在不少渤海遗址中都出土过布纹瓦（见图 4-98）。渤海人在制造瓦坯时，先在模具内放一层布垫，所以瓦烧成后留有布纹。这种布纹也较粗，应当和"显州之布"一样属粗麻布。

图 4-98　上京城遗址采集的布纹瓦

资料来源：梁玉多采。

　　1992 年，在辽耶律羽之墓出土了非常精美的团窠卷草对凤织金锦、罗地凤鹿绣等丝织品。考虑到耶律羽之掌握东丹实权多年，它们也可能是渤海遗民织的，代表的是渤海的纺织水平。

　　黑水靺鞨曾向唐献"六十综布"。②"综"是织机上用以控制经线的工具，这里可能是指布的宽幅。这种布既是给唐的贡品，应该不同于上文所述出土的粗麻布，当是细麻布。这种布黑水靺鞨能织，比之先进的渤海可能也能织。

　　丝织品可能是由官府经营的，由官府设立手工工场，集中生产，产品很可能只供王室和贵族官员享用，与普通百姓无关。但麻纺织则不同，它应该是家家户户分散进行的家庭手工业，所以产量很大。渤海国灭亡后，东丹国每年要"贡契丹国细布五万匹、粗布十万匹"。③ 据估计，15 万匹约合今 200 万米，④ 若再加上自用部分，东丹国布的产量非常可观，据此可推测渤海国

① 郑永振、延长录：《延边古代简史》，延边大学出版社，2000，第 84 页。
② 王钦若：《册府元龟》卷九百七十一《外臣部·朝贡四》，第 11412 页。
③ 叶隆礼撰《契丹国志》卷十四《诸王传·东丹王》，第 150 页。
④ 魏国忠、朱国忱、郝庆云：《渤海国史》，第 372 页。

布的产量亦不少。正是由于渤海人有较高的纺织技术，辽政权还直接役使渤海遗民从事纺织。《辽史·地理志一》载，辽上京道祖州城"东为州廨及诸官廨舍，绫锦院，班院祗侯蕃、汉、渤海三百人，供给内府取索"。绫锦院是专门纺织高级丝绸的手工工场，织工中不少是渤海遗民。产品既由"内府取索"，说明是专供皇室的。

在苏联滨海地区夹皮沟河岸的杏山有渤海寺庙址，在这一带的河谷有已经成为野生的亚麻，这亚麻就是由渤海农民栽培出来的。[①] 另外，在不少渤海遗址中都出土了渤海的陶纺轮，如在黑龙江省海林市三道河子乡河口村的河口遗址出土了5件，[②] 在俄罗斯滨海地区渤海遗址中出土多件，[③] 在上京城出土1件。[④] 看来，渤海人引种了亚麻等麻类植物，然后用陶纺轮把麻纤维织成麻线，再用麻线织成布。

在俄罗斯滨海地区科尔萨科夫斯克耶村落址中，出土了用于剪羊毛的弹性剪刀（见图4-99），[⑤] 这说明渤海可能有毛纺织。另外，唐代黑龙江下游的流鬼人"又狗毛杂麻为布而衣之"。[⑥] 狗毛麻布是寒冷地区人民的一大发明，狗毛与麻混纺之布当然比纯麻布保暖性好。流鬼人应当是黑水靺鞨的一个分支，与渤海人同源，渤海或也有此技术。不过，总的来说，渤海的毛纺织业并不发达。

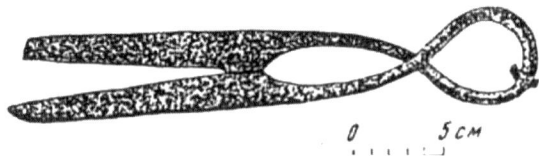

图4-99 俄罗斯滨海地区渤海遗址出土的剪羊毛的弹性剪刀
资料来源：沙弗库诺夫：《渤海国及其俄罗斯远东部落》，第118页，图2。

2. 制革

渤海国有发达的畜牧业和渔猎业，皮革来源丰富，皮革在其生活中有重

① 沙弗库诺夫：《苏联滨海地区的渤海文化遗存》，《东北考古与历史》1982年第1期。
② 《河口与振兴——牡丹江莲花水库发掘报告（一）》，第50页。
③ 列申科：《滨海地区渤海遗址中的粘土制品》，裴实译，杨志军主编《东北亚考古资料译文集》4，第282页。
④ 黑龙江省文物考古研究所、吉林大学考古学系、牡丹江市文物管理站：《渤海国上京龙泉府宫城第二宫殿遗址发掘简报》，《文物》2000年第11期。
⑤ 沙弗库诺夫：《渤海国及其俄罗斯远东部落》，第118页。
⑥ 杜佑：《通典》卷二百《边防十六·北狄七·流鬼》，第2852页。

要意义。在相关的遗址遗迹"时常发现的一些带有形形色色饰牌和肚带卡的皮带残存可以证明，他们经常用一些又厚又结实的驼鹿皮来制作饰用皮带、鞋子、马具等"。这一切都需要有制革业来支撑。靺鞨人的制革是在一家一户分散进行的，"在每一处靺鞨人的居址中，都可以见到石制的和陶制的刮刀——此乃靺鞨人自己加工兽皮的又一见证"。① 皮革制品不像金属与陶瓷制品那样利于久存，所以我们现在已经见不到任何渤海皮革的实物。考古发掘发现了渤海人制革的遗迹和遗物，让我们得以了解渤海人制革业的情况。

1996 年，俄罗斯考古工作者在滨海边疆区乌苏里斯克的克罗乌诺夫卡村西南约 2 公里地方，发现了属于渤海时期的制革遗迹和制革工具。在一个专门放置皮革废弃物及其他垃圾的灰坑中，发现了一些厚度为 3 ~ 5 厘米、最大面积为 1 平方米的熟石灰块，以及印有瓮底痕迹的熟石灰块，这些石灰块是由用来剔除动物皮毛的石灰浆形成的。遗迹中还出土了铁制的用于裁制皮革的刀以及 4 把陶质的用来清除兽皮内膜的刮刀；出土了包括瓮在内的各种形状的陶器残片，瓮顶还带有横扳耳。根据这些遗物，再结合当地的地理环境和当时一般的制革工艺，俄罗斯考古工作者复原了渤海人制革的过程："先是将毛沤掉，即将毛皮运至距皮革作坊约 40 ~ 50 米处的河水里放置一段时间，在上面置几块巨大的石头，以使毛皮不被水流冲走。同时将生石灰放入陶瓮中，为方便操作，在陶瓮上安装了结实的横扳耳。然后用水浇石灰，使其变成熟石灰。接着，皮匠就把泡涨的皮革毛朝上平铺在地，把陶瓮里的熟石灰浇在上面，以便将毛剔除。过一段时间，将石灰从兽皮上抖落下来，然后将兽皮放入专门挖掘的坑内，并开始清除它的内膜。这样可使兽皮脱灰，即剔除石灰残余。下一个加工步骤是软化与鞣革。毫无例外，在鞣革时，皮革放入装有柞树皮津液的陶瓮内，然后将皮革晒干。"② 这一工序与中原地区明显不同，应当是靺鞨人的传统工艺。

3. 毛皮加工

渤海人也懂毛皮加工技术。制革是去掉皮上之毛，只要皮；毛皮加工则是既要毛又要皮，即把生毛皮制成熟毛皮，然后用熟毛皮缝制皮裘。制革用熟石灰，毛皮加工则用芒硝。渤海每次遣使到日本，给日方的"信物"中几

---

① 杰烈维扬科：《黑龙江沿岸的部落》，第 59 页。
② 沙弗库诺夫：《1996 年对阿波里科索沃村落遗址的调查》，刘冬冰译，杨志军主编《东北亚考古资料译文集·高句丽、渤海专号》，第 270 页。

乎都有各种毛皮，而且数量较大，如727年渤海国首次遣日使团就带去貂皮三百张。[1] 这些貂皮不大可能是原皮，应该是熟制好了的。872年访日大使杨成规曾赠日方接待人员都良香貂裘、麝香、暗摸靴。[2] 貂裘既然是送给外国人，质量一定上乘，说明渤海人有成熟的毛皮加工业。暗摸靴很可能是皮革缝制，质量一定很好。

二　造酒

古人造酒方法有二：一是早期的酿造法，可产米酒，度数低，产量低；二是蒸馏法，可产烧酒（白酒），度数高，产量高。李时珍在《本草纲目》中说："烧酒非古法也，自元时始创其法。"所以一般人都以为中国在元代才开始有蒸馏酒。2006年，在黑龙江阿城玉泉酒厂院内发现一件青铜器，经专家鉴定是早期用蒸馏法制酒的一件设备，证明金代时黑龙江阿城就有了蒸馏法制酒技术，是中国蒸馏酒的发祥地。

可是，这一结论可能并不准确，渤海人也有制作蒸馏酒的可能。在上京龙泉府遗址出土了一件较完整的铁圈饰（图4-100），"发现于外城南部朱雀大街东侧里坊内，直径101厘米，重约20公斤，模铸而成。其正面窄，背面略宽，约13~14.4、厚0.9厘米。正面有十三道垄状纹饰，可分三组，两边有向外斜的1.5厘米宽的沿。背面较平，适合于放置在圆形器物上，如大型铜、铁锅等。根据手工业烧酒设施和工艺来看，它可能是烧酒锅的外圈。渤海已能酿造醇酒"。[3]

图4-100　上京龙泉府遗址出土的铁圈饰

资料来源：朱国忱、金太顺、李砚铁：《渤海故都》，第432页，图62。

---

① 藤原继绳等：《续日本纪》卷十，第163页。

② 《都氏文集》卷四，转引自孙玉良《渤海史料全编》，第336页。

③ 朱国忱、朱威：《渤海遗迹》，第219页。

如果这一猜测无误，中国蒸馏酒的历史又可向前推大约两个世纪。而且，渤海人是最早掌握这一技术的民族，成为渤海科技史上闪光的一页。

但是，蒸馏酒技术在渤海也是刚刚出现，远远谈不上普及。在其边远的靺鞨部落中似应还广泛存在着传统的嚼米酿酒方法。

嚼米酿酒毕竟产量太低，工艺落后，随着渤海与唐接触的增多，酒曲得以传入，这种古老的酿酒方法使用得越来越少了，但其并没有完全被淘汰。据明人陈继儒的《建州考》载，明初，建州女真人还"嚼米为酒，醉则溺而盥面"。[①] 则此俗至少延续到了明初。

渤海人主要还是和唐内地一样以酒曲酿米酒或黄酒。唐人酿酒有一项比较独特的工艺是石灰降酸。谷物酿酒在酒成时，酒液中还存在大量微生物，常常使酒变酸。为解决这一问题，唐人在酒将成时向酒醪中加入少许石灰，杀灭微生物，避免变酸。官营酒作坊良酝署"会期日酒酸，良酝署令杜纲添之以灰"。[②] 民营作坊也用此法，"唐冀州封丘县，有老母姓李……家镇沽酒，添灰少量，分毫经纪"。[③] 足见此法在唐使用广泛。由上文可知，渤海人炼铁时懂得添加石灰做碱性熔剂，则他们对石灰的性能十分了解，所以酿酒时学唐人用石灰降酸也是完全可能的。

北方民族普遍嗜酒，这与其居住环境有关。北方的冬天漫长寒冷，以酒驱寒当然再好不过；而且，冬天的旷野上单调无生机，天地苍茫广阔，人处于其中狩猎、捕鱼，会有强烈的孤独感和恐惧感。酒则可以壮胆，排遣寂寞。勿吉人、渤海人一定也如此，酒在渤海人的饮食生活中占有重要位置。

三 粮食与食品加工

1. 粮食加工

渤海立国以前东北地区北部粮食去壳的加工方法是用石磨盘和磨棒，即将谷物放在一块石板上，再用一块条形石滚动碾压。这是一种原始的方法，效率很低。到渤海时技术出现重大进步，即手摇石磨的出现。石磨由

---

① 转引自赵延军《习俗在满族形成过程中的作用》，中国北方民族文化史课题组编辑《北方文化研究》第一集，黑龙江省社会科学院文学研究所，1987，第398页。
② 张鹭：《良酝》，董诰等编《全唐文》卷一七四，中华书局，1983。
③ 李昉等：《太平广记》卷一百九《报应八·李氏》，哈尔滨出版社，1995，第773页。

上下两扇组成，中有木轴连接，上扇有进料口，摇动石磨，上扇转动，谷物在两扇之间碾压去壳。这种石磨已发现数个。在上京宫城 3 号、4 号殿出土了一具石磨（见图 4 - 101），"玄武岩质，通体打磨，色呈青灰。俯视略呈圆形，底面平，上面呈圆形凹窝，中心有圆形透孔。在其边缘有一呈半球状凸出的柄，在柄处的器身上有一圆形孔。高 11.8 厘米、直径 37.2 厘米、上面凹窝直径 28 厘米、中心孔径 4.8 厘米、柄部孔径 3.6、深 4.4 厘米"。①

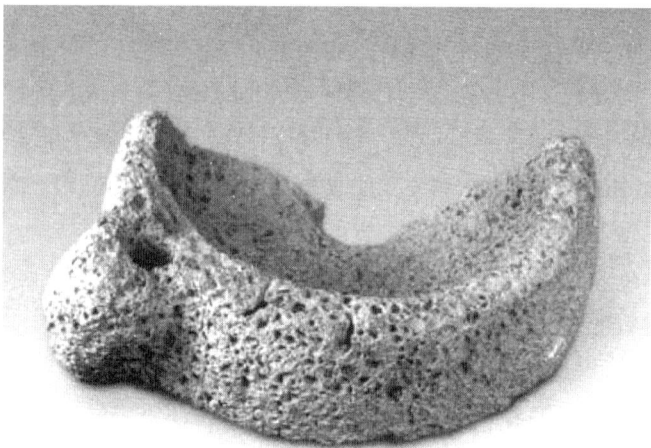

图 4 - 101　上京城遗址出土的石磨盘
资料来源：《渤海上京城》，图版三——4。

在俄罗斯滨海地区马里亚诺夫斯克城址、杏山村落址出土了形制、材质大体相同的手摇石磨（见图 4 - 102），"用玄武岩制作的碗形磨具，磨具直径 30 厘米，器高 11 厘米。漏斗本身的直径 12 厘米，中央有一个直径 4 厘米的漏口，漏口里安装枢轴以固定磨，磨具上面保存完好的凸缘上凿制有一个不大的手柄凹口"。②

虽然这种手摇磨较以前的石磨盘及石锥等，加工效率有了显著的提高，但还是太小，直径不过三四十厘米，加工能力有限，似不能完全满足像上京

---

① 《渤海上京城》，第 427～488 页。
② 阿尔德来耶娃、鲍尔金、沙弗库诺夫、列谢科：《渤海时代滨海地区居民的物质文化（上）》，宋玉彬译，《东北亚历史与考古信息》1996 年第 1 期。

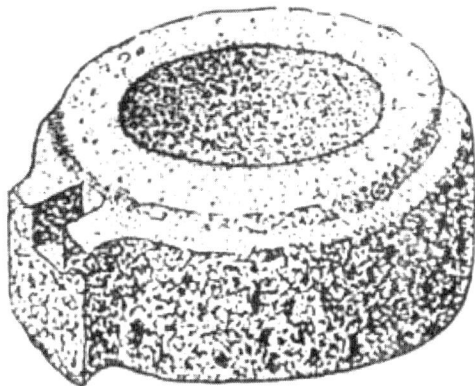

图 4 - 102　俄罗斯滨海地区出土的渤海手摇石磨

资料来源：阿尔德来耶娃、鲍尔金、沙弗库诺夫、列谢科：《渤海时代滨海地区居民的物质文化（上）》，宋玉彬译，《东北亚历史与考古信息》1996 年第 1 期。

这样有 15 万～20 万人的大城市的需要，所以有可能采用类似中原的大型碾、磨①及水锥等。在各大中城市里，也有磨坊、米坊、面行等粮食加工、销售网点的存在。②虽然这些还只是推测，但考虑到渤海人巨大的消费能力和渤海与唐的频繁交往，这种可能性是完全存在的。

2. 食品加工

食品加工主要有豆豉和大黄汤的制作。

渤海有一种著名的土特产，即"栅城之豉"。豉即豆豉，俗称腊八豆，是一种用大豆发酵而成的调味品，"有咸淡两种……淡的可入药"。③它是渤海人日常食用的佐餐食品，可以用来做汤，可以用来当佐料，也可以直接食用。

豉是一种很古老的食品，秦汉时期就已经出现，但比酱的出现晚。《齐民要术》卷八有制作豆豉的详细方法，可见南北朝时期豆豉的食用已很广泛了。到唐宋时期，豉已进入千家万户，成了最大众化的食品。据《原化记》

---

①　俄罗斯学者研究后认为，手摇旋转石磨的生产效率大大高于碾谷碾子，前者是后者效率的 2.5 倍至 6 倍（克鲁沙诺夫主编《苏联远东史——从远古到 17 世纪》，成于重译，哈尔滨出版社，1993，第 244 页；魏国忠、朱国忱、郝庆云：《渤海国史》，第 361 页）。这一结论恐有问题，直到近代粮食加工机器出现之前，大规模的粮食加工都使用碾子，碾子的效率高于手摇磨。

②　魏国忠、朱国忱：《论渤海经济》，《学习与探索》1984 年第 2 期。

③　魏收：《魏书》卷一百《勿吉传》，第 2220 页。

记载，唐代崔希真请一老人吃大麦面，老人说："能沃以豉汁，则弥佳。"[1]宋代还有"润江鱼咸豉""十色咸豉""诸色姜豉""波丝姜豉"[2] 等多种用豉做的菜。金人也有名为"鱼咸豉"的菜。[3] 今天，豆豉在中国并未退出人们的餐桌，还有用它做佐料的菜肴，如大家都熟悉的名菜"麻婆豆腐"和"豆豉鲮鱼"。但总的来说，其重要性已大不如古代，也和葵菜一样不为大多数人所知。

豉是什么时候传入东北地区的同样不能确知，但在渤海之前未见记载。渤海与中原交往甚为频繁，渤海人在包括生活方式等各个方面，都"宪象于唐"，所以渤海时期传入的可能性最大。

大黄汤是何物不好断言。不过这里的"大黄"不可能是指汤的原料或成分，"大黄"是一种味道极苦的中药，不可能用来做汤，"大黄"应当是指汤的颜色，大黄汤是一种黄颜色的汤。笔者有一种猜测：渤海有著名的"栅城之豉"，豉的颜色也是黄的，也许大黄汤就是用豉制作的。

四 木器与骨器、玳瑁器制作

1. 木器制作

木器比铁器、石器、骨器的使用更加广泛，材质易得，又易加工，所以木器制作是渤海手工业的一项重要内容。人类早期的日用器皿多为木器，后来才逐渐让位于陶器。而在古代的一些林区，木器始终没有被陶器替代，一直在人们的生活中发挥着重要作用。在渤海人的日常生活中，木器可能比陶器和铁器更常用，只是木器易腐，保留下的实物证据极少，但也不是完全没有，如在俄罗斯滨海地区克拉斯基诺城址就出土了一个木碗（见图4－103）。木可以做日用器皿，当然也可以做工具。

2. 骨器、玳瑁器制作

动物骨质地坚硬，重量却轻，又极易获得，是古人常用的制作器物的原料。渤海人在生产、生活的各个领域都有骨器的使用（见图4－104、图4－105、图4－106、图4－107）。

---

① 李昉：《太平广记》卷三十九，第251页。
② 吴自牧：《梦粱录》卷十六，浙江人民出版社，1984，第144页。
③ 楼钥：《北行日录》上卷，赵永春编注《奉使辽金行程录》，吉林文史出版社，1995，第252页。

图 4 - 103　俄罗斯滨海地区克拉斯基诺城址出土的木碗

资料来源:《俄罗斯滨海边疆区渤海文物集粹》,第 185 页。

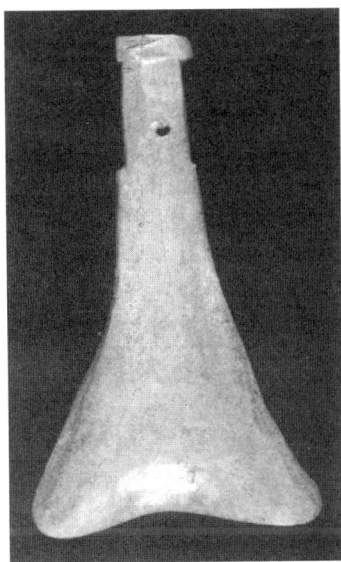

图 4 - 104　黑龙江东宁小地营渤海遗址出土的骨铲

资料来源:黑龙江省文物考古研究所:《黑龙江省东宁县小地营遗址渤海房址》,《考古》2003 年第 3 期,图版叁 4。

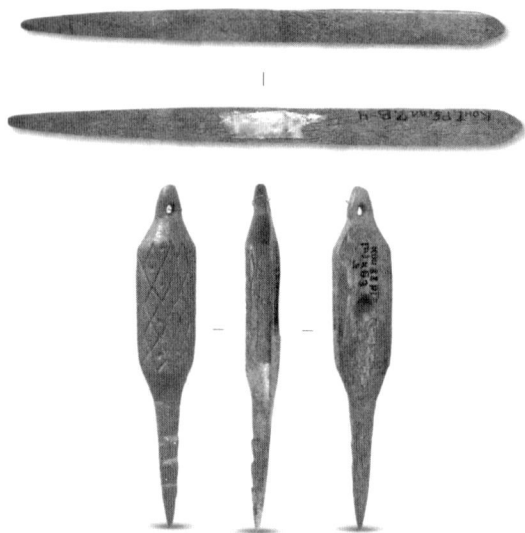

图 4 – 105　俄罗斯滨海地区康斯坦丁诺夫卡 1 号村落址出土的骨簪、骨锥

资料来源:《俄罗斯滨海边疆区渤海文物集粹》,第 7、8 页。

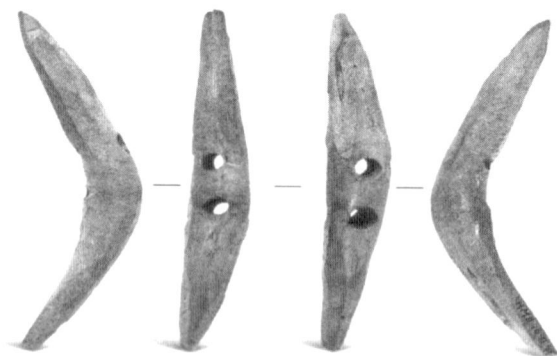

图 4 – 106　俄罗斯滨海地区尼古拉耶夫斯科耶 2 号城址出土的骨马镳

资料来源:《俄罗斯滨海边疆区渤海文物集粹》,第 197 页。

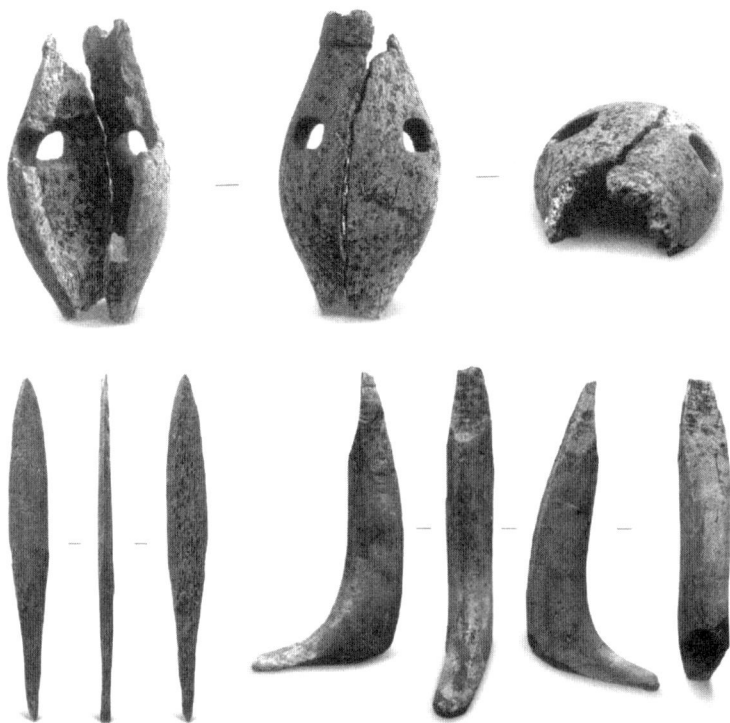

图 4 - 107　俄罗斯滨海地区戈尔巴特卡城址出土的骨鸣镝、骨镞、骨刀柄

资料来源:《俄罗斯滨海边疆区渤海文物集粹》,第 232、234、237 页。

　　俄罗斯考古工作者发现了两个半成品的渤海骨质鸣镝(见图 4 - 108),刀削锯子锯的痕迹清晰可见,让我们得以大致了解了渤海人制作骨器的基本工艺:先用锯子锯去不需要的部分,再用刀反复刮削,得到所要器物的大致形状,最后再细细打磨成成品。虽然制作过程费时费力,但原材料易得,又坚固耐用,故骨器的应用很普遍。

　　渤海工匠还长于玳瑁器制作。877 年,渤海使杨中远欲献给日本天皇一个玳瑁酒杯,虽然没有被接受,其精美程度还是令日本君臣大为吃惊。日本官员春日宅成感叹:"昔往大唐,多观珍宝,未有若此之奇怪。"[1]

---

[1]　藤原时平、菅原道真、大藏善行:《日本三代实录》卷三十一,第 530 页。

图 4 - 108　俄罗斯滨海地区克拉斯基诺城址和戈尔巴特卡
城址出土的骨质鸣镝坯料

资料来源：《俄罗斯滨海边疆区渤海文物集粹》，第 181、238 页。

第五章

唐代室韦的经济

隋唐时期，黑龙江西部是室韦。隋时，室韦部族发展起来，分为五部，不相总一，即南室韦、北室韦、钵室韦、深末怛室韦、大室韦。① 到唐代时又发展到二十余部。② 室韦的分布范围已经非常广阔，"东至黑水靺鞨，西至突厥，南接契丹，北至于海"。③ 据考证，这个范围大体就是东到结雅河，西到呼伦湖，南到霍林河，北到鄂霍次克海。④

与渤海相比，唐代时室韦的经济落后不少，但与南北朝时期相比还是有进步。

就经济体制而言，唐代时室韦还处在氏族社会末期的原始形态。生产的基本单位是父系家庭，大规模的围猎则全部落合作完成。部落"小或千户，大数千户，滨散川谷，逐水草而处，不税敛。每弋猎即相啸聚，事毕去，不相臣制"。⑤ 这种原始经济形态没有人压迫人的租税徭役，公平公正。

第一节 畜牧业和渔猎业

室韦人传统的经济基本是以畜牧、狩猎为主，以捕鱼、农业为辅。不同的部落因地域条件不同，各业的比重有所不同。唐代时，这种生产生活方式

---

① 魏徵等：《隋书》卷八十四《室韦传》，中华书局，1973，第1882页。
② 欧阳修、宋祁：《新唐书》卷二百一十九《北狄列传·室韦》，第6176页。又据《旧唐书·室韦传》载，唐代室韦有九部。因《新唐书》基本列出了二十余部的名字，又大体介绍了各部的方位，所以本书采用《新唐书》的说法。
③ 刘昫：《旧唐书》卷一百九十九下《室韦传》，第5356～5357页。
④ 孙秀仁、孙进己、郑英德、冯继钦、干志耿：《室韦史研究》，北方文物杂志社内部出版，1985，第23页。
⑤ 欧阳修、宋祁：《新唐书》卷二百一十九《北狄列传·室韦》，第6176页。

没有大的改变，但是有些具体生产技术进步了。

一　畜牧业

隋时，居住在嫩江下游地区的南室韦以畜牧为主。所养牲畜"无羊，少马，多猪牛"。[①] 这与一般游牧民族骑马牧羊的情形明显不同，原因是这里"土地卑湿"，沼泽遍地，不宜喜干之羊、马，而宜喜湿之猪、牛。说畜牧不是室韦人家庭副业而是主业，是因为他们没有定居。室韦人春秋冬季在海拔低的嫩江下游游牧，夏季则"移向西北贷勃、欠对二山"，那里"多草木"，[②] 是理想的夏季牧场。根据不同季节转场是游牧的基本特征，所以说此时室韦经济是以游牧为主的。因为畜牧是主业，牧养的牲畜就是其最常见的财产，是财富的代表，甚至婚姻都必须"送牛马为聘"。[③]

唐时室韦的畜牧业与隋时基本相同，唯在所养的牲畜中多了狗和羊。《旧唐书》载："畜宜犬豕，豢养而啖之。"[④] 从"豢养而啖之"看，室韦人养狗和养猪一样，都是为吃肉，不是为看家护院或当狩猎助手。《资治通鉴》载，9 世纪 40 年代初，唐幽州节度使张仲武"破那颉啜，得室韦酋长妻子。室韦以金帛羊马赎之"。[⑤] 说明唐代时室韦有羊，只是数量不多。

《新唐书》载，室韦人"率乘牛车……有牛不用，有巨豕食之"。[⑥] 这一记事反映了两个事实。一是养牛很大程度是为力役，即拉车，最多还用作商品对外交换。"有牛不用"当然不是什么都不用，《旧唐书》解释得很清楚，耕作时"人牵以种，不解用牛"。[⑦] 二是室韦的肉食主要来自猪，他们可能是掌握了初步的良种培育技术，培育出的猪与其他民族养的猪不同，体形较大，而且大得十分明显，所以才有"巨豕"之谓。

考古资料也证明唐时的室韦有羊。在能够确定时期为唐至五代室韦遗存的海拉尔谢尔塔拉墓地，出土的兽骨仅见马肩胛骨 1 件、羊肩胛骨 2 件，未见猪、牛、狗骨。[⑧] 这一现象可以这样理解：正因为马、羊少，物以稀为贵，

---

① 魏徵等：《隋书》卷八十四《室韦传》，第 1882 页。
② 魏徵等：《隋书》卷八十四《室韦传》，第 1882 页。
③ 魏徵等：《隋书》卷八十四《室韦传》，第 1882 页。
④ 刘昫：《旧唐书》卷一百九十九下《室韦传》，第 5357 页。
⑤ 司马光：《资治通鉴》卷二百四十六《唐纪六十二》，第 4 册，306 页。
⑥ 欧阳修、宋祁：《新唐书》卷二百一十九《北狄列传·室韦》，第 6176 页。
⑦ 刘昫：《旧唐书》卷一百九十九下《室韦传》，第 5357 页。
⑧ 《海拉尔谢尔塔拉墓地》，第 59 页。

才会作为随葬品出现在墓地中。如果发掘的是反映日常生活的灰坑类遗存，猪、牛骨可能会多些。

二　渔猎业

并非所有室韦人都以畜牧为主，居住在黑龙江上游及其以北地区的北室韦人，因气候寒冷，冬季时牲畜多冻死，无法开展畜牧业，唯赖狩猎。就是以畜牧为主的南室韦诸部，渔猎也是重要副业，在经济生活中所占比例不低。

长于游牧的民族往往也长于狩猎，室韦人也不例外，"人尤善射"。① 北部诸部"气候最寒，雪深没马。冬则入山，居土穴中，牛畜多冻死。饶獐鹿，射猎为务，食肉衣皮"。② 除了猎獐、鹿等外，北部诸部"皆捕貂为业"。③ 猎獐、鹿等是为食肉衣皮，满足自己生活所需；捕貂则是为到中原政权朝贡所用，或是作为对外交换的商品。《隋书》载，大室韦"尤多貂及青鼠"。④

为什么说室韦人猎获的貂皮只用于对外朝贡和交换，自己并不穿用呢？我们看一看他们的服饰就知道了。《北史》载，室韦人"男女悉衣白鹿皮襦袴"，南室韦"冠以狐貉，衣以鱼皮"。⑤ 可知室韦人主要以鹿皮、鱼皮为衣，以狐皮、貉皮为帽，不着貂皮。大概因为貂皮为中原及朝鲜半岛所尚，故都被室韦人用作交易的商品了。

室韦人狩猎方式的一个显著特点就是滑雪。"地多积雪，惧陷坑阱，骑木而行。"⑥ 骑木就是滑雪。雪地上滑雪而行，速度极快，可以追及獐、鹿。中原人无此俗，误解为"惧陷坑阱"。《唐会要·流鬼国》对此有较为详细的描述："地气早寒，每坚冰之后，以木广六寸，长七尺，施系于其上，以践层冰，逐其奔兽。"⑦ 室韦人是东北地区较早掌握滑雪技术的民族，大大提高了狩猎的效率。

室韦人长于合作捕猎。"每弋猎即相啸聚，事毕去。"⑧ 这种弋猎是大型围猎，需很多人合作，要有一定的组织协调，狩猎效率高，收获常常很大。

① 欧阳修、宋祁：《新唐书》卷二百一十九《北狄列传·室韦》，第 6176 页。
② 魏徵等：《隋书》卷八十四《室韦传》，第 1883 页。
③ 李延寿：《北史》卷九十四《室韦传》，中华书局，1974，第 3130 页。
④ 魏徵等：《隋书》卷八十四《室韦传》，第 1883 页。
⑤ 李延寿：《北史》卷九十四《室韦传》，第 3129、3130 页。
⑥ 杜佑：《通典》卷二百《边防十六·北狄七·室韦》，第 2850 页。
⑦ 王溥：《唐会要》卷九十九《流鬼国》，中华书局，1955，第 1777 页。
⑧ 欧阳修、宋祁：《新唐书》卷二百一十九《北狄列传·室韦》，第 6176 页。

这样的大型围猎在肃慎系民族中普遍存在，猛安谋克制和八旗制都脱胎于这样的狩猎组织。

室韦人能捕鱼，尤善冬捕。"凿冰没水中而网取鱼鳖。"[1] 一般说来，当时人们捕鱼主要有钩钓、用鱼叉或鱼镖、网捕等几种方法。相对而言，网捕较复杂。既然比较复杂的方法都已经掌握，掌握较简单的其他方法自是情理之中。当时渔业资源丰富，一些室韦人常能捕到大鱼，所以才能以鱼皮为衣。

第二节　手工业

一　冶铁和铁器制造

室韦人能冶铁。唐时室韦人已经进入了铁器时代，开始使用铁器，这毫无疑问。但他们使用的铁器是从外部输入的还是自己锻造的，学界对此意见不一。现在看来，室韦人应该是能够自己冶炼铁器，至少一部分是自己冶炼的。

《隋书·室韦传》《北史·室韦传》《通典·边防十六》均记载，室韦"其国无铁，取给于高丽"，似乎说明，直到杜佑所在的中唐时期，室韦都不能自己冶铁，但能使用铁，是从高句丽输入的。《旧唐书·室韦传》也载，室韦"剡木为犁，不加金刃"。"不加金刃"是因为铁太少，只能用于最重要的武器上。这也表明终唐一代，室韦都只能使用少量的从高句丽输入的铁，没能自己冶铁，并大规模使用。

但是，文献中也有若干室韦人冶铁的记载。《辽史》载："坑冶，则自太祖始并室韦，其地产铜、铁、金、银，其人善作铜铁器。"[2] 辽太祖时为五代初，唐刚刚灭亡，那时的室韦之地产铁，人又工于铁器，而某项生产技术从出现到熟练，再到为周边其他民族所知必然要有一个过程，不可能是一夜之间出现和形成的，所以理解为始于唐代并不为过。又，《胡峤陷虏记》载："东北，至袜劫子，其人髦首，披皮为衣，不鞍而骑……其国三面皆室韦，一曰室韦，二曰黄头室韦，三曰兽室韦。其地多铜、铁、金、银，其人工巧，铜铁诸器皆精好，善织毛锦。"[3] 据王国维先生在《萌古考》一文中考

---

① 李延寿：《北史》卷九十四《室韦传》，第 3130 页。
② 脱脱等：《辽史》卷六十《食货志》，第 930 页。
③ 《胡峤陷虏记》，赵永春编注《奉使辽金行程录》，第 10 页。

证，此"袜劫子"就是蒙古。[①] 蒙古是由室韦的一支——蒙兀室韦发展来的，所以这个"袜劫子"也即是室韦，胡峤所记之事时间为五代后期，则室韦人冶铁和制造铁器之事至少始于唐代。

蒙古族的传说中也有关于其先世冶铁的反映。有一个传说是这样的：蒙古先世的居住地四面环山，后来人民日众，地狭不能容，乃谋出山，但四周悬崖屹立，无路可出，"先是其民常采铁矿于其中之一山，至是遂积多木，篝火矿穴。以清水七十鞲（用革囊做的吹火设备）煽火，铁矿既熔，因辟一道。成吉思汗后裔之蒙古君主者，纪念此事，每于除夕召铁工内廷捶铁，隆礼以谢天恩，蒙古民族之起源如此"。[②] 这一传说说明蒙古人的先世，即室韦人能够开采矿石冶铁。至于其冶铁始于何时尚无法下结论，但鉴于南北朝时的室韦完全没有关于铁的记事，则始于其后的隋唐的可能性更大些。

由此可知，在唐代，至少是唐后期，室韦人已能够冶铁。其不仅能够冶铁，而且产量和技术都很可观，在周围的民族中很有名气。唐代时，东有渤海，西有室韦，共同铸就了黑龙江冶铁业的辉煌。

到目前为止，能确定属于唐代时室韦的遗址很少，海拉尔的谢尔塔拉墓地是最具有代表性的一个。该墓地位于内蒙古呼伦贝尔市海拉尔区谢尔塔拉镇东约5公里处。虽然这里在今天的行政区划上不属于黑龙江，但在唐代与嫩江流域同属室韦文化区，能够反映嫩江流域室韦人的冶铁和铁器制造业情况。

该墓地出土了很多铁器，其中大多数为武器或生产工具类：矛7件，不但有铁头，还存有木杆（见图5-1）；箭70余枝，同样不仅有铁镞，还残存木杆（见图5-2）；刀8件。箭全长80厘米，符合《魏书》《北史》等关于室韦"其箭尤长"的记事。少数为生活用具，有盘2件、马衔1件（见图5-3）、钉2件。[③]

图 5-1 谢尔塔拉墓地出土的铁矛

资料来源：《海拉尔谢尔塔拉墓地》，第41页，图三九。

---

① 赵永春编注：《奉使辽金行程录》，第12页。
② 多桑：《多桑蒙古史》，冯承钧译，商务印书馆，2013，第38~39页。
③ 《海拉尔谢尔塔拉墓地》，第39~59页。

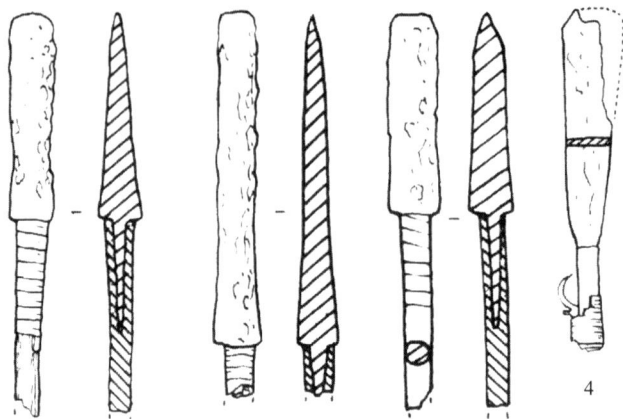

图 5-2　谢尔塔拉墓地出土的各型铁镞
资料来源：《海拉尔谢尔塔拉墓地》，第46页，图四五。

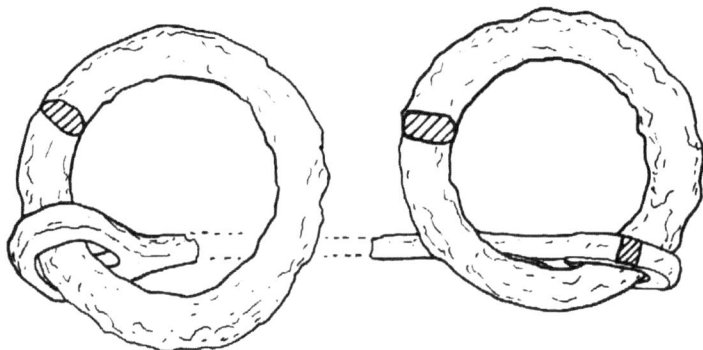

图 5-3　谢尔塔拉墓地出土的铁马衔
资料来源：《海拉尔谢尔塔拉墓地》，第55页，图五七。

　　较之以往，唐代时室韦人铁的普及程度明显提高了。以往铁比较少，最重要的武器尚不能全用铁制造，扎赍诺尔以及其他两汉到南北朝时期的鲜卑、室韦墓葬的镞都是铁质与骨质共存，而且骨质多于铁质。谢尔塔拉墓地出土的镞则全为铁质，未见骨镞。如果仍依赖从外界输入铁，不大可能达到这一程度。

　　更重要的是，还有室韦人炼铁的直接证据。据苏联学者奥克拉德尼科夫的《1954年的远东考古工作》，在黑龙江上游石勒喀河畔有一座古城，"城内有几十处大大小小的穴式房址。通过对其中一处房址的探查，发现了一些阿穆尔典型陶器和炼铁生产的遗迹。在其他古城址也有一些类似的发现。因此，可以肯定地说，公元一千纪时，有一些从事农业和畜牧业的阿穆尔靺鞨部落，曾经沿着石勒喀河向上发展"。① 奥克拉德尼科夫错误地认为留下这些遗址的是靺鞨人，事实上靺鞨人从来没有到达这一地区，这是室韦的遗存无疑。古城中发现冶铁遗址说明，室韦人所用之铁有一部分是自己冶炼的。

室韦人制造的铁器有一定的突厥风格。南北朝末到唐初，室韦人既臣属于中原政权，也被迫接受突厥一定程度的统治，"突厥常以三吐屯总领之"。②这使得室韦的社会、经济、生活等方面不免留下突厥的痕迹。在黑龙江中、上游发现过许多突厥风格的器物，其中就有铁兵器、铁马具等。③

二 木器、桦皮器与陶器制作

室韦人长于木器制作，木制品被广泛用于生产生活的各个方面。室韦人耕地用的犁是木制的，"斸木为犁，不加金刃"。④ 室韦人很多日用品也是木制的，只是木器容易腐烂，绝大多数没能保存下来。谢尔塔拉墓地出土木杯、木盘各1件，木箸1双，木马鞍3件（见图5-4、图5-5）。作为游牧渔猎民族的室韦人，生活用品更喜欢用木器，而不像农耕民族那样喜欢用陶器。这大概是因为木器便于携带，制作也方便。

室韦人长于用桦树皮制作器物。桦皮器在室韦人的生活中应用广泛，小到日用器皿、大到居住的房子都可以用桦树皮制作。《隋书》载，他们"用桦皮盖屋"。⑤ 谢尔塔拉墓地出土不少桦皮器，有罐6件、箭囊4件（见图5-6）、鞍鞯2件。一些墓葬棺盖板上也覆盖着桦树皮。一些桦皮器做工细致，比如桦皮罐，罐壁和罐底连接处并非简单地缝合，而是罐底"边缘下凹，嵌入器壁内"，⑥ 然后再细密缝合，使器壁与器底形成完好整体。

从谢尔塔拉墓地出土物情况看，唐代时室韦人的陶器较少，而且仍然以手制为主。出土陶罐5件，均为手制，陶质较疏松，胎体较厚，制作技艺不高。不过与其南北朝时期的制作技艺相比也小有进步，即出现少量轮制陶

---

① 转引自孙秀仁、孙进己、郑英德、冯继钦、干志耿《室韦史研究》，第41页。
② 魏徵等：《隋书》卷八十四《室韦传》，第1882页。
③ 杰列维扬科：《靺鞨、室韦及其文化》，林树山译，《黑龙江文物丛刊》1982年第3期。
④ 刘昫：《旧唐书》卷一百九十九下《室韦传》，第5357页。
⑤ 魏徵等：《隋书》卷八十四《室韦传》，第1883页。
⑥ 《海拉尔谢尔塔拉墓地》，第35页。

器。出土轮制陶壶3件（见图5-7），硬度较高，胎体薄厚均匀，质地明显高于手制的陶罐。[1]

图5-4 谢尔塔拉墓地出土的木杯、木盘、木箸

资料来源：《海拉尔谢尔塔拉墓地》，彩版三三1、3、4、5。

图5-5 谢尔塔拉墓地出土的木质马鞍和鞍鞯

资料来源：《海拉尔谢尔塔拉墓地》，彩版三四4。

---

[1] 《海拉尔谢尔塔拉墓地》，第32~33页。

图 5 - 6　谢尔塔拉墓地出土的桦皮箭囊

资料来源:《海拉尔谢尔塔拉墓地》,彩版三四 2。

图 5 - 7　谢尔塔拉墓地出土的室韦晚期陶壶

资料来源:《海拉尔谢尔塔拉墓地》,彩版三二 3。

三　纺织与制革

谢尔塔拉墓地多数墓葬都发现有衣服残片,"多为麻、毛织品"。麻织品不能确定是不是出自室韦人之手,因为中原地区和东北地区都能生产麻布。考虑到汉代时经济落后的挹娄都"有五谷、麻布",[1] 出土的麻织品确实存在为室韦人所织的可能。而毛织品出自室韦人之手的可能性就更大了。虽然无羊,但室韦作为畜牧和狩猎民族,各种动物毛的来源很多。

室韦人能制革。《新唐书》载,"其畜无羊少马,有牛不用,有巨豕食之,韦其皮为服若席。"[2] "韦"本是名词,指"加工过的柔皮",[3] 这里用作动词,指加工成柔皮的过程。看来,室韦人能够较熟练地熟制猪皮、牛皮。

此外,室韦还有少量农业。《旧唐书》载,室韦"剡木为犁,不加金刃,

---

① 范晔:《后汉书》卷八十五《东夷传·挹娄国》,第 2812 页。
② 欧阳修、宋祁:《新唐书》卷二百一十九《北狄列传·室韦》,第 6176 页。
③ 古代汉语编委会:《古代汉语字典》,商务印书馆,2005,第 821 页。

人牵以种，不解用牛"。① 用人力拉木质的犁耕作，与南北朝时期勿吉人的
"佃则偶耕"大体一样。这种农业技术太过落后，犁不加金刃，又用人力拉
犁，不知用牛，则不可能深耕细作，再加上纬度过高，气候寒冷，当然产量
较低，"田获甚褊"。② 但室韦人以畜牧和渔猎为主，对粮食需求不高。尽管粮
食产量较低，仍有剩余被用来酿酒。《北史》载，室韦人"有曲，酿酒"。③
《隋书》也说"造酒食啖，与靺鞨同俗"。④

① 刘昫：《旧唐书》卷一百九十九下《室韦传》，第5357页。
② 欧阳修、宋祁：《新唐书》卷二百一十九《北狄列传·室韦》，第6176页。
③ 李延寿：《北史》卷九十四《室韦传》，第3129页。
④ 魏微等：《隋书》卷八十四《室韦传》，第1882页。

第六章

辽代的黑龙江经济

10 世纪初，阿保机统一契丹各部，916 年建立契丹（后改称辽）政权。不久之后，他征服室韦各部，灭亡了渤海国，整个黑龙江地区都在契丹的统治之下。黑龙江全域统一在一个政权之下，在历史上还是第一次。但一个政权下的黑龙江各地经济发展程度仍有较大差异。东部原渤海地区经历了断崖式下滑再缓慢恢复的过程，形成了一个低谷，发展水平不但低于其后的金，也低于之前的渤海。其他地区没有发生大的变化，承袭前代，不断有所发展。

第一节　原渤海地区人口大量流失及其负面影响

造成辽代黑龙江东部地区经济倒退的很大一部分原因是辽灭渤海国后渤海遗民的流失：一是辽政权对渤海遗民的强制迁徙；二是渤海遗民的自行逃亡。

一　人口的大量流失

1. 辽政权对渤海遗民的强制迁徙

西迁辽内地。契丹灭渤海这一事件来得太突然，甚至契丹人自己都没有足够的心理准备。作为以"渔猎为食、车马为家"的落后的游牧民族，契丹族如何统治"耕稼以食，城郭以居"的农业民族，是摆在阿保机面前的一个难题。阿保机雄才大略，当时的主要战略目标是南下，与后唐争夺中原，所以希望渤海尽快安定下来，不要牵扯其南下的精力，并进而成为契丹军的后勤补给基地。所以契丹人一方面削弱以渤海王室为首的渤海遗民势力，确立自己在渤海的统治地位；另一方面又没有过多地改变渤海固有的社会结构和行政运行方式，没有过多地触动渤海遗民上层的利益，给渤海遗民以一定的自治权，至少是名义上的自治权。先以这种方式做暂时的过渡，以安其民，然后再慢慢剥夺渤海遗民的权力，最终达到完全吞并消化的目的。

为削弱渤海遗民的势力，灭亡渤海后，阿保机把一部分渤海遗民强行迁到了辽上京临潢府（内蒙古巴林左旗）一带的辽朝中心地区，以便监视。后来又有已被迁到辽河流域或其他地区的渤海遗民被二次迁到这里。

据王承礼统计，被迁到辽内地西喇木伦河流域的渤海遗民共有 8 万户。[1]以每户 5 人计，8 万户当有 40 万人。关于迁到辽内地的渤海遗民的数量还有几种不同的说法，如孙进己认为，迁到辽上京道的渤海遗民共 4 万余户。[2]据魏国忠等考证，渤海国全盛时总人口约有 300 万人。[3] 灭亡时较全盛时会有一定的减少，但 250 万人总还是有的，那么迁到辽内地的渤海遗民还不到总数的六分之一，在渤海遗民的流向中是一个次要的分支。

南迁辽东。为了安抚余下的渤海人，阿保机以原渤海国疆土和人民成立东丹国，意为东方之契丹国，改渤海上京龙泉府为天福城，为东丹国都。以契丹皇太子耶律倍为东丹国王，号人皇王，建元甘露。人皇王可服天子冠服，称制。人皇王下置四相，阿保机任命自己的弟弟耶律迭剌为左大相、原渤海旧相为右大相、原渤海司徒大素贤为左次相、契丹贵族耶律羽之为右次相，其余百官皆由东丹国自行除授，契丹不加干涉。东丹国一切法令制度依旧，只是每年须向契丹贡"细布五万匹、粗布十万匹、马一千匹"。[4] 东丹国还像渤海国一样派使者到后唐朝贡，后唐仍然将之称为渤海国使，用原来对待渤海使的态度对待东丹使，仿佛渤海国仍然存在一样。虽然渤海国江山易主，但对绝大多数渤海遗民来说，生活没有什么明显的变化，渤海遗民继续繁衍兴盛。

但是，正是这种繁衍兴盛引起契丹统治者的不安，导致渤海遗民被迫南迁。东丹国刚刚建立，阿保机就死于回军途中，东丹王耶律倍奔丧到扶余府，扶榇归上京临潢府。东丹实权落入右次相耶律羽之手中。随着与渤海人接触的增多，耶律羽之对渤海人深厚的文化底蕴和较强的民族意识渐渐有了切身的体会，他了解到渤海人不是一个会长期甘于人下的民族。看到渤海遗民的繁衍兴盛后，耶律羽之恐日久生变，认为有必要再次削弱其势力，进一步动摇其根基，乃策划将东丹国迁到今辽阳一带。天显三年（928），他上书

[1] 王承礼：《中国东北的渤海国与东北亚》，第 324 页。
[2] 孙进己：《东北亚研究——东北民族史研究（一）》，第 381 页。
[3] 魏国忠、朱国忱、郝庆云：《渤海国史》，第 198 页。
[4] 叶隆礼撰《契丹国志》卷十四《诸王传·东丹王》，第 150 页。

辽太宗耶律德光称："渤海昔畏南朝，阻险自卫，居忽汗城。今去上京辽邈，既不为用，又不罢戍，果何为哉？先帝因彼离心，乘衅而动，故不战而克。天授人与，彼一时也。遗种浸以蕃息，今居远境，恐为后患。梁水之地，乃其故乡，地愆土沃，有木、铁、盐、鱼之利。乘其微弱，徙还其民，万世长策也。彼得故乡，又获木、铁、盐、鱼之饶，必安居乐业。然后选徙以翼吾左，突厥、党项、室韦夹辅吾右，可以坐制南邦，混一天下，成圣祖未集之功，贻后世无疆之福。"①

辽太宗耶律德光很快就批准了耶律羽之的建议。② 928 年 12 月，"诏遣耶律羽之迁东丹民以实东平"。③ 这除了同意耶律羽之的看法外，还有他自己的打算。耶律德光本不是皇太子，得以继承皇位，完全是由于其母皇太后的支持。耶律倍没能继承皇位，当然心中不服，这对太宗是个威胁。而耶律倍作为东丹国王，可用天子冠服，称制，俨然一个皇帝，这更令太宗不快。耶律羽之的建议，正好也可以削弱作为东丹王的耶律倍的势力，一箭双雕，太宗当然非常赞成。

928 年，耶律羽之趁东丹王耶律倍滞留上京之机，强制实行南迁。南迁对绝大多数渤海遗民来说，就是一场飞来横祸。他们不得不离开世世代代居住的家园，在契丹兵的押解呵斥下，扶老携幼，蹒跚前行。大多数渤海遗民就是在故园被毁的绝望中被迁到以辽阳为中心的辽河流域。

2. 亡入高丽

有些渤海遗民不愿意被契丹统治而选择了逃亡。由于地理上的便利，高丽是渤海人外逃的一个好去处。在历次渤海遗民的反辽斗争中，失败后也有不少人亡命高丽。而这一时期是高丽建国初，朝鲜半岛经过后三国时代多年的战乱和弓裔的暴政，人口锐减，土地荒芜，经济残破，亟须人力来重振经济，所以对渤海人的来投一律接纳。渤海人亡入高丽的过程断断续续，与辽王朝相始终。

---

① 脱脱等：《辽史》卷七十五《耶律觌烈传附羽之》，第 1238 页。
② 耶律羽之墓志铭有这样的记载："天显四年己丑岁，人皇王乃下诏曰：'朕以孝理天下，虑远晨昏，欲效盘庚，卿宜进表。'公即陈辽地形意，可建邦家……"（见内蒙古文物考古研究所、赤峰市博物馆、阿鲁科尔沁旗文物管理所《辽耶律羽之墓发掘简报》，《文物》1996 年第 1 期）据此，耶律羽之似乎是按照东丹王耶律倍的指令上表请求将东丹国南迁的。但笔者认为，墓志的这一记载是为了让耶律羽之摆脱强迁东丹国的责任而编造的，于情于理均不合。所以关于东丹国南迁问题还是应以《辽史》的记载为准。
③ 脱脱等：《辽史》卷三《太宗本纪上》，第 30 页。

关于逃到高丽的渤海遗民的总数，学界有几种不同的说法。比如朝鲜李朝时期的学者柳得恭认为有 10 余万人；① 韩国当代学者徐炳国也持此说；② 我国学者杨保隆认为在 10 万人至 20 万人；③ 魏国忠等认为有数十万人。④ 这几种说法虽然上限不同，但下限都不约而同地认为至少在 10 万人以上。看来，至少 10 万人以上这个数字是有把握的。

二　人口流失对黑龙江经济的影响

首先是代表着渤海国建筑业、手工业、商业等经济领域最高成就的上京城的毁灭。契丹人为了推行强迁政策，绝其退路，放火焚烧了上京城。渤海人经营了近 200 年、雄居亚洲第二位的繁华都市上京城被付之一炬，那些凝结着渤海人汗水和智慧的辉煌的宫殿、庙宇和民居全都毁于一旦。直至今日，上京城被烈火烧过的残垣断壁痕迹仍然存在。许多砖瓦被烧成熔融状态，当时大火之猛烈可以想见。

如果说渤海国灭亡对渤海中下层人民的影响还不是很大的话，那么南迁则从根本上动摇了渤海社会的根基：富者失去了田地、房屋、店铺、作坊，贫者则连自己的人身自由都丧失了。不少人无力完成迁徙，契丹政府就下令："困乏不能迁者，许上国富民给赡而隶属之。"⑤ 就是说，渤海遗民经济、政治力量都受到了一次沉重的打击。这是契丹贵族为一己私利而对文明的摧残，是经济的倒退、历史的倒退。

其次是整个黑龙江东部地区经济的全面倒退。任何经济开发的主体都是人，辽政权把渤海遗民大量迁走，导致当地人口锐减、经济残破。渤海人留下的古城很多，其中不少没有辽金沿用的痕迹，说明它们在渤海人迁走后废弃了。一个城池的废弃就是一个区域经济的没落。曾经繁荣一时的渤海国变得人口稀疏、田地荒芜，一下子空旷凄凉起来。原来居住在黑龙江流域的，由黑水靺鞨演变来的女真人趁机南下，占据了渤海故地。辽代，居住在今辽宁、吉林西南部的女真人，因与汉族接触较多，社会经济相对发达，被称为熟女真。居住在长白山以北至松花江、黑龙江下游的女真人，地处偏远，经

---

① 柳得恭：《渤海考》，兴益出版社，1987，第 142 页。
② 《高句丽研究》第 25 辑，学研文化社，2006，第 35 页。
③ 杨保隆：《辽代渤海人的逃亡与迁徙》，《民族研究》1990 年第 4 期。
④ 魏国忠、朱国忱、郝庆云：《渤海国史》，第 579 页。
⑤ 脱脱等：《辽史》卷三《太宗本纪上》，第 30 页。

济社会较落后，被称为生女真。黑龙江地区的女真族为生女真。生女真“地方千余里，人户十余万，无大君长，亦无国名，止是族帐，散居山谷间，自推豪杰为酋长，小者千户，大者数千户”，① 这种状况明显落后于渤海，形成了落后代替先进的局面。

第二节　畜牧业和渔猎业

一　畜牧业

畜牧业在辽代黑龙江各民族经济中的地位有一定的差异。西部的契丹和乌古、敌烈等部分室韦部落以畜牧业为主；另一部分室韦部落和东部的女真系各部大都以畜牧业为重要副业。

辽的建立者契丹人主要居住在西拉木伦河和老哈河流域。契丹人是传统的游牧民族。《辽史·食货志》载：“契丹旧俗，其富以马，其强以兵……马逐水草，人仰潼酪，挽强射生，以给日用。”② 《辽史·营卫志》也载：“大漠之间，多寒多风，畜牧畋渔以食，皮毛以衣，转徙随时，车马为家，辽国尽有大漠，秋冬违寒，春夏避暑，随水草，就畋渔，岁以为常。”③ 这两条记事表明畜牧业是契丹人的主业，渔猎业是副业。

辽道宗时，雅里曾定出粟与牲畜的比价：“粟一车一羊，三车一牛，五车一马，八车一驼。”④ 可知契丹人所牧养的牲畜主要有羊、牛、马、驼四种。契丹人尤善养马，所出名马为中原所贵。南北朝时契丹人就向北魏“岁贡名马”，⑤ 辽代仍然“其富以马”。马既有很高的军事价值，也有不菲的商业价值，所以辽政权对养马非常重视，专门在各地设群牧使司以统其事，并有严明的奖惩措施。有人因养马成绩好进阶，“五月丁巳朔，以牧马蕃息多至百万，赏群牧官，以次进阶”。⑥ 也有人因马匹损失而丢官，萧陶苏斡“乾

---

① 宇文懋昭：《大金国志校证》附录三《金志·初兴本末》，崔文印校证，中华书局，1986，第 612～613 页。
② 脱脱等：《辽史》卷五十九《食货志上·总序》，第 923 页。
③ 脱脱等：《辽史》卷三十二《营卫志中·行营》，第 373 页。
④ 脱脱等：《辽史》卷五十九《食货志上》，第 925～926 页。
⑤ 魏收：《魏书》卷一百《契丹国传》，第 2223 页。
⑥ 脱脱等：《辽史》卷二十四《道宗本纪四》，第 291 页

统中，迁漠南马群太保，以大风伤草，马多死，鞭之三百，免官"。① 正是因为措施得力，辽代契丹人的养马业盛况空前。"天祚初年，马犹有数万群，每群不下千匹。"② 马的总数达到数千万匹，实在惊人。

一般说来，游牧民族牧养最多的牲畜是羊，契丹也不例外。羊对牧草的要求不高，繁殖也快，肉、乳可食，皮可为衣，之于牧民生活的价值更高。如上文所述，《南唐书》中有辽代时由渤海遗民构成的东丹国与契丹一起"持羊三万只、马二百匹"③ 到南唐出售的记事，可能其中绝大多数羊是契丹人的，也可能羊都是契丹人的，只有马是东丹人带来的，但至少其中一部分羊是契丹人的。一次就拿出近三万只羊去出售，足见契丹人养羊的规模是很大的。羊的数量应当远多于马。

居住在呼伦贝尔草原的乌古、敌烈两部为室韦的分支。④ 神册四年（919），辽太祖征乌古，"俘获生口万四千二百，牛马、车乘、庐帐、器物二十余万"。⑤ 牛马、车乘、庐帐等物，都是游牧民族之物。开泰三年（1014），辽政权"选马驼于乌古部"。⑥ 足见乌古也是典型的游牧民族，其畜牧情况与契丹区别不大。

阻卜也是室韦的一支，即后来的鞑靼。⑦ 其所牧养的牲畜主要是马、牛、羊、驼。其中马和驼为辽政权所重，被规定为贡物。开泰八年（1019），辽圣宗诏阻卜"依旧岁贡马千七百，驼四百四十，貂鼠皮万，青鼠皮二万五千"。⑧ 乾统二年（1102），辽败北阻卜，"获马万五千匹，牛羊称是"。⑨

东部地区生女真各部的畜牧业也有一定规模。《辽史》载，太平六年（1026），"东京留守八哥奏黄翩领兵入女直界徇地，俘获人、马、牛、豕，不可胜记"。⑩《契丹国志》载，女真"兽多牛、马、麋、鹿、野狗、白彘、青鼠、貂鼠"。⑪ 可见女真人所牧养的家畜主要有猪、牛、马三种，而且数量很

① 脱脱等：《辽史》卷一百一《萧陶苏斡传》，第1433页
② 脱脱等：《辽史》卷六十《食货志下》，第932页，
③ 陆游：《南唐书》卷十八《契丹传》，转引自孙玉良《渤海史料全编》，第132页。
④ 孙秀仁、孙进己、郑英德、冯继钦、于志耿：《室韦史研究》，第93页。
⑤ 脱脱等：《辽史》卷二《太祖本纪下》，第15页。
⑥ 脱脱等：《辽史》卷九十四《耶律世良传》，第1386页。
⑦《辞海》，第1149页。
⑧ 脱脱等：《辽史》卷十六《圣宗本纪七》，第186页
⑨ 脱脱等：《辽史》卷九十二《萧夺剌传》，第1368页
⑩ 脱脱等：《辽史》卷十七《圣宗本纪八》，第199页
⑪ 叶隆礼撰《契丹国志》卷二十六《诸蕃国杂记·女真国》，第246页。

大。另外，女真人也饲养少量的犬。

肃慎族系有养猪的传统，该族系的别称"通古斯"就是突厥语"猪"的意思。女真人养的猪很多，食肉衣皮，均为日常生活所需，所以猪虽重要，却不以为贵，史料也不着重记载。

渤海人善于养马，出产的"率宾之马"远销中原，辽代时女真人继承了这一传统，并且进一步扩大了牧养规模。辽圣宗统和四年（986），枢密使耶律斜轸征女真，一次就"获马二十余万"。① 辽政权向女真人征收的贡物主要是马，史料屡有女真向辽贡马的记事（见表6-1）。

表6-1　女真向辽贡马情况一览

时间	内容	资料来源
统和二十八年（1010）	进良马万匹	《辽史》卷十五《圣宗本纪六》
重熙十九年（1050）	贡马	《辽史》卷二十《兴宗本纪三》
咸雍七年（1071）	进马	《辽史》卷二十二《道宗本纪二》
大康七年（1081）	贡良马	《辽史》卷二十四《道宗本纪四》
大康十年（1084）	贡良马	《辽史》卷二十四《道宗本纪四》
大安二年（1086）	贡良马	《辽史》卷二十四《道宗本纪四》
大安三年（1087）	贡良马	《辽史》卷二十五《道宗本纪五》
大安六年（1090）	贡良马	《辽史》卷七十《属国表》
寿隆元年（1095）	进马	《辽史》卷二十六《道宗本纪六》

《高丽史》中记载了很多女真向高丽献马之事，如仅靖宗庚辰六年正月一个月的时间，就有两次女真献马的记事，二月、三月又各有一次。② 当然，这些所谓"献"马，实质是出售马，高丽方面要根据马的品质和数量给以报偿。总之，女真大量产马是事实。

虽然从上引史料看，辽代时的女真人也养牛，但数量似乎不太多，远不及马。由于农业的发展，耕牛有时不足，须向外求助。《高丽史》载："东女真大相吴于达（向高丽）请耕牛，乃赐东路屯田司牛十头。"③ 不过《胡峤

① 脱脱等：《辽史》卷六十《食货志下》，第931页。同书卷十一《圣宗本纪二》也有相同记事。
② 郑麟趾：《高丽史》卷六《靖宗》，台北：文史哲出版社，1972，第87页。
③ 郑麟趾：《高丽史》卷六《靖宗》，第89页。

陷北记》又载，女真"善射，多牛、鹿、野狗"。① 似乎女真的牛很多，与以上记事矛盾。可能两种观点都没有错，因为女真分布范围很广，不同地区的不同部落情况不可能完全相同，有的地方牛多些，有的地方牛少些，都在情理之中。当时不同的人见到的是女真不同的部落，各自的记事难免以偏概全。

牛、马的使用价值和商品价值都很高，在女真社会中成了全社会都乐于接受的一般等价物，具有了一定的"货币"功能，谢礼、聘礼、赔偿都会用到。金始祖函普（时间大概在辽初）为人调解争斗，"乃为约曰：'凡有杀伤人者，征其家人口一、马十偶、牸牛十、黄金六两，与所杀伤之家，即两解，不得私斗。'……女直之俗，杀人偿马牛三十自此始"。调解的结果很好，"部众信服之，谢以青牛一，并许归六十之妇。始祖乃以青牛为聘礼而纳之"。②

二 渔猎业

渔猎业是直接向自然界获取生活资料的行业，虽不稳定，见效却十分迅速。因此，只要条件许可，无论是游牧民族还是农耕民族，都以之为重要副业，有的民族还完全赖之为生。

契丹是游牧民族，但也重视渔猎业，甚至将若干渔猎活动仪式化，成为政治生活的一部分，头鱼宴就是代表。头鱼宴是契丹人早期行国体制与渔猎生活相结合的产物。辽有四时捺钵，其中春捺钵是辽帝到鸭子河（松花江）游玩渔猎，捕到第一条鱼时会举行宴会庆祝，同时接见各国使臣及属部酋长。头鱼宴的政治意义不在本书的探讨范围内，但捕获头鱼的方法反映了契丹人捕大型鱼类的技术。《演繁录》对此有较详细的记录：

> 达鲁河钩牛鱼辽中盛礼，意慕中国赏花钓鱼，然非钓也，钩也。此之所记于辽，为道宗清宁四年，其甲子则戊戌正月也。达鲁河东与海（月亮泡）接，岁正月方冻，至四月而泮，其钩是鱼也。房主与其母皆设次冰上，先使人入于河上下十里间，以毛网截鱼，令不得散逸，又从而驱之，使集房帐。其床前预开冰窍四，各为水眼，中眼透水，旁之三眼环之不透，第斫减令薄而已。薄者所以候鱼，而透者将施钩也。鱼虽

---

① 叶隆礼撰《契丹国志》卷二十五《胡峤陷北记》，第239页。
② 脱脱等：《金史》卷一《世纪》，中华书局，1975，第2页。

水中之物，若久闭于冰，遇可出水之处亦必伸首吐气，故透水一眼必可致鱼，而薄不透水者将以伺视也。鱼之将至，伺者以告虏主，即遂于所透眼中用绳钩掷之，无不中者。既中，遂纵绳令去，久鱼倦，即曳绳出之，谓之得头鱼。①

这是利用冰下鱼类寻找冰眼呼吸而行的捕鱼方式。既然明确"非钓也，钩也"，则所捕必为很大的鱼，有学者认为就是鳇鱼。② 这是东北地区见于记载最早的冬捕。

辽代契丹人捕猎的特点之一是善用海东青捕天鹅。海东青作为得力的狩猎工具十分受契丹人喜爱，甚至有人"事鹰鹘之谨细养护，过于子之养父母也"。不仅如此，由于对海东青的喜好起于上层，臂上架海东青遂成为时尚（见图6-1、图6-2）。如此则契丹社会对海东青的需求量很大。

图6-1　内蒙古敖汉旗喇嘛沟辽墓架海东青壁画

资料来源：彭善国：《辽墓鹰猎题材壁画及相关文物知识》，教育部人文社会科学重点研究基地吉林大学边疆考古研究中心编《边疆考古研究》第3辑，科学出版社，2005，第232页。

---

① 程大昌：《演繁录》卷三《契丹于达鲁河钩鱼》，《文渊阁四库全书》本。

② 李嵩岩：《辽春捺钵钩鱼与头鱼宴——兼及清代贡鳇鱼》，冯永谦、孙文正主编《辽金史论集》第11辑，吉林文史出版社，2008，第100页。

图 6-2   内蒙古敖汉旗康营子辽墓架海东青壁画

资料来源：彭善国：《辽墓鹰猎题材壁画及相关文物知识》，《边疆考古研究》
第 3 辑，第 232 页。

生女真五国部区域是海东青的产区之一，也是通往海东青主产区的通道，辽廷经常到五国部索取海东青。《辽史》载，重熙二十年（1051），辽遣使到五国及鼻骨德、乌骨、敌烈四部捕海东青。还迫使女真"岁以北珠、貂皮、良犬及俊鹰海东青贡于辽"。契丹贵族不停地到生女真五国部索取海东青，生女真五国部也被迫经常到辽廷贡海东青，逐渐形成了由黑龙江下游经三江平原，即今双鸭山地区北缘，再经黄龙府（吉林农安）到辽上京的一条交通线，时称鹰路或五国鹰路。

尽管海东青在生女真地区分布较广泛，但生女真时常捕不到海东青，五国部中时常有叛辽者不进贡海东青或者遮断鹰路，辽廷为保证海东青的供应，不惜以战争打通鹰路。如，《金史·世纪》载："五国蒲聂部节度使拔乙门叛辽，鹰路不通。辽人将讨之，先遣同干来谕旨。"有时驱使女真人对五国部用兵，强取海东青。为鹰而伤人，女真和五国部都不胜其扰，怨声载道。而前来索鹰的辽使自恃大国使命，对女真勒索过度，甚至奸淫妇女，令女真忍无可忍，终于导致女真反辽战争的爆发。《三朝北盟汇编》对此有清晰的记载：

> 海东青者出五国。五国之东接大海，自海而来者谓之海东青，小而俊健，爪白者以为异，必求之女真。每岁，遣鹰访子弟趣女真发甲马千

余入五国界即东海巢穴取之，与五国战斗而后得。女真不胜其扰。加之沿边诸将，如东京留守黄龙府尹等，每到官各营女真部族依列科敷，拜奉礼物，各有等差，所私蔽幸百出。又有使者号"天使"，佩银牌，每至其国，必欲荐枕者。其国旧轮中、下户作止宿处，以未出室女侍之。后使者络绎，恃大国使命，惟择美好妇人，不问其有夫及阀阅高者，女真浸忿，由是诸部皆怨叛，潜附阿骨打，咸欲称兵以拒之。①

后来阿骨打举兵灭掉辽朝。看来，契丹上层酷爱海东青和宋徽宗酷爱花石纲一样，都是亡国之好。但是，鹰路的开辟也有明显的积极意义。它除了贡鹰外，也是松花江、黑龙江地区女真人与辽上京地区联系的主要交通线，女真地区的貂皮、名马等土特产经此路输出到辽上京乃至于中原地区；中原的各种手工业制品及生产技术也由此路达于女真地区。此后的金元明各代，这条交通线逐渐固定下来，一直是黑龙江与中原联系的交通大动脉。

《契丹国志》载，辽代时室韦人因"气候多寒，田收甚薄。惟獐鹿射猎为务，食肉衣皮，凿冰没水中，而网取鱼鳖。地多积雪，惧陷坑阱，骑木而行"。② 这些内容与两《唐书》的相关记事雷同，让人以为是抄自两《唐书》。这种可能性当然存在，不过也有可能是辽代时室韦人的经济生活方式较唐时没有大的变化，记事必然也就大同小异。

辽代时女真人的狩猎技艺较其先世有进步，主要表现就是掌握了唤鹿的方法。《辽史》载，女真曾向辽廷进献"唤鹿人"。③ 所谓"唤鹿人"就是掌握了唤鹿方法的人。唤鹿即用木或桦树皮做号角，吹出类似鹿鸣之呦呦声，引来鹿而猎取之。《黑龙江外记》对此有具体的描述："今布特哈有哨鹿者，即呼鹿也。其哨以木为之，长二尺余，状如牛角而中空，国语谓之穆喇库。哨时，吹穆喇库，能肖游牝已惫之声，则牡者牷牷来。然不能人人擅长，盖亦有独得之妙焉。"④ 看来这是一种在长期狩猎生活中谙熟了鹿的习性而创造出的高超狩猎技巧，能掌握的人不多，所以掌握此技的"唤鹿人"才会被进献给辽廷。不过辽代女真人发明的这一技巧还是得到了传承，现代的鄂伦春

① 徐梦莘：《三朝北盟会编》卷三《政宣上帙三》，第 20～21 页。
② 叶隆礼撰《契丹国志》卷二十六《诸蕃记·室韦国》，第 244～245 页。
③ 脱脱等：《辽史》卷七十《属国表》，第 1141～1142 页。同书卷十三《圣宗本纪四》也有相同记事。
④ 西清：《黑龙江外记》卷八，第 90 页。

族就有人熟悉此法（见图 6 - 3）。

图 6 - 3　现代鄂伦春猎人哨鹿时的情形

资料来源：刘洪伟摄，《黑龙江文物丛刊》1983 年第 3 期。

女真人还长于捕貂，契丹统治者每年向女真人征收大量貂皮。女真人对辽的朝贡和唐代时黑水靺鞨对唐的朝贡不同。黑水靺鞨对唐的朝贡仅是象征性的，唐并不怎么在乎供品的好坏多少，辽就不一样了。开泰七年（1018）三月，辽廷命生女真越里笃、剖阿里、奥里米、蒲奴里、铁骊等五部每年贡貂皮 65000 张，马 300 匹。每部平均要岁贡貂皮 13000 张，这不是象征性的，而是真正的盘剥，是女真人的沉重负担。但也是其捕貂业发达的反映。

第三节　农业

辽代，黑龙江农业的发展呈由西南向东北递减的态势。西南部地区因距辽内地近，汉族、渤海族迁来较多，又没有战乱，农业得以持续发展，成为粮食主产区。东部原渤海区域的农业在经历了东丹南迁造成的断崖式下降后，又逐渐有所恢复。

今泰来县塔子城为辽泰州所在地，农业发达，是辽的重要产粮区。1956年，在塔子城城镇小学校园里出土了一块辽大安七年石刻碑，碑文反映了辽代时当地农业的发展情况。碑文中有"纠首西头供奉官泰州河堤□"之句，意为该"纠首西头供奉官"还兼任"泰州河堤□"。据考证，"泰州河堤□"是管理泰州水利的官职，[①] 而如果没有农业或农业不重要，是不会设立管理水利的官职的。碑文中提到崔、王、田、张、杨、刘、聂、周、高、郑、苑、马、曰等13个姓氏，都是汉族或渤海族的姓氏，说明当地居民主要是从事农耕的汉族和渤海族。另外，塔子城城高壕深，周长超9华里，这样规模的城也符合定居的农耕生活的特点。

据考证，泰州城一带人口至少在三四万人以上。[②] 这样多的定居人口要消耗大量粮食，必须有较成熟的农业来支撑。泰州、宁江州（吉林省夫余市伯都讷古城）一带农业发达，积存了很多粮食。后来女真反辽，辽多次派军镇压，人数多达数十万人，未曾乏粮。

辽军镇守边地时，常常屯田自给，成为农业发展的一个方面。女真反辽的宁江州之役，缴获"耕具数千"。辽军之所以备下这么多农具，是因为"本欲屯田，且战且守"，[③] 只是未料到败得太快，没机会实施。

中、东部地区生女真各部基本都过着定居的以农业为主的生活。完颜部本迁徙无常，大约在10世纪末，酋长绥可率部"徙居海古水（阿城海沟河），耕垦树艺，始筑室，有栋宇之制……自此遂定居于安出虎水（阿什河）之侧矣"。[④]

居住在牡丹江、松花江汇流处的生女真铁利部，农业也有了一定的发展。高丽显宗二十一年（1030）四月，铁利国主那沙遣女真计陀汉去高丽献貂鼠皮，并请历日。[⑤] 原始的粗放型农业不需要历日，只有发展到一定阶段，需要精确计算农时时才需历日。铁利人需要历日，说明其农业必已脱离了粗放阶段。

高丽靖宗七年（1040），居住在绥芬河到图们江一带的"东女真大相吴于达请耕牛，乃赐东路屯田司牛十头"。[⑥] 女真农业已进入牛耕阶段，这是不小的进步，因为牛耕不仅可以扩大耕地面积，还可以深耕细作，提高单产。

女真人粮食产量有所提高。早在高丽显宗十一年（1020），"东女真酋长

① 张柏忠：《辽代泰州考》，《北方文物》1988年第1期。
② 步平主编《黑龙江通史简编》，黑龙江人民出版社，2017，第201页。
③ 脱脱等：《金史》卷二《太祖本纪》，第27页。
④ 脱脱等：《金史》卷一《世纪》，第3页。
⑤ 郑麟趾：《高丽史》卷五《显宗》，第72页。
⑥ 郑麟趾：《高丽史》卷六《靖宗》，第89页。

达鲁率众来献蓄米三百石"。[1] 这里所谓之"献"不过是高丽史官妄自尊大和一厢情愿罢了,其实所"献"之物都是女真人携来交换的商品。该部女真人能拿出三百石米当作商品,说明粮食产量提高,有了较多剩余。

辽代时女真人种植的农作物种类单调。据《三朝北盟会编》载,直到金初,女真人所种农作物似乎也只有稗子一种而已,"自过咸州至混同江以北,不种谷麦,所种止稗子"。[2] 考古学资料证明还有谷子(粟)。在黑龙江中下游俄罗斯境内发现的辽代女真墓葬中多次出土了谷子,如在科尔萨科沃的M19和M78墓葬、鲁达尼科瓦亚的M42墓葬中都有不少谷粒(见图6-4)。[3] 女真还应有麻,《契丹国志》说辽代女真地区"田宜麻谷",[4] 而且肃慎族系种麻有悠久的历史,早在两汉时期挹娄人就有"五谷、麻布",[5] 辽代女真人种植的农作物中有麻是可信的。不过即使是这样,女真农作物的种类还是远不及渤海时丰富。

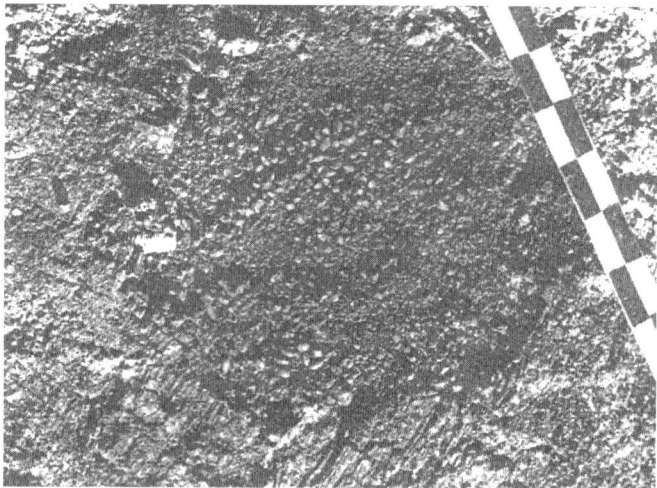

图 6-4 鲁达尼科瓦亚墓葬中出土的谷粒

资料来源:冯恩学:《辽代的女真文化》,《边疆考古研究》第 18 辑,第 281 页。

---

① 郑麟趾:《高丽史》卷四《显宗》,第 63~64 页。
② 徐梦莘:《三朝北盟会编》卷四《政宣上帙四》,第 30 页。
③ 冯恩学:《辽代的女真文化》,教育部人文社会科学重点研究基地吉林大学边疆考古研究中心边疆考古与中国文化认同协同创新中心编《边疆考古研究》第 18 辑,科学出版社,2015,第 281 页。
④ 叶隆礼撰《契丹国志》卷二十六《诸蕃记·女真国》,第 246 页。
⑤ 范晔:《后汉书》卷八十五《东夷列传·挹娄》,第 2812 页。

第四节 冶铁和铁器制造业

女真人的铁工业经历了一个从无到有，从依靠输入的铁加工铁器到自己烧炭炼铁的过程。《金史》载："生女直旧无铁，邻国有以甲胄来鬻者，倾赀厚贾以与贸易，亦令昆弟族人皆售之。得铁既多，因之以修弓矢，备器械，兵势稍振，前后愿附者众。"① 可知女真早期本不产铁，也不知用铁。后来从邻国处购得铁器或铁，渐渐能够自己加工铁器。这个"邻国"应当是高丽。高丽产铁，《高丽史》中记载了很多次女真人到高丽"贡马"之事。前文探讨过，其实质就是女真人持马贸易，用马换取包括铁和铁器在内的生产生活用品。到献祖绥可时，女真人已经可以自己冶铁："随阔（遂可）自幼习射采生，长而善骑射猎，教人烧炭炼铁。"② 铁器对社会各个方面都有很大促进，受到普遍欢迎，使得铁工业盈利甚巨，有的部落就干脆以冶铁制作铁器为业。"乌春，阿跋斯水温都部人，以锻铁为业。因岁歉，策杖负担与其族属来归……加古部乌不屯，亦铁工也，以披甲九十来售。"③

不过需要说明的是，这些号称以冶铁为业的部落村屯实际上农业仍占重要地位，否则就不会因岁歉而投奔他部。也就是说，女真人的铁工业规模还很小，产量不高。这也解释了为什么发现的辽代时女真的铁器基本都是兵器和一些细小物件，难见大型生产工具和生活用具。在绥滨三号墓群出土的铁器"主要有小铁削、匕首、镞、腰带、环等"，绥滨永生墓群出土的铁器"以刀和镞为多"。④ 铁很少很珍贵，只能用于最要紧的兵器和细小物件，未能广泛运用到生产生活的各个领域。这种状况类似于挹娄到勿吉时期，即两汉到南北朝时期。也就是说，相差一千年的两个历史时期，黑龙江地区的冶铁业大致处在相同水平。类似的现象在东北地区反复出现，不是没有发展，而是发展起来后，部族的力量壮大了，就图谋向外发展，甚至问鼎中原。掌握先进技术的那批人迁走了，留下来的那部分人重新发展，就形成了这种循环现象。

辽代时黑龙江西部地区的室韦人擅长金属冶炼和金属器具制作。《辽史》

---

① 脱脱等：《金史》卷一《世纪》，第5～6页。
② 徐梦莘：《三朝北盟会编》卷十八《政宣上帙十八》，第127页。
③ 脱脱等：《金史》卷六十七《乌春传》，第1577～1578页。
④ 《考古黑龙江》，第218页。

载:"坑冶,则自太祖始并室韦,其地产铜、铁、金、银,其人善作铜铁器。"①

《辽史》又载,辽太祖阿保机之父撒剌的"仁民爱物,始置铁冶,教民鼓铸",② 则契丹人在阿保机之父时期就已经开始冶铁制作铁器,这与前述辽在太祖阿保机并室韦之后才有冶铁业的记事相矛盾。从辽大量使用渤海遗民冶铁的情况看,辽初的契丹人不谙冶铁,阿保机之父"置铁冶,教民鼓铸"的记事似不实。

① 脱脱等:《辽史》卷六十《食货志》,第 930 页。
② 脱脱等:《辽史》卷二《太祖下》,第 24 页。

第七章

金代的黑龙江经济

金代时，中国经济重心呈现向南北两个方向移动的态势。在南方，南宋定都杭州，江南地区经济迅速发展，很快就与中原不相上下；在北方，黑龙江地区的经济也跳跃式进步，与中原地区的差距大幅缩小，形成黑龙江地区经济发展的第二个高潮。金代还是黑龙江地区经济有统计数据（如粮食产量、赋税等）之始，我们的探讨会更科学、准确。

第一节　金代黑龙江地区与中原地区人口的双向流动

辽代时，渤海遗民大规模南迁，甚至有部分人迁到了中原地区，但这只是人口的单向流动。金代，不但黑龙江地区的女真人大规模迁往中原地区，中原地区的汉族人也被大规模迁来黑龙江地区，形成人口的双向流动，极大地促进了黑龙江地区与中原地区的联系。

一　女真人南迁中原

金灭辽和北宋后，为镇抚中原地区，将女真猛安谋克户大量南迁。南迁的过程持续多年，据《大金国志》载，最早始于天会十一年（1133）："秋，起女真国土人散居汉地。女真一部族耳，后既广汉地，恐人见其虚实，遂尽起本国之土人綦布星列，散居四方。令下之日，比屋连村，屯结而起。"[1] 但事实上，南迁早在七年前的天会四年（1126），即灭亡北宋的当年就已经开

---

[1] 宇文懋昭：《大金国志校证》卷八《纪年·太宗文烈皇帝六》，第126页。另外，《建炎以来系年要录》天会十一年条也载，"是秋，金左副元帅宗维悉起女真土人，散居汉地。惟金主将相亲属卫兵之家得留"。二者所记应为同一事。

始了。《金史》载，天会四年时"宗望罢常胜军，给还燕人田业，命将士分屯安肃、雄、霸、广信之境"，[①] 即今河北省中北部的易水河流域。

金熙宗时期，刘豫政权被废，金政权直接统治中原地区，为强化统治根基，猛安谋克户被大规模迁来中原地区进行屯田。《大金国志》载，皇统五年（1145），"创屯田军，凡女真、契丹之人皆自本部徙居中州，与百姓杂处，计其户授以官田，使其播种。春秋量给衣马。若遇出军，始给其钱米。凡屯田之所，自燕山之南，淮、陇之北，皆有之，多至六万人，皆筑垒于村落间"。[②] 《三朝北盟汇编》对此有更详细的记载："屯田之制，本出上古，虏人非能遵而行之，偶尔符合，比之上古之制犹简。废伪齐豫后，虑中州怀二三之意，始置均田屯田军，非（止）女真、契丹，奚家亦有之。自本部族徙居中土，与百姓杂处，计其户口给赐官田，使自播种，以充口食。春秋量给衣马，殊不多余，并无支给。若遇出军之际，始月给钱米，不过数千。老幼在家，依旧耕耨，亦无不足之叹。今日屯田之处，大名府路、山东东西路、河北东西路、南京路、关西路四路皆有之，约一百三十余千户，每千户止三四百人，多不过五百。所居止处，皆不在州县，筑寨处村落间，千户百户虽设，而官府亦在期内。"[③]

大约在海陵王天德三年（1151）至正隆二年（1157），金王朝将都城由位于今黑龙江阿城的上京迁到位于今北京的中都。随迁都而迁到中原的女真人很多，"贞元迁都，遂徙上京路太祖、辽王宗干、秦王宗翰之猛安，并为合扎猛安，及右谏议乌里补猛安，太师勖、宗正宗敏之族，处之中都。斡论、和尚、胡剌三国公，太保昂，詹事乌里野，辅国勃鲁骨，定远许烈，故杲国公勃迭八猛安处之山东。阿鲁之族处之北京。按达族属处之河间"。[④] 虽然史籍没有明确记载此次迁来多少人，但皇亲国戚、贵族官员及其家眷老幼、随从仆役，加起来数目一定不小。此外，由于海陵王是通过政变上台的，加之其行为残暴，在宗室贵族中不得人心，所以他也有意识地把上京的宗室贵族迁来中都，以就近监视。后来的金世宗就明确指出："海陵自以不道，恐上京宗室起而图之，故不问疏近，并徙之南。"[⑤]

---

① 脱脱等：《金史》卷七十四《宗望传》，第1705页。
② 宇文懋昭：《大金国志校证》卷十二《纪年·熙宗孝成皇帝四》，第173页。
③ 徐梦莘：《三朝北盟汇编》卷二百四十四《炎兴下帙一百四十四》，第1754页。
④ 脱脱等：《金史》卷四十四《兵志》，第993页。
⑤ 脱脱等：《金史》卷八《世宗本纪下》，第185页。

除大规模集团式的南迁外，史籍中还有一些小规模零星南迁的事例。如"乌古论三合，曷懒路爱也窟河人，后徙真定"；① "徒单克宁本名习显，其先金源县人，徙居比古土之地，后徙置猛安于山东，遂占籍莱州"；② "乌延吾里补，曷懒路禅岭人也。徙大名路"。③ 这些人都是女真部落贵族，他们当然不会只身一人，应该是带着部众一同迁徙，所以加起来数目也不少。

据统计，迁到华北的猛安部见诸《金史》的有西京路 9 个、中都路 8 个、河北东路 2 个、河北西路 4 个、山东东路 5 个、山东西路 7 个、大名府路 2 个、南京路 1 个，共有 38 个之多。④ 按金代猛安谋克制的规定，300 户为 1 谋克，10 谋克为 1 猛安，则 38 个猛安大约有 114000 户，若以每户 5 人计，则有 570000 人。而且必然还会有史籍失载的，所以事实上应该更多。张博泉先生根据《金虏图经》得出了另一个多得多的数字：大定二十三年（1183）时，迁入中原的猛安谋克女真人共达 390 余万人，占猛安谋克总数的一半以上。⑤ 即使以前者为确，迁入中原的女真人数量也是相当惊人的，而其中相当数量出自黑龙江地区。

金政权给迁到中原的女真人以种种优惠政策，以期他们能在当地扎下根来。官府授给女真移民的田地，名义上来自原来的官田或无主荒地，比如海陵王时的迁徙，事前就于"海陵正隆元年二月，遣刑部尚书纥石烈娄室等十一人，分行大兴府、山东、真定府，拘括系官或荒闲牧地，及官民占射逃绝户地"。⑥ 但又要求必须是良田，金世宗就曾说过："官地非民谁种，然女直人户自乡土三四千里移来，尽得薄地，若不拘刷良田给之，久必贫乏，其遣官察之。"⑦ 良田怎么会荒芜无主，所以"拘刷"必然是公然掠夺。对迁到中原的猛安谋克户生活有困难者，金政府大力扶持，给奴婢、给耕牛、给粮食。天会九年（1131）"四月乙卯，诏新徙戍边户，匮于衣食，有典质其亲属奴婢者，官为赎之。户计其口而有二三者，以官奴婢益之，使户为四口。又乏耕牛者，给以官牛，别委官劝督田作，戍户及边军资粮不继，籴粟于民

① 脱脱等：《金史》卷八十二《乌古论三合传》，第 1846 页。
② 脱脱等：《金史》卷九十二《徒单克宁传》，第 2043 页。
③ 脱脱等：《金史》卷八十二《乌延吾里补传》，第 1837 页。
④ 三上次男：《金代女真研究》，金启孮译，黑龙江人民出版社，1984，第 163 页。
⑤ 张博泉等：《金史论稿》，吉林文史出版社，1986，第 349 页。
⑥ 脱脱等：《金史》卷四十七《食货志二》，第 1044 页。
⑦ 脱脱等：《金史》卷四十七《食货志二》，第 1045 页。

而与赈恤"。① 金政权通过掠夺中原汉族的良田，给迁来的女真人提供优厚的条件，使女真人愿意迁入中原。

此时南迁的女真人大多是以猛安谋克为单位集体迁徙的，猛安谋克内包括原来生活在东北地区的很多民族，不仅仅是女真人。"河东、河北州县镇防守，每州汉人、契丹、奚家、渤海、金人（指女真人）多寡不同，大州不过留一千户，县、镇百户，多阙额数。"② 另外，史料记载的一则宋人与番人的对话更生动地反映了这一情况。"丙午岁十一月，粘罕陷怀州，杀霍安国，范仲熊贷命往郑州养济，途中与燕人同行，因问：'此中来者是几国？共有多少兵马？'其番人答言：'此中随国相来者，有鞑靼家、有奚家、有黑水家、有小葫芦家、有契丹家、有党项家、有黠嘎斯、有大石家、有回鹘家、有室韦家、有汉儿家，共不见得数目'。"③ 可见来到中原的猛安谋克中包括女真、契丹、渤海、汉、奚、黑水靺鞨、室韦、党项、黠嘎斯、回鹘等许多民族，不过以女真族为主。

他们迁到中原地区后，在汉族州县交错分布，一般大州置一猛安，县、镇置一谋克。但也不是每一个州县都有。

迁入中原的女真人受到汉族的影响日益加深。金政权把女真猛安谋克户迁到中原，分给他们土地，本意是让他们当自耕农，平时生产，自给自足，并通过劳作保持吃苦耐劳、质朴尚武的传统习惯，战时应征出战，就近镇抚汉族。但事与愿违，女真人生活在汉族人中间，受到汉族地主的生产经营方式和生活方式的影响，不少人逐渐地主化，传统的勤劳尚武精神丧失殆尽，靠出租土地过上了骄奢淫逸的生活。"山东、大名等路猛安谋克户之民，往往骄纵，不亲稼穑，不令家人农作，尽令汉人佃莳，取租而已。富家尽服纨绮，酒食游宴，贫者争慕效之。"④

二 中原汉族大规模迁来黑龙江

早在辽代就有不少包括中原汉族在内的各族人民被辽强行迁徙到今吉林、黑龙江地区。据许亢宗《宣和乙巳奉使金国行程录》载，托撒孛堇寨（今吉林农安县城东北 60 里之万金塔古城）"当契丹强盛时，虏获异国人，

---

① 脱脱等：《金史》卷三《太宗本纪三》，第 63 页。
② 徐梦莘：《三朝北盟汇编》卷九十八《靖康中帙七十三·诸录杂记》，第 726 页。
③ 徐梦莘：《三朝北盟汇编》卷九十九《靖康中帙七十四·诸录杂记》，第 729 页。
④ 脱脱等：《金史》卷四十七《食货志二》，第 1046 页。

则迁徙杂处于此。南有渤海，北有铁离、吐浑，东南有高丽、鞑靼，东有女真、室韦，东北有乌舍，西北有契丹、回纥、党项，西南有奚，故此地杂诸国风俗。凡聚会处，诸国人言语不能相通晓，则各以汉语为证，方能辨之"。① 这里虽未明确记载有中原汉族，但从汉语成为通用语言的情况看，事实上当有不少。不过中原汉族真正大规模迁来黑龙江是在金代。

金军南下攻辽、宋，猛安谋克下的女真人随军出征，特别是海陵王迁都后，上京地区日渐空虚。为此，金政权占领宋、辽控制的中原地区后，有意识地掳掠中原汉族到黑龙江地区"实内地"。金太祖"每收城邑，往往徙其民以实京师"。② "天辅六年（1122），既定山西诸州，以上京为内地，则移其民实之……及七年（1123）取燕京路，二月，尽徙六州氏族富强工技之民于内地。"③ 天辅七年，金太祖"命习古乃、婆卢火监护长胜军，及燕京豪族工匠，由松亭关徙之内地"。④ 而规模最大的迁徙当然要数金军攻下北宋都城开封那次。金军将大批宋人虏往上京，主要是赵宋皇室贵族和掌握各类工艺的技术人员。仅天会五年（1127）正月三十日一天，金人就虏走"画工百人，医官二百人，诸般百戏一百人，教坊四百人，木匠五十人，竹、瓦、泥匠、石匠各三十人，走马打球弟子七人，鞍作十人，玉匠一百人，内臣五十人，街市弟子五十人，学士院待诏五人，筑球供奉五人，金银匠八十人，吏人五十人，入（八）作务五十人，后苑五十人，司天台官吏五十人，弟子帘前小唱二十人，杂戏一百五十人，舞旋弟子五十人……钧容班一百人并乐器"。⑤ 据李心传《建炎以来系年要录》载，金从开封撤军时，"华人（汉人）男女，驱而北者，无虑十余万"。其中不但有皇帝、大臣、贵族、宫人、杂役，还有各行各业的工匠艺人，是金代对黑龙江最全面的一次人力资源补充。王禹浪在《金代黑龙江述略》一书中考证，金代黑龙江地区人口超过200万人。这当然主要是中原汉族人大量迁来的结果。

当然，中原汉族人并不愿意背井离乡，迁移都是在金人的武力胁迫下进行的。"工匠人口，医官乐工，妓女内侍，以至后苑八作，文思院及民工悉

① 许亢宗：《宣和乙巳奉使金国行程录》，赵永春编注《奉使辽金行程录》，第154页。
② 脱脱等：《金史》卷一百三十三《张觉传》，第2844页。
③ 脱脱等：《金史》卷四十六《食货志一》，第1032～1033页。
④ 脱脱等：《金史》卷二《太祖本纪》，第41页。
⑤ 徐梦莘：《三朝北盟汇编》卷七十八《靖康中帙五十三》，第587页。

取之，约十万口。父子夫妇生相别离，及提老携幼，累而去。哭声动天地"。① 而这只是灾难的开始。北迁途中，"无论贵贱壮弱，路途之遥，饥饿之困，死者枕藉，骨肉遍野"。② 就连帝王贵胄也未能幸免。靖康北迁中死难的王公有燕王、越王、郓王、肃王、祁王、信王、建安郡王、嘉国王、瀛国公、昌国公；公主有嘉德公主、令福公主、华福公主、安德公主、顺德公主、显德公主、柔福公主；妃嫔有王贵妃、阎婉容；驸马有曾寅、曹晟、蔡鞗、刘文彦、田丕。③ 他们大多死得非常悲惨，如《北狩闻见录》载，"燕王在途中乏食死，时殓以马槽，犹露两足，就寨外焚化"。即使千辛万苦到了金上京，绝大多数人面临的也是苦役的命运。"御寨去燕山三千七百里，女真国主所居之营也。供奉使唤，南人居半。"④ 就连宋的皇室贵族也不例外。据宋人洪迈《容斋随笔》载，"自靖康之后，陷于金虏者，帝子王孙，宦门士族之家，尽没为奴婢，使供作务。每人月支稗子五斗，令自舂为米，得一斗八升，用作糇粮"。

事实上，每一次强迁都会造成不少家破人亡的悲剧，甚至会酿成事变。金人初反辽时，与宋结盟，即"海上之盟"，约定双方合力攻辽，灭辽后宋将收回被辽抢占的燕云十六州。及辽灭，宋要求践约。金太祖遂准备将燕京及涿、易、檀、顺、景、蓟诸州归还宋。但只还空城，人民全部迁走。被迁的民众"心多不安"，抵制情绪浓厚，勉强行至平州。金太祖时平州为金之南京，留守为张觉。张觉利用迁徙民众的反抗情绪，领导军民叛金归宋，成为当时一大事变。

尽管如此，这种人口的双向流动还是积极意义更大。它使汉族与女真等东北民族在生活习俗等方面逐渐趋同，心理上的隔阂也越来越小，最后双方完全融合在一起。中华民族就是这样由涓涓细流融合成今天的滚滚洪流。

掠夺人口的同时，金军还把大量财富掠回黑龙江地区，北宋的府库积蓄为之一空。这些财富成了上京地区经济发展的"启动金"。

值得一提的是，金初形成了一条由中原到上京即今黑龙江阿城的比较固定的交通线。

宣和七年（1125）七月，北宋遣许亢宗出使金国，贺金太宗即位。许亢

① 徐梦莘：《三朝北盟汇编》卷九十九《靖康中帙七十四·诸录杂记》，第 733 页。
② 徐梦莘：《三朝北盟汇编》卷九十八《靖康中帙七十三·诸录杂记》，第 725 页。
③ 刘苟：《靖康皇族陷虏记》，傅朗云编注《金史辑佚》，吉林文史出版社，1990，第 254 页。
④ 徐梦莘：《三朝北盟汇编》卷九十八《靖康中帙七十三·诸录杂记》，第 726 页。

宗归来后写成《宣和乙巳奉使金国行程录》，详细记载了从北宋的雄州（河北雄县）到金上京（黑龙江阿城）的具体路线与里程。许亢宗从雄州出发，六十里至新城县，六十里至涿州，六十里至良乡县，六十里至燕山府，八十里至潞县，七十里至三河县，六十里至蓟州，七十里至玉田县，九十里至韩城镇，五十里至清州，九十里至滦州，四十里至望都县，六十里至营州，一百里至润州，八十里至迁州，九十里至习州，九十里至来州，八十里至海云寺，一百里至红花务，九十里至锦州，八十里至刘家庄，一百里至显州，九十里至兔儿涡，六十里至梁鱼务，百三里至没咄寨，八十里至沈州，七十里至兴州，九十里至咸州，九十里至同州，三十里至信州，九十里至蒲里孛，四十里至黄龙府，六十里至托撒孛堇寨，九十里至漫七离孛堇寨，二百里至和里间寨，九十里至句孤孛堇寨，七十里至达河寨，四十里至蒲挞寨，五十里至上京城。①

尽管黑龙江地区与中原地区的交通出现的很早，如南北朝乙力支出使北魏，唐代渤海国的营州道和朝贡道都有大体的路线，但有具体的地点和准确的里程则始于金代。

金代，黑龙江地区与中原地区统一在了一个政权之下，再加上人口的大量双向迁移，两地之间的联系更加密切，在经济文化上的相互影响增强。尤其是黑龙江地区受到中原地区的影响更是达到前所未有的程度，社会生活的各个方面都发生了显著的变化。

第二节　农业

辽代时黑龙江的女真人"善骑射，喜耕种，好渔猎"，② 属比较典型的农业、渔猎业复合型经济。但到金代时女真族成为统治民族，占有了农业较发达的渤海人、汉族人生活的区域，自然会受到他们重农思想的影响，农业意识大大提高。另外，尽管金代迁来的中原人分散于社会的各个领域，但可以肯定的是从事农业者一定最多。这不但充实了农业劳动力，还带来了中原地区先进的农业生产工具、生产技术，以及相应的管理技能。这对黑龙江地区农业的发展十分有利。而黑龙江当地的女真人也把累世积累的关于气候时

---

① 宇文懋昭：《大金国志校证》卷四十《许奉使行程录》，第559～569页。
② 宇文懋昭：《大金国志校证》卷三十九《初兴风土》，第551页。

令、植物土壤的知识交流给迁来的汉族人。金初的女真社会从上到下已经形成了重农观念，金太祖阿骨打即皇帝位时，女真贵族阿离合懑与宗翰"以耕具九为献，祝曰'使陛下毋忘稼穑之艰难。'太祖敬而受之"。① 历代金帝大都重视农业，金太宗于天会四年下诏曰："四境虽远而兵革未息，田野虽广而田亩未辟……是皆出乎民力，苟不务本业而抑游手，欲上下皆足，其可得乎。其今所在长吏，敦劝农功。"② 金世宗不但反复强调重视农业，还多次亲到农田视察，大定九年（1169）七月壬申"观稼于近郊"，③ 大定十一年（1171）六月戊午"观稼于近郊"。④ 金还设置劝农使一职，专司督促农业发展。⑤ 金代的农业超过渔猎业，成为其经济的基础。

一 土地制度的演变

关于黑龙江地区古代的土地制度，学界有过许多有益的探讨，取得了较为丰硕的成果，使我们对历代的情况都有了或多或少的了解，但有确切史料，能详细掌握全部情况的时期很少，金代就是其中之一。

关于女真人的农业生产单位，日本学者松浦茂认为："通常由夫妇和子女建立的几口人的家庭是生活单位，但在生产时，几个家庭共同进行农业生产，即父子、兄弟或同族人组成的大家族才是他们的生产单位。"⑥ 这一看法是正确的。辽金之际，女真社会传统氏族制下的父系大家庭制已经逐渐瓦解，代之而兴的是一夫一妻小家庭制。但由于生产力不高，个体小家庭尚难以胜任农业生产的全部环节，所以常常还是大家族式耕作，或者说是若干有血缘关系的小家庭合作耕作，即所谓"兄弟虽析犹相聚种"。⑦ 实际上大家族下的小家庭间联系还是很紧密的。为适应这种社会形态，金代对女真族实行了牛具税地制。《金史》载："牛头税。即牛具税，猛安谋克部女直户所输之

---

① 脱脱等：《金史》卷七十三《阿离合懑传》，第1672页。
② 脱脱等：《金史》卷三《太宗纪》，第56页。
③ 脱脱等：《金史》卷六《世宗纪上》，第145页。
④ 脱脱等：《金史》卷六《世宗纪上》，第149页。
⑤ 张棣《金图经》载："耶律劝农使，人往往不知其名，止以劝农呼之。"（傅朗云编注《金史辑佚》，第93页）在吉林扶余出土了"上京隆安劝农副使印"，农安县出土了"会州劝农之印"，可知金有劝农使之设（见衣保中《中国东北农业史》，吉林文史出版社，1993，第128页；谭士《农安出土金"会州劝农"官印》，《考古》1961年第6期）。
⑥ 松浦茂：《关于女真社会史研究的若干问题》，刘凤翥译，邢复礼、蒲瑞元校，中国社会科学院民族研究所历史研究室资料组编译《民族史译文集》10，内部印刷，1981，第66页。
⑦ 脱脱等：《金史》卷四十四《兵志》，第995～996页。

税也。其制每末牛三头为一具，限民口二十五受田四顷四亩有奇（金代每顷100亩），岁输粟不过一石，官民占田无过四十具。"① 这段记事完整地展现了牛具税地制的基本情况。

第一，女真人的土地是金政权无偿拨给的。这是女真人作为统治民族的特权，也说明金政权手中掌握了大量耕地。金灭辽、灭北宋，掠得大量土地，女真人大量南迁，又使得作为金内地的黑龙江地区出现大量闲置土地。

第二，授田的依据不是人口而是牛具，说明在当时农业生产的诸要件中，主要短板是牛具，土地和人口不是问题。这样的情况史所罕见，笔者仅见此一例。

第三，对土地的过分集中有预防措施。规定"官民占田无过四十具"，就是说再强大的家族占有田地也不得超过16160亩，人口不得超1000人。当然，再大的大家庭人口也不可能超过1000人，这里应当是包含了众多奴婢在内。抑制豪强有利于中央集权。

第四，女真人的地租非常低。这与无偿拨给土地一样，是女真人作为统治民族的特权。女真牛具地"岁输粟不过一石"，天会四年又"诏内地诸路，每牛具赋粟五斗，为定制"。② 黑龙江地区正属"内地诸路"，赋税为每牛具粟五斗。而非牛具地的赋税则重很多。比如两税户，《金史》载："金制，官地输租，私田输税。租之制不传。大率分田之等为九而差次之，夏税亩取三合，秋税亩取五升，又纳秸一束，束十有五斤。"③ 仅秋税每亩就要纳五升，四顷即二十石，则女真牛具地的赋税负担只是一般户的四十分之一，且没有其他诸如纳秸的负担。但是，成年女真人战时要服兵役，这也是一项负担。

牛具税地制实行的范围非常广阔，从黑龙江直到淮河，凡有猛安谋克女真兵驻防的地方都有实行，但各地发展情况差异很大。在中原地区，由于女真人追求汉族地主式生活方式，却又不善于经营，再加上频繁的兵役，逐渐贫困化了。如《金史》载，金同知西京留守事曹望之在给金廷的上书中提道："招讨司女直人户或撷野菜以济艰食，而军中旧籍马死则一村均钱补买，往往鬻妻子、卖耕牛以备之。"④ 金政权虽用各种方法扶持救济，效果终不明

① 脱脱等：《金史》卷四十七《食货志二》，第1062～1063页。
② 脱脱等：《金史》卷四十七《食货志二》，第1063页。
③ 脱脱等：《金史》卷四十七《食货志二》，第1055页。
④ 脱脱等：《金史》卷九十二《曹望之传》，第2038页。

显。最终导致牛具税地制瓦解。"旧时兄弟虽析犹相聚种，今则不然。"① 代之而起的是与汉族传统封建地主土地经营方式，"山东、大名等路猛安谋克户之民，往往骄纵，不亲稼穑，不令家人农作，尽令汉人佃莳，取租而已"。② 但黑龙江地区却完全是另一番景象：牛具税地制运行良好，农业经济顺利发展，粮食产量较高，女真民众家境殷实。产生这样巨大差异的原因不外两个方面：一是黑龙江地区的女真人不像迁到中原地区的女真人那样生活在汉人之中，生活方式受到汉人的影响较小，保持了传统的吃苦耐劳精神，能够致力于耕作；二是黑龙江地区远离对宋战争前线，受到的征调少，民众能较安心地耕作。正因如此，黑龙江地区的牛具税地制能一直维持到金亡，没有像中原地区那样崩溃。

除牛具税地制外，女真社会生产的另一大特点是比较广泛地使用奴婢，女真的农业生产中有大量的奴隶。大定二十三年（1183），金全境共有猛安谋克"户六十一万五千六百二十四，口六百一十五万八千六百三十六，内正口四百八十一万二千六百六十九，奴婢口一百三十四万五千九百六十七"。③ 这样看来，每户平均有奴婢两人以上，不可谓不普遍。而事实上奴婢的数量应该更多，因为金政府此次统计的目的是准备以土地、奴婢、牛具的数量为据征收赋税，女真人为避税，将不少奴婢以正口上报了。④ 大定二十年（1180），金世宗"以上京路女真人户，规避物力，自卖其奴婢，致耕田者少，遂以贫乏，诏定制禁之"。⑤ 卖掉奴婢会使耕田者减少，导致女真人贫穷，这说明至少在黑龙江地区，奴婢确实是重要的农业劳动力。

不过这里所说的奴婢与一般意义上的奴隶有所不同，并非完全没有人身自由，终日在监视下劳作，而是类似清代官庄里的庄丁，虽无偿劳作，但有一定程度的人身自由。而且奴婢的主人也常常和奴婢一起劳作。

还有所谓两税户。他们一般是从事农业的汉族人，或耕种官地向官府纳税，或租种私田向地主纳租。耕种官地者每年夏、秋纳税两次，"夏税亩取三合，秋税亩取五升，又纳秸一束，束十有五斤"。⑥ 因为《金史》中

---

① 脱脱等：《金史》卷四十四《兵志》，第 995 ~ 996 页。
② 脱脱等：《金史》卷四十七《食货志二》，第 1046 页。
③ 脱脱等：《金史》卷四十六《食货志一》，第 1034 页。
④ 三上次男：《金代女真研究》，第 450 页。
⑤ 三上次男：《金代女真研究》，第 450 页。
⑥ 脱脱等：《金史》卷四十七《食货志二》，第 1055 页。

有"乞放两税户为良"① 的记载，可知其身份也是奴婢，但拥有的人身自由似相对较多。

二　铁农具的广泛使用

金代时，黑龙江地区冶铁业发达，铁器能够在农业领域得到广泛使用。铁农具对农业发展的促进作用是革命性的。迄今为止，在黑龙江地区发现的金代铁器达数千件，仅20世纪50年代末在肇东八里城一次就出土铁器700余件。② 其中很多为农具，有犁铧、犁镜、趟头（分土器，犁的部件）、锄、镢（起土工具，类似镐）、铲、锹、铡刀、垛叉、镐、镰等（见图7－1），涉及春种、夏除、秋收、冬藏等整个农业生产过程。镰分为有柄和无柄两种，犁也有不同形制。

图 7－1　肇东八里城出土的金代镰刀和铡刀

资料来源：谭英杰、孙秀仁、赵虹光、干志耿：《黑龙江区域考古学》，图版肆伍。

---

① 脱脱等：《金史》卷四十六《食货志一》，第 1035 页。
② 肇东县博物馆：《黑龙江肇东县八里城清理简报》，《考古》1960 年第 2 期。另参见黑龙江省博物馆《黑龙江兰西县发现金代文物》，《考古》1962 年第 1 期；黑龙江省博物馆《金代北路壕界壕边堡调查》，《考古》1961 年第 5 期等。

依兰县出土金代农具多件。有鱼形铡刀3件，1件出土于宏克力镇，现存于黑龙江省博物馆；2件出土于迎兰乡，现存于依兰县文物管理所。铁镬3件，1件存于黑龙江省博物馆，2件存于依兰县文物管理所（见图7-2）。镰刀1件，形似弯月。三角形犁铧1件，形制较大，两刃外弧各长36.5厘米，尾部两翼间距25厘米；两翼中间呈内弧形，内弧中心距铧尖32.5厘米；两翼上方有一长5厘米，宽3厘米的长方形横孔；铧尖背部有一袋形深窝，窝口长18厘米，高2.2厘米，窝缘距铧尖16厘米，内深9.8厘米。这样大的犁铧必为畜力牵引，能够深耕起大垄。蹚头（㧟种打地垄、蹚头遍地的用具）1件，系由铁铧打掉两翅而成，形制也比较大，全长23厘米，宽25.5厘米，翁口长、高、深各14厘米，当然也只能由畜力牵引。[①]

图7-2　依兰县出土的金代铁镬

资料来源：《依兰县文物志》，图版贰。

不仅肇东八里城这样属于金代核心的地区出土大量铁器，偏远地区也如此。位于今克东县的金蒲峪路古城出土铁铧尖3件，[②] 3件铁铧的规格、形制

---

① 《依兰县文物志》编写组编纂《依兰县文物志》，北方文物杂志社，1988，第89~92页。

② 黑龙江省文物考古研究所：《黑龙江克东县金代蒲峪路故城发掘》，《考古》1987年第2期。

各不相同，以适应不同的作业或不同的地形。"瑷珲、逊克出土的犁铧是把犁刀接铸在犁铧刃的一侧，以适应开垦荒地的需要。"[1]

从今俄罗斯境内黑龙江中下游及滨海地区的金代女真遗址中出土的铁器可以发现，铁农具不但得到广泛使用，形制还发展得很适用。"在后期（即女真时期）的一些遗存中，却发现大量的镰刀，它们具有与现代短把镰刀相似的形状，也就是说，这是一种直刃半月形弯背宽刀，刀在慢弯后面过渡到刀铤，刀铤被特意加厚，起固定木柄的作用。"[2] 位于俄罗斯滨海地区拉佐河畔的金代拉佐城址不仅出土了铁质镰刀、犁铧，还出土了铁质犁镜。[3] 铁犁结构复杂，已经和现代的犁基本一样。这些出土的实物让我们得以窥见金代农具使用的具体情况（如图 7-3、图 7-4、图 7-5、图 7-6、图 7-7）。

**图 7-3　俄罗斯滨海地区叶卡捷林诺夫斯克耶
城址出土的金代铁犁铧**

资料来源：吉林省文物考古研究所、俄罗斯科学院远东分院远东民族历史·考古·民族研究所编著《俄罗斯滨海边疆区女真文物集粹》，文物出版社，2013，第258 页。

---

[1]　张博泉：《金史简编》，辽宁人民出版社，1984，第 199 页。

[2]　杰烈维扬科：《黑龙江沿岸的部落》，第 47 页。

[3]　列尼科夫、阿尔捷米耶娃：《拉佐城址》，杨振福译，赵永军主编《东北亚考古资料译文集》第 9 辑，黑龙江人民出版社，2019，第 183 页。

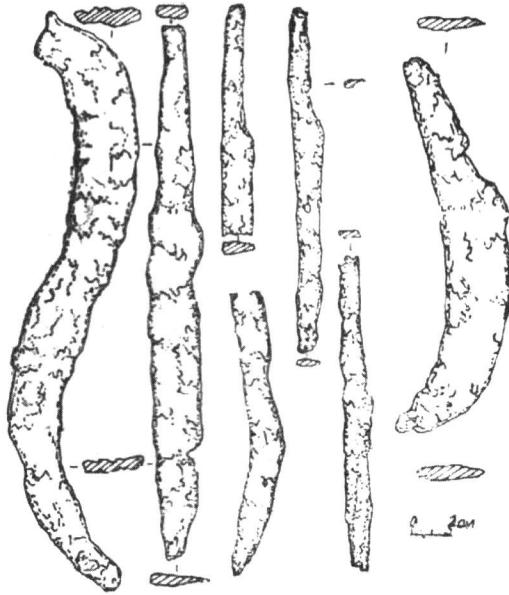

图 7 - 4　俄罗斯境内黑龙江沿岸出土的女真人镰刀

资料来源：杰烈维扬科：《黑龙江沿岸的部落》，第 46 页。

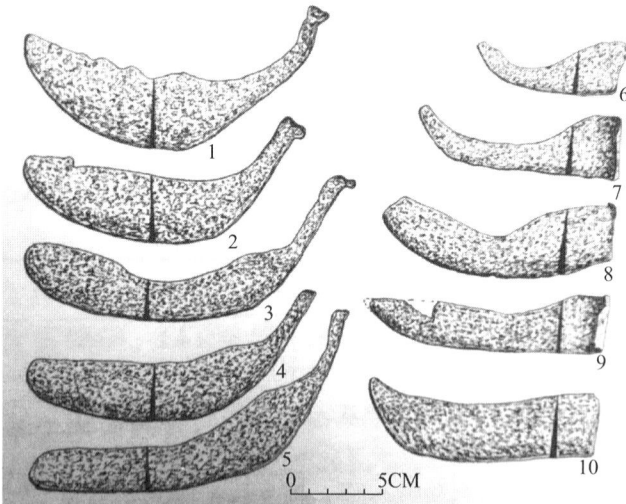

图 7 - 5　俄罗斯金代拉佐城址出土的女真人镰刀

资料来源：列尼科夫、阿尔捷米耶娃：《拉佐城址》，杨振福译，赵永军主编《东北亚考古资料译文集》第 9 辑，第 185 页。

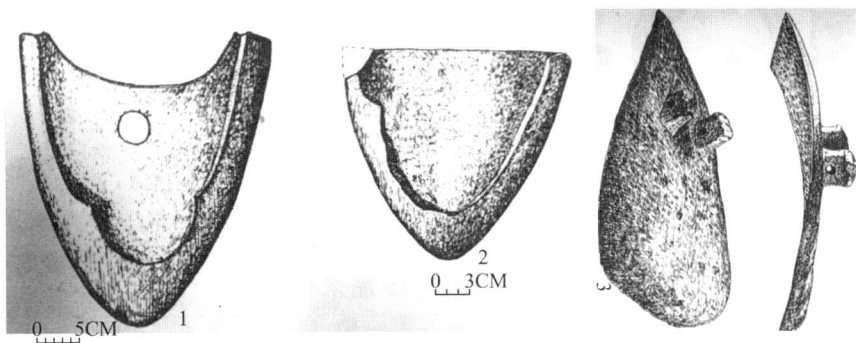

图 7 – 6 俄罗斯金代拉佐城址出土的铁质犁铧、犁镜

资料来源：列尼科夫、阿尔捷米耶娃：《拉佐城址》，杨振福译，赵永军主编
《东北亚考古资料译文集》第 9 辑，第 183 页。

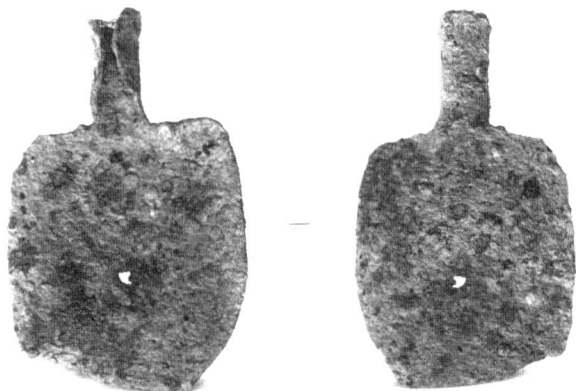

图 7 – 7 俄罗斯境内出土的女真人铁铲

资料来源：《俄罗斯滨海边疆区女真文物集粹》，第 76 页。

"有的铁器造型受到中原的影响。如肇东出土的铁铧、逊克出土的犁镜
与北宋时代的十分近似，与元代王祯《农书》所绘的农具图，几乎无差别。
镰刀、镬头等常用农具也与中原基本相同。显然是受到中原影响的结果"。[①]
中原人的迁入和中原人影响下铁农具的广泛使用，使金代黑龙江地区农业的
整体水平有了很大的发展。"最晚到金代中后期黑龙江地区农具的使用程度
和农业生产技术的总体水平已同中原地区十分接近，从而大大缩小了黑龙江
与中原地区的差距，这无疑是个了不起的进步。"[②]

---

① 李士良、田华：《黑龙江出土金代铁器的初步研究》，《黑河学刊》1990 年第 4 期。
② 步平主编《黑龙江通史简编》，第 268 页。

金代黑龙江地区的铁农具不但与中原地区的铁农具很相似，与现代的铁农具也很相似，可以说中国的铁农具不少是在金代定型的。金代农民经过长期实践，知道什么农具采用什么形制效率最高。

因为犁对农业生产至关重要，金人甚至有神化它的现象。在金上京出土了一件铁铸人面犁耕头（见图7-8），"犁铸出犹如人面的双眼和嘴，酷似三星堆青铜人面，故称'人面犁耕头'"。① 这是金开国庆典时所献的礼器，用以代表农业，祈求农业能有好的收成。

图7-8　金上京出土的人面犁耕头

资料来源：郭长海：《金上京发现开国庆典所献礼器——人面犁耕头》，《北方文物》2006年第4期。

金代铁农具在黑龙江地区被广泛应用是不争的事实，但普及的程度在不同地域间还是有差异的。距上京不远的冷山地区（今五常一带）女真人在每年正月十六日有"纵偷"之俗，"是日，人皆严备，遇偷至，则笑而遣之。既无所获，虽畚锹微物亦携去"。② 畚是簸箕，锹是铁制镐头。镐既被视为不

① 郭长海：《金上京发现开国庆典所献礼器——人面犁耕头》，《北方文物》2006年第4期。
② 洪皓：《松漠纪闻》，吉林文史出版社，1986，第30页。

起眼的"微物",则当地铁农具已经像近代那样廉价且普及了。在汤原县双兴遗址出土了金代窖藏铁器 129 件（见图 7 - 9），其中不少为农具，有铡刀 1 件、镰 3 件、锹 2 件、犁铧 1 件、犁镜 1 件、斧 4 件、铲 1 件。[1] 金代窖藏铜钱出土不少，窖藏铁器发现不多，所以很是宝贵。汤原窖藏铁农具的发现，反映了铁农具在那里还较珍贵，被人们像爱惜钱币一样珍视。在俄罗斯滨海地区拉佐遗址出土的铁铲磨损得非常严重，[2] 说明铁器稀少，更换不易。铁农具的广泛应用还只是相对以往而言的。

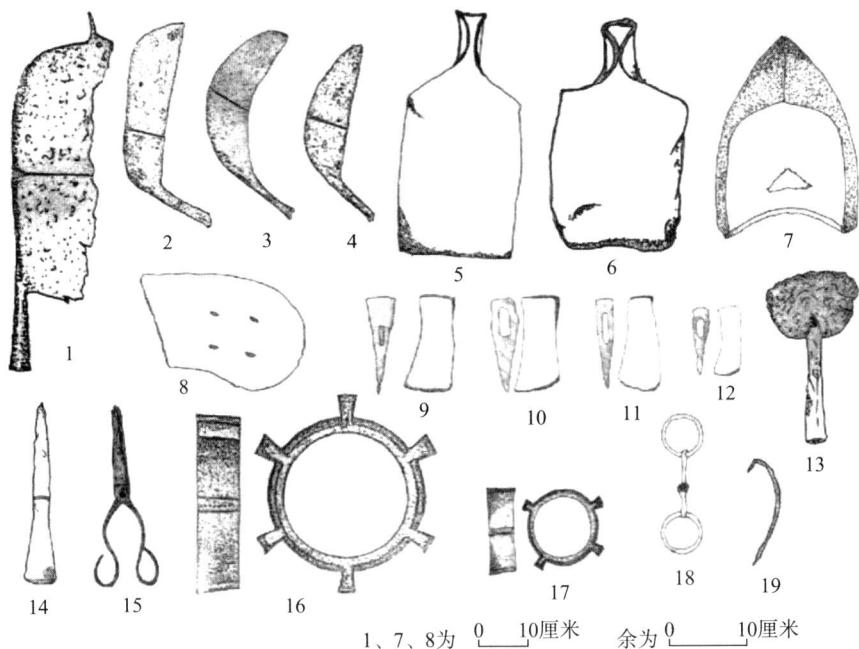

图 7 - 9 汤原县双兴遗址出土的金代窖藏铁器

资料来源：钱霞：《黑龙江省汤原县双兴遗址出土金代窖藏铁器》，《北方文物》2014 年第 2 期。

三 产量的提高与农作物品种的增加

金章宗曾谕尚书省在上京路置常平仓以备荒年，尚书省奏："今上京、蒲与、速频、曷懒、胡里改等路（大概相当于今黑龙江省全部、吉林省一部

---

[1] 钱霞：《黑龙江省汤原县双兴遗址出土金代窖藏铁器》，《北方文物》2014 年第 2 期。

[2] 列尼科夫、阿尔捷米耶娃：《拉佐城址》，杨振福译，赵永军主编《东北亚考古资料译文集》第 9 辑，第 184 页。

及俄罗斯远东部分地区），猛安谋克民户计一十七万六千有余，每岁收税粟二十万五千余石，所支者六万六千余石，总其见数二百四十七万六千余石。臣等以为此地收多支少，遇灾足以赈济，似不必置。"① 足见至少在金章宗时期，黑龙江地区农业产量较高。

农业产量的提高在考古方面也有反映。在俄罗斯滨海地区拉佐遗址的一个房址中有一铺 6 平方米的火炕，炕上铺满了厚达 3～4 厘米的谷粒。② 这个房址不大，应该是一个小家庭的居址，但谷物的重量至少在 500 斤以上，一个小家庭就能有这样多的收成，足见其产量确实提高了。

虽然金章宗时期尚书省否决了在黑龙江地区设常平仓的提议，但常平仓后来还是建起来了。1976 年在海林县柴河公社出土了"桓术火仓之记"，③即官设常平仓类仓储的印信（见图 7-10）。这说明金代时黑龙江地区粮食产量可观，维持消费外尚有盈余。据统计，当时黑龙江地区粮食的人均占有量达六七百斤。④ 这在古代是一个非常了不起的成就。

黑龙江地区金代遗址遗迹中出土的各类生产工具和生活用品普遍数量多、工艺精，显然存在较细的社会分工和商品流通。这也说明农业产量较高，有盈余可以拿出做商品。

大定三年（1163），临潢府（今内蒙古巴林左旗一带）遭灾，金世宗"诏临潢汉民逐食于会宁府济、信等州"。⑤ 会宁府即阿城一带，令灾民到这里就食，当然是因为这里粮食充裕。

中原人还带来了当地没有的农作物新品种。渤海到辽时期，黑龙江地区的农作物有稻、大豆、小麦、谷子、糜子、苏子、葵、蒜、萝卜、葱、桑树、大麻、梨、李、杏、樱桃、山楂等。⑥ 结合《金史》《大金国志》《三朝北盟汇编》《松漠纪闻》等的相关记事以及考古发现，金代的农作物品种多出了芥、西瓜、回鹘豆（即豌豆）、菜豆、豇豆。芥、菜豆、豇豆是中原地区很早就有的，为中原人带来无疑。回鹘豆和西瓜本为西域之物，传入中国较早，但金代时在中原还不普遍。金初，宋人洪皓在冷山地区见到西瓜，并

① 脱脱等：《金史》卷五十《食货志五》，第 1121 页。
② 列尼科夫、阿尔捷米耶娃：《拉佐城址》，杨振福译，赵永军主编《东北亚考古资料译文集》第 9 辑，第 185 页。
③ 黑龙江省文物考古工作队：《黑龙江古代官印集》，黑龙江人民出版社，1981，第 99 页。
④ 步平主编《黑龙江通史简编》，第 269 页。
⑤ 脱脱等：《金史》卷六《世宗纪上》，第 130 页。
⑥ 梁玉多：《渤海国经济研究》，黑龙江大学出版社，2015，第 8 页。

图 7 - 10　桓术火仓之记及背款

资料来源：黑龙江省文物考古工作队：《黑龙江古代官印集》，第 101 页。

写进《松漠纪闻》，必然是因为他先前没有见过，将之视为奇物而记载下来。后来洪皓把西瓜种带回南宋种植，这也是西瓜传到江南的途径之一。

金人掌握了高寒地区果木越冬技术。宁江州（今吉林扶余一带）"地苦寒，多草木。如桃李之类，皆成园，至八月，则倒置地中，封土数尺，覆其枝干，季春出之。厚培其根，否则冻死"。[①] 渤海时期就已经有了李树的栽培，女真人应该是从渤海人那里学到这一技术的。

金代农业的分布范围向北大大延伸了，不但到了黑龙江两岸，甚至还可能抵达外兴安岭，这在中国农业史上是一件大事。《金史·地理志》载，蒲与路"北至北边界火鲁火疃谋克三千里"。[②] 蒲与路治所在今克东县境内，由此向北三千里，就到了外兴安岭深处。这个火鲁火疃谋克有固定的方位与距

---

① 洪皓：《松漠纪闻》，第 26 页．
② 脱脱等：《金史》卷二十四《地理志上》，第 552 页。

离，显然是依定居人民而建，而定居人民的生活不大可能完全依赖渔猎畜牧，依赖从外部长途转运粮食更不现实，所以当地有一定的农业是在情理之中的。不过由于纬度过高，无霜期太短，所种粮食只有所谓可以"六十日还家"的稷一种，种植较多的应该是蔬菜。

垦地面积扩大了。大定二十三年（1183），金全境共有猛安谋克"户六十一万五千六百二十四……田一百六十九万三百八十顷有奇"，[①] 可知当时猛安谋克户均有耕地约为 2.75 顷。明昌三年（1192），上京、蒲与、速频、曷懒、胡里改等路"猛安谋克民户计一十七万六千有余"，[②] 则黑龙江地区猛安谋克户约有耕地 48.4 万顷，再加上非猛安谋克户的，耕地总数至少在 50 万顷以上。这一数字是空前的。

总的来看，金代时黑龙江分布着若干城市，城市周边有一些村寨，农田就分布在城市和村寨周围。城市之间则是广袤的未开垦的原野。这样，农田就呈现了大分散、小集中的分布格局。

农业的发展带来了人口的大幅增加，据统计，金代泰和元年（1201）至大安二年（1210），在今黑龙江地区人口总数将近 200 万人。[③] 到大安年间，仅上京一地人口即达 20 万人以上，[④] 成为东北亚的一大都会。大都会的出现使财富和技艺得以聚集，又为手工业、商业的发展奠定了基础。

第三节　手工业

女真人本来"无工匠，其舍屋、车帐往往自能为之"。[⑤] 就是说手工业还没有从传统的农业、畜牧业、渔猎业中分离出来，没有专业的手工业者。但与中原汉族接触多了以后，特别是中原汉族大量迁入以后，情况发生了很大的变化。金代城市经济发展迅速，手工业单独分离出来，有了很大发展。

一　冶铁业和铁器制造业

对于女真人为什么能够所向披靡，入主中原，人们的着眼点往往放在女

---

① 脱脱等：《金史》卷四十六《食货志一》，第 1034 页。
② 脱脱等：《金史》卷五十《食货志五》，第 1121 页。
③ 黑龙江省地方志编纂委员会：《黑龙江省志》第二卷《大事记》，第 119 页。
④ 朱国忱：《金源故都》，北方文物杂志社，1991，第 201 页。
⑤ 宇文懋昭：《大金国志校证》卷三十九《初兴风土》，第 552 页。

真人吃苦耐劳和积极进取的精神、猛安谋克制的效率、辽宋政权的腐败无能等方面，这些当然是重要原因，但人们忽视了最重要的因素——以冶铁业为代表的强大的经济基础。冶铁业的发展带来了武器和生产工具的整体性进步，强大的经济基础发展出强大的军事力量。

金属冶炼和金属器制造业是其他诸多行业发展的基础。虽然渤海国已经进入发达铁器时代，但毕竟局限于一隅，整个黑龙江地区进入发达铁器时代是在金代。金代时黑龙江地区有自己的冶铁业，铁器已经进入黑龙江人社会生活的各个领域。各地遗址出土的铁器不仅数量大，达到数千件，而且种类繁多。仅在上京南城南垣西门址就出土了很多铁器，有钟、车辖（多件）、带銙1、带卡、锁、门环、镰刀、剪刀、凿、刀、枪头、镈（多件）、镞（多件）、甲片（多件）、钉（数量很多）、杵、构件等（见图7-11）。①

图7-11　金上京南城南垣西门址出土的铁锁、铁剪刀

资料来源：黑龙江省文物考古研究所：《哈尔滨市阿城区金上京南城南垣西门址发掘简报》，《考古》2019年第5期。

由上文可知，辽代时女真人就能够"烧炭炼铁"，到金代，冶炼技术已经相当成熟，产量也很高。金代时，由于中原技术的影响，黑龙江地区的冶铁业已经局部地摆脱分散小作坊式模式，实现了规模化生产。

阿城五道岭冶铁遗址的发现，表明这些铁器是用当地生产的铁在当地打造的。五道岭冶铁遗址位于今张广才岭西麓、哈尔滨市东南，以阿城区小岭

---

① 黑龙江省文物考古研究所：《哈尔滨市阿城区金上京南城南垣西门址发掘简报》，《考古》2019年第5期。

镇五道岭为中心，在海拔 500 米以上的群山中。具体来说，西北到玉泉镇长山屯，西南到五常市道平岭、石嘴沟，南到平山镇泉河屯，东北到小岭火车站附近的山地，最北到宾县沈家窝堡、随家店，共有与冶铁相关的金代遗址 50 余处。[1] 虽然分布较广，但是一个整体，是一处集采矿、选矿和冶炼于一体的冶铁业基地。

首先是采矿址。五道岭有开采铁矿石留下的矿洞（见图 7 - 12），"斜坡坑道均有台阶，不甚规整，下降至一定深度后又分出叉洞，至洞底每隔一定距离便有一个宽敞的采矿作业区，作业区通常呈椭圆袋状。洞北壁及东南角均凿有明显的阶梯，以供通行……在坑内遗有大量的朽木，当为坑道顶木"。[2] 这与近现代中小型铁矿的矿洞无异。在矿洞附近发现半地穴式建筑址两处，推测为采矿工人的居住所。根据建筑物面积判断，居住的人数在 1000 人以上。据估计，这些矿洞可取出铁矿石 40 万 ~ 50 万吨，产量相当可观。[3]

其次是冶炼炉址。在发现的 50 余处冶铁遗址中，绝大多数都有冶炼炉。下面根据黑龙江省博物馆 1962 年的发掘情况，介绍其中比较有代表性的几个遗址。

五道岭冶炼炉址，位于五道岭矿洞 1 华里远的黄土岗上。炉的平面为长方形，门朝东，炉膛长 110 厘米、宽 75 厘米、残高 90 厘米，炉门宽 45 厘米。炉的内壁和底部由花岗岩砌成，外层为原生黄土（见图 7 - 13）。

葛家屯冶炼炉址，位于小岭镇葛家屯东山。炉的平面为正方形。炉的内壁由花岗岩砌成，厚 40 厘米。炉底边长 90 厘米、炉膛残高 163 厘米、炉门宽 40 厘米、高 70 厘米。炉壁外为原生黄土，已有 60 厘米厚被烧成了红色（见图 7 - 14）。

东川冶炼炉址，位于小岭镇东川屯。考古工作者试掘了冶炼炉 5 座，其中残炉 1 座、较完整 2 座、完整 2 座。

东川 2 号炉，位于一个黄土漫岗上，保存基本完整。炉膛用花岗岩砌成，为边长 80 厘米的正方形，炉壁残高 210 厘米，炉底用石板铺成，炉底和炉壁都抹了一层耐火黏土。外壁紧依原生黄土（见图 7 - 15）。

---

[1] 黑龙江省博物馆：《黑龙江阿城县小岭地区金代冶铁遗址》，《考古》1965 年第 3 期。
[2] 谭英杰、孙秀仁、赵虹光、干志耿：《黑龙江区域考古学》，第 138 页。
[3] 黑龙江省博物馆：《黑龙江阿城县小岭地区金代冶铁遗址》，《考古》1965 年第 3 期。

图 7 - 12　五道岭矿洞下降面

资料来源：黑龙江省博物馆：《黑龙江阿城县小岭地区金代冶铁遗址》，《考古》1965 年第 3 期。

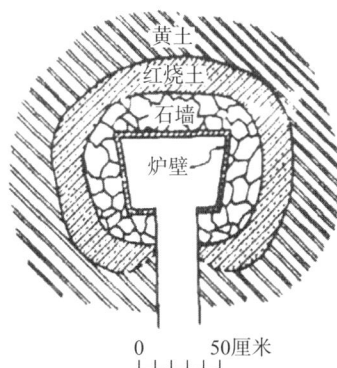

图 7 - 13　五道岭冶炼炉平面示意图

资料来源：黑龙江省博物馆：《黑龙江阿城县小岭地区金代冶铁遗址》，《考古》1965 年第 3 期。

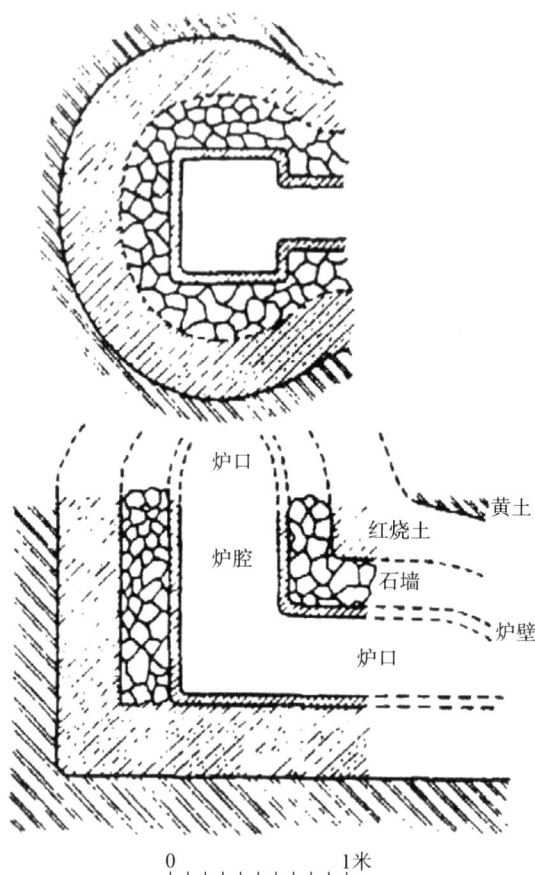

图 7 - 14　葛家屯冶炼炉平面示意图

资料来源：黑龙江省博物馆：《黑龙江阿城县小岭地区金代冶铁遗址》，《考古》1965 年第 3 期。

东川 4 号炉，位于 2 号炉南约 100 米处，保存较完整。炉身为长方形漏斗形，上宽下窄，上口长 80 厘米、宽 73 厘米，下口长 35 厘米、宽 28 厘米，高 240 厘米。与其他炉不同的是，在炉门与炉底边缘有一堵耐火土砌隔墙，隔墙中央有铁水槽。

东川 5 号炉与 4 号炉相距仅 1.5 米，基本是连在一起的，但结构形制与 2 号相似，与 4 号不同。此炉址保存完整，现高 225 厘米，炉腔本为正方形，因内壁高温熔化甚重，看起来呈不规则形（见图 7 - 16）。

当然，金代黑龙江的冶铁遗址并不只有五道岭，今大庆市大同区有康家围子和陈二道眼两处。由于大庆地区并没有露天或埋藏较浅利于开采的铁

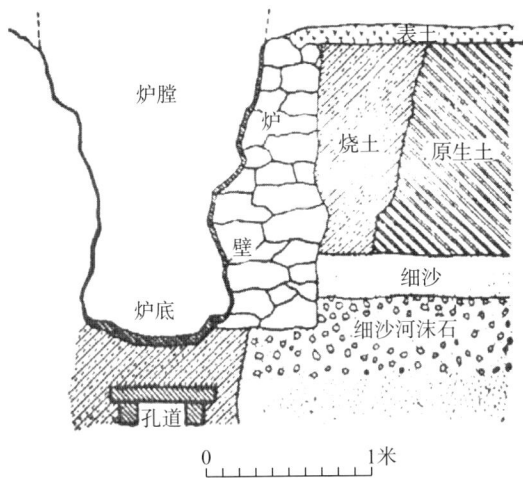

图 7 – 15 东川 2 号冶炼炉平面示意图

资料来源：黑龙江省博物馆：《黑龙江阿城县小岭地区金代冶铁遗址》，《考古》1965 年第 3 期。

图 7 – 16 东川 4 号、5 号冶炼炉全貌

资料来源：黑龙江省博物馆：《黑龙江阿城县小岭地区金代冶铁遗址》，《考古》1965 年第 3 期。

矿，其铁矿石和木炭都是从五道岭经水路运来的。① 当时这里属于开发程度

---

① 裕林：《谈大庆地区金代冶铁遗址的相关问题》，《大庆社会科学》2007 年第 3 期。

较高的肇州，冶铁场所设在这里，是为了接近产品销售市场。

由这些冶炼炉的形制和遗物，我们对金代的冶炼技术大致有如下判断。

其一，金代冶铁技术出现了一个大的飞跃——摒弃了落后的生吹法，采用了与中原地区一样的高炉法。一些冶铁炉虽经八九百年的风雨侵蚀，残高仍在 2 米以上；炉体内壁都留下了反复高温形成的坚硬烧土层，这与一次性使用的生吹炉不同，完全就是当时中原地区盛行的高炉。金军从中原地区掳来的百姓中就有冶铁工匠，他们把中原先进的高炉冶铁技术带到了黑龙江。五道岭一带的矿井挖出的矿石有四五十万吨，产量很大。

其二，冶铁炉炉体没有通风口，也没有发现鼓风设施。与同时期中原地区相比，这是明显的落后之处。但他们在炉体保温方面做得很好，一定程度上弥补了这一不足。比如东川 2 号炉外壁紧依原生黄土壁，能使炉内绝对保温。不过，女真人有的锻铁炉是有通风口，且有鼓风设备的。在俄罗斯滨海地区拉佐城址中的 24 号房址有一处锻铁炉址，"炉口前面的一对木桩是安装风箱的支架。炉口前面的一个小坑可能是风箱在此工作过程中形成的"。[1] 看来当时的鼓风技术发展不平衡，各地差异较大，不能一概而论。

其三，金人炼铁使用的燃料为木炭，不是煤。五道岭一带的各冶铁遗址普遍有木炭，但未曾发现用煤的痕迹。拉佐城址的锻炉里残留物也只有木炭没有煤。文献也载，"随阔（遂可）自幼习射采生，长而善骑射猎，教人烧炭炼铁"。[2] 木炭不如煤热值高，会稍稍影响炼出铁的质量。

其四，小岭地区已经形成了以五道岭为中心，集采矿、选矿、冶炼于一体，工艺流程完整的冶铁业基地。但是，遗址中只有铁矿石、铁渣、木炭等冶铁遗物，没有发现铸铁成品、半成品以及铸铁范，说明这里只是铁的产地，不是铁器制造地，二者已经有了明确的分工。

小岭等地冶炼出来的铁被运到需要的地方，在当地打制成铁器。上京城是铁器的最大消耗地，城内就发现有铁渣和海绵铁等遗物，说明有加工铁器的手工作坊。[3] 俄罗斯滨海地区的拉佐城址也发现了多个锻铁遗址，其中的

---

① 列尼科夫、阿尔捷米耶娃：《拉佐城址》，杨振福译，赵永军主编《东北亚考古资料译文集》第 9 辑，第 193 页。
② 徐梦莘：《三朝北盟会编》卷十八《政宣上帙十八》，第 127 页。
③ 朱国忱：《金源故都》，第 203 页。

22 号房址中有 6 座锻炉。① 一个房屋中居然有 6 座锻炉，这不是小作坊，简直可以称为铁器制作场了（见图 7 - 17）。

图 7 - 17　俄罗斯滨海地区拉佐城址的炼铁炉和锻铁炉

资料来源：列尼科夫、阿尔捷米耶娃：《拉佐城址》，杨振福译，赵永军主编《东北亚考古资料译文集》第 9 辑，第 249 页，图版三四 1、2。

冶铁业的成熟必然带来铁器制造业的大发展。第一，女真工匠掌握了更

① 列尼科夫、阿尔捷米耶娃：《拉佐城址》，杨振福译，赵永军主编《东北亚考古资料译文集》第 9 辑，第 192 页。

加复杂的加工工艺，这一点在其使用的工具上有明确的反映。在俄罗斯滨海地区的金代遗址不但出土了锻工钳、錾子、砧子、锤子、凿子等常见工具，还出土了冲子和冲模这样的深加工工具（见图7-18、图7-19）。冲子用于打孔，可以给冷却的锻件冲孔；冲模用于在加热情况下给器物的某个部位冲压出需要的形状。加上这两种工具，手工时代铁器加工的工具基本就齐全了。根据对部分铁器进行的金相学检验，虽然女真工匠所生产的铁多为碳高、硅低、硫低的白口铁，硬度高韧性差，但工匠们已经初步掌握了退火、淬火、球化退火等工艺，能够制造铸铁脱碳钢。尽管退火工艺尚未完善，却已经知道将热处理过程与锻造结合起来。[①]

图7-18　俄罗斯滨海地区克拉斯诺雅罗夫斯克耶城址和赛加城址出土的金代铁砧

资料来源：《俄罗斯滨海边疆区女真文物集粹》，第68、226页。

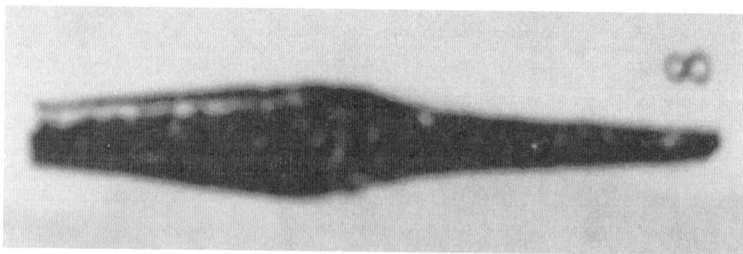

图7-19　俄罗斯滨海地区拉佐城址出土的冲子

资料来源：列尼科夫、阿尔捷米耶娃：《拉佐城址》，杨振福译，赵永军主编《东北亚考古资料译文集》第9辑，第163页，图九7、8。

第二，制造出很多高质量的铁器。如，1980年在阿城市阿什河乡双城村的金代墓群中出土了不少铁器，质量上乘。比如其中一个三足锅，"作足外

---

① 李士良、田华：《黑龙江出土金代铁器的初步研究》，《黑河学刊》1990年第4期。

圆、内凹，凹面内的上端又留一凸棱，既保证其强度，又减轻重量，减少材料消耗"。取得这样成绩的原因就是金政权"通过强制移民更把中原技术直接带到'金源'、'内地'的上京地区，使金上京的工艺技术日臻成熟"。①当然，技术的进步并不限于上京一地，其他地区也很明显。拉佐城址也出土了一口形制差不多铁锅。再如，金代时黑龙江女真人能够制锁，"通过制锁工艺可以评价女真人钳工工匠的技艺水平。锁是相当复杂的器物，然而，女真遗址却常常出土这类遗物。拉佐城址出土锁 4 件和钥匙 7 件"。这些锁都是复合的单筒弹簧锁，有水平悬挂的横开锁和垂直悬挂的竖开锁两类（见图7－20）。"每件锁都是单件制造，各有各的'秘密'。"②

出土的铁器大都是锻打而成的，说明铁器以锻造为主，发现的用于锻造铁器的铁砧即证明了这一点。铸造的虽少，却也不是没有，出土的犁铧就是铸造的。尽管到目前为止还没有发现铸造铁器的模范，但出土了用于熔化铁水的陶坩埚（见图7－21），表明了铸造工艺的存在。

从铁器的形制方面看有两个特点：一是部分铁器与中原的高度相像，这样的实例可以说比比皆是；二是部分铁器有自己的特色，比如锹与铲，中原的与今天的一样合口（裤）在后，而金的绝大多数在前。又如斧，中原的形制差不多，只是大小有别而已，金的则比较多样化。再如铡刀，中原的样式繁多，金基本只有鱼形一种。③

二　铜器制造业

黑龙江地区出土了很多金代铜器，多为与日常生活相关的小物件，有锅、盆、碗、勺、铃、镜、佛像、牌饰、佩饰等。还有少量用青铜制造的火铳、短剑、箭镞等兵器。其中仅阿城双城村一个遗址就发现制作精美的铜器多件，有鎏金铜带銙、鎏金铜带环、鎏金铜带卡、鎏金铜带头、包银金铜带銙、包银金铜节约，以及青铜带扣、带銙、鞍具、牌饰等。④金代时黑龙江地区的铜和铜器有三个来源：一是在对辽、宋的战争中掠夺来的；二是从与中原和高丽的贸易中得来，包括直接购买成品和购买铜坯自己冶炼加工两种

① 阎景全：《黑龙江省阿城市双城村金墓群出土文物整理报告》，《北方文物》1990 年第 2 期。
② 列尼科夫、阿尔捷米耶娃：《拉佐城址》，杨振福译，赵永军主编《东北亚考古资料译文集》第 9 辑，第 154 页。
③ 李士良、田华：《黑龙江出土金代铁器的初步研究》，《黑河学刊》1990 年第 4 期。
④ 阎景全：《黑龙江省阿城市双城村金墓群出土文物整理报告》，《北方文物》1990 年第 2 期。

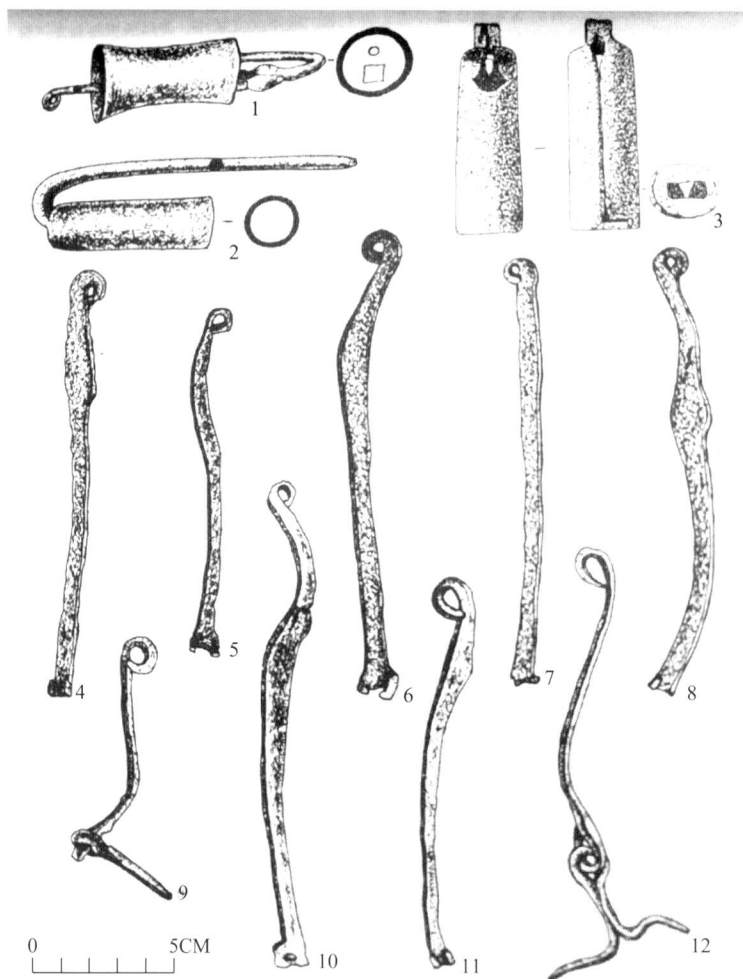

图 7 - 20 俄罗斯滨海地区拉佐城址出土的锁和钥匙

资料来源：列尼科夫、阿尔捷米耶娃：《拉佐城址》，杨振福译，赵永军主编
《东北亚考古资料译文集》第 9 辑，第 155 页。

方式；三是自己开采矿石冶炼出来的。王禹浪在宾县考察时，发现松江乡有
金代开采铜矿冶炼铜的遗址，[①] 可见金代时确有一部分铜是黑龙江人自己开
采冶炼的。在俄罗斯滨海地区克拉斯诺雅罗夫斯克耶城址出土了一个陶质模
具，为铸造长 3 厘米多、宽 1 厘米多的小件所用（见图 7 - 22）。从其大小和

---

① 王禹浪、崔广彬：《金代黑龙江流域的农业和手工业》，《黑龙江民族丛刊》2005 年
第 3 期。

**图 7 - 21　俄罗斯滨海地区南乌苏里斯克耶城址
出土的金代陶坩埚**

资料来源:《俄罗斯滨海边疆区女真文物集粹》,第 90 页。

形制看,应该是用来铸造铜或青铜小装饰品,说明当时黑龙江人能够制作小铜器。

图 7 - 22　俄罗斯滨海地区出土的陶质模具

资料来源:《俄罗斯滨海边疆区女真文物集粹》,第 49 页。

金代严禁民间冶铜和制造铜器,"民间铜禁甚至,铜不给用,渐兴窑冶。凡产铜地脉,遣吏境内访察无遗,且及外界,而民用铜器不可阙者,皆造于官而鬻之"。① 官造铜器都錾有当地官府的押记，所以产地一望而知。黑龙江地区出土的铜镜常见錾刻有"上京警巡院""上京宜春县""肇州司候司""泰州录事司"等押记，② 说明它们是黑龙江当地造的。黑龙江省博物馆藏有一面金代人物故事铜镜，图案下部为水波纹，上部有参天大树和三个人物（见图 7 – 23）。这是唐以来流行于中原地区的传奇故事《柳毅传书》。在俄罗斯滨海地区也出土了一面金代人物故事铜镜（见图 7 – 24）。"中原地区广为流传的历史故事被采用在铜镜上，汉文化对女真人潜移默化的影响可见一斑。"③

图 7 – 23　黑龙江省博物馆藏金代人物故事铜镜

资料来源：《白山·黑水·海东青——纪念金中都建都 860 周年特展》，第 197 页。

金代时黑龙江女真人也能制作银器，不但上京这样的中心城市有加工作坊，多个区域行政和工商业中心也有。在拉佐城址中的 2 号房址出土了一个银匠使用的四棱形小锤子，锤头长 1.2 厘米、宽 1.5 厘米（见图 7 – 25）。④ 银器都是小的饰品，在当时属于奢侈品，社会需求不大，生产规模很小，很可能为铜作坊兼营。

---

① 脱脱等：《金史》卷四十六《食货志一》，第 1029 页。
② 张泰湘：《黑龙江古代简志》，第 117 页。
③ 《白山·黑水·海东青——纪念金中都建都 860 周年特展》，第 197 页。
④ 列尼科夫、阿尔捷米耶娃：《拉佐城址》，杨振福译，赵永军主编《东北亚考古资料译文集》第 9 辑，第 196 页。

图 7-24　俄罗斯滨海地区出土的金代人物故事铜镜

资料来源：《俄罗斯滨海边疆区女真文物集粹》，第 209 页。

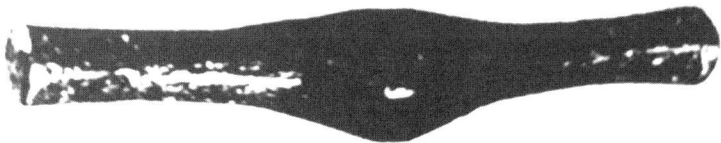

图 7-25　拉佐城址出土的银匠锤子

资料来源：列尼科夫、阿尔捷米耶娃：《拉佐城址》，杨振福译，赵永军主编《东北亚考古资料译文集》第 9 辑，第 163 页，图九七 6。

三　其他手工业

木器制造。肃慎族系在女真早期，仍以木器为主要生活用具。据《三朝北盟会编》载，女真人"食器无瓠陶，无碗筋，皆以木为盘。春夏之间，止用木盆注□粥，随人多寡，盛之以长柄小木勺子，数柄回环共食……却以木碟盛饭，木盆盛羹……饮酒无算，只用一木勺子，自上而下，循环酌之"。①
又据凌纯声《松花江下游的赫哲族》，直到 20 世纪初，"赫哲人不知制造陶
器，所以他们原始的饮食器具如盆、碗、盘、盃、勺等都用独木挖成"。②

造船。女真人本不能造大船，只能造以一桨划行的小独木舟。"其俗刳
木为舟，长可八尺，形如梭，曰'梭船'，上施一桨，止以捕鱼。"金军南下
掳来汉族工匠，方能造大船。"后悟室得南人，始造船如中国。"③

瓷器制作。在黑龙江各地的金代遗址中，瓷器残片俯拾即是，时时可以
看到河北定窑、河南钧窑、浙江龙泉窑等名窑的风格，明显都与中原有关。
瓷器数量巨大，不可能都来自中原，应当是当地瓷窑在来自中原的制瓷工匠
的参与和指导下制造的。比如现存黑龙江省博物馆的白釉褐花四系瓶（见图
7-26），"瓶身上下用褐彩组成两组弦纹，下部施黑釉，腹部绘有三组草叶
纹为主题纹饰组成的装饰带。其用笔潦草，但那粗放不羁的豪放气势，却显
示了金代陶工的艺术造诣。此瓶是女真人吸取宋代四系瓶的特点，经过再创
造后演变而来，反映了女真文化同中原文化的交流"。④ 比瓷器更多的是陶
器，由于金代的陶器制作技术没有明显的特点，故不赘述。

图 7-26　黑龙江省博物馆藏金代白釉褐花四系瓶
资料来源：《白山·黑水·海东青——纪念金中都建都 860 周年特展》，第 158 页。

---

① 徐梦莘：《三朝北盟会编》卷三《政宣上帙三》，第 17 页。
② 凌纯声：《松花江下游的赫哲族》，第 113 页。
③ 洪皓：《松漠纪闻》，第 40 页。
④ 《白山·黑水·海东青——纪念金中都建都 860 周年特展》，第 158 页。

造酒。肃慎族系造酒历史较早，如上文所述，金之先世勿吉人"嚼米酿酒"，渤海人甚至还能少量制造蒸馏酒。金人嗜酒，能"酿糜为酒"。① 1975年，在河北省青龙县土门子公社西山嘴村出土了一件器物，经专家鉴定是制造蒸馏酒的烧锅，证明金代能制造蒸馏酒。但综合各方面的资料分析，金代蒸馏酒的产量不大，民众普遍饮用的还是用传统方法酿造的米酒，即所谓"酿糜为酒"。

酿酒耗粮惊人，再加上常有官员因酒误事、闹事，所以金廷屡次下令禁止酿酒、饮酒。海陵王曾下令"禁朝官饮酒，犯者死"。② 金世宗也明令"若遇节辰及祭天日，许得饮会。自二月一日至八月终，并禁绝饮燕，亦不许赴会它所，恐妨农功"。③ 但是，女真人嗜酒成性，这些禁令并不能遏制饮酒的盛行。有这样的社会需求，酿酒业自然屡禁不止，不断发展了。

金初，上京地区的酿酒业由官方控制经营，专设酒务官，禁止民间私酿。可能是经营不善，获利不多，或者产量太低，无法满足社会需求，乃改变政策，"改收曲课，而听民酤"。④ 开禁后酿酒业规模很大，甚至"民间粟麦为酒所耗者十常二三"。⑤ 不过黑龙江地区的酿酒技术毕竟基础薄弱，品质明显低于中原。喝惯了中原佳酿的金世宗曾说："朕倾在上京，酒味不嘉。"⑥

金廷有自己的专用酿酒坊。执掌宫廷事务的机构太府监，下设酒坊，"使，从八品。副使，正九品。掌酝造御酒及支用诸色酒醴"。⑦

金廷似乎还专设有酒库为皇家保存酒，并置"堂厨公使酒库"之官职管理其事。依兰县迎兰乡曾出土金代"堂厨公使酒库之印"的官印（见图7-27）。金代的"堂厨公使酒库"是"掌受给岁赐钱"的中央衙署，与酒无关。但既称为"堂厨公使酒库"，则其最初设置之时，可能就是执掌酒库的，后来职能调整，才与酒无关。

---

① 宇文懋昭：《大金国志校证》卷三十九《饮食》，第554页。
② 脱脱等：《金史》卷三《海陵纪》，第112页。
③ 脱脱等：《金史》卷七《世宗纪中》，第161页。
④ 脱脱等：《金史》卷四十九《食货志四》，第1106页。
⑤ 脱脱等：《金史》卷八十九《梁素传》，第1982页。
⑥ 脱脱等：《金史》卷四十九《食货志四》，第1105页。
⑦ 脱脱等：《金史》卷五十六《百官志二》，第1273页。

图 7 - 27　依兰县迎兰乡出土的金代"堂厨公使酒库之印"
资料来源：《依兰县文物志》，图版肆 1。

第四节　商业贸易

金代建立之初，还处在自给自足的自然经济阶段，互通有无唯以物易物，没有中原人所熟知的商业贸易。1124 年许亢宗出使金国时，金国已经建立近 10 年，但他在拉林河以东金国核心区所见的情形还是"散处原隰间尽女真人，更无别族。无市井，买卖不用钱，惟以物相贸易"。[①] 但随着中原人的大量涌入，这种状况得到很大改变，商业贸易迅速发展起来了。

权和砝码是与商业贸易息息相关的物品，在今黑龙江区域多有发现。在肇东八里城、五常长山乡都出土有金代铁权。[②] 在今俄罗斯滨海边疆区出土了金代铜质秤杆、做工细致的砝码和铁权（见图 7 - 28、图 7 - 29）。砝码精确度较高，称重有八种之多：一钱、五钱、十钱、四十钱、八十钱、一斤、二斤和三斤。[③] 黑龙江地区出土的金代权较多，不但有铁质的，还有瓷质的（见图 7 - 30）。这说明商品交易已经进入人们的日常生活。

---

① 宇文懋昭：《大金国志校证》卷四十《许奉使行程录》，第 569 页。
② 田华：《黑龙江省五常县窖藏金代文物》，《北方文物》1989 年第 2 期。
③ 列尼科夫、阿尔捷米耶娃：《拉佐城址》，杨振福译，赵永军主编《东北亚考古资料译文集》第 9 辑，第 167 页。

图 7-28　俄罗斯滨海边疆区赛加城址出土的金代铜质秤杆

资料来源；《俄罗斯滨海边疆区女真文物集粹》，第 191 页。

图 7-29　俄罗斯滨海边疆区克拉斯诺雅罗夫斯克耶
城址出土的金代的砝码和铁权

资料来源：《俄罗斯滨海边疆区女真文物集粹》，第 52、78 页。

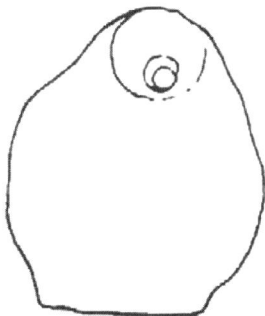

图 7-30　阿城小岭镇东川屯出土的金代瓷权

资料来源：黑龙江省博物馆：《黑龙江阿城县小岭地区金代冶铁遗址》，《考古》1965 年第 3 期。

　　商品交易用铜钱和白银。其中，日常小的生活用品交易用铜钱或一般等价物（如米、布），大宗商品用银。与唐代时渤海国不同，金代女真人已经习惯于使用铜钱作为交易和储藏手段，黑龙江地区金代遗址中多次发现窖藏铜钱说明了这一点。铜钱的大量使用，使其不再像前代那样被珍视，甚至被当作垫片使用。"一枚铜钱的价值微不足道……常常被当作垫片放在挂锁环下面。"① 金代时，将银制成银锭，有严格的程序，生产商家、重量、成色等都要在银锭上明确标记，以备查验。如，在双城东官镇东利村出土了四枚金代银锭，上刻有"五十两""真花锭银""觉甿称"等字样，说明重量足、成色好。②

　　据洪皓《松漠纪闻》载，金国所在之"北方苦寒，故多衣皮，虽得一鼠，亦褫皮藏去。妇人以羔皮帽为饰，至值十数千"。女真本"无生姜，至燕方有之。每两价至千二百，金人甚珍，不肯妄设，遇大宾至缕切数丝置碟中以为异品，不以杂之饮食中也"。③ 可见在洪皓滞留上京的金初太宗、熙宗时期，当地女真人已经有了钱的概念，物品的价值不再用其他物品来衡量。这与原来"其市无钱，以物博易"④ 的情况大不同了。以钱币为媒介的商业贸易已经走进了人们的日常生活。

　　另外从中原寻常之物生姜被贩运到上京即成极贵重之奢侈品的情况看，黑龙江与中原之间的贸易利润颇丰厚。金初38年间，黑龙江地区是都城所在之地，迁都燕京后保留上京之号，上京仍有许多达官贵人居住，购买力较高，这也是促进贸易发展的动力之一。生姜贸易还反映了当时黑龙江贸易范围之广。当时金所属之中原地区也不产生姜，生姜来自南宋。如在南宋泗州（今江苏盱眙）榷场，南宋每年输出到金的商品中就有"生姜六百斤"。⑤ 说明黑龙江与遥远的南宋也存在直接或间接的贸易往来。

　　北宋时商业发达，已经有了比较成熟的行会组织。每一个行业设一个行会，组织者一般都是这一行业最大的商人，负责制定和执行行业规则，垄断行业，控制小商人。中原商人把行会带到了黑龙江地区，在黑龙江地区出土

① 列尼科夫、阿尔捷米耶娃：《拉佐城址》，杨振福译，赵永军主编《东北亚考古资料译文集》第9辑，第168页。
② 姜勇：《黑龙江省双城市金代银器窖藏》，《北方文物》2010年第3期。
③ 洪皓：《松漠纪闻》，第39页。
④ 宇文懋昭：《大金国志校证》附录三《初兴风土》，第613页。
⑤ 脱脱等：《金史》卷五十《食货志五》，第1114~1115页。

了刻有"行人唐公源""行人王林""行人么仁"字样的银锭。这里的唐公源、王林、么仁等"行人"就是取得了金银器制造业行会许可的经营者。他们大多是汉族人。值得注意的是，带有"张德温""行人唐公源"字样的同样银锭，也出现于陕西临潼，[①] 生动地反映了金代黑龙江地区商业与内地的密切联系。

不但有行会，还有了商标。在哈尔滨就出土了刻有"上京翟家""上京邢家"的银镯和刻有"翟家记"等字的银锭（见图7-31）。[②] 行会和商标的出现是商业发达的标志，而这种先进的管理又会进一步促进商业的发展。金上京地区还出土了"承安宝货"银锭（见图7-32）。

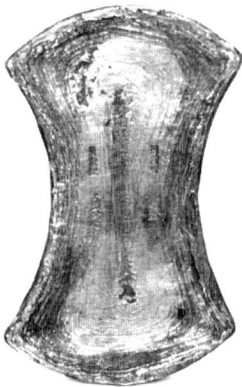

**图7-31　哈尔滨市道外区巨源镇出土的刻有
"翟家记"字样的银锭**

资料来源：《白山·黑水·海东青——纪念金中都建都860周年特展》，第192页。

唐以前，大都会的商业集中在一二个区域。如唐长安，里坊齐整，有墙隔开，店铺集中在"东市""西市"两个区域，其他地方没有。但宋就大不一样了。从《清明上河图》中可知，北宋汴京的商业已突破市的限制，有里坊但无坊墙，店铺与现在一样沿街而设。这样的城市格局也影响到了金上京城的建设。渤海上京和唐长安一样大体呈方形，以中间南北向的大街为中轴线，左右里坊和市对称分布。金上京则为不对称的形状，商业店铺只能沿街而设（见图7-33）。

---

① 张泰湘：《黑龙江古代简志》，第115页。
② 张泰湘：《黑龙江古代简志》，第115页。

图 7－32　金上京地区出土的"承安宝货"银锭

资料来源：《考古黑龙江》，第 247 页。

图 7－33　金上京街市微缩景观图

资料来源：《白山·黑水·海东青——纪念金中都建都 860 周年特展》，第 76 页。

　　街市商业繁荣，人们生活所需的一切均可在市面买到，就连皇家宫廷所需也不再向产地征收实物，而是直接在市面购买。金廷设"市买司，天德二年更为市买局。使，从八品。副使，正九品。掌收买宫中所用果实生料诸物"。[①]

　　金代黑龙江地区经济繁荣一时，成就了黑龙江古代经济两个高峰之一，下一次辉煌已是清末民初，已经不在古代史范畴了。

---

　　①　脱脱等：《金史》卷五十六《百官志二》，第 1273 页。

第五节 渔猎业和畜牧业

一 渔猎业

东北民族普遍喜爱狩猎，女真人尤甚。辽时，女真人就是辽政权治下各民族中最善猎者，辽皇帝出猎时，"女真常从，呼鹿，射虎，博熊，皆其职也"。[①] 东北民族一般是春夏秋三季或农或渔或牧，冬季才去狩猎，但女真人不分季节，随时出猎。金朝皇帝大都喜欢狩猎，"金国酷喜田猎。昔都会宁，四时皆猎"。南迁燕京后，因为春夏秋三季城外都是农田，无处狩猎，只有冬天可以出猎。海陵王时期，每年冬天都出猎，"一出必逾月，后妃、亲王、近臣皆随焉。每猎则以随驾军密布四围，名曰'围场'。待狐、兔、猪、鹿走于围中，国主必先射之，或以鹰隼击之。次及亲王、近臣。出围者许人捕之"。而金世宗喜猎更甚，曾明确命令臣下不可以谏止三件事："曰作乐，曰饭僧，曰围场。"[②]

金代女真人上层与辽代契丹人一样，喜欢用鹰捕猎。在上京按出虎水旁，"有临潢亭，为笼鹰之所"。[③] 有学者推断，此"极有可能是专门饲养皇家鹰类及训练海东青的基地"。[④]

至于普通的女真人，狩猎更是其谋生手段之一。绝大多数金代遗址都出土有刀、矛、箭镞等兵器，而这些兵器同时也是狩猎工具。黑龙江地区野生动物资源丰富，猪、鹿、獐、狍、雉、兔、狼、熊等四时都有。食肉衣皮，无冻馁之虞。女真人狩猎非常讲究技巧。"精射猎，每见巧兽之踪，能蹑而摧之，得其潜伏之所。以桦皮为角，吹作呦呦之声，呼麋鹿，射而啖之，但存其皮骨。"[⑤]

难能可贵的是，女真这个热衷于狩猎的民族懂得保持生态平衡，保护野生动物，为资源的永续利用而不竭泽而渔。金世宗大定九年三月，"以尚书省定网捕走兽法，或至徙，上曰：'以禽兽之故而抵民以徙，是重禽兽而轻

---

① 宇文懋昭：《大金国志校证》附录三《初兴风土》，第 588 页。
② 宇文懋昭：《大金国志校证》卷三十六《田猎》，第 521 页。
③ 脱脱等：《金史》卷二十四《地理志上》，第 551 页。
④ 步平主编《黑龙江通史简编》，第 271 页。
⑤ 宇文懋昭：《大金国志校证》附录一《女真传》，第 584 页。

民命也，岂朕意哉。自今有犯，可杖而释之’”。① 所谓网捕走兽法，是禁止用网捕捉野兽的法令，因为网捕不分成年与幼小以及是否有孕。金世宗虽认为"徙"刑过重，改为较轻的"杖"，但"杖"也是刑，维持了禁止网捕的禁令。大定二十五年（1185）十月，金世宗下令"禁上京等路大雪及含胎时采捕"。十一月，再次强调："冬月，雪尺以上，不许用网及速撒海，恐尽兽类。"② 大定二十九年（1189）十二月，金章宗"谕有司，女真人及百姓不得用网捕野物，及不得放群雕枉害物命"。③ 不仅重申了不得网捕，还加上了一条不得放群雕。不得放群雕的原因也是雕不会放过幼兽与孕兽。这些禁令得到了认真执行，没有停留在纸上，犯者即使身居高位亦不能免。大定二十五年五月，"平章政事襄、奉御平山等射怀孕兔。上怒杖平山三十，召襄诚饬之，遂下诏禁射兔"。④

有学者认为，金世宗、金章宗实施保护野生动物政策的原因，除了维护狩猎资源外，还是受到儒家"仁爱"思想影响的结果。⑤ 金世宗、金章宗儒化较深，这一观点是有道理的。

金代黑龙江的城市村屯，多依江河而建，捕鱼很方便，故渔业也很兴盛。女真人基本的捕鱼方式与其先世勿吉人、渤海人没有大的区别，不外网捕、钩钓、鱼鹰等几种，在此不再赘述（见图7-34）。比较有特点的是夏季用滚立网和冬季凿冰捕鱼。

所谓滚立网是在一条10~30米长的粗绳子上系20~30根小细绳，再在小细绳上系鱼钩，⑥ 好处是不用人一直守着鱼钩。另外，女真人还善于用大鱼钩钓大鱼。在俄罗斯滨海地区出土过长度为15~18厘米的特大鱼钩，⑦ 这也是黑龙江地区出土的最大的古代鱼钩。

女真人喜欢在冬季凿冰捕鱼。冬季江河封冻，冰层下的水中氧气不足，鱼会向氧气较多的地方聚集。女真人利用这一点，在冰上凿出窟窿透气，吸

---

① 脱脱等：《金史》卷六《世宗上》，第144页。
② 脱脱等：《金史》卷八《世宗下》，第190页。
③ 脱脱等：《金史》卷九《章宗一》，第213页。
④ 脱脱等：《金史》卷八《世宗下》，第189页。
⑤ 吴迪、杨秀丽：《金世宗保护野生动物政策及其原因分析》，《北方文物》2015年第2期。
⑥ 列尼科夫、阿尔捷米耶娃：《拉佐城址》，杨振福译，赵永军主编《东北亚考古资料译文集》第9辑，第190页。
⑦ 列尼科夫、阿尔捷米耶娃：《拉佐城址》，杨振福译，赵永军主编《东北亚考古资料译文集》第9辑，第190页。

图 7 - 34 汤原县双兴遗址出土的金代铁质鱼钩

资料来源：钱霞：《黑龙江省汤原县双兴遗址出土金代窖藏铁器》，《北方文物》
2014 年第 2 期。

引鱼来，用鱼叉、渔网捕捉。严寒的冬季冰层很厚，须用铁制专用工具冰镩
才能凿开。这种冰镩在友谊县凤林城址发现过一个（见图 7 - 35），① 说明魏
晋南北朝时期，女真人的先世挹娄人、勿吉人就能在冬季凿冰捕鱼了。但数
量太少，说明这种捕鱼方法刚刚出现，还不常见。金代的情况就大不一样了，
冰镩多有发现。如仅在拉佐城址就出土了形制各异的冰镩 48 件（见图 7 -
36），② 足见当时凿冰冬捕风气之盛。

图 7 - 35 凤林城址出土的冰镩

资料来源：《凤林城：1998～2000 年度考古发掘报告》，第 512 页。

金代黑龙江渔业的兴盛在艺术上有所体现。上京地区出土了数以百计的
铜镜，其中虽然有从中原输入的，但大多数是上京本地制造的，这一点已是
共识。③ 铜镜是较贵重的日用品，也是特殊的工艺品，其背面的纹饰图案是

---

① 《凤林城：1998～2000 年度考古发掘报告》，第 204 页。
② 列尼科夫、阿尔捷米耶娃：《拉佐城址》，杨振福译，赵永军主编《东北亚考古资料译文
集》第 9 辑，第 139 页。
③ 景爱：《金上京出土铜镜研究》，《社会科学战线》1980 年第 2 期。

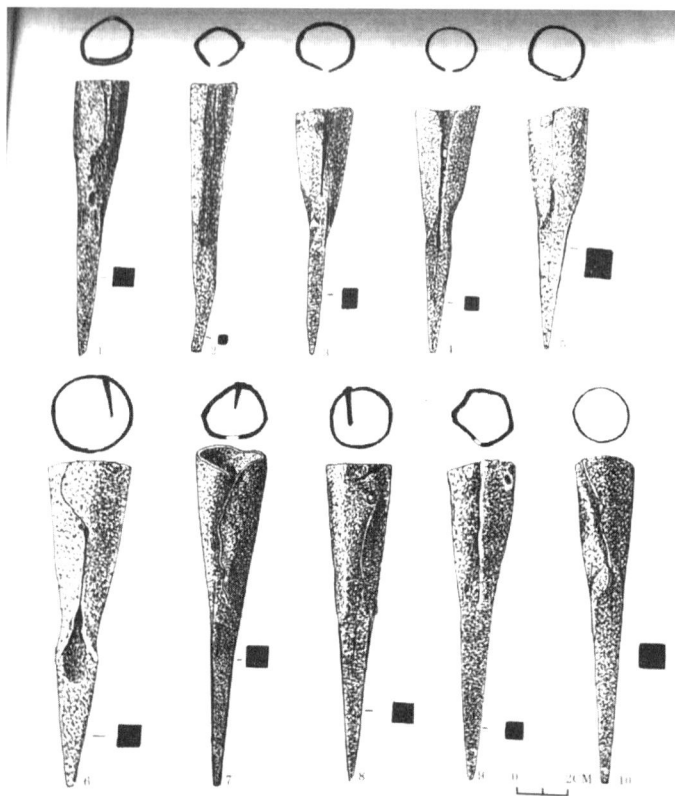

图 7 - 36　俄罗斯滨海地区拉佐城址出土的冰镩

资料来源：列尼科夫、阿尔捷米耶娃：《拉佐城址》，杨振福译，赵永军主编《东
北亚考古资料译文集》第 9 辑，第 141 页，图八七。

当时人们兴趣爱好、思想观念的反映。这些铜镜中不少图案为鱼，尤其是鲤
鱼，有大双鲤鱼镜（见图 7 - 37）、宽体形双鱼镜、单线圆环双鱼镜、鼓鳃吐
水双鱼镜、双鲤鱼镜、双鱼荷花镜、双鱼化龙镜、双鱼产卵镜、双鱼水草
镜、双鱼鸳鸯荷花镜等很多种。鲤鱼杂食，适应性强，是黑龙江流域最常见
的鱼，也是当地人捕捞的主要对象，被用作铜镜的图案就很自然了。

二　畜牧业

畜牧业有官营和普通民众家庭饲养两种类型。

官营畜牧主要养马、羊、牛和骆驼。马是重要的军事装备，羊、牛和骆
驼是重要的对外贸易商品。金廷在各地设置不少官营牧养机构——群牧所

图 7 - 37　阿城新华乡出土的大双鲤鱼镜

资料来源：那国安、王禹浪：《金上京百面铜镜图录》，哈尔滨出版社，1994，第 67 页。

（女真语为乌鲁古），其中多处在黑龙江地区。如兀者群牧所在松花江口以东，蒲鲜群牧所在汤原县一带，欧里本即奥里米群牧所在绥滨县一带，耶鲁宛群牧所在嫩江支流雅鲁河流域，蒲速斡群牧所在甘南县一带。[①] 群牧所级别较高，主官提控乌鲁古为正四品。机构也不小，提控的属官有从四品群牧使一员、从六品副使一员、正八品判官一员、从八品知法一员，有司吏四人、译人一人、挞马十六人、使八人、副使五人、判三人，此外还有分掌诸畜的所谓牛马群子多人。[②] 可见群牧所规模不小。群牧所运营良好，到大定二十八年（1188），所养"马至四十七万、牛十三万、羊八十七万、驼四千"。[③]

女真人家庭畜牧业较发达。"土产名马……兽多牛羊、麋鹿、野狗、白彘、青鼠、貂鼠。"[④] 其中除麋鹿、青鼠、貂鼠外，都是家庭饲养的。考古资料也证明了这一点，从俄罗斯赛加城址出土的动物骨骼比例，"可看出饲养

① 步平主编《黑龙江通史简编》，第 270 页。
② 脱脱等：《金史》卷五十七《百官志三》，第 1330 页。
③ 脱脱等：《金史》卷四十四《兵志》，第 1005 页。
④ 宇文懋昭：《大金国志校证》附录一《女真传》，第 584 页。

的家畜是女真人肉食的主要来源，其中包括狗、猪、牛、马和山羊"。① 与官营的群牧所一样，普通女真家庭主要也是养马，马是女真人最主要的财产，每个家庭都有十几匹至百余匹的马，大额支付以马计。女真人举办婚礼时，"婿牵马百匹，少者十匹，陈其前，妇翁选子姓之别马者视之，好则留，不好则退"。②

俄罗斯学者认为，女真人饲养牲畜的方式有"定居饲养、驱赶放牧、散牧和单栏圈养。牧马采取驱赶放牧方式，而养牛则采取放牧和单圈饲养方式"。③ 这一总结基本正确。家庭养马多采用散牧的方式。这种方式比较简单，只要有牧草，不需要特别的投入。在俄罗斯滨海地区拉佐城址出土了一件被认为是专门用来给牲畜打上其主人标记的烙铁。④ 为什么要打上不同的标记呢？女真人后裔满族人的养马方式给了我们启示。吴振臣《宁古塔纪略》载，清初，宁古塔地区的满族人春天把各家各户的马集中起来，在马尾上系一木牌，写上主人的名字，然后赶到水草丰美的地方后就不管了，待秋后马儿肥了，再拢回来，各家凭木牌认领自己的马。⑤ 这与金代女真人养马的方式大体相同，只是标记的方式不同而已。

---

① 沙弗库诺夫：《12—13 世纪远东乌季盖——女真人文化与通古斯民族起源问题》，赵永军主编《东北亚考古资料译文集》第 9 辑，第 188 页。
② 宇文懋昭：《大金国志校证》附录三《初兴风土》，第 553 页
③ 列尼科夫、阿尔捷耶娃：《拉佐城址》，杨振福译，赵永军主编《东北亚考古资料译文集》第 9 辑，第 188 页。
④ 列尼科夫、阿尔捷耶娃：《拉佐城址》，杨振福译，赵永军主编《东北亚考古资料译文集》第 9 辑，第 188 页。
⑤ 吴振臣：《宁古塔纪略》，见《龙江三纪》，第 260 页。

第八章
元到清中期黑龙江经济的缓慢发展

古代黑龙江地区的社会发展有几个高潮，也有若干低谷。比如，辽金时期是高潮，元到清中期是低谷。但是，在这低潮的大环境中也有亮点，即元明的屯田、驿路交通和清前、中期流人带来的经济发展。

第一节　元代的黑龙江经济

一　屯田

金末，黑龙江地区战乱频繁，人口锐减，城镇为墟，田地荒芜，社会经济遭到很大破坏。元初，黑龙江地区是成吉思汗幼弟斡赤斤家族的封地。[①] 斡赤斤家族习于游牧，认为农耕无用，以农田为牧场，致使黑龙江地区经过渤海、辽、金几百年发展起来的农业悉数被毁。乃颜、哈丹之乱后，元政权将斡赤斤家族的封地收归中央，并开始组织屯田。

首先是军屯。为防止再有叛乱发生，元廷派来军队驻扎。驻军需要粮食，但当地农业残破无法征集，也无力完全从内地运来，只好由驻军自己屯田解决。他们驻守一地，有事出征，无事耕田。正所谓"海内既一，于是内而各卫，外而行省，皆立屯田，以资军饷……由是而天下无不可屯之兵，无

---

① 《蒙兀儿史记·成吉思汗诸弟列传》载，斡赤斤的封地"在蒙兀东北面界外，沍剌沐连（松花江）以北，跨有纳语木涟（嫩江），中包黑山（大兴安岭）"，似乎今黑龙江省松花江以西以北地在斡赤斤的封地内，松花江以东以南不在。但在黑龙江省宝清县发现了背刻"塔察国王发"字样的"管民千户之印"，而塔察正是斡赤斤嫡孙，说明松花江以东以南的部分地区也在斡赤斤家族的封地之内，即今黑龙江省大部分地区在斡赤斤家族封地之内。

不可耕之地矣"。① 黑龙江地区的屯田军基本都是归附的原南宋军、金军，以及乃颜、哈丹蒙古叛军余部。据《皇元故敦武校尉管军上百户张成墓碑铭》载，至元二十二年（1285），汉人张成奉命"统所部军，携妻孥辎重，随千户岳公隶宣慰使都元帅阿八赤，往水达达地面屯田镇守。明年三月至黑龙江之东北极边而屯营焉"。② 元代的水达达路辖区大体为今松花江中下游、乌苏里江流域和黑龙江下游，张成等人的屯垦地点当在黑龙江下游。到水达达屯田的军队不少，元政权专设水达达屯田总管府以统其事。征东宣慰使、都元帅来阿八赤之子寄僧就担任过水达达屯田总管府达鲁花赤一职。③

其次是民屯。民屯的目的与军屯一样，也是为解决驻军粮食，但成员来源复杂，有卷入乃颜之乱的蒙古、女真人民，有其他军事行动的战俘，有招募来的平民，甚至还有发遣来的罪犯。元政府为恢复松嫩平原的农业，在乃颜故地设肇州（治所在今肇东四站镇八里城），"以兀速、憨哈纳思、乞里吉思三部人居之"。④ 此三部本居贝加尔湖一带，属于拖雷幼子阿里不哥。阿里不哥与忽必烈争大汗位失败，三部乃被迁来肇州屯田。至元二十九年（1292），"水达达、女直民户由反地驱出者，押回本地，分置万夫、千夫、百夫内屯田"。⑤ 元贞元年（1295），"以乃颜不鲁古赤及打鱼水达达、女直等户，于肇州旁近地开耕，为户不鲁古赤二百二十户、水达达八十户、归附军三百户，续增渐丁五十二户"。⑥

其实，军屯和民屯的区别只体现在对上的隶属关系上，其成员来源和管理方式无明显差别。军屯当然是军事化管理，民屯也是军事化管理，管理者都是武职官员。"听富人欲得官者……能以万夫耕者，授以万夫之田，为万夫之长，千夫、百夫亦如之……如军官之法。"⑦ 无论军屯还是民屯，对屯户都有强制性，屯户不得随意离开，人身自由十分有限。

元代在黑龙江的屯田，不但解决了驻军的粮食问题，也安置了降附的各族百姓和部分蒙古族以及各类犯人，使之各安生业，自给自足。这既稳定了元廷的统治，也部分地恢复和开发了当地经济。

---

① 宋濂等：《元史》卷一百《兵志·屯田》，中华书局，1976，第 2558 页。
② 罗福颐：《满洲金石志》卷五，民国 26 年（1937）刊本，第 113 页。
③ 宋濂等：《元史》卷一百二十九《来阿八赤传》，第 3143 页。
④ 宋濂等：《元史》卷一百六十九《刘哈剌八都鲁传》，第 3975 页。
⑤ 宋濂等：《元史》卷十七《世祖十四》，第 366 页。
⑥ 宋濂等：《元史》卷一百《兵志三》，第 2566 页。
⑦ 宋濂等：《元史》卷一百八十一《虞集传》，第 4177 页。

二　水达达女真的经济

元代将居住在松花江中下游、黑龙江下游、乌苏里江流域的民众统称为水达达人，意为居住在水边的鞑靼，其中大多数是属于女真系统的不同部族，也有非女真的成分。

尽管农业有了一定的恢复，但多数水达达女真部落仍以渔猎和畜牧为主。《元史·地理志》载，当地土地旷阔，人民散居……各仍旧俗，无市井城郭，逐水草为居，以射猎为业。元政府向他们征收的税物也是渔猎产品，主要是皮革和海东青。《元史·世祖本纪》载，元政府命水达达每年贡献皮革。《元史·地理志》载，在水达达女真之地"有俊禽曰海东青，由海外飞来，至奴儿干，土人罗之，以为土贡"。①

最值得一提的是水达达女真人的造船能力。《元史·世祖本纪》载，至元二十二年，元世祖"令女直水达达造船二百艘及造征日本迎风船"。② 既是用于征日本的海船，技术就有较高的要求，吨位也不能太小。水达达女真人能够造出这样的船，其造船技术绝对不可小觑。

经济的发展使人口大量增殖。《元史·地理志》载，本来地广人稀的水达达路，到至顺年间（1330—1333），已经有承担赋税的钱粮户 20960 户。③以每户 5 人至 10 人记，则总人口已约有 10 万人至 20 万人。人口的增殖反过来也会促进经济的发展，形成良性循环。不过总的来说，元代黑龙江东部女真的经济没有恢复到金代的程度。

第二节　元明时期中原与黑龙江地区间驿路交通的发展

交通本身虽非经济门类，但与经济关系极大，是经济发展的先决条件。元明时期，黑龙江地区交通的发展是一个亮点，对当时以及后世经济的发展都有促进作用。元代疆域面积辽阔，远超之前的朝代，要解决的第一个重要问题就是中央与全国各个地区的交通，以便中央的政令军令能及时下达，地方的物资和信息能及时上解和上报。正所谓："圣朝一统天下，龙节虎符之

---

① 宋濂等：《元史》卷五十九《地理二》，第 1400 页。
② 宋濂等：《元史》卷十三《世祖本纪》，第 277 页。
③ 宋濂等：《元史》卷五十九《地理二》，第 1400 页。

分遣，蛮陌骏奔之贡奉，四方万里，使节往来，可记日而至者，驿马之力也。"① 在这一背景下，黑龙江各地与中原地区的交通得到重视，一个完整的驿路交通网建立起来了。

一　元代

元代时，黑龙江与中原之间的驿路由一条主干道和若干支线构成。

主干道从大都一直到黑龙江下游。《析津志》② 载，这条驿路从大都出发，经通州到蓟州。在这里分为两条线路，再在大宁会合。一条是经遵化、滦阳、富民、宽河、神山、富峪到大宁；另一条是经玉田、丰润、七崗岭、永平、建昌、上滦、大姑、新店、木思、甜水、家店、城子、大部落到大宁。

大宁是元代辽西地区的交通枢纽，是军事重镇和经济中心，本为辽、金之中京，元在此设北京路总管府，故也称北京，据考证即为今内蒙古赤峰市宁城县的大明城。③ 驿路至此即进入辽阳行省。

大宁"正东一百里叉道，一百里西部落，七十五里桥子站，东南七十里鹿窖，一百二十里柳树部落，一百二十里驿安"。驿安即今辽宁省阜新市的红帽子古城，④ 也是这一驿路的一个枢纽。由此向东南有到当时东北地区行政中心辽阳的驿路，向东北就是去黑龙江地区的路。

"驿安东北百五十里洪州，百二十五里宁昌，百二十里庆云，正东偏南成（应为咸之误）平府大安，正北一百十里贾道铺，正东微北一百一十里韩州，信州，大水滦，正东百二十里十八里，九十里胡里出，东北百二十里至西（洋州）。"⑤ 西洋州应为西详州，即吉林省农安县城东北 60 里的万金塔古城，⑥ 也是一个交通枢纽。由此分出三条驿路，除了向东北通往黑龙江下游

---

① 熊梦祥：《析津志辑佚·大都东西馆马步站》，北京古籍出版社，1983，第 120 页。
② 成书于元代的《析津志》早已失传，但《永乐大典》《顺天府志》《日下旧闻考》《宪台通纪》等书引用了其部分内容。这些内容被收集整理，以《析津志辑佚》为名出版。本书所用《析津志》史料均来自《析津志辑佚》。
③ 王绵厚、朴文英：《中国东北与东北亚古代交通史》，第 404 页。
④ 王绵厚：《跋三方元代官印》，《辽宁文物》1982 年第 2 期。
⑤ 原文为："东北百二十里至西，一路东行至塔海万户，洋州，至此分三路……"内容前后错乱。依据上下文，应为"东北百二十里至西洋州"。熊梦祥：《析津志辑佚·天下站名》，第 122 页。
⑥ 张泰湘：《黑龙江古代简志》，第 161 页。

的一条外，还有向东南通图们江流域永明城的一条，以及通往今齐齐哈尔和瑷珲的一条。

继续通往黑龙江下游的驿路从西详州出发，"正东宾州，一百一十韦口铺，百二十干木火，百一十上京（即金上京会宁府，今阿城白城），海哥，七十鹿鲁，八十撚站，七十不牙迷，一百撚站（与前站同名，似有误，原文如此），百八十哈散，百七十吾纳苦，百三十忽帖罕，塔海万户"。① 塔海万户当在松花江下游，其下驿站名《析津志》失载，但此驿路一直通到黑龙江下游征东元帅府所在地是没有疑问的。

除了这条主干道外，还有两条支线。

其一是从咸平府到乃颜故城。咸平府为今辽宁开原老城镇，乃颜故城在通肯河上游，有学者认为在今拜泉县城西南二十公里处。乃颜之乱平定后，元政府为加强对乃颜故地的控制，"立咸平至聂延（即乃颜）驿十五所"。② 惜未载此十五站的站名，我们不能知道其具体走向，不过可以有一个大致的判断：从咸平到上京段与大都到黑龙江下游的驿道重合，上京到乃颜故城段又大致利用了金代从上京到蒲峪路（在今克东县境内）的驿路。金代有从上京到蒲峪路的驿路，大致走向是从上京出发，顺阿什河而下到河口，渡松花江到呼兰河口，再沿呼兰河、通肯河而上，到蒲峪路城。有学者认为这条线上的金代古城，如呼兰河口、呼兰团山子、兰西太阳升、女儿城、铡刀城、青冈玛达呼城、龙泉古城、德胜古城等，其间距大体相当，似为这条驿道上的站铺。③

其二是从西详州到失宝赤万户府（今瑷珲附近黑龙江畔）。《析津志》载，"西洋（详）州正北斡母，百二十里肇州（肇东市四站镇八里城），正东北三十里塔鲁，东（疑为西）北百四十里泰州（泰来县塔子城），百二十里离怕合，一百迪失吉，正北一百吉答（齐齐哈尔），正东牙刺，百二十撚站，百二十苦怜（讷河市布拉哈），八十奴迷，百三十失怜，百四十和伦，百一十海里捏未，一百阿余，失宝赤万户"。④ 从吉答到失宝赤的路线与辽金及清的驿路基本一致。

① 熊梦祥：《析津志辑佚·天下站名》，第122~123页。
② 宋濂等：《元史》卷十五《世祖本纪》，第319页。
③ 张泰湘：《黑龙江古代简志》，第159页。
④ 熊梦祥：《析津志辑佚·天下站名》，第123页。

二 明代

明代黑龙江到中原地区的驿道交通情况与元代总体差不多，具体情况略有差别。从北京到黑龙江下游的驿路仍是主干道，但多了从开原到旅顺口的一条支线。从西详州到齐齐哈尔、瑷珲的线路大部分废弃，小部分改道。最重要的举措是设置了"海西东水陆城站"和"海西西陆路"两条驿路。

明初东北的军政中心在今辽阳，中原地区与之最便捷的交通方式是从今天津到秦皇岛一带，或是山东登州一带渡海到旅顺口，然后沿陆路北上到辽阳。还可以继续北上，在开原经北京到黑龙江下游等地的驿路，到今吉林、黑龙江地区。《寰宇通志》记载了这条驿路从辽阳到旅顺口段的站名："辽阳在城驿、鞍山驿、海州驿、耀州驿、盖州驿、五十寨驿、复州驿、岚古驿、石河驿、金州驿、木场驿、旅顺口驿。"辽阳向北到开原的站名为："沈阳驿、懿路驿、汛河驿（铁岭市凡河镇）、中固驿（开原中固）、银州驿、开原。"①

"海西东水陆城站"②是黑龙江古代驿路交通史上的一个闪光点，对黑龙江下游地区各民族融入中华民族发挥了较大作用。明初，中央政府强大，控制力达于黑龙江下游直至库页岛。永乐七年（1409），明政府设立了省级军政机构奴儿干都指挥使司，简称奴儿干都司，治所在黑龙江下游特林地方，管辖黑龙江中下游广大地区。为方便奴儿干都司的运行，加强对该地区的管理，明政府在元驿路交通的基础上设立了"海西东水陆城站"。其各站的具体位置大多可考（见表8-1）。

表8-1 "海西东水陆城站"站名一览

序号	站名	今地名	备注
1	底失卜站	哈尔滨市双城区兰陵镇石家崴子古城	
2	阿木河站	哈尔滨市双城区青岭满族乡万解古城	又名双城子古城
3	尚京城	哈尔滨市阿城区白城	《辽东志》将尚京城记在海胡站之后，误

---

① 王绵厚、朴文英：《中国东北与东北亚古代交通史》，第434页。

② 张泰湘认为这里的"海西"是指古代渤海国以西。张泰湘：《黑龙江古代简志》，第163页。

序号	站名	今地名	备注
4	海胡站	哈尔滨市阿城区海沟村	
5	扎剌奴城鲁路吉站	哈尔滨市阿城区蜚克图镇东	《辽东志》将扎剌奴城和鲁路吉站记为两个站。结合《析津志》所记元代驿站情况及路程，应为同一站
6	伏答迷城站	宾县满井镇永宁古城	海西东水陆城站驿路由陆路和水路构成。陆路由此转为松花江水路
7	海留站	宾县东北40里海狸洪河口	
8	扎不剌站	宾县新甸镇仁合古城	即清代之枷板站
9	伯颜迷站	木兰县木兰镇五站村白杨木河河口	《辽东志》将该站列在哈三城哈思罕站之后，误
10	能站	木兰县浓浓河口之浓河镇	又作然站、捻站
11	哈三城哈思罕站	通河县三站乡太平屯古城	
12	兀剌忽站	通河县祥顺镇乌拉浑河河口	又作吾纳苦
13	克脱亨站	通河县清河镇大古洞河河口	又作胡帖干、忽帖罕
14	斡朵里站	依兰县城西马大屯	此城为元代斡朵里军民万户府所在地，明设斡朵里卫，清始祖猛哥帖木儿最初也居于此
15	一半山站	依兰县迎兰朝鲜族乡松花江北岸舒乐河河口	一说在松花江南岸
16	托温城满赤奚站	汤原县香兰镇双河村	此城辽代以来一直为松花江下游之重镇，辽为五国部之一的盆奴里，金为屯河猛安，元为桃温军民万户府，明为屯河卫，清为固木纳城
17	阿陵站	佳木斯市敖其镇泡子沿村	
18	柱邦站	佳木斯市内沿江公园一带	一说在佳木斯市椎峰屯
19	弗思木城古佛陵站	桦川县悦来镇万里河村万里河通（瓦里霍吞）古城	此城为辽代五国部之一的越里笃部，现保存较好
20	奥里迷站	绥滨县北岗乡永兴村	除《辽东志》外，史料多作奥里米站
21	弗踢奚城弗能都鲁兀站	富锦市上街基乡嘎尔当村	明代为福提奚卫

续表

序号	站名	今地名	备注
22	考郎古城	同江市三村镇团结小城子	又作考郎兀，唐代黑水府旧址，明为玄城卫。关于此城地点有分歧，但大体应在松花江和黑龙江交汇处无异议
23	可木站	同江市街津口赫哲族乡东北6里处	
24	乞列迷城	同江市勤得利农场一分场勤得利古城	
25	乞勒伊城	同江市八岔赫哲族乡一带	
26	莽吉塔城狗站	抚远市通江乡小河子村	此站以下进入狗站段。《辽东志》在此站名下注曰："名水狗站，夏月乘船，小可乘载。冬月乘扒犁，乘二三人，行冰上，以狗驾拽疾如马。"
27	药乞站	抚远市黑瞎子岛上，具体地点待考	过此即进入今俄罗斯境
28	奴合温站	俄罗斯哈巴罗夫斯克市附近	
29	乞里吉站	俄罗斯库尔河口南侧乞林村	
30	哈刺丁站	俄罗斯库尔河口南侧黑龙江左岸活隆村	
31	伐兴站	待考	
32	古伐替站	俄罗斯哈巴罗夫斯克市东约百里之古发潭村	又作古发廷、古法坛
33	野马儿站	俄罗斯哈巴罗夫斯克边疆区伊斯克里村附近	
34	哈尔分站	俄罗斯黑龙江右岸阿纽伊河口一带	明在此设哈尔分卫
35	莫鲁孙站	俄罗斯黑龙江右岸库契河口一带	
36	撒鲁温站	俄罗斯黑龙江右岸萨尔布湖畔原萨拉库村	《辽东志》将此站列在马勒亨古站之后，误
37	伏达林站	俄罗斯黑龙江左岸帕尔达利湖畔帕达勒村	
38	马勒亨古站	俄罗斯黑龙江下游左岸共青城附近梅勒齐村	
39	忽林站	俄罗斯黑龙江下游格林河口忽林村	又作胡怜站
40	虎把希站	俄罗斯黑龙江下游格林河口以下某地	又作胡鲁八兴站
41	五速站	俄罗斯黑龙江下游左岸五如吉村	又作斡孙站

续表

序号	站名	今地名	备注
42	卜勒克站	俄罗斯黑龙江下游库穆苏以北伯别勒尔屯	《辽东志》将此站列在哈剌马古站站之后，误
43	哈剌马古站	俄罗斯黑龙江下游奇集湖对岸哈兰村	
44	播儿宾站	俄罗斯黑龙江下游卡达湖畔沙文斯克之上某地	
45	沼阴站	俄罗斯黑龙江下游沙文斯克附近某地	
46	弗朵河站	俄罗斯黑龙江下游左岸伏达河口	明在此设弗朵河卫
47	别儿真站	俄罗斯黑龙江下游某地，待考	又作卑里真站
48	黑勒里站	俄罗斯黑龙江下游特林南赫勒里河口	
49	满泾站	俄罗斯黑龙江口附近阿姆贡河口原莽阿臣村	奴儿干都司所在地

资料来源：表中原始站名引自毕恭等修、任洛等重修《辽东志》卷九《外志》（金毓黻主编《辽海丛书》，辽沈书社，1985，第471页）以及李辅等修《全辽志》卷六《外志》（金毓黻主编《辽海丛书》，第687~688页）。今地名的比定参考了王海燕、张亚平、李雪主编《明代海西东水陆城站调查》（黑龙江教育出版社，2012），王绵厚、朴文英《中国东北与东北亚古代交通史》，张泰湘《黑龙江古代简志》，以及步平主编《黑龙江通史简编》。

其中，托温城、乞列迷城遗迹今已成农田、山林（见图8-1、图8-2）。

图 8 - 1　托温城

资料来源：王海燕、张亚平、李雪主编《明代海西东水陆城站调查》，第66页。

"海西东水陆城站"驿路在明代东北亚交通中占有很重要的地位。它便利了明政府对黑龙江地区的控制。亦失哈率军十次走此路巡视黑龙江下游的奴儿干等地，保证了明中央政府对该地的有效管辖。它也便利了当地各民族

图 8 - 2 乞列迷城

资料来源：王海燕、张亚平、李雪主编《明代海西东水陆城站调查》，第 73 页。

去明廷朝贡，到中原贸易，加强了黑龙江地区各族与中原地区的联系。它还是中原地区丝绸等物品转运到库页岛乃至日本北海道地区的通道，所以有学者将之称为"东北亚水陆丝绸之路"。[①]

"海西西陆路"是由松嫩平原通往内蒙古草原的交通线。由于从内蒙古草原向南翻越燕山到中原较容易，所以这条路线实质是当时黑龙江与中原地区联系的另一条通道。其各站的具体位置亦大多可考（见表 8 - 2）。

表 8 - 2 "海西西陆路"驿站站名一览

序号	站名	今地名	备注
1	肇州	肇东市西八里乡八里城	一说在吉林省前郭尔罗斯蒙古族自治县县城西北 50 公里北上台子村他虎城，* 恐不确

---

① 王绵厚：《东北亚走廊考古民族与文化八讲》，黑龙江人民出版社，2017，总序，第 3 页。

序号	站名	今地名	备注
2	龙头山	肇源县二站镇一带	
3	哈剌场	今地不详	张泰湘认为当在肇源县马克图一带**
4	洮儿河	吉林省前郭尔罗斯蒙古族自治县县城西北50公里北上台子村他虎城	又作塔虎城
5	台州	泰来县塔子城	
6	尚山	白城市金详乡蒙古屯	
7	札里麻	白城市永胜乡黄家堡	
8	寒寒寨	洮南市海城子	
9	哈嗒山	洮南市岭下乡小城子	
10	兀良河	内蒙古科右前旗公主岭古城	

注：* 李健才：《金元肇州考》，《北方文物》1986年第2期。

** 张泰湘：《黑龙江古代简志》，第165页。

资料来源：表中原始站名引自毕恭等修、任洛等重修《辽东志》卷九《外志》（金毓黻主编《辽海丛书》，第471页）以及李辅等修《全辽志》卷六《外志》（金毓黻主编《辽海丛书》，第687页）。今地名的比定参考了王绵厚、朴文英《中国东北与东北亚古代交通史》，张泰湘《黑龙江古代简志》，以及步平主编《黑龙江通史简编》。

元代驿站有"马站""牛站""船站"，黑龙江下游在冬季还有以狗拉雪橇载人载物的"狗站"。每站设站户20户左右，备马、牛10~50匹（头），备车8~50台，"狗站"备狗均在200只左右。[1] 明代的情况也差不多。

元明时期黑龙江与中原交通的发展意义重大，中央政权对黑龙江地区的控制力得到加强。除了由女真人建立的金朝外，明代以前历代中原王朝对黑龙江中下游地区都采用羁縻政策，实行间接统治，不派军队镇抚，也基本不派员巡视，实际控制力有限。明代因有完整的驿路，亦失哈十次率军巡视奴儿干，虽然仍任用当地民族上层人物为奴儿干都司的官员，还有羁縻的性质，但明政府对当地的控制明显强于前代。

同时，驿路也是商路，大大便利了黑龙江与中原的商业往来。中原的布帛、日用器皿、生产工具经驿路来到黑龙江，黑龙江的皮革、药材等土特产也循此路运抵中原。1961年，在阿城县大岭公社大岭大队出土了一枚重五十

---

[1] 桑树森、郭希文等：《黑龙江古代道路交通史稿》，《黑龙江省公路交通史志》1988年第2期。

两的银锭"扬州元宝"（见图 8 - 3），就是这条驿路商业作用的明证。

图 8 - 3　阿城大岭遗址出土的"扬州元宝"

资料来源：黑龙江省文物考古工作队编著《黑龙江古代文物》，黑龙江人民出版社，1979，第 115 页。

第三节　明代的黑龙江经济

明代时，黑龙江地区大体上东部为女真，西部为蒙古。元明之际，东部的女真分为三个部分：呼兰河下游地区的海西女真，牡丹江下游依兰一带的建州女真，以及松花江下游、黑龙江下游广大地区的野人女真。明初，海西女真和建州女真先后南下到今吉林、辽宁地区，只有野人女真仍在黑龙江东北地区。西部的蒙古为兀良哈部。

一　野人女真的混合经济

建州女真、海西女真南迁后，野人女真逐渐扩展，占据了其故地。野人女真又称"生女真""东海女真"或"窝集诸部"，事实上并不是一个民族，甚至都不是一个族系，其中既有属阿尔泰语系的民族，也有属古亚洲语系的民族，成分比较复杂。

野人女真的经济与社会发展较为落后，据《辽东志》载，属野人女真的乞列迷部呈献给明廷的贡品为海（东）青、大鹰、皂周、白兔、黑狐、貂鼠、呵胶黑兔，北山野人的贡品为海豹皮、海骡皮、海獭皮、叉角（海象牙)、鲂髭、好刺(各色鹿)。① 这些贡品都是渔猎产品,反映了野人女真经济以渔猎为主的实际情况。《辽东志》对乞列迷部的经济还有更为具体的记载:"捕鱼为食……着直筒衣,暑用鱼皮,寒用狗皮……不识五谷六畜,惟狗多,牵拽扒犁。"② 乞列迷部没有农耕,还处在渔猎阶段,其渔猎生产是以部落或氏族为单位集体进行的。据《李朝实录》载,野人女真渔猎时一般以二十余人为一队,从事游猎。

野人女真不仅从事渔猎业,也有一定规模的畜牧业。明政府在开原设马市,接待海西女真和野人女真前来贸易。野人女真不远千里来此,用马匹及皮张等换取布匹、铁器等生产生活用品。野人女真携来的马很多,说明其养马有相当的规模。

事实上,野人女真并非完全没有农业,《明一统志》就说他们"略事耕种"。《辽东志》也提及他们"事耕种,养马弋猎"。③ 早在汉代这里就有了较成熟的农业,"有五谷麻布",④ 到明代反倒消失了是不现实的。

除设立都司这样的政治军事方式外,明政府还用经济和文化的手段加强对野人女真的管理。如上文提到的开原马市,明政府开办它并不是为了经济上获利,而是安抚女真人的一种手段。中原并不是没有马牛,之所以设置互市,以中原之物换其马、牛,是因为他们的许多日常用品都仰赖中原,互市更主要是怀柔之意。明政府在设立奴儿干都司时,还同时修建了永宁寺,以图用宗教收其心。

在奴儿干都司所在地形成了奴儿干城,"周长约二三里,街道行迹宛然"。⑤ 城池的出现是野人女真经济社会发展的产物和证据。

二　兀良哈部经济的发展

兀良哈是蒙古族的一部,但也融合了其他民族的成分,所以明代时始终被看成一个特殊部族,明设泰宁、福余、朵颜三卫统之。蒙古人普遍"惟畜牧是赖,犹汉人资于树艺也",⑥ 兀良哈部也是一样。明初,其经济以游牧为主,

---

① 毕恭等修,任洛等重修《辽东志》卷九《外志》,第471页。
② 毕恭等修,任洛等重修《辽东志》卷九《外志》,第468页。
③ 毕恭等修,任洛等重修《辽东志》卷九《外志》,第468页。
④ 范晔:《后汉书》卷八十五《东夷列传·挹娄》,第2812页。
⑤ 曹廷杰:《西伯利东偏纪要》,丛佩远、赵鸣岐编《曹廷杰集》,中华书局,1985,第101页。
⑥ 《明太祖实录》卷一百八十三,洪武二十年(1387)七月乙巳条。

以渔猎为辅,基本没有农业。"其俗无常居,制辕乐车,趁水草而往牧……茹肉而不菽粟,无宫室之居……好围猎,不树五谷,不种蔬菜,渴则取马牛羊之乳而饮之……其地不毛无所产也,惟皮张鱼鲜而已"。① 到明后期,兀良哈的农业有了初步的发展。"蒙古春耕时,多聚人马于平野,累日使之践踏粪秽后,播黍、稷、粟、蜀秫诸种,又使人马践踏。至耘治时,令军人齐力。"② 虽然这样的耕种技术太过原始,但毕竟是从无到有,是明显的进步。

第四节　清代的封禁政策及其贻害

古代黑龙江地区经济与社会发展状况有一个基本的规律,那就是什么时候与中原地区联系密切,特别是中原人来得多,什么时候黑龙江就繁荣兴盛;什么时候联系少了,特别是中原人来得少了,什么时候就残破凋敝。前者如渤海与金,后者如清代。

清政府对东北北部的吉林、黑龙江地区实行封禁政策,不但严重阻碍了黑龙江的发展,也给整个中华民族的利益造成巨大损害。

一　封禁政策的原因和内容

封禁政策实行的原因是满族统治阶层的民族利己主义。具体说来有以下几点:一是禁止内地汉族人进入,禁止汉文化的传播,以保持当地满族的尚武传统,来维持一支精强的军事力量;二是独占人参、东珠等贵重土特产;三是使东北地区有大量可耕地,以维持八旗生计。其中第一点是核心。

满族是一个人数少,经济文化落后的民族,能够入主中原,凭的就是武力精强。正如顺治皇帝所说:"我朝以武功开国,频命征讨不臣,所至克捷,皆恃骑射。"③ 吃苦耐劳且精于骑射的八旗兵是清政权最重要的支柱。但是,入关的满族人生活在汉族人中,且有种种特权,由国家供养,不劳而食,长期养尊处优的生活,使其昔日的尚武之风丧失殆尽,战斗力大大削弱了。这种情况在顺治时就很严重了:"八旗人民崇尚文学,怠于武事,以披押甲为

---

① 李辅等修:《全辽志》卷六《外志》,金毓黻主编《辽海丛书》,第683页。
② 申忠一:《建州纪程图纪》,转引自佟冬主编《中国东北史》,吉林文史出版社,1987,第1025页。
③ 《八旗通志》卷三十一,东北师范大学出版社,1985,第582页。

畏途，遂致军旅较前迥别。"① 据《皇朝文献通考》载，到乾隆时，八旗官员"步箭甚属不堪……所射非不至靶，即擦地而去，甚至有任意放箭，几至伤人者"。② 由于入关的八旗兵战斗力减弱，已不能起到镇压各族人民反抗、维护其统治的作用，所以清政府将希望寄托在东北地区的满族人身上。希望他们不改旧习，仍崇尚骑射，以保持一支能够随时调用的精强的武装力量。清朝统治者认为，这是关系到清政权生死存亡的头等大事。雍正皇帝曾说："我满洲人等，因居汉地，不得已与本习日以相远，唯赖乌喇、宁古塔等处兵丁，不改易满洲本习耳……晓谕乌喇、宁古塔等处人等知悉，并行黑龙江将军，共相勉励，但务守满洲本习，不得稍有疑贰。"③ 乾隆皇帝也曾强调："八旗满洲世仆考试汉文，只缘伊等在京日久，是以未经停止。然多致两误，罕有成功，且一染汉习，反弃旧风。朕深恶之。屡经降旨训诫，其东三省乌拉齐等尤非在京满洲可比，自应娴骑射清语，以备任用……着将东三省之新满洲、乌拉齐等考试汉文永行停止，备其专心旧业，方有裨益。"④ 而要想让东北地区的满族不受汉族影响，最好的办法就是将他们与汉族隔离，也就是把东北地区封禁起来。

封禁也有独占人参、东珠等贵重土特产，以及维持八旗生计的意图。比如人参，封禁之前，每年都有大量内地的汉族人前来采挖。宁古塔地区"凡走山（挖人参）者，山东西人居多，大率皆偷采者也。每岁三四月间往，九十月间归，其死于饥寒者不知凡几！而走山者日益多，岁不下万余人"。⑤ 清廷当然不能接受这样的情况。另外地方官府手里还要掌握大量机动土地，"以备日后退革兵丁作为恒产"。⑥

封禁政策始于康熙初年，雍、乾时期逐渐严厉起来，到清晚期逐步废弛，最后不了了之。其中严厉实行的时间大概有 200 年左右。

康熙初年封禁政策刚开始实行时，只是对关内人民到东北采取了事先起票、过关记档、只身放行等限制措施，没有完全禁绝。雍、乾时期采取了全面封禁政策。《大清会典事例》载乾隆五年（1740）谕："奉天沿海地方官多拨官

---

① 《清世祖实录》卷一百零六，华文书局股份有限公司，1969。

② 《皇朝文献通考》卷一百九十二《兵考》，《文渊阁四库全书》本。

③ 长顺修、李桂林纂《吉林通志》卷一《圣训志》，吉林文史出版社，1986，第 9 页。

④ 长顺修、李桂林纂《吉林通志》卷一《圣训志》，第 13 页。

⑤ 杨宾：《柳边纪略》卷三，第 80 页。

⑥ 长顺修、李桂林纂《吉林通志》卷三十一下《食货志四·屯垦》，第 551 页。

役稽查，不许内地流民私自出口。山海关、喜峰口、九边门亦令一体严禁。"

为更有效地实行封禁，清政府修筑了封锁线，即柳条边墙。柳条边共有两条：第一条从山海关向东北，经开原威远堡转向东南到鸭绿江口；第二条从开原威远堡向北延伸到今吉林舒兰二道河子。前者修建时间较早，称老边；后者修建时间较晚，称新边。

所谓柳条边，是在平地堆土成堤，堤上密集植柳，柳间以绳相连，堤外取土处自然成沟，注水成护城壕。老边设十八门，新边设五门。每门设主官章京一员、笔贴式一员、披甲士兵十名，负责守门查验身票和巡查边墙，以防偷越。"有私越者，必置重典。"① "沿边一带越关隘则拟徙，无票私出则拟流，暗出至外界则拟绞。守关官兵失察或索贿纵放，则分别参奏治罪。定例甚明，法度极严。"②

二 封禁政策的影响

200 多年的封禁，虽然没能完全阻止内地汉族人民移来，但极大地减少了移民的数量。直到嘉庆十七年（1812），黑龙江和吉林两将军辖区的近 160 万平方公里的土地上只有人口 44 万余人，③ 平均每平方公里仅有 0.275 人。而这 44 万人又大都集中在吉林、宁古塔、齐齐哈尔、三姓、瑷珲、呼兰、墨尔根等城市及其周围地区。其他广大地区均人烟稀少，十分空旷。"黑龙江地利有余，人力不足……而膏腴万顷，荒而不治，曾无过而问之者。"④ 黑龙江以北及乌苏里江以东除了某些河谷地区外，往往数百里无一人。

封禁造成黑龙江经济残破。这一短见的政策使黑龙江地区各民族的经济失去了一个飞跃的时机。在清前期和中期，只能维持传统的生产方式，以十分缓慢的速度发展，原地踏步甚至退步，使本来就落后的黑龙江经济与中原地区差距更大了。

农业方面表现得最为明显。齐齐哈尔地区"蒙古耕种，岁易其地，待雨而播，不雨则终不破土，故饥岁恒多。雨后，相水坎处，携妇子牛羊以往，毡庐孤立，布种辄去，不复顾。逮秋复来，草莠杂获"。⑤ 相比之下，满族的

① 高士奇：《扈从东巡日录》卷上，吉林文史出版社，1986，第 107 页。
② 辽宁省档案馆：《清代三姓副都统衙门满汉文档案选编》，辽宁古籍出版社，1995，第 125 页。
③ 孙占文：《黑龙江省史探索》，黑龙江人民出版社，1983，第 242 页。
④ 西清：《黑龙江外记》卷四，第 42 页。
⑤ 方世济：《龙沙纪略》，《龙江三记》本，黑龙江人民出版社，1985，第 214 页。

生产技术水平是最高的，主要表现在普遍采用了牛耕。在齐齐哈尔一带，"一犁率驾三牛二牛，沙性坚实，一牛不胜也，犁亦较内地长大。犁多者殷实之家，故相逢叙生计，必问几副犁仗"。① 不过，若与中原地区比较，其农业技术、耕种方法仍是很落后的、原始的。满族人不懂得施肥，地利耗尽就抛弃。"地贵开荒，一岁锄之犹荒也，再岁则熟，三、四、五岁则腴，六、七岁则弃之而别锄矣。"② "其风俗以耕牧为本，地广尔民稀，开荒任地则获殖且倍，数年后地力已尽，则弃之，不以粪。"③ 不仅不懂得施肥，而且更没有任何水利设施，完全靠天吃饭。例如呼兰等地，"旱涝无备，虽有洪川细流纵横境内，未收灌溉之利，时有浸淫之患，丰歉听之岁运，而无人事补救之"。④ 达斡尔族农业历史悠久，但其技术也十分低下。"耕地多在离屯较远的依山傍水的阳坡地上，耕种时先放火烧荒，用牛拉大台犁开荒，然后将种籽漫撒在翻号的地沟上，再用柳编耙将种籽覆盖。禾苗出土后，从不铲蹚，任其自然。"⑤

不但农业如此，畜牧业和手工业等也一样粗放经营，技术原始。比如宁古塔地区的满族养马，"每岁端午后，派八旗拨什库一人，率兵丁几名，将合宁古之马，尽放于几百里外有水草处，马尾上系木牌，刻某人名，至七月终方归"。⑥ 再如，当地人能造两种船，小的是独木舟，叫威呼；大的叫五板船，可载数人。但工艺技术差，常漏水，所以行船时"常责一人执青苔以俟，不遑他顾，他顾则水入船矣"。⑦

造成这样状况的主因是封禁政策。一方面，封禁政策使黑龙江各民族的开发活动得不到新鲜血液；另一方面，清政府视黑龙江为武备库，无论哪里有战事，都要抽调黑龙江兵丁，致使本已严重缺乏的人力雪上加霜。对此，时人就有评论说："黑龙江地利有余，人力不足，非尽惰农也，为兵者一身应役，势难顾及耕耘。"⑧

---

① 西清：《黑龙江外记》卷四，第42页。
② 方拱乾：《绝域纪略》，《黑龙江述略》附录本，黑龙江人民出版社，1985，第109页。
③ 张缙彦：《宁古塔山水记》，第8页。
④ 黄维翰：《呼兰府志》卷三《财赋略·台站老圈牛力地考》，民国4年（1915）刻本，第157页。
⑤ 方衍：《黑龙江少数民族简史》，中央民族学院出版社，1993，第191页。
⑥ 吴桭臣：《宁古塔纪略》，《龙江三记》本，黑龙江人民出版社，1985，第250页。
⑦ 杨宾：《柳边纪略》卷四，第110页。
⑧ 西清：《黑龙江外记》卷四，第42页。

黑龙江被称为"北大荒",但"北大荒"本不荒。不用说渤海和辽、金时,汉代时就是村堡相望,鸡犬之声相闻。清初,大量八旗军民"从龙入关",导致东北地区人口锐减,经济残破。而封禁政策阻止内地人迁来,人为地隔断其与中原地区的联系,黑龙江才成为"北大荒"。

当然,封禁政策只是针对汉族等,对满族自己不但不封禁,还鼓励迁到内地的满族回到黑龙江。为了解决在京满人的生计及恢复他们简朴尚武之生活习俗,清政府试图组织在京闲散满人返回原籍黑龙江地区,这就是所谓"京旗还屯"。乾隆九年(1744)九月移来758人,次年又移来250人,乾隆二十一年(1756)至二十四年(1759)又移来2000户。清政府给他们许多优惠政策。在京起身时,户部给"治装费",路上给"尖宿费",到后来又给"立产费",每户分给3顷熟地,准备好了房屋、井灶、牛具、种子、口粮等。但是,这些京旗之人惯于养尊处优,游手好闲,不谙农事,更不愿艰苦劳动。不久,就有不少人又悄悄弃地,逃回关内了。

三 封禁政策的崩溃

关内汉族人民迁入黑龙江地区早在康熙时就开始了。清政府对关内汉族人民的剥削和压迫十分残酷,广大农民非常贫穷,遇到自然灾害,生活更不能维持。为求活命,山东、直隶一带的农民常不顾清政府的禁令,拖儿带女地"闯关东"。到东北地区后,或为人佣耕,或自己开垦荒地。起初,清政府对此严厉查禁。"岁尝特派官兵巡查,以防奸民侵盗渔利,并由将军年终咨部查考。"[1] 但虽三令五申,仍屡禁不止,汉族农民出关者越来越多。到嘉庆十五年(1810),清政府承认"各该管官,总未实力奉行,以致每查办一次,辄增出新来流民数千户之多,总以该流民等,业已聚族相安,骤难驱逐……查办流民一节,竟成具文"。[2] 据统计,乾隆三十六年(1771)黑龙江人口约10万人,到嘉庆十七年(1812)增至45万人。[3] 40余年间翻了两番多,其中绝大多数是汉族移民。第二次鸦片战争以后,汉族移民更是日益增多。"咸丰以后,直隶、山东游民出关谋生者日以众多,而呼兰官屯各庄,时加开辟,利其工勤值贱,收为赁佣,浸假而私售以地,岁课其租。该管官

① 徐宗亮:《黑龙江述略》卷四《贡赋》,第56页。
② 《清仁宗实录》卷二百三十六。
③ 孙占文:《黑龙江省史探索》,黑龙江人民出版社,1983,第223页。

若有伺察，略予规利，亦遂不加诘禁。又其地脉厚土腴，得支河长流足资灌溉，岁收所入，较内省事半功倍。闻风景附，益至蚁聚蜂屯，势难禁遏。"①

同时，黑龙江地方政府也和其他地区地方政府一样，陷入越来越深的财政危机。清政府视黑龙江为养兵之地，给当地八旗兵丁的待遇十分优厚。而当地地广人稀，财政收入有限，无力支撑此等待遇，不足部分就由清廷户部协调山东、河北等内省填补，谓之"协饷"。鸦片战争前，"海宇宁谧，府库充实，以中原之力接济边省，绰有余裕"。但鸦片战争后情况就不同了，内忧外患，"腹地各行省自顾不遑，边吏虽屡疏请饷，而拨解难期"。② 黑龙江地方财政困顿，一筹莫展。

于是，黑龙江地区一些有见识的地方官认为，流民既然禁绝不了，不如废禁招垦，既可增加政府收入，又可收实边之效，乃奏请废禁招垦。咸丰十一年（1861），黑龙江将军特普钦奏请在呼兰等地招民垦荒。他在奏折中指出，招垦"籍裕度支，兼防窥伺"。③ 内外交困、财政支拙的清政府不得不承认既成事实，开始部分开禁，招民垦荒。但特普钦招垦政策的实施并不顺利。开始时遭到清廷内守旧派的激烈反对。"众口沸腾，有阻以事不可为者，有讽以绩用弗成者。"④ 但特普钦坚持了自己的正确主张，并在朝廷的辩论中获胜，于是有了呼兰所属蒙古尔山放垦，是为黑龙江放垦之始。到同治七年（1868），就已放出毛荒二十余万垧。特普钦以后的黑龙江地方大员也大都坚持实行招垦政策。光绪十三年（1887），黑龙江将军恭镗上书清廷，言招民垦荒有十利：

> 黑龙江旧饷三十七万，呼兰地赋所入，已抵至十有余万，加以扩充，部拨可节，此利国帑者一也。齐齐哈尔、墨尔根、黑龙江等城，皆恃呼兰粮运接济，收获愈众，积蓄愈多，此利民食者二也。盗贼之炽，皆由守望之稀，若于放荒时酌定村户，修筑堡寨，严订保甲之法，藏奸无所，此利保卫者三也。关内外失业游民，所在麇集，或之他邦，一定土著，富者安业，贫者佣工，各治其生，庶免流徙，此利辑绥者四也。押租缴价，或伊旧章，或仿吉林新例，参酌而取，以资办公，此利经费

① 徐宗亮：《黑龙江述略》卷四《贡赋》，第56页。
② 黄维翰：《呼兰府志》卷三《财赋略·台站老圈牛力地考》，第156~157页。
③ 李兴盛：《黑龙江将军特普钦诗文集》，天津古籍出版社，1987，第31页。
④ 李兴盛：《黑龙江将军特普钦诗文集》，第5页。

者五也。开垦既熟，以次升科，查照奉天章程，酌定亩银额数，足济俸饷，此利征收者六也。呼兰粮产，除接济本省，尚行东南各境，加以地辟年丰，转输益众，此利商贾者七也。斗秤烧锅，税捐诸资，补益积谷，日盈税捐，自有起色，此利厘税者八也。通肯四境与齐齐哈尔、布特哈、墨尔根诸城相联，户口渐增，人烟日盛，贫瘠荒区，可成殷富大镇，此利生聚者九也。人有恒业，地无旷土，内守足固，外患不生，此利边备者十也。①

虽然清廷对此予以驳回，答复"着仍永远封禁",② 但在积贫积弱的客观形势的迫使下，清政府只能在事实上默认黑龙江、吉林地区逐渐扩大开禁区域，最终在清朝灭亡前夕完全废除了封禁政策。

为鼓励中原地区汉族人民前来，黑龙江地方官员采取了一系列优惠政策。

吴大澂在乌苏里地区办防务期间，不断派人"前往山东登、莱、青各属招募"农民来垦荒，并将过去"领地一晌须缴纳押荒钱二吊一百文"的政策改为"一概不取押荒钱文，并酌给工本"。③ 1908 年，黑龙江巡抚衙门分别在汉口、上海、天津、烟台等地设置边垦招待处，对应者减免车船路费，不增押租。前两年免赋税，只要垦成熟地，第三年即给"大照"，承认垦民对土地的所有权。对遇到困难的垦户给以适当的帮助。"垦户到段开垦，倘有青黄不接者，准由就近官立银行查核实在垦种人口，酌予贷助，分期偿还。"对招徕内省移民还有明确的奖惩制度。"领荒地独力招募佃户垦辟升科地至六百晌以上者拟请给予七品顶戴，八百晌以上者拟请给予六品顶戴，一千晌以上者拟请给予五品顶戴。"④

还以低赋税吸引内省移民垦荒。比如呼兰地区"租赋至薄，视内地不及十一"。⑤

为了让内地人民了解来黑龙江垦荒的好处，针对可能迁来者皆为文盲半文盲的情况，清末民初，黑龙江地方官府在山东、河北一带广发白话文告

① 徐宗亮：《黑龙江述略》卷四《贡赋》，第 58～59 页。
② 徐宗亮：《黑龙江述略》卷四《贡赋》，第 59 页。
③ 梁玉多：《试析近代黑龙江流域的移民浪潮与经济开发》，《黑龙江社会科学》1996 年第 5 期。
④ 徐世昌：《东三省政略》卷七《财政·附奏江省沿边荒务酌拟变通办法折》，宣统三年（1911）刻本，第 26 页。
⑤ 黄维翰：《呼兰府志》卷三《财赋略·台站老圈牛力地考》，第 157 页。

示，劝导当地人来黑龙江垦荒：

> 你们庄稼人，种地为本。但是地土算黑龙江顶好。我把黑龙江省情形，说给大家听听。现在，奉天、吉林、关里人，带着家口，来到黑龙江种地，为的什么？
>
> 一来为的是买地少花钱。奉天、吉林买一晌地，总得几百元钱。若在黑龙江省，上等荒一方才三百多元，中等荒二百多元，下等荒不过一百多元钱。你们道便宜不便宜？
>
> 二来为的是有粮多卖钱。黑龙江省，上等地能打大斗十石还多，中等七石，下等也打四石多。若像去年年景，当年开的生荒，大斗还打五石。一石粮卖得一百多吊钱，一晌地打粮四五石，就得四五百吊钱。一副犁杖，种得二三十晌，就可以得一万多吊钱。粮石没有打出时候，便有老客到家，给钱定下。你们道便宜不便宜？
>
> 三来为的是有闲暇功夫，都可挣钱。正月二月三月半间，这个时候，趁冻未开，叫你的年工劳金在上山备办木柴和毛柴，等到冬天无事，拉进城去卖，木柴一大车，卖得三百多吊，毛柴一大车，也是一百多吊。到了六月时候，地里庄稼，铲也铲了，铛（疑作蹚）也铛了，趁这个空儿，就打羊草，一个劳金，可打四千捆。或在甸子的卖，或留到冬天卖。在甸子卖，每千二百多吊。到冬天拉进城，至少也卖四百多吊。一个劳金，帮着打羊草，就与你挣七八百吊钱。到了十月，拉庄稼大场，也就收拾完了。这劳金没有事，牲口也有空了，与人拉脚。一辆车，几匹马，每日挣的更多多的。你们想想便宜不便宜？
>
> 有此三件好处，故来的人，一年多似一年，一月胜似一月。不说别的，就是从前做官的人，看见黑龙江地方土地肥美，官都不愿做了，差也不愿当了。大家忙忙的，买荒地，种庄稼，若果没有好处，他们干么？
>
> 尚有一说，大家要知道才好。黑龙江地方，荒多人少，这时（疑作是）老古的话。现在每年加增的人口，三四万不等，都是来开荒的。再过几年，这荒地可就不多了。大家趁着这个时候，买几井地，多开几晌荒，子子孙孙，便就吃着不尽了。[1]

---

[1] 《招垦白话告示》，何煜：《龙江公牍存略》，李兴盛主编《黑水丛书》7，黑龙江人民出版社，1999，第1700页。

这告示用普通人都能懂的语言，像拉家常一样娓娓道来，述说移民黑龙江的种种实际好处，确实很有吸引力。黑龙江地方官府竭力招徕内省移民的态度也跃然纸上了。

这些政策进一步促进了汉族人民的移入，山东、河北一带"闯关东"者络绎于途。"近则奉天、吉林，远则山东直隶之属，闻风踵至"，"扶老携幼，终年联属于道"。① 《白山黑水录》对此有十分具体的描述："由奉天入兴京，道上见夫拥只轮车者，妇女坐其上，有小孩哭而眠者，夫以后推，弟以前挽，老妪拄杖，少女相依，踉跄道上……前后相望也，由奉天至吉林之日，逆旅所共寝食者皆山东移民。"光绪三十三年（1907），黑龙江地区人口为257万余人。② 到清朝灭亡的 1912 年，人口更达到 300 多万人。③

第五节　清前、中期流人对黑龙江经济发展的促进

清代的黑龙江是流放犯人的地方，这些犯人被称为流人。流人的构成很复杂，大体包括明末战争中被俘获的明人、清政权后来内部斗争中的失势者、反清起义的失败者、因文字或语言获罪者、失职的官吏、刑事犯罪者等。流人流放宁古塔的时间，从顺治朝到光绪朝，延续了 200 多年。流人的数量没有准确的统计数字，康、雍、乾、嘉时期人数最多。到嘉庆中叶，仅黑龙江将军辖区"每岁踵接而至，无虑数百人……约计齐齐哈尔今有三千余名，余城亦千名以外"。④ 其后流人数量有所减少，但从未断绝。

按照清代的法律，流人到黑龙江是给八旗官兵为奴的，可事实上当地官员往往并不依律严束，流人根据自身情况各选谋生之路，实际的境遇差别很大。"宁古塔呼有爵而流者曰哈番。哈番者，汉言官也。而遇监生、生员，亦以哈番呼之，盖俗原以文人为贵。文人富而学为贾；贫而通满语者代人贾，所谓掌柜者也；贫而不通满语则为人师，终岁之获，多者二三十金，少者十数金而已，掌柜可得三四十金。"⑤ 当然，给八旗官兵为奴的也不少，他们的境遇十分悲惨。

---

① 李兴盛：《黑龙江将军特普钦诗文集》，第 5 页。
② 孙占文：《黑龙江省史探索》，第 246 页。
③ 孙占文：《黑龙江省史探索》，第 274 页。
④ 西清：《黑龙江外记》卷六，第 58 页。
⑤ 杨宾：《柳边纪略》，卷三，第 85 页。

　　流人的到来开发了当地经济，传播了中原先进的文化和技术，促进了民族的融合，其对黑龙江经济发展的促进作用是明显的。经济的发展，即使是封建小农经济的发展也有对文字的需求。如丈量土地、书写契约、核算产量、往来书信等。流人所办私塾的学员对此等简单的文字工作都能胜任，这有利于经济的发展。更为重要的是，教育促进了商品经济的发展，开拓了人们的视野，丰富了人们的知识。成功的商人和商品生产者必须有相当的地理知识、经济管理知识，要了解各地的物产、风土人情，甚至要洞悉政治风云的变幻，这些知识的获得，教育起了很大作用。而商品经济的发展又会带动经济的整体发展。黑龙江的一些地区在清初还处于原始的以物易物阶段，对此史料有很多记载。但到了清中期，商品经济就很发达了，这与流人所办教育不无关系。所以说，教育的发展大大促进了经济的发展。

参考文献

安德列耶娃：《滨海地区发达铁器时代的考古遗存》，瑶奉译，《北方文物》1985 年第 4 期。

奥克拉德尼科夫：《滨海遥远的过去》，莫润先、田大畏译，商务印书馆，1982。

巴依科夫：《满洲北部的狩猎部落》，王德厚译，《黑龙江考古资料译文集》第 1 辑。

邴正、邵汉明：《肃慎族渊源与演变》，吉林文史出版社，2007。

博尔金：《渤海的陶窑》，王德厚译，杨志军主编《东北亚考古资料译文集》4，北方文物杂志社，2002。

步平主编《黑龙江通史简编》，黑龙江人民出版社，2017。

长顺修、李桂林纂：《吉林通志》，吉林文史出版社，1986。

朝鲜社会科学院考古研究所编《朝鲜考古学概要》，李云铎译，黑龙江省文物出版社编辑室内部出版，1983。

陈建立、韩汝玢、斋藤努、今村峰雄：《从铁器的金属学研究看中国古代东北地区铁器和冶铁业的发展》，《北方文物》2005 年第 1 期。

陈全家、张伟、王培新：《黑龙江海林市细林河遗址出土的动物骨骼遗存研究》，《考古》2004 年第 3 期。

陈显昌：《渤海国经济试探》，《北方论丛》1982 年第 3 期。

承德地区文物管理所、滦平县文物管理所：《河北滦平辽代渤海冶铁址调查》，《北方文物》1989 年第 4 期。

丛佩远、赵鸣岐编《曹廷杰集》，中华书局，1985。

大韩民国东北亚历史财团、俄罗斯远东历史考古民学俗研究所：《2006 年度俄罗斯沿海州克拉斯基诺城发掘报告》，首尔：东北亚历史财团，2007。

董万仑：《东北史纲要》，黑龙江人民出版社，1987。

杜佑：《通典》，岳麓书社，1995。

《二十五史》，中华书局本。

方香：《论渤海和日本的民间贸易》，《渤海史研究》6，延边大学出版社，1995。

方学凤：《渤海国墓上建筑试探》，《高句丽渤海研究集成·渤海卷》，哈尔滨出版社，1994。

方学凤：《渤海"显州之布"与"沃州之縣"辨析》，《延边大学学报》1982年第4期。

方学凤：《关于渤海的农器具》，《渤海史研究》8，延边大学出版社，1999。

方学凤、郑永振主编《渤海货币及二十四块石论著汇编》，吉林人民出版社，2000。

方衍：《黑龙江少数民族简史》，中央民族学院出版社，1993。

冯恩学：《辽代的女真文化》，教育部人文社会科学重点研究基地吉林大学边疆考古研究中心边疆考古与中国文化认同协同创新中心编《边疆考古研究》第18辑，科学出版社，2015。

冯永谦、姜念思：《辽代饶州调查记》，《东北考古与历史》1982年第1期。

干志耿：《靺鞨族及黑龙江流域的靺鞨遗存》，《北方文物》1985年第1期。

干志耿、孙秀仁：《黑龙江古代民族史纲》，黑龙江省文物出版编辑室内部出版，1982。

格尔曼、博尔金、扎利夏克：《颇具前途的一种方法——克拉斯基诺古城出土陶瓦的岩相学研究》，林树山、姚凤译，《东北亚考古资料译文集·高句丽、渤海专号》，北方文物杂志社，2001。

格尔曼者：《渤海制瓦业的特点》，裘石译，《东北亚考古资料译文集》6，北方文物杂志社，2006。

龟井明德：《渤海三彩陶试探》，李伊萍译，刘晓东校，杨志军主编《东北亚考古资料译文集》4，北方文物杂志社，2002。

郭长海：《金上京发现开国庆典所献礼器——人面犁头》，《北方文物》2006年第4期。

郭素美：《渤海国的历史与文化》，黑龙江人民出版社，2002。

韩圭哲：《渤海的对外关系史》，首尔：新书苑，1994。

韩国传统文化学校文化遗迹学院：《沿海州克拉斯基诺与渤海古墓群》，韩国传统文化学校，2005。

黑龙江省博物馆：《黑龙江阿城县小岭地区金代冶铁遗址》，《考古》1965 年第 3 期。

黑龙江省博物馆、中国社会科学院考古研究所：《黑龙江省绥滨县蜿蜒河遗址发掘报告》，《北方文物》2006 年第 4 期。

黑龙江省公路交通编辑室：《黑龙江古代道路交通史》，人民交通出版社，1988。

黑龙江省佳木斯市文物管理站：《黑龙江桦南县小八浪遗址的发掘》，《考古》2002 年第 7 期。

黑龙江省文物考古工作队：《黑龙江古代官印集》，黑龙江人民出版社，1981。

黑龙江省文物考古工作队：《黑龙江古代文物》，黑龙江人民出版社，1979。

黑龙江省文物考古研究所编《考古黑龙江》，文物出版社，2011。

黑龙江省文物考古研究所编著《宁安虹鳟鱼场——1992—1995 度渤海墓地考古发掘报告》，文物出版社，2009。

黑龙江省文物考古研究所：《渤海上京宫城内房址发掘简报》，《北方文物》1987 年第 1 期。

黑龙江省文物考古研究所：《渤海砖瓦窑发掘报告》，《北方文物》1982 年第 2 期。

黑龙江省文物考古研究所：《哈尔滨市阿城区金上京南城南垣西门址发掘简报》，《考古》2019 年第 5 期。

黑龙江省文物考古研究所：《黑龙江克东县金代蒲峪路故城发掘》，《考古》1987 年第 2 期。

黑龙江省文物考古研究所：《黑龙江省东宁县小地营遗址渤海房址》，《考古》2003 年第 3 期。

黑龙江省文物考古研究所、吉林大学考古学系编著《河口与振兴——牡丹江莲花水库发掘报告（一）》，科学出版社，2001。

黑龙江省文物考古研究所、吉林大学考古学系：《1996 年海林细鳞河遗址发掘的主要收获》，《北方文物》1997 年第 4 期。

黑龙江文物考古研究所编著《渤海上京城》，文物出版社，2009。

洪皓：《松漠纪闻》，吉林文史出版社，1986。

洪熙有：《渤海的手工业》，《朝鲜中世纪手工业史研究》，智养社，1989。

侯长纯、郑承龙：《黑龙江航运史》，人民交通出版社，1988。

赵永春编注《奉使辽金行程录》，吉林文史出版社，1995。

胡秀杰、李陈奇、刘晓东：《黑龙江文明之脉》，李陈奇主编《黑龙江省文物博物馆学会第五届年会论文集》，黑龙江人民出版社，2008。

黄维翰：《渤海国记》，《渤海国志三种》，天津古籍出版社，1992。

黄维翰：《呼兰府志》，民国 4 年（1915）刻本。

吉林省文物考古研究所、敦化市文物管理所编著《六顶山渤海墓葬——2004～2009 年清理发掘报告》，文物出版社，2012。

吉林省文物考古研究所、俄罗斯科学院远东分院远东民族历史·考古·民族研究所编著《俄罗斯滨海边疆区渤海文物集粹》，文物出版社，2013。

吉林省文物考古研究所、延边朝鲜族自治州文化局、延边朝鲜族自治州博物馆、和龙市博物馆编著《西古城——2000～2005 年度渤海国中京显德府故址田野考古报告》，文物出版社，2007。

吉林省文物考古研究所、延边朝鲜族自治州文物管理委员会办公室：《吉林和龙市龙海渤海王室墓葬发掘简报》，《考古》2009 年第 6 期。

吉野正敏：《气候变动和渤海的盛衰》，李伊萍译，刘晓东校，杨志军主编《东北亚考古资料译文集·渤海专号》，北方文物杂志社，1998。

甲元真之：《东北亚先史时代的渔捞业》，姚义田译，《东北亚历史与考古信息》1997 年第 1 期。

甲元真之：《东北亚地区初期的农耕文化——以分析自然遗物为中心》，腾铭予译，《东北亚历史与考古信息》1997 年第 2 期。

贾思勰：《齐民要术》，上海古籍出版社，2006。

间宫林藏：《东鞑纪行》，黑龙江日报（朝鲜文报）编辑部、黑龙江省哲学社会科学研究所译，商务印书馆，1974。

姜胜男：《通过遗迹、遗物看到的渤海冶铁、冶钢技术》，《朝鲜考古研究》1994 年第 2 期。

杰烈维杨科：《黑龙江沿岸的部落》，林树山、姚凤译，吉林文史出版社，1987。

金富轼：《三国史记》，吉林文史出版社，2003。

金毓黻：《渤海国志长编》，《社会科学战线》杂志社，1982。

金毓黻：《东北通史》，社会科学战线杂志社，1982。

金宗赫、金智哲：《新浦市梧梅里金山渤海建筑址发掘简报》，《朝鲜考古研究》1989 年第 2 期。

景爱：《金上京出土铜镜研究》，《社会科学战线》1980 年第 2 期。

酒寄雅志：《东亚考古学会与近代日本的东亚史研究》，未出版，2007 年打印稿。

孔经纬：《清代东北地区经济史》，黑龙人民出版社，1990。

匡瑜：《战国至两汉的北沃沮文化》，《黑龙江文物丛刊》1982 年第 1 期。

李德滨、石方：《黑龙江移民概要》，黑龙人民出版社，1987。

李东源：《渤海史译文集》，黑龙江省社会科学院历史所内部出版，1986。

李辅等修：《全辽志》，金毓黻主编《辽海丛书》，辽沈书社，1985

李健才：《东北史地考略》第 3 辑，吉林文史出版社，2001。

李健才、刘素云：《吉林省历史》，吉林文史出版社，2003。

李健才、王绵厚：《东北古代交通》，沈阳出版社，1990。

李俊杰：《关于咸镜两道一带渤海遗址遗物的调查报告》，李云铎译，杨志军主编《东北亚考古资料译文集·渤海专号》，北方文物杂志社，1998。

李林甫：《唐六典》，中华书局，1992。

李龙范：《韩满交流史研究》，同和出版公社，1989。

李强：《勿吉与渤海"冢上作屋"初识》，《渤海史研究》11，延边大学出版社，2009。

李士良、田华：《黑龙江出土金代铁器的初步研究》，《黑河学刊》1990 年第 4 期。

李砚铁：《黑龙江地区自然环境与史前社会经济》，潘春良、艾书琴主编《多维视野中的黑龙江流域文明》，黑龙江人民出版社，2006。

历史系敦化文物普查队第二小组：《敦化县二十四块石遗址调查记》，《吉林大学学报》1958 年第 3 期。

梁玉多：《渤海国编年史》，黑龙江人民出版社，2004。

辽宁省档案馆：《清代三姓副都统衙门满汉文档案选编》，辽宁古籍出版社，1995。

列尼科夫：《渤海人的黑色金属冶炼业和加工业》，王德厚译，杨志军主编《东北亚考古资料译文集·渤海专号》北方文物杂志社，1998。

列申科：《滨海地区渤海遗址中出土的粘土制品》，裘石译，杨志军主编

《东北亚考古资料译文集》4，北方文物杂志社，2002。

列先科、鲍尔金：《滨海地区渤海遗存中的骨器和角器》，车霁虹译，杨志军主编《东北亚考古资料译文集·渤海专号》，北方文物杂志社，1998。

铃木靖民：《东北亚历史中的渤海国家与交流》，吴玲译，刘晓东校，于建华主编《东北亚考古资料译文集》7，北方文物杂志社，2007。

刘晓东：《渤海文化研究——以考古发现为视角》，黑龙江人民出版社，2006。

刘晓东、郝思德、杨志军：《渤海国货币经济初探》，《历史研究》1991年第2期。

刘晓东、孙秀仁：《渤海货币研究二题——"新史料"辨伪与"自铸币"考实》，《北方文物》1995年第1期。

刘晓东、魏存成：《渤海上京城营筑时序与形制渊源研究》，《中国考古学会第六次年会论文集》，文物出版社，1990。

刘晓东主编《渤海的历史与文化》第2辑，黑龙江人民出版社，2003。

那国安、王禹浪：《金上京百面铜镜图录》，哈尔滨出版社，1994。

内蒙古文物工作队：《内蒙古扎赉诺尔古墓群发掘简报》，《考古》1961年12期。

尼基京、格尔曼：《对绥芬河流域早期中世纪古墓地切尔尼亚季诺-5考察研究的某些成果》，王德厚译，《东北亚考古资料译文集》6，北方文物杂志社，2006。

宁安县文物管理所、渤海镇公社土台子大队：《黑龙江省宁安县出土的舍利函》，《文物资料丛刊》第2辑，文物出版社，1978。

潘玲：《黑龙江桦南县小八浪遗址动物骨骼的鉴定与分析》，《考古》2002年第7期。

彭善国：《辽墓鹰猎题材壁画及相关文物知识》，教育部人文社会科学重点研究基地吉林大学边疆考古研究中心编《边疆考古研究》第3辑，科学出版社，2005。

彭善国：《试析渤海遗址出土的釉陶和瓷器》，《边疆考古研究》第5辑，科学出版社，2006。

朴时亨：《渤海史》，平壤：金日成综合大学出版社，1979。

钱霞：《黑龙江省汤原县双兴遗址出土金代窖藏铁器》，《北方文物》2014年第2期。

《清世祖实录》，台北：华文书局股份有限公司，1969。

日野开三郎：《渤海·金的建国与敦化地方的铁户》，《史渊》28，1942。

三上次男：《金代女真研究》，金启宗译，黑龙江人民出版社，1984。

桑树森、郭希文等：《黑龙江古代道路交通史稿》，《黑龙江省公路交通史志》1988 年第 2 期。

沙弗库诺夫等：《渤海国及其俄罗斯远东部落》，宋玉彬译，东北师范大学出版社，1997。

舍人亲王：《日本书记》，吉川弘文馆，2002。

沈括：《梦溪笔谈》，齐鲁书社，2007。

首都博物馆、黑龙江省博物馆编《白山·黑水·海东青——纪念金中都建都 860 周年特展》，文物出版社，2013。

司马光：《资治通鉴》，岳麓书社，1990。

松浦茂：《关于女真社会史研究的若干问题》，刘凤翥译，邢复礼、蒲瑞元校，中国社会科学院民族研究所历史研究室资料组编译《民族史译文集》10，内部印刷，1981。

宋基豪：《渤海社会文化史研究》，首尔大学出版文化园，2011。

宋应星：《天工开物》，岳麓书社，2002。

孙进己：《东北各民族文化交流史》，春风文艺出版社，1992

孙乃民编《吉林通史》，吉林人民出版社，2008。

孙秀仁：《渤海国二十四块石之谜解析》，《北方文物》1993 年第 4 期。

孙秀仁：《黑龙江历史考古述论（上）》，《社会科学战线》1979 年第 1 期。

孙秀仁、朱国忱：《渤海国上京畿南北交通与德理镇》，《黑龙江民族丛刊》1994 年第 3 期。

孙占文：《黑龙江省史探索》，黑龙江人民出版社，1983。

谭英杰、孙秀仁、赵虹光、干志耿：《黑龙江区域考古学》，中国社会科学出版社，1991。

唐晏：《渤海国志》，《渤海国志三种》，天津古籍出版社，1992。

陶刚、王清民：《海林群力崖画再研究》，《北方文物》1990 年 3 期。

藤原继绳：《续日本记》，经济杂志社，明治 30 年（1897）。

藤原时平、菅原道真、大藏善行：《日本三代实录》，吉川弘文馆，2002。

藤原绪嗣：《日本后记》，经济杂志社，大正 2 年（1913）。

田村晃一等：《日本与渤海交流的考古资料的材质分析研究》，杨成译，程尼娜校，杨志军主编《东北亚考古资料译文集》4，北方文物杂志社，2002。

佟冬主编《中国东北史》，吉林文史出版社，1987。

王承礼：《中国东北的渤海国与东北亚》，吉林文史出版社，2000。

王海燕、张亚平、李雪主编《明代海西东水陆城站调查》，黑龙江教育出版社，2012。

王绵厚：《东北亚走廊考古民族与文化八讲》，黑龙江人民出版社，2017。

王绵厚、朴文英：《中国东北与东北亚古代交通史》，辽宁人民出版社，2016。

王溥：《五代会要》，上海古籍出版社，2006。

王钦若：《册府元龟》，中华书局，1960。

王禹浪、崔广彬：《金代黑龙江流域的农业和手工业》，《黑龙江民族丛刊》2005年第3期。

王禹浪、王宏北：《高句丽·渤海古城址研究汇编》，哈尔滨出版社，1994。

王禹浪、魏国忠：《渤海史新考》，哈尔滨出版社，2008。

王禹浪：《乌裕尔河流域的历史与文化——以北安市为中心》，《哈尔滨学院学报》2011年第7期。

王曾：《王沂公行程录》，吉林文史出版社，1995。

魏存成：《渤海的建筑》，《黑龙江文物丛刊》1984年第4期。

魏存成：《渤海考古》，文物出版社，2008。

魏国忠：《渤海钱币的猜想》，《学习与探索》1986年第1期。

魏国忠：《关于渤海的建筑》，《黑龙江建设通讯》1986年。

魏国忠、朱国忱：《渤海人口考略》，《求是学刊》1983年第3期。

魏国忠、朱国忱、郝庆云：《渤海国史》，中国社会科学出版社，2006。

魏国忠、朱国忱：《唐代渤海的社会经济》，《平准学刊》第4辑上册，光明日报出版社，1989。

沃斯特列佐夫：《克拉乌诺夫卡（团结）文化发展的某些人口学观点》，宋玉彬译，《东北亚历史与考古信息》1994年第2期。

吴文衔、张泰湘、魏国忠：《黑龙江古代简史》，北方文物杂志社，1987。

吴自牧：《梦粱录》，浙江人民出版社，1984。

西清：《黑龙江外记》，黑龙江人民出版社，1984。

小岛芳孝：《关于中国东北地方的渤海陶器——大川遗址出土的黑色陶壶》，李陈奇译，杨志军主编《东北亚考古资料译文集·渤海专号》，北方文物杂志社，1998。

谢弗：《唐代的外来文明》，吴玉贵译，中国社会科学出版社，1995。

辛培林、张凤鸣、高晓燕主编《黑龙江开发史》，黑龙江人民出版社，1999。

熊梦祥：《析津志辑佚》，北京古籍出版社，1983。

徐兢：《宣和奉使高丽图经》，故宫博物院 1933 年影印本。

徐梦莘：《三朝北盟会编》，上海古籍出版社，1987。

延边朝鲜族自治州文物管理委员会、延边朝鲜族自治州博物馆：《吉林省和龙龙湖渤海墓葬》，《博物馆研究》1993 年第 1 期。

杨宾：《柳边纪略》，黑龙江人民出版社，1985。

杨虎、谭英杰、林秀贞：《黑龙江绥滨同仁遗址发掘报告》，《考古学报》2006 年第 1 期。

杨军：《渤海国民族构成与分布研究》，吉林人民出版社，2007。

杨雨舒、蒋戎：《唐代渤海国五京研究》，香港亚洲出版社，2008。

叶隆礼撰《契丹国志》，贾敬颜、林荣贵点校，上海古籍出版社，1985。

《依兰县文物志》编写组编纂《依兰县文物志》，北方文物杂志社，1988。

尹铉哲：《海东盛国——渤海国遗痕》，香港亚洲出版社，2011。

于建华：《黑龙江省出土的新石器时代玉器及相关问题》，《北方文物》1992 年第 4 期。

宇文懋昭：《大金国志校证》，崔文印校证，中华书局，1986。

张碧波、庄鸿雁：《黑龙江流域文明新探》，黑龙江人民出版社，2001。

张伯英：《黑龙江志稿》，黑龙江人民出版社，1992。

张博泉：《东北地方史稿》，吉林大学出版社，1985。

张博泉：《金史简编》，辽宁人民出版社，1984。

张国钟：《渤海史研究》，平壤：社会科学出版社，1997。

张泰湘：《黑龙江古代简志》，黑龙江人民出版社，1989。

张伟：《红马山文化辨析》，《北方文物》2007 年第 3 期。

张伟：《松嫩平原早期铁器的发现与研究》，《北方文物》1997 年第 1 期。

赵文慧：《试论渤海国的化学工艺》，《牡丹江师范学报》（自然科学版）

1988 年 1～2 期合刊。

郑永振：《高句丽、渤海、鞨鞨墓葬比较研究》，延边大学出版社，2003。

郑永振、李东辉、尹铉哲：《渤海史论》，吉林文史出版社，2011。

中东铁路管理局经济调查处编《黑龙江》，汤尔和译，商务印书馆，1931。

中国社会科学院考古研究所编著《六顶山与渤海镇——唐代渤海国的贵族墓地与都城遗址》，中国大百科全书出版社，1997。

中国社会科学院考古研究所、呼伦贝尔民族博物馆、海拉尔区文物管理所编著《海拉尔谢尔塔拉墓地》，科学出版社，2006。

朱国忱、金太顺、李砚铁：《渤海故都》，黑龙江人民出版社，1996。

朱国忱：《金源故都》，北方文物杂志社，1991。

朱国忱、朱威：《渤海遗迹》，文物出版社，2002。

朱荣宪：《渤海文化》，顾铭学、李云铎译，吉林省考古研究室编《渤海史研究资料》，内部油印本，1981。

图书在版编目(CIP)数据

黑龙江流域古代经济 / 梁玉多著. -- 北京 : 社会
科学文献出版社, 2021.12
ISBN 978 - 7 - 5201 - 9518 - 8

Ⅰ.①黑… Ⅱ.①梁… Ⅲ.①黑龙江流域 - 经济史 -
古代 Ⅳ.①F129.2

中国版本图书馆 CIP 数据核字(2021)第 263898 号

黑龙江流域古代经济

著　　者 / 梁玉多

出 版 人 / 王利民
责任编辑 / 谢蕊芬　孟宁宁
文稿编辑 / 徐　清
责任印制 / 王京美

出　　版 / 社会科学文献出版社 · 群学出版分社 (010)59366453
　　　　　 地址:北京市北三环中路甲 29 号院华龙大厦　邮编:100029
　　　　　 网址:www.ssap.com.cn
发　　行 / 市场营销中心 (010)59367081　59367083
印　　装 / 三河市尚艺印装有限公司

规　　格 / 开 本:787mm × 1092mm　1/16
　　　　　 印 张:23.5　字 数:410 千字
版　　次 / 2021 年 12 月第 1 版　2021 年 12 月第 1 次印刷
书　　号 / ISBN 978 - 7 - 5201 - 9518 - 8
定　　价 / 158.00 元